Moderne Softwarearchitektur

Prof. Dr. Johannes Siedersleben ist Chefarchitekt der T-Systems International (TSI). Er studierte Mathematik mit Nebenfach Informatik in Karlsruhe und Grenoble. Nach seiner Promotion über ein Thema der kombinatorischen Optimierung kam er 1984 zum Softwarehaus sd&m. Dort übernahm er unterschiedliche Funktionen (Designer, Projektleiter, Chefberater, Geschäftsführer), und er beeinflusste maßgeblich die sd&m-Softwaretechnik, vor allem in den Bereichen Fachspezifikation und Software-Architektur. Seit September 2005 ist er Mitglied der Geschäftsleitung der TSI Systems Integration und leitet dort das Kompetenz-Center für Software-Design. Johannes Siedersleben ist Autor zahlreicher Publikationen und Herausgeber des Buches »Softwaretechnik – Praxiswissen für Softwareingenieure« (2. Aufl. 2002, Hanser).

Johannes Siedersleben

Moderne Softwarearchitektur

Umsichtig planen, robust bauen mit Quasar

dpunkt.verlag

Johannes Siedersleben
johannes.siedersleben@sdm.de

Lektorat: Christa Preisendanz
Copy-Editing: Ursula Zimpfer, Herrenberg
Satz & Herstellung: Birgit Bäuerlein
Umschlaggestaltung: Helmut Kraus, Düsseldorf
Druck und Bindung: Koninklijke Wöhrmann B.V., Zutphen, Niederlande

Bibliografische Information Der Deutschen Bibliothek
Die Deutsche Bibliothek verzeichnet diese Publikation in der Deutschen Nationalbibliografie; detaillierte bibliografische Daten sind im Internet über <http://dnb.ddb.de> abrufbar.

ISBN 3-89864-292-5

1. Auflage 2004
korrigierter Nachdruck 2006

Ringstraße 19b
69115 Heidelberg

5 4 3 2

Geleitwort

Softwarearchitektur: Das ist die Königsdisziplin des Software-Engineering. Sie befasst sich mit der Gestaltung von Softwaresystemen, mit deren Struktur im Kleinen und im Großen. Bei der Gestaltung im Großen geht es um den Aufbau eines Systems aus Komponenten, um die Prinzipien und Kriterien, die eine gute Architektur auszeichnen. Im Kleinen dagegen um die Gestaltung einer einzelnen Komponente: um ihre Außensicht einerseits, d.h. um ihre Schnittstelle zu anderen Komponenten, und um ihre innere Struktur andererseits, also darum, mit welchen Daten sie operiert und wie sie ihrerseits aus Komponenten bzw. Modulen zusammengesetzt ist.

Softwarearchitektur ist der Gegenstand dieses Buches, und zwar in einer besonderen Ausprägung: Quasar, die Qualitätssoftwarearchitektur von sd&m. Dieses Wortungetüm kann man auf zweierlei Weise interpretieren: erstens als Qualitätssoftware-Architektur, d.h. eine Architektur für qualitativ hochwertige Software, und zweitens als Qualitäts-Softwarearchitektur, mithin eine qualitätsvolle Architekturblaupause zur Gestaltung von Software. Mit diesem Buch ist ein wichtiger Meilenstein erreicht in einem Vorhaben, das ich selbst vor zehn Jahren initiiert habe. Ich wollte eine Standardarchitektur betrieblicher Informationssysteme schaffen, eine Blaupause, anhand derer Software bei sd&m entwickelt werden sollte, aufbauend auf Ideen und Konzepten, die über lange Jahre entstanden und in dem sog. Schwarzbuch »Software-Engineering« von Johannes Siedersleben und mir Anfang der 90er Jahre publiziert worden waren. Es fing mit einem geförderten Forschungsprojekt an und hat viel länger gedauert als gedacht. Aber nun ist dieses Vorhaben am Ziel. Quasar existiert, nicht nur als Vorlage für den Entwurf von Softwaresystemen, sondern auch implementiert durch eine Reihe lauffähiger Komponenten.

Quasar gründet auf drei bis vier Jahrzehnten Entwicklung im Software-Engineering und inkorporiert viele der guten, bekannten Konzepte. In deren Integration und Nutzung ist Quasar bewahrend und innovativ zugleich. Ein zentraler Gedanke des Buches sind die »Software-Blutgruppen«. Das ist nicht nur eine pfiffige und griffige Metapher, sondern eine neue Art und Weise, das Konzept des

»Separation of Concern« so zu formulieren, dass ein handhabbares Kriterium entsteht zur Beurteilung der Güte eines Softwareentwurfs.

Dieses Buch enthält harten Stoff und vermeidet die häufig anzutreffenden wolkigen Ausführungen über Architektur ebenso wie die Beschränkung auf reine Programmiertechnik. Es ist methodisch fundiert und technisch konkret – Softwarearchitektur für die gehobene Praxis.

Ernst Denert
Berlin, im Mai 2004

Kloster St. Josef in Zangberg: ein Ort zum Lehren, Lernen und Diskutieren

Vorwort

Das Quasar-Projekt begann am 5. März 1998 im Gasthaus Wörnbrunn in Grünwald bei München. Es war ein wunderbarer Tag im Vorfrühling, die Sonne schien in den Besprechungsraum, und *Quasar* war geboren.

Was wir wollten: die vielen Architekturideen vieler sd&m-Projekte einsammeln und in eine wieder verwendbare Form bringen. Grundlage waren Datenabstraktion und Trennung der Zuständigkeiten – das hatten wir schon lange vor der Objektorientierung mit Cobol, VSAM und MVS erfolgreich umgesetzt.

Dieses Buch präsentiert unter dem Namen *Quasar* viele bewährte Ideen – vielleicht etwas aufbereitet und modernisiert – und auch ein paar neue. Aber was ist mit der Gretchenfrage, die so manchen erfahrenen Redner aus dem Konzept bringt: Warum stimmt das alles, warum sollte der Zuhörer bzw. Leser irgendetwas davon glauben?

Hier tun sich Softwareingenieure schwer: Zwar kann man die Korrektheit eines Algorithmus beweisen und seine Komplexität berechnen – aber hat schon mal jemand den Nutzen der Objektorientierung oder den von Entwurfsmustern nachgewiesen oder gar quantifiziert? Ich glaube nicht. Objektorientierung und Muster haben sich auch ohne Nachweis durchgesetzt – sie haben sich durchgesetzt, weil sie in der Praxis funktionieren und weil wir den Nutzen auch ohne wissenschaftliche Messungen spüren.

Quasar hat sich bei sd&m durchgesetzt – Denken in Komponenten, Kategorien und Schnittstellen ist zum Standard geworden, ohne den Einzelnen in seiner Freiheit zu beeinträchtigen. Die Schulungen (Schools), die sd&m für die eigenen Mitarbeiter veranstaltet (und gelegentlich auch für andere), sind ein wichtiger Nährboden für Quasar und eine wertvolle Plattform der Kommunikation: Da gibt es Programmer-Schools, Designer- und Chefdesigner-Schools (und noch ein paar andere). Jede School dauert drei bis fünf Tage; sd&m-Kollegen halten sie für sd&m-Kollegen. Dort werden die Elemente von Quasar gelehrt, gelernt und vor allem aber auch diskutiert und weiterentwickelt. Diese Schools gewährleisten, dass Quasar bei sd&m gut bekannt ist und angewendet wird. Sie finden traditionsgemäß im Kloster Zangberg statt – in the middle of nowhere, irgendwo im oberbayerischen Hinterland. Zangberg ist der ideale Ort für arbeitsintensive Veranstaltungen: Die Ruhe ist vollkommen, die Ablenkung gleich null, und die Teilnehmer lassen sich abends nur widerwillig in den Feierabend befördern.

Ein wichtiger Schritt in der Entwicklung von Quasar war ein sd&m-internes Projekt mit dem wenig aussagekräftigen Namen *Themenarbeit*. Themen waren z.B. Fehlerbehandlung, Transaktionen, Persistenz und andere, die sich teilweise als Kapitel dieses Buches wiederfinden. *Themenarbeit* bedeutete vor allem die Analyse konkreter Projekte – welche Lösungen wurden eingesetzt, was hat gut funktioniert und was nicht? Im Rahmen der Themenarbeit wurde ein knappes Dutzend sd&m-Projekte untersucht; über 20 Kollegen waren beteiligt.

Ein Praktikum in Software-Engineering, das ich im Wintersemester 2003/04 an der Fachhochschule Rosenheim gehalten habe, war nichts anderes als ein Quasar-Feldversuch: 26 Studenten entwickelten in sechs Teams ebenso viele Softwaresysteme nach den Prinzipien von Quasar. Sie bauten einen Forth-Interpreter, eine Fahrstuhlsimulation, eine Simulation des Schafkopf-Kartenspiels, den *StatementManager* der Persistenzkomponente von Kapitel 9, ein Framework für Suchalgorithmen (z.B. für das Acht-Damenproblem) und eine Bibliothek als Erweiterung von `java.math`. Einige dieser Systeme haben auch Spuren in diesem Buch hinterlassen. Das Ergebnis des Feldversuchs: In allen sechs Projekten standen Softwarekategorien und Architektur rasch fest und sie änderten sich bis zum Ende nur noch geringfügig. Es gab keine Sackgassen, keine Umbauten – alle Projekte kamen ans Ziel, und zwar nicht nur irgendwie oder mit Ach und Krach; alle Systeme sind gut dokumentiert und laufen stabil; alle Teams sind stolz auf ihr System (zu besichtigen unter www.fh-rosenheim.de/~siedersleben).

Dieses Buch präsentiert Quasar in dem heute erreichten Stand. Aber Quasar ist im Grunde eine Vision, die erst dann Wirklichkeit wird, wenn wir für die wichtigen Standardprobleme dieser Welt (von Autorisierung über Persistenz bis hin zu Bedienoberflächen) präzise dokumentierte Standardschnittstellen und Standardarchitekturen besitzen. Bis dahin ist es noch ein weiter Weg – aber einer, der sich lohnt.

Dank

Das Quasar-Projekt wäre schnell im Sande verlaufen, hätte nicht *Ernst Denert* die Rolle des Förderers, Mentors und PR-Managers übernommen. Sein 1992 erschienenes Buch »Software-Engineering« ist auch heute eine wertvolle Grundlage; viele Gedanken von Quasar sind dort bereits enthalten.

Nach Denerts Weggang von sd&m im Juni 2001 fanden sich andere Quasar-Förderer: Uwe Dumslaff, Kai Grambow, Burkhard Kehrbusch, Edmund Küpper und Dirk Taubner haben Quasar immer nach Kräften unterstützt und mit Budget versorgt.

Trennung der Zuständigkeiten, Datenabstraktion, Geheimnisprinzip – diese Ideen verdanken wir *Dave Parnas*, dessen wichtigste Publikationen Dave Weiss und Dan Hoffman in einem Sammelband vereinigt haben (siehe [Hoffman 2001]). Dort steht eigentlich schon alles – das ist mitunter frustrierend. Normalen Sterblichen wie dem Autor bleibt nur, den Urtext zu interpretieren und anzuwenden.

Viele Freunde und Kollegen haben das Manuskript oder Teile davon gelesen, kritisiert und manchmal auch für gut befunden. Das waren Gerd Beneken, Manfred Broy, Ernst Denert, Uwe Dumslaff, Stephan Kurpjuweit, Bernhard Humm, Klaus Nünninghoff, Karl Prott und Johannes Weigend.

Martin Haft hat alle Kapitel sorgfältig und mehrfach gelesen und dabei zahllose Fehler, Ungenauigkeiten und Inkonsistenzen gefunden. Für die verbleibenden bin ich selbst verantwortlich.

Thomas Nietsch ist unser QSL-Experte. Er hat alle QSL-Beispiele selbst geschrieben oder korrigiert, und er ist Koautor von Anhang A. Stephan Kurpjuweit hat den Abschnitt 4.8 über SAAM beigesteuert.

Viele sd&m-Kollegen haben an den Quasar-Komponenten mitgearbeitet, aber einer hat die Basis geschaffen, vorzugsweise im Urlaub oder während verletzungsbedingter Zwangspausen: Oliver Juwig.

Die beiden Quasar-Broschüren [Quasar 2003a] und [Quasar 2003b] sind die Vorläufer dieses Buches: In nur 18 Monaten fanden rund 3500 Exemplare ihren Weg auf die Schreibtische von Kunden und Kollegen von sd&m. Sie waren eine Teamarbeit im besten Sinn des Wortes, und alle Koautoren der Broschüren sind indirekt auch Koautoren dieses Buches. Hier sind sie in alphabetischer Reihenfolge: Gerd Beneken, Axel Burghof, Till Dalkowski, Frank Dörr, Helmut Duschinger, Ulrike Hammerschall, Andreas Hess, Alex Hofmann, Bernhard Humm, Alexander Jost, Christian Kamm, Klaus Nünninghoff, Stefan Scheidle, Boris Zech und Jürgen Zeller.

Die Zusammenarbeit mit dem dpunkt.verlag war professionell und in jeder Beziehung erfreulich – das Verdienst von Christa Preisendanz.

Bei allen Genannten bedanke ich mich herzlich; ohne sie gäbe es dieses Buch nicht.

Johannes Siedersleben
München, im Mai 2004

Inhalt

1 Softwarearchitektur als Herausforderung

Software ist allgegenwärtig: Fliegen, Telefonieren, Überweisen, Autofahren – all das wäre ohne Software unmöglich. Wie hat die Welt funktioniert, als es noch keine Software gab?

Man sollte meinen, dass Softwareingenieure inzwischen gelernt haben, wie man Software baut. Aber sie können es noch immer nicht: Softwareprojekte dauern zu lange, kosten zu viel, scheitern zu oft, und selbst wenn sie das Ziel der Inbetriebnahme erreichen, ist das Ergebnis zu oft mangelhaft: Bei der Inbetriebnahme sind Probleme wie mangelnde Performance oder mangelnde Stabilität die Regel, nicht die Ausnahme.

Was wir uns wünschen sind Effizienz und Sicherheit in der Projektdurchführung und hohe Qualität des fertigen Systems. Dabei helfen uns viele Ansätze: Neue Verfahren der Anforderungsanalyse, moderne Vorgehensmodelle, sorgfältige Qualitätssicherung, Wiederverwendung von Software, um nur einige zu nennen.

Ein ganz entscheidender Erfolgsfaktor ist dabei die Softwarearchitektur, das Thema dieses Buches. Es geht um die Frage, wie man die Millionen Programmzeilen großer Systeme so strukturiert, dass im Ergebnis die gewünschte Qualität erreicht wird: Wartbarkeit, Flexibilität, Performance und andere Eigenschaften. Dabei gilt Softwarearchitektur oft als akademisches Thema: Hauptsache, die Software läuft, die Architektur ist nicht so wichtig. Aber in Wirklichkeit ist gute Softwarearchitektur die Voraussetzung dafür, dass andere Erfolgsfaktoren überhaupt zum Tragen kommen – das zeigen die folgenden Überlegungen:

Anforderungsanalyse

Nicht selten stellt man bei der Systemeinführung fest, dass man das falsche System gebaut hat. Hier helfen neuere Verfahren der Anforderungsanalyse (etwa Volere, siehe [Robertson & Robertson 2000]). Sie gestatten es, die Anforderungen unterschiedlicher Interessengruppen strukturiert aufzunehmen und zu gewichten. Die Anforderungsanalyse ist ein Prozess, der das Projekt während seiner ganzen Laufzeit begleitet; jeder weiß, dass sich die Anforderungen laufend ändern, egal wie gut sie aufgeschrieben sind. Sich ändernde Anforderungen beeinflussen den Projektplan, das Budget und vor allem die Architektur der Software. Aber auch die beste Änderungsverwaltung läuft in die Leere, wenn sich die Software den gewünschten Änderungen widersetzt – und deshalb ist gute Softwarearchitektur die Voraussetzung dafür, dass erhobene Anforderungen in die Software eingebaut werden können.

Vorgehensmodelle

Softwareprojekte sind schnell, wenn es gelingt, die Arbeit zu parallelisieren, und sie werden billiger, wenn die Arbeit wenigstens teilweise in Ländern mit niedrigerem Lohnniveau durchgeführt wird. Aber bevor man erste Budgetüberlegungen mit niedrigen Stundensätzen anstellt, sollte man überlegen, wie man die Arbeit zu Hause (*on shore*) und in der Ferne (*off shore*) sinnvoll aufteilt. Das Ziel ist klar: Jedes Teilteam befasst sich mit einer wohl definierten Aufgabe; die Schnittstellen zwischen den Teams sind eindeutig festgelegt; jedes Team weiß genau, was es zu liefern hat und auf welchen Ergebnissen es aufbaut. Das alles funktioniert nur unter der Voraussetzung, dass die Softwarearchitektur eine solche Aufteilung überhaupt zulässt. Wenn sie es nicht tut, sind die schönsten Projektpläne Makulatur.

Qualitätssicherung

Qualität entsteht nicht von alleine, sondern sie muss gesichert werden. Die Qualität des Gesamtsystems ergibt sich aus der Qualität seiner Bestandteile, und man kann die Qualität des Ganzen nur sichern, indem man die Qualität der Bestandteile überprüft. Auch das kann nur glücken, wenn das Gesamtsystem in vernünftig gestaltete Komponenten aufgeteilt ist.

Wiederverwendung

Man wird schneller fertig, wenn man vorhandene Software wieder verwendet, anstatt sie jedes Mal neu zu schreiben – das leuchtet ein. Aber trotzdem ist der Produktivitätsgewinn durch Wiederverwendung bis heute außerordentlich gering, wenn er überhaupt messbar ist. Der Grund dafür liegt darin, dass sich Software zur Wiederverwendung nur dann eignet, wenn sie den Prinzipien guter Softwarearchitektur folgt: klare, einfache Schnittstellen und minimale Abhängigkeiten. Aber damit tun wir uns schwer: Oft sind die Schnittstellen zu kompliziert, die Abhängigkeiten verborgen – und so ist Wiederverwendung ausgeschlossen.

Diese Überlegungen zeigen, dass Softwarearchitektur kein akademisches Thema ist, sondern dass Softwarearchitektur trotz der unverbindlichen Ästhetik, die im Namen mitschwingt, eine notwendige (leider keine hinreichende) Voraussetzung ist für effiziente und sichere Projektabwicklung. Es gibt eigentlich nur einen, allerdings entscheidenden Erfolgsfaktor, der wirklich nichts mit Softwarearchitektur zu tun hat, nämlich:

Beauftragung mit Augenmaß

Licht hat eine feste, nicht beeinflussbare Geschwindigkeit, und kein Mensch wird jemals 100 m in sieben Sekunden laufen. Das ist allgemein bekannt – aber bei der Beauftragung und Planung von Softwareprojekten vergessen wir mitunter die Grenzen der Machbarkeit: Für jedes System mit gegebenem Funktionsumfang gibt es eine minimale Projektdauer und ein minimales Budget, das kein Projektteam dieser Welt zu unterschreiten in der Lage ist. Wer aus Naivität, Konkurrenzdruck oder allgemeinem Wunschdenken heraus ein Projekt mit unrealistischen Rahmenbedingungen unternimmt, der hat von vornherein verloren: Strukturiertes Vorgehen, klare Softwarearchitektur, sorgfältige Qualitätssicherung – die hehren Prinzipien des Software-Engineering entfalten ihre segensreiche Wirkung nur diesseits der Grenze der Machbarkeit, jenseits herrscht Chaos, ganz egal wie man vorgeht. Leider ist bisher niemand in der Lage, die Grenze der Machbarkeit genau anzugeben, aber oft würde es genügen, die bekannten Schätzverfahren sorgfältig anzuwenden, um zu erkennen, dass ein Projekt in der geforderten Zeit mit dem geplanten Budget einfach nicht funktionieren kann.

Für Projekte, die diesseits der Machbarkeitsgrenze operieren, ist eine gute Softwarearchitektur zwar noch nicht die Garantie für den Projekterfolg, aber immerhin eine solide Grundlage.

1.1 Was ist Softwarearchitektur?

Softwarearchitektur ist offenbar wichtig, aber was kann man sich darunter vorstellen? Die Architektur eines Softwaresystems hat mit der Architektur eines Gebäudes wenig gemeinsam: Die Architektur eines Gebäudes ist für jeden sichtbar, auch der Laie kann sich ein Urteil bilden. Wir würden aber Stromversorgung, Abwasserleitungen und Fahrstuhlschächte nicht als Teil der Architektur betrachten.

Die Architektur eines Softwaresystems ist umfassend; dazu gehört einfach alles: die Dialoge, Stapelverarbeitung, alle Softwarekomponenten und deren Zusammenspiel im kleinsten Detail. Die folgende Definition von Softwarearchitektur ist dank ihrer Allgemeinheit weitgehend akzeptiert. Sie stammt von [Bass et al. 1998] und wird oft zitiert (z.B. in [Bosch 2000] und [Starke 2002]):

> *The software architecture of a program or computing system is the structure or structures of the system, which comprise software components, the externally visible properties of those components and the relationships among them.*

Das ist in dieser Allgemeinheit natürlich richtig. Allerdings wäre der Begriff »Softwarestruktur« treffender und etwas weniger hochtrabend. Trotzdem bleiben wir – der Mehrheit folgend – bei dem nicht ganz glücklichen Begriff der »Softwarearchitektur«.

1.2 Quasar: Qualitätssoftwarearchitektur

Softwarearchitektur hat unmittelbare Auswirkungen auf Qualität und Kosten eines Systems. Qualitätssoftwarearchitektur – *Quasar* – ist das Thema dieses Buches. Quasar definiert ein Verständnis von Softwarequalität. Quasar versucht, besonders wichtige Regeln und Mechanismen der Softwaretechnik verständlich zu beschreiben, zu präzisieren und zum Standard zu erklären. Dies geschieht auf vier Ebenen:

- *Ideen und Konzepte:* Dies sind die Grundprinzipien der Softwaretechnik: Trennung der Zuständigkeiten, Denken in Schnittstellen und Komponenten. Diese Ideen sind uralt und wenigstens als Lippenbekenntnis weltweit akzeptiert, aber in der Praxis offenbart wohl jedes Review Verstöße gegen diese Prinzipien.
- *Begriffe:* Die Informatik krankt an vielen unklaren oder mehrdeutigen Begriffen. In diesem Buch definieren wir eine Reihe technikneutraler Begriffe, mit denen wir über Softwarearchitektur sprechen können, ohne uns auf EJB[1] oder CORBA[2] festzulegen.
- *Standardarchitektur und Standardschnittstellen:* Die meisten Datenbankzugriffsschichten haben ähnliche Schnittstellen. Quasar definiert für verschiedene Themen (wie den Datenbankzugriff) Standardschnittstellen mit Syntax und Semantik, auf denen jedes Projekt aufsetzen kann.
- *Standardkomponenten:* In einigen Bereichen (u.a. Persistenz, Autorisierung) wurden bei sd&m Quasar-konforme Komponenten entwickelt, die allen Projekten zur Verfügung stehen. Aber dabei steht immer die Schnittstelle im Vordergrund und nicht die Implementierung: Wenn eines Tages eine Autorisierungskomponente auf dem Markt erscheint, die signifikant besser ist als die eigene, dann werden wir auf das bessere Produkt wechseln, aber weil dies hinter definierten Schnittstellen passiert, ist die Anwendungssoftware nur in geringem Maß betroffen.

Aber der wichtigste Gedanke hinter all diesen Ebenen ist die *Einfachheit*. Quasar ist nicht gedacht als theoretischer Ballast, der den Softwarearchitekten ein schlechtes Gewissen beschert, sondern als Hilfe bei der Frage, wie man gegebene Anforderungen so einfach wie möglich in Software umsetzt. Natürlich kann man

1. Enterprise Java Beans
2. Common Object Request Broker Architecture

jedes Prinzip zu Tode reiten: Wer sogar die String-Klasse hinter einem Interface versteckt, der tut des Guten zu viel.

1.3 Der Fahrplan

Alle vier Ebenen sind Thema dieses Buches. Dabei ist stets unser Anliegen, weder im Allgemeinen hängen zu bleiben noch in den Details eines technischen API zu ertrinken. Die Aussagen und Vorschläge dieses Buches sind so weit wie möglich mit Programmbeispielen belegt, denn das Programm ist die letzte Ebene der Konkretion; genauer geht es nicht. Die Programmiersprache ist Java, denn Java ist weit verbreitet, einfach zu verstehen und trotz mancher Mängel eine brauchbare, elegante Sprache. Wir setzen voraus, dass der Leser Java wenigstens passiv beherrscht. Lesern mit Java-Nachholbedarf empfehlen wir das originale Werk über Java (siehe [Arnold et al. 2000]).

Obwohl alle Programmbeispiele in Java formuliert sind, ist dies kein Buch über Java, und seine Aussagen sind keineswegs auf Java beschränkt. Java ist das sprachliche Vehikel, um dem Leser die Botschaft eindeutig und unmissverständlich zu vermitteln – wir hätten genauso gut C#, Python, Eiffel oder irgendeine andere moderne Sprache wählen können, aber eine mussten wir nehmen, genauso wie das Buch, das Sie in Händen halten, in Deutsch vorliegt und nicht in Englisch oder Französisch.

Die Aussagen dieses Buches gelten mit geringen Einschränkungen für alle Programmiersprachen von Assembler über Cobol und C bis hin zu Java, C# und Haskell, denn die Grundfragen der Softwarearchitektur stellen sich in jedem System dieser Welt, und die Antworten hängen nur in geringem Umfang von der eingesetzten Sprache ab. Im Zentrum des Buches stehen *Schnittstellen und Komponenten*, und dieses Konzept ist unabhängig von der Objektorientierung: Schnittstellen und Komponenten lassen sich in jeder Sprache realisieren – in Cobol mit Mühe, in objektorientierten Sprachen recht gut. Aber man kann auch und gerade in objektorientierten Sprachen grässliche unwartbare Monolithen von vollständig vernetzten Klassenstrukturen zustande bringen, und davor schützen auch die Muster nicht – wohl aber Quasar, das ist jedenfalls der Anspruch.

Die ersten sieben Kapitel dieses Buches befassen sich mit Softwarearchitektur im Allgemeinen: Sie gelten für jede Art von Softwareentwicklung. Im zweiten Teil, das sind die Kapitel acht bis zehn, geht es um *Informationssysteme*. Ein Informationssystem oder kurz *System* ist ein sinnvolles Ganzes, das der Anwender als technische und fachliche Einheit begreift. Wir meinen damit sowohl betriebliche Informationssysteme (die also nur von Mitarbeitern eines Unternehmens genutzt werden) als auch überbetriebliche Informationssysteme (das schließt B2B, B2C, C2B ein). Hier der weitere Fahrplan:

1.3.1 Klassen und Schnittstellen (Kapitel 2)

Wir betrachten Klassen und Schnittstellen am Beispiel der Java-Behälter, anhand derer sich das Denken in Schnittstellen und Klassen in fast idealer Weise vorführen lässt. Wir empfehlen Kapitel 2 auch und vielleicht gerade den Java-Experten, denn es extrahiert aus den Java-Behältern viele Konzepte für den Softwareentwurf im Kleinen, die sich – wie Kapitel 3 zeigen wird – hervorragend auf den Softwareentwurf im Großen übertragen lassen. Kapitel 2 ist nicht gedacht als Crashkurs der JRE[3]-Grundlagen, obwohl es als Nebeneffekt auch diesen Zweck erfüllen könnte.

1.3.2 Komponenten und Schnittstellen (Kapitel 3)

Kapitel 3 bildet die Grundlage für den Rest des Buches: Dort definieren wir die drei wichtigsten Begriffe, nämlich *Schnittstelle*, *Komponente* und *Komposition*. Komponenten und Schnittstellen sind die Einheiten, in denen der Softwarearchitekt denkt. Wir erklären, was Komponenten sind und wie man große Komponenten aus kleinen Komponenten komponiert.

1.3.3 Softwarekategorien – wie findet man Komponenten? (Kapitel 4)

Neben dem Denken in Schnittstellen und Komponenten ist die Kontrolle der Abhängigkeiten die wichtigste Richtschnur des Softwarearchitekten. Die Vermeidung von Abhängigkeiten ist ein täglicher Kampf gegen eine siebenköpfige Hydra, deren Köpfe schneller nachwachsen, als man schauen kann: Es gibt die Abhängigkeiten vom Betriebssystem, von globalen Systemvariablen, von der eingesetzten Technik, von Nachbarsystemen, von der Verzeichnisstruktur, von anderen installierten Produkten, von eingekauften Komponenten und nicht zuletzt die Abhängigkeiten der selbst entworfenen Komponenten untereinander. Beim Finden von Komponenten und bei der Kontrolle von Abhängigkeiten sind die *Softwarekategorien* eine wichtige Hilfe. Dabei kommt der Trennung von Anwendung (A) und Technik (T) eine besondere Bedeutung zu. Softwarekategorien heißen umgangssprachlich auch *Blutgruppen*, und in der Tat gibt es da einige Analogien.

1.3.4 Fehler und Ausnahmen – Rechte und Pflichten (Kapitel 5)

Obwohl Fehler und Ausnahmen allgegenwärtig sind, werden sie in der Literatur stiefmütterlich behandelt. Programmierlehrbücher verzichten »aus Platzgründen« fast durchgängig auf jede Art von Fehler- bzw. Ausnahmebehandlung. Auf der Ebene der Programmiersprachen gibt es tief schürfende Diskussionen über

3. Java Runtime Environment

sinnvolle und weniger sinnvolle Mechanismen zur Ausnahmebehandlung, aber wir vermissen in der Literatur eine praxisnahe Auseinandersetzung mit der brennenden Frage, was passieren soll, wenn etwas passiert, das nicht passieren darf. Die meisten Systeme stürzen im besten Fall einfach ab, oft aber verursachen sie noch in der Agonie schlimme Fehler, die schwer zu analysieren und noch schwerer zu beheben sind. Bei sicherheitskritischer Software begegnet uns oft ein umgekehrtes Phänomen: Die angestrebte Zuverlässigkeit wird mit roher Kraft erzwungen. Man prüft Daten vielfach, man legt Funktionen mehrfach aus – aber die wirklich kritischen Punkte wurden übersehen, und wenn der Notfall eintritt, versagen alle parallelen Einheiten gleichzeitig. Der Umgang mit Notfällen, also mit Situationen, die eigentlich nicht vorkommen dürften, aber trotzdem gelegentlich vorkommen, ist ein Schwachpunkt in allen Projekten, in die wir Einblick hatten. Kapitel 5 befasst sich mit Fehlern, Ausnahmen und Notfällen und schlägt eine komponentenorientierte Strategie zu deren Behandlung vor.

1.3.5 Wie spezifiziert man Schnittstellen? (Kapitel 6)

Das ist eine der wichtigsten und bisher leider ungelösten Fragen der Softwareerstellung überhaupt. Nur die genaue Kenntnis der *Semantik* einer Schnittstelle versetzt uns in die Lage, diese sachgemäß zu verwenden, aber allzu oft sind die Schnittstellenbeschreibungen vage, ungenau oder einfach nicht vorhanden. Formale Spezifikationsmethoden sind zwar präzise, aber für die Praxis meistens zu kompliziert. Wir schlagen vor, ausgehend von der Idee des *Programming by Contract* die Semantik von Methoden mit wenigen einfachen Hilfsmitteln zu beschreiben: Vor- und Nachbedingungen, Invarianten, Zustandsmodelle und Testfälle. Die Spezifikationssprache heißt QSL (Quasar Specification Language). Wir erläutern sie in Kapitel 6 an einem einfachen Beispiel.

Im Anhang A spezifizieren wir eine realitätsnahe, an *QuasarAuthorization* angelehnte Autorisierungskomponente mit QSL. Diese Komponente ist hinreichend kompliziert, um die Tücken der Spezifikation zu illustrieren, aber doch so einfach, dass man sie mit ihren wesentlichen Elementen in einem kurzen Anhang darstellen kann. Das Beispiel zeigt, dass eine QSL-Spezifikation erstens nützlich ist und zweitens nur einen vertretbaren Aufwand erfordert.

1.3.6 Softwarearchitekturen (Kapitel 7)

Eine der wichtigsten Aussagen dieses Buches ist die Trennung von Anwendung und Technik. Diese beeinflusst die Architektur des Gesamtsystems: Es gibt die Architektur der Anwendung (A-Architektur) und die der Technik (T-Architektur), die sich weitgehend unabhängig voneinander entwickeln lassen.

1.3.7 Anwendungskern und Anwendungskomponenten (Kapitel 8)

Dieses Kapitel befasst sich mit der A-Architektur: Wie zerlegt man eine Anwendung in sinnvolle Komponenten; welche Schnittstellen exportieren sie und welche Schnittstellen importieren sie?

1.3.8 Pools, Persistenz und Transaktionen (Kapitel 9)

Persistenz ist ein zentrales Thema für jedes betriebliche Informationssystem: Datenbankzugriffe beeinflussen die Performance maßgeblich; und auch die Wartbarkeit eines Systems hängt stark davon ab, ob überhaupt und wie gut Datenbankzugriffe gekapselt sind. In diesem Kapitel befassen wir uns auch mit JDO[4] und mit *QuasarPersistence*, einem bei sd&m entwickelten Open-Source-Produkt.

1.3.9 GUI-Architektur (Kapitel 10)

Während bei den Zugriffsschichten eine gewisse Konvergenz festzustellen ist, gibt es bei den GUI-Bibliotheken noch einen erheblichen Wildwuchs. In diesem Kapitel definieren wir einige Grundlagen der GUI-Architektur und schaffen vor allem eine einheitliche Begriffswelt.

1.4 Quasar – Hilfe oder Korsett?

Manche Kollegen betrachten Quasar mit Zurückhaltung, weil sie befürchten, in ein enges, unbequemes Korsett gesteckt zu werden. Gelegentlich ist auch zu hören: »Die Quasar-Ideen klingen ja ganz vernünftig, aber meine Projekte sind völlig anders, da würde das alles nicht funktionieren.« Diese Aussage ist in ihrer Allgemeinheit schon deshalb schief, weil unter dem Quasar-Dach viele Konzepte unterschiedlicher *Verbindlichkeit* zusammengetragen wurden. Deshalb sind einige Bemerkungen über die Verbindlichkeit von Quasar angebracht.

Alle Kapitel (mit Ausnahme dieser Einführung) enthalten eine kurze Zusammenfassung mit den wichtigsten Regeln und Hinweisen. Dabei unterscheiden wir Vorgaben, die nach unserer Meinung in jedem Fall einzuhalten sind, und eher konstruktive Hinweise und Hilfen, die der Leser annimmt oder auch nicht. Beispiel: Im Kapitel 5 ist die Trennung der Begriffe *Fehler* und *Ausnahmen* essenziell; der erste Teil des Kapitels befasst sich mit dieser Unterscheidung. Es folgt der Vorschlag, Ausnahmen im Rahmen einer speziellen Konstruktion zu behandeln (Sicherheitsfassaden und D&R-Experten, siehe Abschnitt 5.4) – dieser Vorschlag

4. Java Data Objects, siehe [Roos 2003].

ist als Hilfe gedacht, nicht als Zwang, genau diese Konstruktion in jedem Detail zu übernehmen.

Die Aussagen der Kapitel 3 bis 6 gelten für jedes Softwaresystem: Wir glauben, dass man ohne eine solide Vorstellung von Komponenten und Schnittstellen kein vernünftiges System bauen kann – das gilt gleichermaßen für Informationssysteme, Gerätetreiber und Software im Automobil. Die Softwarekategorien (Kapitel 4) sind ein neuer Beitrag, der aber kein Ballast sein soll, sondern eine Hilfe beim Finden von Komponenten. Kapitel 4 zeigt, wie jedes Projekt seine eigenen Softwarekategorien definiert – geschickt gewählte Kategorien erleichtern den Softwareentwurf.

Kapitel 6 enthält zwei Botschaften. Erstens: Spezifiziere die Semantik der Schnittstellen so genau wie möglich. Zweitens: Hüte dich vor Seiteneffekten. Die Spezifikationssprache QSL ist als konstruktive Hilfe gedacht – mit QSL kann man bestimmt besser spezifizieren als in Prosa, aber wer meint, dass er mit Prosa zurechtkommt, darf es gern versuchen.

Kapitel 7 beschreibt eine Begriffswelt von verschiedenen Architekturen, die sich in den letzten Jahren bei sd&m rasch durchgesetzt hat. Die dort propagierte Trennung von Anwendungs- und Technikarchitektur ist derjenige Bestandteil von Quasar, der am häufigsten kontrovers diskutiert wird. Hierzu zwei Anmerkungen:

- Oberstes Ziel von Quasar ist Einfachheit und Klarheit des Entwurfs. Uns ist kein Beispiel bekannt, wo die Trennung von Anwendung und Technik mit diesem Ziel kollidiert, jedenfalls nicht, wenn man etwas nachdenkt.
- Die Trennung von Anwendung und Technik schadet der Performance nicht; im schlimmsten Fall kann man Methodenaufrufe durch Makros ersetzen. Datenabstraktion wurde erfunden und zum ersten Mal eingesetzt im A7-Projekt (siehe [Parnas 1972]) – unter technischen Restriktionen, die wir uns heute kaum noch vorstellen können.

Die Standardarchitektur des Anwendungskerns (Kapitel 8) bezieht sich auf komplexe Informationssysteme – und dort gilt die Standardarchitektur. Sie gilt in dieser Form nicht für andere Arten von Softwaresystemen: Gerätetreiber und Herzschrittmacher haben ihre eigenen Standardarchitekturen, aber die sind nicht Thema dieses Buches. Für die Kapitel 9 und 10 gilt sinngemäß dasselbe: Die dort definierten Standardarchitekturen für den Datenbankzugriff und für GUI-Oberflächen haben in dieser Form schon oft funktioniert und sind deshalb ein guter Ausgangspunkt für jeden, der so etwas neu programmieren will oder der ein vorhandenes Produkt untersucht.

1.5 Warum brauchen wir Quasar?

Es gibt doch J2EE[5], CCM[6] und anderes. Dazu folgende Antworten:

- Die Schnittstellen von Quasar sind wesentlich anwendungsnäher als die oben genannten technisch orientierten Schnittstellen. Quasar definiert einen Puffer zwischen der Anwendung und der Technik.
- Quasar lässt uns die Freiheit, diejenigen Produkte zu nutzen, die uns gefallen (oder auf denen der Auftraggeber besteht), und überall dort eigene Software zu verwenden, wo es keine brauchbaren Produkte gibt, oder wo wir etwas Besseres haben. Quasar ist keine Konkurrenzveranstaltung zu J2EE, sondern lässt uns das Beste davon nutzen.
- Quasar macht uns unabhängig von den schnellen und nicht beeinflussbaren Innovationszyklen im technischen Bereich (Wie sieht EJB in vier Jahren aus?).
- Quasar macht uns unabhängig von teuren, schwerfälligen und in der Weiterentwicklung nicht beeinflussbaren Produkten: Weil wir Produkte als Komponenten begreifen, die hinter Schnittstellen agieren, ist der Austausch von Produkten zwar nicht gratis, aber machbar.
- Quasar-Ideen und -Schnittstellen gelten sprachübergreifend, und zwar ohne Einschränkung für Java, C++ und C#, mit geringen Einschränkungen für C und mit größeren für Cobol.
- Quasar-Prinzipien helfen uns vor allem in Nicht-Standardsituationen, die ein Produkt niemals abdecken wird (etwa beim Zugriff auf Nachbarsysteme). Man kann keine Zugriffsschicht kaufen, die Änderungen gleichzeitig in eine relationale Datenbank und in ein Nachbarsystem schreibt.

1.5.1 Argumente gegen Quasar

Zwei Argumente gegen Quasar versuchen wir schon an dieser Stelle zu entkräften:

- *Quasar schadet der Performance.* Zusätzliche Schichten kosten tatsächlich ein paar Maschinenzyklen, aber das ist heute kein Problem; an dieser Front wird der Performance-Krieg nicht gewonnen. Viel wichtiger sind die Steuerungsmöglichkeiten, die ein nach Quasar-Ideen gebautes System bietet. Wir betrachten als Beispiel den Datenbankzugriff: Systeme sind dann langsam, wenn sie zum falschen Zeitpunkt zu viele Daten lesen. Wer den Quasar-Ideen folgt, der behält die vollständige Kontrolle über diesen Zeitpunkt und verfügt damit über viele Tuningmöglichkeiten.
- *Quasar schränkt die Menge der nutzbaren Funktionen ein.* Dies ist in doppelter Hinsicht falsch:

---

5. Java Enterprise Edition, siehe [J2EE].
6. CORBA Component Model, siehe [CCM].

- Wir bleiben beim Beispiel der Zugriffsschicht: Gerade weil die harten SQL-Anweisungen an einer Stelle konzentriert sind, kann man ohne Bedenken alle Spezialitäten des gegebenen DBMS verwenden. Man hat also mehr Funktionen, nicht weniger.
- Aus Anwendungssicht sind die technischen Schnittstellen viel zu kompliziert. Keine einzelne Anwendung braucht alle sechs Transaktionsmodi von EJB. Deshalb definiert Quasar eine einfache Transaktionsschnittstelle mit den Operationen *commit* und *rollback*, und erst in einer technischen Komponente wird entschieden, welcher Transaktionsmodus zur Anwendung kommt.

1.5.2 Quasar und Muster

Muster sind *Design in the Small*, Quasar ist *Design in the Large*. Quasar verwendet zahlreiche Muster: Die verschiedenen *Fabrikmuster*, der *Adapter* und die *Fassade* kommen laufend vor und werden meistens nicht eigens erwähnt. Manche Quasar-Elemente könnte man als Muster aufbereiten, aber das hat geringe Priorität (siehe [Gamma et al. 1995], [Schmidt et al. 2002]).

1.5.3 Quasar und Wissenschaft

Quasar ist aus wissenschaftlicher Sicht unfertig: Unsere Definitionen sind weitgehend informell; viele Konzepte und Ideen sind nur angedeutet, aber noch nicht in der Tiefe beschrieben. So ist Quasar auch eine Agenda für weitere Forschung, die wir aber nicht aus der Praxis heraus leisten können, sondern lieber den dafür vorgesehenen Forschungseinrichtungen überlassen. Als Themen bieten sich (mindestens) an:

- Komponenten und Schnittstellen (Kapitel 3)
- Softwarekategorien (Kapitel 4)
- Behandlung von Fehlern und Ausnahmen (Kapitel 5)
- Spezifikation von Schnittstellen (Kapitel 6)
- Aufteilung der Softwarearchitektur in A-, T- und TI-Architektur (Kapitel 7).

Die Kluft zwischen Praxis und Theorie ist auch heute noch sehr breit. Wer baut die Brücke? Wir betrachten Quasar als einen praxisseitigen Brückenkopf. Auf der Seite der Theorie sehen wir Arbeiten wie [Broy & Stolen 2001], wo ohne Anspruch auf unmittelbaren Praxisbezug ein rigides Gedankengebäude errichtet wird. Wird es gelingen, die beiden Welten zu verbinden?

1.5.4 Quasar und UML

UML 2.0 kennt 27 Pfeiltypen. In diesem Buch verwenden wir nur drei davon (*ruft auf*, *implementiert* und *instanziiert*), dazu den Kasten für Klasse/Komponente und einen Kreis (Lollypop) für Schnittstelle (siehe Abb. 1–1). UML-Klassenmodelle werden in der üblichen Weise eingesetzt.

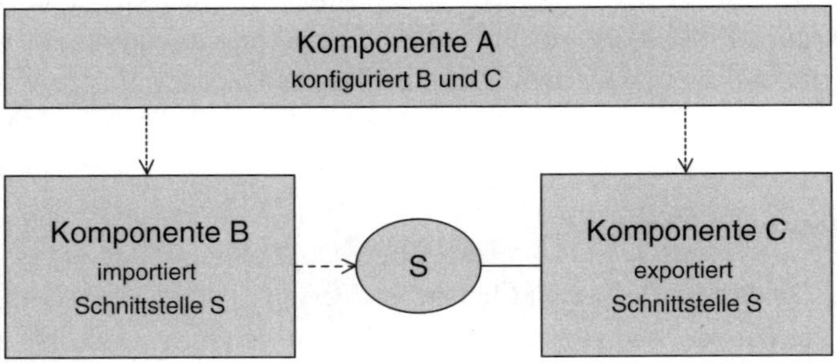

Abb. 1–1 *Konfiguration, Importeur und Exporteur*

Mehr zu Komponenten und Schnittstellen steht in den Kapiteln 2 und 3.

1.6 Was sagen andere?

Die Suche nach dem Schlagwort »Softwarearchitektur« liefert in Amazon über fünfzig Bücher, die in den letzten drei Jahren erschienen sind. Sie lassen sich grob in vier Kategorien unterteilen:

1. Theoretische Arbeiten (z.B. [Broy & Stolen 2001] und andere) werden in der Praxis bisher wenig wahrgenommen.
2. Die Muster-Bücher (etwa [Gamma et al. 1995], [Schmidt et al. 2002], [Shaw & Garlan 1996]). Muster gehören zu den wichtigen Errungenschaften der Softwaretechnik der letzten Dekade. Sie helfen vor allem beim Softwareentwurf im Kleinen; sie sind Mosaiksteine, die der Softwarearchitekt zu einem sinnvollen Ganzen zusammenfügt. Die wenigen Muster für Softwarearchitektur im Großen bewegen sich auf einer solchen Ebene der Allgemeinheit, dass der Nutzen für das einzelne Projekt reduziert ist. So beschreiben [Shaw & Garlan 1996] das Schichtenmodell so allgemein, dass sich die sieben ISO-Schichten, die Schichten eines Informationssystems und die Schalen eines Betriebssystems als Spezialfälle ergeben. Diese Darstellung ist von theoretischem Interesse, aber von geringem Nutzen im Projekt. Im Übrigen ist die Anzahl der verwendeten Muster oft nur schwach, manchmal auch negativ korreliert mit der Qualität der Architektur. Viele Projekte verwenden gerade die kleinen Muster unsachgemäß und unüberlegt (vor allem die Muster

Singleton und *Besucher* spielen hier eine unrühmliche Rolle) und machen so die Architektur kaputt.

3. Die Technik-Bücher. Viele Bücher, die den Begriff »Architektur« im Titel führen, erklären in Wirklichkeit eine bestimmte Technik wie EJB oder CORBA. Es ist zwar verdienstvoll, diese komplizierten technischen APIs verständlich aufzubereiten, aber ein großes Problem liegt woanders: Jedes einzelne Projekt braucht nur einen Bruchteil der überwältigenden Funktionsfülle, und es würde gut daran tun, die Verwendung spezieller Techniken weitgehend zu verbergen und in geeignete Adapter auszulagern. Das erzählen die Technik-Bücher aber gerade nicht, sondern im Gegenteil: Viele rufen dazu auf, die jeweilige Technik möglichst breit und flächendeckend einzusetzen. Aber das ist naiv und hat schon viele Projekte in Schwierigkeiten gebracht. An dieser Stelle sind übrigens auch die Berater der Herstellerfirmen zu nennen, die zwar die Technik in der Regel gut beherrschen, aber deren Ratschläge für die konkrete Nutzung die Abhängigkeiten von der Technik nicht selten maximieren, anstatt sie zu minimieren. Insofern dienen sie mehr den Interessen der Hersteller als denen des Projekts.
4. Die Bücher der guten Ratschläge. Diese enthalten viele wertvolle Informationen über Architektursichten, Strategien zum Finden einer guten Architektur und anderes, aber sie lassen den Leser zurück mit guten Ratschlägen der Form: »Identifizieren Sie Projektrisiken«, »Konzentrieren Sie sich auf die Schnittstellen«, »Entwerfen Sie nach Verantwortlichkeiten«. Dagegen lässt sich nicht das Geringste einwenden, aber wie geht es denn wirklich? Gern würden wir uns auf Schnittstellen konzentrieren, aber was ist da genau zu tun, was sind Schnittstellen überhaupt? Was kann man alles falsch machen und welche Konsequenzen hätte das?

Zwischen den allgemeinen Ratschlägen der Kategorie (4) und den Technik-Büchern der Kategorie (3) besteht eine Kluft, die von den Muster-Büchern nur teilweise gefüllt wird. Auch dieses Buch wird die Kluft nicht gänzlich schließen, aber es zeigt eine gangbare Brücke, die beide Welten verbindet.

2 Klassen und Schnittstellen

Dieses Kapitel ist gedacht als Hinführung zum zentralen Thema dieses Buches: Komponenten und Schnittstellen. Wir stellen am Beispiel der Java-Behälter und Iteratoren dar, wie man mit Schnittstellen umgeht und welche Vorteile man daraus zieht. Wir zeigen aber auch einige Mängel der Java-Bibliothek (JRE, Java Runtime Environment) als abschreckendes Beispiel für schlechten Softwareentwurf. Eine ausführliche Darstellung der JRE findet man z.B. in [Flanagan 2000] oder [Zukowski 2002]. Im Abschnitt 2.14 wird vorgeführt, wie man Schnittstellen und Klassen in anderen Sprachen formuliert (C++, C und Python).

Viele Grundideen von Komponenten und Schnittstellen stecken bereits in der JRE, und deshalb ist das Verständnis einiger Elemente der JRE eine gute Basis. Viele Aussagen, die wir hier am Beispiel von Java-Klassen behandeln, werden im nächsten Kapitel auf der Ebene von Komponenten wiederholt und vertieft.

2.1 Schnittstellen

Listen sind im täglichen Leben allgegenwärtig: Jeder Kassenzettel, jedes Kochrezept und Millionen anderer Dinge sind Listen, und Millionen von Nicht-Informatikern gehen täglich damit um. Jeder hat eine intuitive Vorstellung von Listen: Dort stehen irgendwelche Sachen hintereinander, die eingekauften Waren, die Zutaten oder was auch immer.

Informatiker haben eine ganz andere Sicht auf Listen: Sie überlegen sich, wie man Listen in verschiedenen Programmiersprachen realisiert. Dafür gibt es unterschiedliche Möglichkeiten: Man verwendet einen Array, man verkettet die Elemente der Liste oder speichert sie in einer Datei. Das Gemeinsame ist in jedem Fall die *Schnittstelle*, also das, was man mit einer Liste machen kann: Man kann Elemente hinzufügen oder entfernen, man kann nachsehen, wie lang die Liste ist, und man kann auf das i-te Element der Liste zugreifen, denn Listen kennen die Reihenfolge ihrer Elemente.

Die Schnittstelle formalisiert die intuitive Vorstellung, die wir im Alltag von einer Liste haben. Sie ist eine Abstraktion der Implementierung, d.h., man kann eine Liste verwenden, wenn man die Schnittstelle verstanden hat – die Kenntnis der Implementierung schadet nicht, ist aber nicht erforderlich. Das ist wie beim Autofahren: Jeder Autofahrer benutzt Lenkrad, Gas- und Bremspedal und macht sich im Normalfall (solange alles funktioniert) keine Sorgen um die Technik dahinter.

Das Konzept der Schnittstelle ist für die Softwarearchitektur in dreifacher Hinsicht bedeutsam:

- Schnittstellen machen Software leichter verständlich, denn es genügt, die Schnittstelle zu betrachten. Die Implementierung mag kompliziert sein, aber man muss sie nicht verstehen.
- Schnittstellen helfen uns, die Abhängigkeiten zu reduzieren. Das erste Gebot der Softwarearchitekten lautet: Kontrolliere und minimiere die Abhängigkeiten; jede vermiedene Abhängigkeit ist ein Sieg. Schnittstellen gestatten es, die Abhängigkeiten in der Schnittstelle zu konzentrieren und jede Abhängigkeit von der Implementierung zu vermeiden.
- Schnittstellen erleichtern die Wiederverwendung von bewährten Implementierungen und sparen damit Arbeit. Die Java-Implementierungen der gängigen Behälter (`HashSet`, `TreeSet`, `HashMap`, `TreeMap` usw.) sind mit Sicherheit leistungsfähiger als alles, was der beste Programmierer in seinem Projekt unter Zeitdruck fertig bringt.

Natürlich entfalten Schnittstellen ihren Nutzen nur dann, wenn wirklich ohne Bezug auf die Implementierung nur gegen Schnittstellen programmiert wird.

Beim Denken in Schnittstellen können wir uns an den Mathematikern orientieren: Mathematiker untersuchen zum Beispiel Gruppen und Ringe, Körper, Vektorräume und andere komplizierte Dinge, ohne sich auch nur im geringsten über deren Implementierung zu sorgen – Mathematiker würden die Frage nach der *Implementierung eines Körpers* völlig abwegig finden. Mathematische Konzepte wie Ring oder Körper werden Wirklichkeit durch ihre von Axiomen abgeleiteten Eigenschaften, und genauso werden die Konzepte der Informatik Wirklichkeit durch die Schnittstellen, die sie anbieten.

Die Kunst des Softwarearchitekten besteht darin, über Schnittstelle und Implementierung zum jeweils richtigen Zeitpunkt nachzudenken. Ohne Implementierung läuft gar nichts; schlechte oder unsachgemäße Implementierungen machen ein System instabil, langsam oder beides. Aber wer zuwenig über Schnittstellen nachdenkt, der wird sein eigenes System bald nicht mehr verstehen.

Wir nähern uns dem Problem der Spezifikation von Schnittstellen schrittweise: In den Kapiteln 3 und 4 betrachten wir Schnittstellen informell, d.h., wenn also in Kapitel 4 steht, dass »die Schnittstelle einen Vertrag zwischen Importeur und Exporteur darstellt«, dann darf sich der Leser darunter vorstellen, was er will. Das mag unbefriedigend sein, aber mit dieser naiven Haltung befinden wir uns in bester Gesellschaft. Kapitel 5 legt ein wichtiges Fundament für die Spezifikation von Schnittstellen: die Klarstellung der Begriffe *Fehler* und *Ausnahme*. Solcherart gerüstet präsentieren wir in Kapitel 6 einen pragmatischen und praktikablen Weg für die Spezifikation von Schnittstellen, den wir an zwei Beispielen vorführen: die Listen und Iteratoren dieses Kapitels und ein Berechtigungssystem, das in Kapitel 3 dargestellt wird.

2.2 Listen und Iteratoren

Hier ein Ausschnitt der `List`-Schnittstelle, wie sie Java seit der Version 1.2 zur Verfügung stellt:

```
public interface List {
   public boolean add(Object x);
   public boolean remove(Object x);
   public boolean contains(Object x);
   public int indexOf(Object x);
   public Object get(int i);
   public Object set(int i, Object x);
   public int size();
   public Iterator iterator();

   // Methoden, die hier nicht weiter interessieren
}
```

Dies also ist die Java-Vorstellung von einer Liste[1]. Die Bedeutung der einzelnen Methoden ist im Groben wohl intuitiv, aber trotzdem lohnt es sich, einen genauen Blick darauf zu werfen. Wir tun dies zunächst informell; das Kleingedruckte erläutert Abschnitt 2.4, und ganz genau werden wir uns damit in Kapitel 6 beschäftigen.

Die Methode `add` fügt das Objekt `x` zu der Liste hinzu; mit `contains` kann man testen, ob `x` in der Liste enthalten ist, und mit `remove` kann man es aus der Liste entfernen. `remove` liefert `true`, wenn `x` in der Liste enthalten war, sonst `false`. Der Aufruf `indexOf(x)` liefert die erste Position von `x` in der Liste und `-1`, wenn `x` nicht in der Liste enthalten ist. Die `get`-Methode liefert das `i`-te Element der Liste. Die Zählung beginnt bei `0` – die Liste muss also mindestens `i+1` Elemente enthalten, damit der Aufruf `get(i)` gelingt. Mit der `set`-Methode setzt man `x` an die `i`-te Stelle der Liste; als Ergebnis erhält man das Objekt, das sich vor dem Aufruf an der `i`-ten Stelle befand. Mit `size` erhält man die Anzahl der Elemente. Die letzte Methode liefert einen `Iterator`, mit dessen Hilfe man alle Elemente der Liste sequenziell betrachten oder bearbeiten kann.

Die `iterator`-Methode der `List`-Schnittstelle ist ein Beispiel für die *Fabrikmethode*, eines der Muster in [Gamma et al. 1995]: Jeder Aufruf von `iterator` liefert

---

1. Wir beschränken uns aus Gründen der Übersichtlichkeit auf einen schmalen, aber charakteristischen Ausschnitt der Java-Liste.

ein `Iterator`-Objekt, dessen Herkunft in doppelter Hinsicht im Dunklen liegt: Die Implementierung der Liste ist unbekannt und die des Iterators erst recht. `Iterator` ist eine Schnittstelle mit drei Methoden:

```
public interface Iterator {
   public boolean hasNext();
   public Object next();
   public Object remove();
}
```

Jeder `Iterator` befindet sich in einem von zwei Zuständen: Entweder zeigt er auf genau ein Element der zugehörigen Liste (das *aktuelle* Element) oder er befindet sich am Ende der Liste. Bei einer leeren Liste ist nur der zweite Zustand möglich. Mit `hasNext` kann man den `Iterator` fragen, ob noch ein Element übrig ist; wenn ja, kann man es mit `next` abholen: Der Iterator rückt um ein Element nach vorne und wechselt ggf. den Zustand. Mit `remove` wird das aktuelle Element aus der Liste entfernt.

Wann sind Listen gleich? Jede Java-Klasse unterstützt die `equals`-Methode (und noch einige andere wie `hashCode` oder `wait`, die wir an dieser Stelle nicht weiter betrachten). Insofern ist `equals` impliziter Bestandteil einer jeden Java-Schnittstelle, und die Semantik von `equals` legt fest, was Gleichheit bedeutet. In Java sind zwei Listen genau dann gleich, wenn sie die gleichen Elemente in derselben Reihenfolge enthalten – ohne irgendeine Bedingung an die Implementierung! So sind z.B. alle leeren Listen untereinander gleich, egal ob es sich um eine `LinkedList`, eine `ArrayList` oder irgendeine andere Implementierung handelt.

Die Gleichheit von Iteratoren ist völlig anders definiert: In Java sind nur identische Iteratoren gleich oder anders ausgedrückt: Jeder Iterator gleicht nur sich selbst, aber keinem anderen.

2.3 Vom Nutzen des Iterators

Die Vorzüge der Programmierung gegen Schnittstellen lassen sich am Beispiel des Iterators besonders gut darstellen. Iteratoren vereinheitlichen die lästigen Schleifen über verschiedene `List`-Implementierungen: Man braucht nicht mehr zu überlegen, ob der Index von `0` bis `n-1` läuft oder von `1` bis `n` – Iterator-Schleifen sehen immer gleich aus, und zwar so:

```
List list = new ArrayList();
list.add("otto");
list.add("hugo");

Iterator i = list.iterator();
while (i.hasNext()) {
   Object x = i.next();

   // tu was mit x
}
```

Diese Schleife funktioniert mit leeren Listen (die `while`-Schleife wird keinmal durchlaufen) und mit jeder beliebigen `Iterator`-Implementierung: Es könnte durchaus sein, dass jeder `next`-Aufruf einen Datenbankzugriff verursacht – aber der Aufrufer merkt nichts davon.

Java-Iteratoren verhalten sich defensiv bei konkurrierenden Zugriffen auf dieselbe Liste. Das folgende Programmstück liefert eine `ConcurrentModificationException`:

```
List list = ...
Iterator i = list.iterator();
list.add("otto");                 // macht den Iterator ungueltig
Object x = i.next();              // ConcurrentModificationException
```

Man beachte, dass dieses Problem innerhalb ein und desselben Threads auftritt; es hat nichts mit Nebenläufigkeit zu tun, wird allerdings bei parallelen Threads noch undurchschaubarer. Dieses defensive Verhalten von Iteratoren ist Teil ihrer Semantik; der Java-Schnittstelle sieht man es nicht an.

Anmerkung: Ein wichtiger Grundsatz lautet, dass der Programmierer jede Vorbedingung mit Methoden der Schnittstelle prüfen kann. Dies ist im Fall der `ConcurrentModificationException` leider nicht der Fall; in der `Iterator`-Schnittstelle wäre dazu etwa folgende Methode nötig:

```
public boolean isModified();
```

Diese Methode würde `true` liefern, wenn die zugehörige Liste seit der Erzeugung des `Iterators` geändert wurde, und `false` sonst. Aber eine solche Methode gibt es nicht; es ist nicht einmal möglich, vom Iterator zur Liste zu gelangen! Die `Iterator`-Schnittstelle ist *unvollständig*, d.h., zur Beschreibung der Semantik reichen die Methoden der Schnittstelle nicht aus; dazu wären weitere Methoden (im Beispiel `isModified`) nötig.

2.4 Das Kleingedruckte: Was kann alles schief gehen?

Es ist mühsam, das Verhalten von Methoden genau zu beschreiben. Weil wir das korrekte Verhalten nicht immer im Detail kennen und oft nur erahnen, ist es schwer, aussagekräftige Testtreiber zu schreiben, und es ist noch schwerer, korrekte Implementierungen zu liefern. Die Botschaft dieses Abschnitts lautet: Die meisten Schnittstellen sind komplizierter, als sie aussehen; man hüte sich vor versteckten Annahmen!

Dies zeigen wir anhand der beiden Schnittstellen `List` und `Iterator`, die wir bisher nur unter der versteckten Annahme betrachtet haben, dass schon alles gut gehen wird. Aber in Wirklichkeit gibt es zahlreiche Fehlermöglichkeiten: Speziell in Java sind die so genannten *optionalen Methoden* kritisch. Diese sind nicht notwendigerweise implementiert; jede Implementierung hat das Recht, beim Aufruf einer optionalen Methode eine `UnsupportedMethodException` zu werfen. Wer also mit einer unbekannten Implementierung arbeitet, der muss streng genommen zunächst durch Testaufrufe prüfen, ob die benötigten Methoden überhaupt vorhanden sind. Von den dargestellten `List`-Methoden sind `add` und `remove` optional, die Implementierung der anderen ist Pflicht. Die Java-Liste existiert also in zwei Versionen: *read-only* und *read-write*.

Grundsätzlich kann jede Methode scheitern – selbst bei einer so einfachen Methode wie `size` kann sich ein Programmierfehler einschleichen oder der verfügbare Hauptspeicher kann verbraucht sein. Mit dieser letzten Ebene von Fehlern (den Ausnahmen) befasst sich Kapitel 5. Von Ausnahmen abgesehen kann bei den Methoden `size` und `iterator` nichts passieren: Jede Liste hat eine bestimmte Anzahl von Elementen, die sie über `size` preisgibt, und `iterator` liefert in jeder Lebenslage einen `Iterator`.

Die Methoden `add`, `remove` und `contains` sind komplizierter als den meisten Programmierern bewusst ist: `add` ist nicht nur optional, sondern jede Implementierung hat das Recht, bestimmte Objekte (etwa den `null`-Wert) nach beliebigen Kriterien abzuweisen. Java stellt gleich drei verschiedene Ausnahmeklassen zur Verfügung, um Objekte abzulehnen: `ClassCastException` (wenn die Klasse unzulässig ist), `NullPointerException` (wenn `null` verboten ist) und `IllegalArgumentException`, wenn das Argument aus irgendeinem anderen Grund nicht akzeptabel ist. Mangelnder Speicherplatz – ein mögliches Problem der `add`-Methode – wird wie immer in Java durch `OutOfMemoryError` signalisiert.

Welche Ausnahmen gibt es bei `contains` und `remove`? Eigentlich keine: Entweder ist das Objekt Element der Liste oder es ist es nicht, und dann könnten beide Methoden `false` liefern. Aber das war den Java-Erfindern zu einfach. Wenn man mit `contains` oder `remove` ein Objekt `x` anspricht, das die Liste bei einem Aufruf von `add` abgewiesen hätte, so erhält man nicht etwa den Rückgabewert `false`, sondern eine `NullPointerException` (wenn die Liste keine `null`s akzeptiert) oder eine `ClassCastException` (wenn die Liste die Klasse von `x` nicht akzeptiert), aber seltsamerweise keine `IllegalArgumentException`. Dies kann man nur so interpretieren, dass der Aufruf `contains(x)` mit einem Objekt `x`, das bei `add(x)` die `IllegalArgumentException` geliefert hätte, einfach `false` zurückgibt, dass aber derselbe Aufruf mit einem Objekt `x`, das bei `add(x)` eine `ClassCastException` geliefert hätte, wiederum eine `ClassCastException` verursacht. Alles klar?

Der `Iterator` hat nur eine optionale Methode, nämlich `remove`, die anderen beiden sind Pflicht. Die Abfrage `hasNext` glückt immer, während die `next`-Methode die Ausnahme `NoSuchElement` wirft, falls kein weiteres Element mehr vorhanden ist (`hasNext` würde also `false` liefern). Interessant ist `remove`: Jedem Aufruf von `remove` muss ein erfolgreicher Aufruf von `next` vorausgehen. Wer diese Regel verletzt (indem er etwa `remove` zweimal hintereinander aufruft), der erhält eine `IllegalStateException`.

Damit endet unser Ausflug in die Welt des Kleingedruckten.

2.5 Konfiguration und Implementierung von Klassen

Die Trennung von Schnittstelle und Implementierung ist gut und schön, aber wer bringt die beiden zusammen? Davon handelt dieser Abschnitt.

Java stellt verschiedene Implementierungen von `List` und `Iterator` zur Verfügung (z.B. `ArrayList` und `LinkedList` mit ihren jeweiligen `Iteratoren`). Und jeder Programmierer hat die Möglichkeit, diese Schnittstellen nach eigenem Gutdünken zu implementieren, solange er sich an die gerade aufgeführten Regeln hält (siehe auch Abschnitt 2.7). Zu jeder Schnittstelle kann es also beliebig viele Implementierungen geben, und das Ziel sollte immer sein, gegen die Schnittstelle zu programmieren und nicht gegen die Implementierung. Das sieht etwa so aus:

```
public class ListUser {

   private List list;
   public ListUser (List list) {
      this.list = list;
   }

   public void foo() {
      Iterator i = list.iterator();

      // tu was mit list
   }
}
```

Die Klasse `ListUser` sieht nur die Schnittstelle `List` – sie weiß nicht, welche Implementierung dahinter steckt. `ListUser` bekommt im Konstruktor irgendein Objekt, dessen Klasse `List` implementiert, und die `foo`-Methode verwendet den zugehörigen `Iterator`. Dies ist ein Beispiel für die perfekte Unabhängigkeit von der Implementierung – `ListUser` läuft mit jeder Klasse, die `List` implementiert. Diese wird beim Konstruktor z.B. folgendermaßen übergeben:

```
public static void main(String[] args) {

   List list = new ArrayList();
      // oder irgendeine andere Klasse, die List implementiert

      // Liste fuellen
   ListUser lu = new ListUser(list);
   lu.foo();
}
```

Die Festlegung der implementierenden Klasse nennen wir *Konfiguration*. Insgesamt ergibt sich ein immer wieder gleiches Zusammenspiel von Konfiguration, Benutzer und Implementierung (siehe Abb. 2–1): Der Benutzer verwendet eine Schnittstelle, er weiß nichts über die Implementierung. Die Implementierung implementiert die Schnittstelle, sie weiß nichts über den Benutzer. Die Konfiguration bringt Benutzer und Implementierung zusammen – sie kennt beide mit Namen, weiß aber nichts über deren Funktion. Benutzer und Implementierung sind voneinander unabhängig; die Implementierung ist austauschbar. Allerdings hat die Austauschbarkeit offensichtliche Grenzen: Eine fehlerhafte `List`-Implementierung verursacht Fehler im `ListUser`; eine langsame `List`-Implementierung macht den `ListUser` langsam – dagegen ist leider kein Kraut gewachsen.

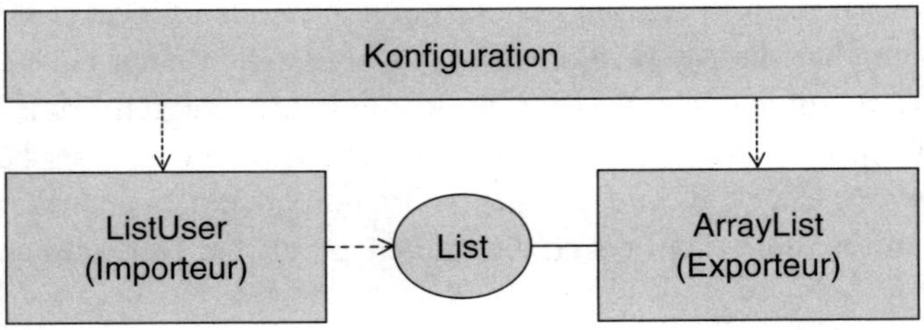

Abb. 2–1 *Konfiguration, Importeur und Exporteur*

2.6 Schnittstellen und Muster

Das Standardwerk über Muster ([Gamma et al. 1995]) entstand vor Java; die Programmbeispiele dort sind in C++ und Smalltalk formuliert. Weil keine dieser beiden Sprachen Schnittstellen als Element der Sprache direkt unterstützt, hat der Begriff der Schnittstelle im Muster-Buch nur eine untergeordnete Bedeutung.

Der *Iterator* ist eines der bekannten Muster. Im letzten Abschnitt haben wir ihn in seiner Eigenschaft als Schnittstelle dargestellt und erläutert. Wer Muster aus der Sicht von Schnittstellen betrachtet, erhält ein neues, vielleicht überraschendes Bild: Viele Muster sind nichts anderes als ein Spezialfall des Schnittstellen-Gedankens und lassen sich als solche leichter erklären und auch merken. Dies gilt u.a. für *Iterator*, *Brücke*, *Strategie*, *Zustand*, *Fabrik* und *abstrakte Fabrik*.

Die *Brücke* (*bridge*) erläutert [Gamma et al. 1995] am Beispiel einer Klassenhierarchie von Fenstern (`Window`, `IconWindow`, `TransientWindow`), die für zwei verschiedene Plattformen zu implementieren sind. Das *Brücke*-Muster läuft darauf hinaus, für jede Fensterklasse eine Schnittstelle zu definieren, die für zwei Plattformen implementiert wird. So sieht der Aufrufer nur die Schnittstelle und er ist unabhängig von der Plattform.

Die *Strategie* (*strategy*) ist die Schnittstelle in Reinform. [Gamma et al. 1995] verwenden als Beispiel einen Algorithmus zum Zeilenumbruch, der in mehreren Implementierungen vorliegt (`SimpleCompositor`, `TexCompositor` und `ArrayCompositor`). Der Aufrufer sieht nur eine Schnittstelle mit der Methode `compose`, die Implementierung ist vor ihm verborgen.

Der *Zustand* (*state*) ist ein Spezialfall der Strategie: [Gamma et al. 1995] betrachten die Klasse `TCPConnection`, die je nach Zustand (*open*, *closed*) auf Anforderungen (*open*, *close*, *acknowledge*) unterschiedlich reagiert. Die Idee ist wieder dieselbe: Der Aufrufer sieht die Schnittstelle mit den Methoden `open`, `close`, `acknowledge`; bei jedem Aufruf wird in Abhängigkeit vom Zustand die richtige Methode aufgerufen.

Zum *Fabrik*-Muster: Der harte Aufruf eines Konstruktors ist nur eine Möglichkeit, um an eine Implementierung zu gelangen. Oft verwendet man eine *Fabrik* als Indirektion zwischen dem Benutzer und der Implementierung. Die Fabrik – und nur sie – legt fest, welche Implementierung gerade aktuell ist. Beispiel:

```
public class MyListFactory {
   public List makeList() { return new ArrayList(); }

   // evtl. weitere make-Methoden
}
```

Fabriken sind selten komplizierter als diese hier und Anfänger fragen oft nach ihrem Sinn. Der Sinn erschließt sich, wenn wir z.B. eine Implementierung über RMI aufrufen. Dann sollte möglichst wenig über RMI bekannt sein[2], und die Fabrik wäre ein geeigneter Platz, um die Verbindung mit einem RMI-Server herzustellen. Die *abstrakte Fabrik* geht noch einen Schritt weiter. Hier wird die Fabrik selbst hinter einer weiteren Schnittstelle versteckt:

```
public interface ListFactory {
   public List makeList();

   // evtl. weitere make-Methoden
}
```

So kann man ganze Anwendungen ohne Kenntnis der verwendeten Implementierungen schreiben. Der Zugriff auf den RMI-Namensdienst wäre z.B. in einer eigenen Fabrik versteckt:

```
public class ListFactoryRMI implements ListFactory{

   private ListFactory listFactory;
   public ListFactoryRMI(String host) {
      try {
         listFactory = (ListFactory) Naming.lookup(host);
      } catch(Exception e) { // Ausnahmebehandlung }
   }
   public List makeList() {
      try {
         return listFactory.makeList();
      } catch(Exception e) { // Ausnahmebehandlung }
   }
   // evtl. weitere make-Methoden
}
```

2. Siehe hierzu Kapitel 4 über Softwarekategorien.

Diese spezielle Fabrik hat eine weitere wichtige Aufgabe: Sie übernimmt die Ausnahmebehandlung für den Fall, dass im Verlauf des entfernten Aufrufs Fehler aufgetreten sind. Kapitel 5 befasst sich ausführlich mit deren Behandlung.

Nach dem Vorbild von `ListFactoryRMI` kann man andere Fabriken bauen (z.B. `ListFactoryCORBA`). Der Aufrufer sieht immer nur die Schnittstelle; nur aus den Antwortzeiten kann er auf lokale oder entfernte Verarbeitung schließen.

2.7 Eigene Listen implementieren

Die Klasse `java.util.AbstractList` macht es leicht, eigene Listen zu implementieren. Dabei ist die in Abschnitt 2.4 dargelegte Spezifikation verbindlich. `AbstractList` ist eine Klasse mit zwei abstrakten Methoden:

```
public abstract class AbstractList implements List {

   public abstract int size();
   public abstract Object get(int idx);

   ...
}
```

Die Klasse `AbstractList` ist das Standardbeispiel des *Vorlagen*-Musters (siehe [Gamma et al. 1995]): Sie implementiert alle *read*-Methoden der `List`-Schnittstelle unter Verwendung der beiden abstrakten Methoden `size` und `get`; die einfachste Implementierung einer *read-only*-Liste besteht darin, von `AbstractList` abzuleiten und die beiden abstrakten Methoden `size` und `get` zu programmieren. Dazu ein Beispiel: `Range` (Bereich) ist eine Liste, deren `i`-tes Element gerade die Zahl `i + start` ist: Das `i`-te Element wird nicht gespeichert, sondern berechnet. `Range` ersetzt Speicherplatz durch Rechenzeit; jedes `Range`-Objekt braucht gleich viel Platz, egal ob es zehn oder 10 Millionen Elemente enthält.

```
public class Range extends AbstractList {
   private int start, stop;
   public Range(int start, int stop) {
      if (stop < start)
         throw new IllegalArgumentException();
      this.start = start;
      this.stop = stop;
   }
   public int size() { return stop - start; }
   public Object get(int idx) {
      if (0 <= idx && idx < stop - start)
         return new Integer(start + idx);
      else
         throw new IndexOutOfBoundsException();
   }
}
```

Die Klasse Range besteht den Test von Abschnitt 2.8 – das ist der Nachweis dafür, dass sie tatsächlich die List-Schnittstelle implementiert. Von den unendlich vielen Implementierungsmöglichkeiten einer Liste seien noch drei erwähnt:

- Umdrehen der Reihenfolge einer Liste: Die naive Lösung besteht darin, die Elemente der originalen Liste in einer zweiten Liste in umgekehrter Reihenfolge zu speichern. Eleganter ist der folgende Weg:

```
public class Reverse extends AbstractList {
   private List original;

   public Reverse(List original) { this.original = original; }
   public int size() { return original.size; }
   public Object get(int idx) {
      return original.get(original.size()-idx-1);
   }
}
```

  Wie in der Klasse Range ersetzen wir Speicherplatz durch Intelligenz: Der Zugriff auf das i-te Element wird einfach auf das passende Element der originalen Liste umgeleitet.
- Die Liste als Abstraktion einer sequenziellen Datei: Der Zugriff auf das i-te Element liefert den i-ten Datensatz. Auch diese Liste enthält ihre Elemente nicht wirklich, sondern stellt nur die Verbindung her zu Daten, die sich in einer lokalen oder entfernten Datei befinden. Performance-Problemen kann man durch Caching-Maßnahmen begegnen (man merkt sich z.B. die letzten *N* gelesenen Datensätze).
- Die Liste als Abstraktion einer Listbox am Bildschirm: get(i) liefert das i-te Element der Listbox, set(i, x) setzt es. So kann man sehr nah am GUI programmieren, ohne mit der verwendeten GUI-Bibliothek (z.B. Swing) in Berührung zu kommen.

Anmerkung: Aus unerfindlichen Gründen implementiert das DefaultListModel von Swing die List-Schnittstelle nicht vollständig (der Iterator fehlt; alle anderen Methoden sind vorhanden).

2.8 Schnittstellen und Test

Tests schreibt man gegen die Schnittstelle, nicht gegen die Implementierung. Das ist ökonomisch, denn ein einziger Test reicht für alle Implementierungen der Schnittstelle – egal ob das zwei oder 200 sind. Dabei ist allerdings zu beachten, dass Schnittstellen in verschiedenen Versionen existieren können: Bei der Liste sind das die *read-only-* und die *read-write*-Version; überdies dürfen die *read-write*-Versionen die Objekte, die sie akzeptieren, beliebig einschränken. Dies macht die Verwaltung von Testfällen unübersichtlich – wir müssen genau darüber Buch führen, welche Testfälle für eine bestimmte Implementierung gelten.

Anmerkung: Dies ist ein spezielles Java-Problem, das man beim Entwurf eigener Schnittstellen vermeiden sollte.

Jeder Test definiert einen oder mehrere Testfälle, die man mit kreativer Aggressivität gestalten sollte – wie der Finanzbeamte bei einer Betriebsprüfung. Man testet immer drei Dinge: (a) Verhalten bei korrekten Aufrufen, (b) Verhalten bei falschen Aufrufen und (c) Verhalten bei korrekten Aufrufen unter Last, ergänzt durch einzelne falsche Aufrufe. Zum Lasttest verwendet man die bei (a) und (b) definierten Testfälle und unterlegt ein ausreichendes Datenvolumen. Lasttests mit falschen Aufrufen wird man kaum durchführen: Zwar kann man falsche Aufrufe nicht verhindern, aber sie treten nicht massenhaft auf.

Wir zeigen einen Test am Beispiel der Liste und beschränken uns auf die *read-only*-Version, denn es geht ja nur um das Prinzip[3]. Der erste Testfall, `testListA`, testet das Verhalten der `List`-Implementierung bei korrektem Aufruf in drei Schritten: Zuerst werden alle Elemente des Testlings unter Verwendung von `get` und `size` in eine Hilfsliste kopiert; diese muss mit dem Testling (also `testList`) übereinstimmen. Im nächsten Schritt wird eine weitere Hilfsliste unter Verwendung des `Iterators` erstellt; auch diese muss mit dem Testling übereinstimmen. Der dritte Schritt befasst sich mit der `contains`-Methode: Alle Elemente der Hilfsliste sind im Testling enthalten, und alle Elemente von `other` sind es nicht. Wir verwenden `ArrayList` als Referenzimplementierung und erwarten als weiteren Parameter eine zum Testling disjunkte Liste `other`. Man sollte die Methode `testListA` mindestens dreimal aufrufen: mit einem leeren Testling, einem normalen und einem sehr umfangreichen.

```
public void testListA(List testList, ArrayList other) {

   // teste get und size
   ArrayList a = new ArrayList();
   for (int i = 0; i < testList.size(); i++) {
      a.add(testList.get(i));
   }
   assertTrue(testList.equals(a));
   assertTrue(a.equals(testList));

   // teste iterator
   ArrayList b = new ArrayList();
   Iterator i = testList.iterator();
```

3. Die dargestellten Tests verstehen sich als Beispiel; wir erheben keinen Anspruch auf eine vollständige Überdeckung.

```
    while (i.hasNext()) {
        Object x = i.next();
        b.add(x);
    }
    assertTrue(testList.equals(b));
    assertTrue(b.equals(testList));

    // teste contains
    i = a.iterator();
    while (i.hasNext())
        Object x = i.next();
        assertTrue(testList.contains(x));
    }

    i = other.iterator();
    while (i.hasNext()) {
        Object x = i.next();
        assertFalse(testList.contains(x));
    }
}
```

Die assert-Methoden stammen von JUnit (siehe [Hightower & Lesiecki2002]).

Im nächsten Schritt prüfen wir das Verhalten bei falschen Eingaben. Hier gibt es nur zwei Möglichkeiten: Die get-Methode bekommt einen verbotenen Index (negativ oder größer als size–1), und man kann über das Ende des Iterators hinauslaufen. Die in Abschnitt 2.3 besprochenen Probleme bei parallelem Zugriff auf eine Liste gibt es in der *read-only*-Version nicht.

```
public void testListB() {

    // teste get mit falschen Werten
    try {
        Object x = testList.get(-1);
        fail();
    } catch (IndexOutOfBoundsException e) {}

    try {
        Object x = testList.get(testList.size());
        fail();
    } catch (IndexOutOfBoundsException e) {}

    // teste Ueberschreitung des Iterators
    Iterator i = testList.iterator();
    while (i.hasNext()) {
        Object x = i.next();
    }
    try {
        Object x = i.next();
        fail();
    } catch (NoSuchElementException e) {}
}
```

Damit sind wir in der Lage, *read-only*-Listen und ihre Iteratoren zu testen. Die Tests erkennen natürlich nur die Fehler, an die wir gedacht haben; alle anderen bleiben verborgen. Tests wachsen mit der Zeit. Sie sind niemals wirklich vollständig, aber jeder neue Fehler, den ein Test übersehen hat, ist ein Anlass, den Test um einen neuen Testfall zu erweitern. Wer diese Regel konsequent befolgt, der erhält mit der Zeit einen richtigen Schatz an kostbaren Testfällen.

Tests sind kostbar, aber auch mühsam und aufwendig zu erstellen. Dieser Abschnitt hat gezeigt, wie umfangreich ein einigermaßen sinnvoller Test schon bei einem kleinen Beispiel sein kann. Der Leser ist eingeladen, den vorliegenden Test für die *read-write*-Version von Liste und Iterator zu erweitern.

Tests haben noch eine weitere wichtige Eigenschaft: Sie präzisieren die Spezifikation, denn Testfälle sind verständlich und lehrreich. Oft dokumentiert erst ein Testfall das gewünschte Verhalten einer Methode. Testfälle sind für uns ein wesentlicher Teil der Spezifikation.

2.9 Weitere Java-Behälter

Die wichtigsten Java-Behälter sind der *Behälter* an sich (`Collection`), die ausführlich besprochene *Liste* (`List`), die *Menge* (`Set`) und das *Verzeichnis* (`Map`)[4]. Die Liste kennt die Reihenfolge ihrer Elemente, und sie kann jedes Element, das sie überhaupt enthalten darf (vgl. Abschnitt 2.4), beliebig oft enthalten. Diese beiden Eigenschaften unterscheiden sie von der Menge, die die Reihenfolge ihrer Elemente nicht kennt und die jedes Element höchstens einmal enthält.

Der Behälter verallgemeinert Liste und Menge: Es gibt keine Reihenfolge der Elemente; Elemente können mehrfach enthalten sein. Ein Verzeichnis ist nichts anderes als eine Menge von Schlüssel-Wert-Paaren. Schlüssel sind eindeutig, d.h., jeder Schlüssel darf höchstens einmal vorkommen. Zu jedem Schlüssel ist genau ein Wert gespeichert. Beispiele aus dem Alltag sind das Lexikon (Schlüssel = Stichwort, Wert = Erklärung), die Speisekarte (Schlüssel = Name des Gerichts, Wert = Preis) oder der Fahrplan im Bahnhof (Schlüssel = Bahnsteig und Uhrzeit, Wert = Name des Zuges).

Java definiert vier Schnittstellen, die der dargestellten Anwendungssicht entsprechen (siehe Abb. 2–2): `Collection`, `List`, `Set` und `Map`. `Collection` hat keine `get`- und `set`-Methoden, weil es einfach kein i-tes Element gibt. `Set` und `Collection` sind identisch bis auf die Bedeutung der `add`-Methode: Die `add`-Methode von `Collection` liefert immer `true`; die `add`-Methode von `Set` liefert nur dann `true`, wenn das neue Element in der Menge noch nicht vorhanden war und deshalb hinzugefügt werden konnte.

4. Es gibt noch viele andere Java-Behälter; siehe [Flanagan 2000].

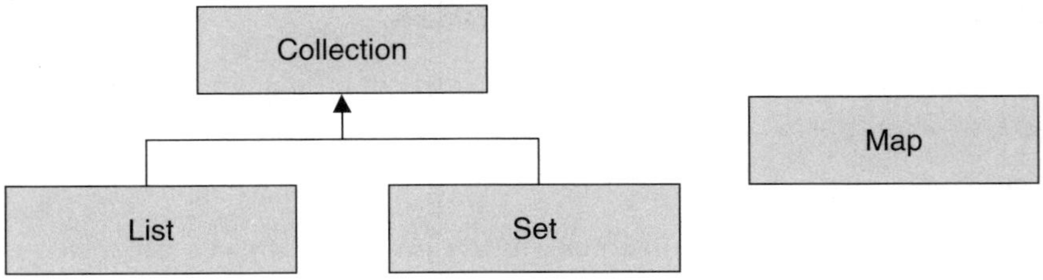

Abb. 2–2 *Die wichtigsten Behälter-Schnittstellen*

In der Schnittstelle Map sind drei Methoden besonders wichtig:

```
public interface Map {
   boolean containsKey(Object key);
   Object get(Object key);
   Object put(Object key, Object value);
   // viele weitere Methoden
}
```

Die put-Methode speichert das Objekt value unter dem Schlüssel key; mit der get-Methode findet man den Wert zu dem gegebenen Schlüssel. Wenn der Schlüssel nicht existiert, wird null zurückgeliefert. Nun gibt es ein Problem: Java-Verzeichnisse erlauben null als Wert (obwohl eine spezielle Implementierung davon abweichen kann, vgl. Abschnitt 2.4). Deshalb kann null als Ergebnis von get zweierlei bedeuten: den Wert null oder die Information, dass der Schlüssel nicht vorhanden ist. Hier kommt die Methode containsKey zu Hilfe: Sie sagt, ob der Schlüssel key in dem Verzeichnis vorhanden ist.

Die Schnittstellen List und Set erweitern die Collection-Schnittstelle (vgl. Abb. 2–2). Dies heißt nur, dass List und Set alles können, was ein Behälter auch kann – jede Schnittstelle ist nichts weiter als eine Liste von Versprechen, die in abgeleiteten Schnittstellen verlängert werden kann. Verhaltensvererbung ist ein außerordentlich einfaches Konzept und nicht zu vergleichen mit der aus verschiedenen Gründen fragwürdigen Implementierungsvererbung (vgl. [Broy & Siedersleben 2002]). Insbesondere ist mehrfache Verhaltensvererbung überhaupt kein Problem.

2.10 Arbeit sparen durch Schnittstellen

Ein *Histogramm* ist die grafische Darstellung der Häufigkeit von Messwerten. In diesem Abschnitt befassen wir uns mit der Methode

```
Map makeHistogram(List xs);
```

Sie liefert ein Verzeichnis (`Map`) zurück, in dem für jedes Objekt `x` der Liste `xs` hinterlegt ist, wie oft `x` in `xs` vorkommt. Genauer: Es sei

```
List xs = ...;          // wird irgendwie gefuellt
Map h = makeHistogram(xs);
```

Dann ist Folgendes richtig:

- Jedes Element `x` von `xs` ist ein Schlüssel von `h`
- Für jedes Element `x` von `xs` gilt: `h.get(x).equals(xs.count(x))`

Wenn es keine Schnittstellen gäbe, dann müsste man `makeHistogram` für jede `List`-Implementierung neu schreiben – mit viel Aufwand und vielen Fehlermöglichkeiten. Mit der `List`-Schnittstelle schreibt man das Histogramm (und andere Funktionen wie `removeDuplicates`, `concat`) nur einmal, und zwar so, dass die Funktion mit jeder beliebigen `List`-Implementierung läuft. Weitere Beispiele für arbeitssparende Funktionen findet man in den Klassen `java.util.Arrays` und `java.util.Collections`. Hier ist die Implementierung von `makeHistogram` innerhalb einer Klasse `ListUtil`, die weitere nützliche Funktionen enthält:

```
public abstract class ListUtil {

   public static Map makeHistogram(List xs) {
      Map result = new HashMap();
      Iterator i = xs.iterator();
      while (i.hasNext()) {
         Object x = i.next();
         Integer count = (Integer) result.get(x);
         if (null == count)
            result.put(x, new Integer(1));
         else
            result.put(x, new Integer(count.intValue()+1));
      }
      return result;
   }

   public static List removeDuplicates(List xs) { ... }

   public static List concat(List xs, List ys) { ... }

   // weitere nuetzliche Funktionen
}
```

Anmerkung: Wer dieses Beispiel genauer anschaut, erkennt einen der größten Mängel von Java: die Unterscheidung von elementaren Datentypen und Objekten (hier `int` und `Integer`). Java-Behälter enthalten nur Objekte (wie `Integer`), aber keine elementaren Datentypen (wie `int`). Mit `Integer`n kann man aber nicht rechnen, und deshalb ist man gezwungen, erst den `int`-Wert zu extrahieren, die Berechnung durchzuführen und das Ergebnis in einem neuen `Integer`-Objekt zu verpacken. Dies erklärt das etwas umständliche Programm, das wegen der dauernden Erzeugung von `Integer`-Objekten auch langsamer ist als nötig. Natürlich kann man oft gebrauchte `Integer` (etwa die von 1 bis 10) vorhalten, aber dann wird das Programm noch umständlicher. Dieses Problem wird in Java 1.5 durch *Autoboxing* gelöst.

2.11 Prinzip der minimalen Annahme

Bei vielen Parametern haben wir die Wahl zwischen einer Schnittstelle und einer Klasse, die die Schnittstelle implementiert. Das Prinzip der minimalen Annahme enthält zwei Regeln:

- Verwende nur dann eine implementierende Klasse, wenn die zugrunde liegende Schnittstelle nicht ausreicht – und das sollte nur ganz selten der Fall sein.
- Wähle unter allen passenden Schnittstellen die einfachste (z.B. also `Collection` statt `List`, `Iterator` statt `ListIterator`, wenn die Methoden der einfacheren Schnittstelle genügen). Die Parametertypen sind so allgemein wie möglich und so speziell wie nötig.

2.12 Rückrufschnittstellen (*callbacks*)

Jede Sortierfunktion braucht Informationen über das Sortierkriterium, jeder Java-Thread muss wissen, was er eigentlich tun soll. In beiden Fällen geht es darum, dass der Gerufene zurückfragt; beim Sortieren wird gefragt: »Welches ist das größere von zwei Objekten?« Das funktioniert mit Hilfe von Rückrufschnittstellen. Sie sind eine Forderung der Schnittstelle an den Aufrufer: Dieser implementiert die Rückrufschnittstelle, damit der Gerufene seine Arbeit überhaupt tun kann. Rückrufschnittstellen haben einen völlig anderen Charakter als die eigentlichen Nutzschnittstellen, die wir bisher besprochen haben.

Man implementiert Rückrufschnittstellen in C mit Funktionszeigern, in C++ mit Funktionsobjekten und in C# mit den Delegates, die aber nichts anderes sind als eine syntaktisch elegante Variante der Java- und C#-Schnittstellen.

2.12.1 Beispiel: Fahrstuhl mit virtueller Zeit

Bei Simulationsaufgaben stellt sich regelmäßig das Problem der Zeitverwaltung: Ein Fahrstuhl fährt vom Erdgeschoss in den 10. Stock; das dauert ungefähr zehn Sekunden. Wie kann man dieses Zeitverhalten simulieren, ohne die reale Zeit abzuwarten? Hier bietet sich ein Zeitgeber (`Timer`) an, dessen innere Uhr schnell oder langsam abläuft. Seine Java-Schnittstellen sehen folgendermaßen aus:

```
public interface TimerAdmin {
   public void setSpeed(double speed);
}

public interface Timer {
   public void schedule(long delay, Runnable r);
}

public interface Runnable {
   public void run();
}
```

Die Idee ist einfach: `setSpeed(100.0)` lässt den `Timer` in 100facher Realzeit laufen; in der `schedule`-Methode wird eine Rückrufmethode registriert: Nach dem Ablauf von `delay` (in Millisekunden nach der Uhr des `Timers`) ruft der `Timer` die `run`-Methode von `Runnable`. `Runnable` ist eine generische Schnittstelle, die immer dann nützlich ist, wenn irgendwas zu tun ist, ganz egal was.

Die Schnittstellen `TimerAdmin` und `Timer` sind mit Absicht getrennt, denn sie richten sich an verschiedene Benutzer: Die `Timer`-Geschwindigkeit setzt man vermutlich nur einmal zu Beginn eines Tests im Rahmen der Konfiguration, aber die `schedule`-Methode wird aus der Anwendung heraus laufend gerufen. Die Klasse `MyTimer` implementiert beide Schnittstellen:

```
public class MyTimer implements Timer, TimerAdmin {

   public void setSpeed(double speed) { .. }

   public void schedule(long delay, Runnable r) { .. }
}
```

Wir implementieren den Fahrstuhl mit Hilfe der Klasse `Elevator`. Diese sieht nur die `Timer`-Schnittstelle, hat also keine Möglichkeit, die Zeit zu beschleunigen oder zu verlangsamen. Die `goTo`-Methode schickt den Lift ins Stockwerk `floor`. Sie ruft nach der Erledigung interner Aufgaben den `Timer` auf mit der Bitte, nach der angegebenen Zahl von Millisekunden die `arrived`-Methode zurückzurufen.

```
public class Elevator {

  private static final long SPEED = 1000; // ms pro Stockwerk
  ...
  private static final int ATREST = 1;
  private static final int MOVING = 2;
  ...
  private Timer timer;
  private int state;
  private int currentFloor;

  public Elevator(Timer timer, .. ) {
     this.timer = timer;
     this.state = ATREST;
     this.currentFloor = 0;
  }

  public void goTo(int floor) {

     // interne Verwaltung
     state = MOVING;

     timer.schedule(Math.abs(floor - currentFloor) * SPEED,
        new Runnable() {
           public void run() {
              this.arrived();
           }
        });
  }

  private void arrived() {

     // interne Verwaltung
     state = ATREST;
  }
}
```

In diesem Beispiel wurde die etwas gewöhnungsbedürftige Syntax der anonymen Klassen verwendet. Der großzügige Gebrauch von Schnittstellen führt in Java zu einem Überfluss an Java-Dateien. Daher gibt es seit Java 1.1 die anonymen Klassen, die einige Programmzeilen sparen und den Namensraum übersichtlich halten, aber von manchen Programmierern als wenig lesbar kritisiert werden.

Andere Beispiele für Rückrufschnittstellen sind die Schnittstellen `java.awt.event.ActionListener` (für Swing- und AWT-Programmierung) und `java.util.Observer` (Beobachter-Muster).

2.12.2 Java-Schnittstellen und funktionale Programmierung

Die `Runnable`-Schnittstelle enthält keinerlei Semantik; ihr Daseinszweck besteht darin, dem ausführenden Thread mitzuteilen, was er eigentlich tun soll – aber dem Thread ist völlig gleichgültig, was das ist. Von hier ist es nicht weit zu Schnittstellen, die beliebige Funktionen bzw. Prädikate repräsentieren:

```
public interface UnaryFunction {
   public Object execute(Object x);
}

public interface UnaryPredicate {
   public boolean execute(Object x);
}

public interface BinaryFunction {
   public Object execute(Object x, Object y);
}

public interface BinaryPredicate {
   public boolean execute(Object x, Object y);
}
```

Damit kann man in Java annähernd funktional programmieren (siehe [JGL]): Funktionen sind ganz normale Variablen (*first class citizens*), Funktionen höherer Ordnung akzeptieren Funktionen als Argumente und produzieren Ergebnisse, die selbst wieder Funktionen sein können. Hier eine Kostprobe:

```
public abstract class FP {

   // liefert die Liste der f(x) fuer x in xs
   public static List map(UnaryFunction f, List xs) { .. }

   // liefert die Liste der x in xs, fuer die p(x) wahr ist
   public static List filter(UnaryPredicate p, List xs) { .. }

   // liefert f(..f(f(x0, x1), x2), .. xn)
   public static Object reduce(BinaryFunction f, List xs) { .. }

   // verbindet f und g
   public static UnaryFunction compose(UnaryFunction f, UnaryFunction g) { .. }

   // bindet erstes Argument
   public UnaryFunction curry(BinaryFunction f, Object x) {
      ..
   }

   // usw.
}
```

2.13 Pakete in Java

Die Klasse ist als Mittel der Strukturierung zu klein. Deshalb gibt es in Java die Möglichkeit, Klassen und Schnittstellen in Pakete zusammenzufassen. Pakete sind nichts weiter als eine Verzeichnisstruktur; es gibt wenige veröffentlichte oder gar allgemein akzeptierte Richtlinien über die Strukturierung von Java-Systemen in Pakete. Dieser Abschnitt analysiert an drei Beispielen die Paketstruktur der JRE und gibt Richtlinien für die Gestaltung von Java-Paketen.

JRE wurde mit der Absicht gebaut, den zahllosen Java-Programmierern dieser Welt ihr Programmierer-Dasein so angenehm wie möglich zu machen. Dies ist an manchen Stellen hervorragend geglückt, an anderen weniger. JRE ist immer dann einfach und komfortabel zu benutzen, wenn die verfügbaren Funktionen in wenigen Klassen konzentriert sind. Dafür zwei gelungene Beispiele:

- Die Klassen `BigInteger` und `BigDecimal` implementieren beliebig genaue Arithmetik mit ganzen Zahlen (`BigInteger`) bzw. Gleitkommazahlen (`BigDecimal`). Beide Klassen sind für sich allein verständlich und benutzbar. Beide sind abgeleitet von der Klasse `Number`, was den Benutzer nicht weiter kümmert, und abgesehen von den Wrapperklassen `Integer`, `Double` usw. gibt es keine Abhängigkeiten zu irgendwelchen anderen Klassen oder Schnittstellen. Das ist vorbildlich. Im Übrigen sind diese beiden Klassen auch eine gute Vorlage für selbst zu schreibende Klassen wie `Rational` oder `Complex`.
- Die Klassen `Pattern` und `Matcher` im Paket `java.util.regexp` helfen bei der Behandlung regulärer Ausdrücke. Auch hier braucht man keine lange Bedienungsanleitung, sondern ein einziges Beispiel zeigt, wie die Sache funktioniert:

```
Pattern p = Pattern.compile("a*b");      // beliebig viele a, dann ein b
Matcher m = p.matcher("aaaaab");
boolean b = m.matches();                 // true
m = p.matcher("a");
b = m.matches();                         // false, da kein b vorhanden
```

  Einfacher geht es nicht.

Aber es ist nicht immer so einfach; manche JRE-Funktionen sind außerordentlich mühsam zu verwenden. Ein notorisches Beispiel sind *Datum* und *Zeit*. Zum Rechnen mit Datum und Zeit braucht man mindestens drei Klassen, nämlich: `java.util.GregorianCalendar`, `java.util.Date` und schließlich `java.text.SimpleDateFormat`. Während diese Klassen in ihrem Zusammenwirken wirklich fast alle Funktionen besitzen, die man sich wünschen kann, ist die Benutzung unübersichtlich, schwer zu lernen und fehleranfällig. Hier ganz kurz das Prinzip:

Die Klasse `Date` enthält nicht nur das Datum, wie der Name suggeriert, sondern den absoluten Zeitpunkt, gemessen in Millisekunden seit dem Stichtag 1.1.1970.[5] Die Klasse `Date` ist für sich allein ohne großen Nutzen; sie erhält ihren Wert erst im Zusammenspiel mit `SimpleDateFormat`: Letztere transformiert `Date` in nahezu beliebige Datumsformate und wieder zurück. Das sieht etwa folgendermaßen aus:

---

5. Die Millisekunden werden in einer `long`-Variablen gehalten. Das reicht bis zum Jahr 292.278.994.

```
SimpleDateFormat f      = new SimpleDateFormat("dd.MM.yyyy");
Date d                  = f.parse("22.08.2003");
String s                = f.format(d);     // s = "22.08.2003"
```

Die parse-Methode transformiert also einen String in ein Date (und wirft eine ParseException im Falle eines falschen Formats); die format-Methode tut das Inverse. Mit Date-Variablen kann man leider nicht rechnen; auch ist es nicht möglich, etwa das Jahr, den Monat oder den Wochentag aus einem Date-Objekt zu ermitteln. Dazu gibt es die Klasse GregorianCalendar, die zwar alles kann, was man sich wünscht, deren API aber sehr gewöhnungsbedürftig ist. Die Transformation zwischen Date und GregorianCalendar erfolgt durch die Methoden getTime und setTime:

```
Date date = ...
cal = new GregorianCalendar();
cal.setTime(date);
Date dd = cal.getTime();
```

Der naive Benutzer ist also laufend damit beschäftigt, zwischen Date und GregorianCalendar hin und her zu wechseln, und er muss das vollständige, aber umständliche API dieser Klasse direkt benutzen. Eine interessante Eigenschaft von GregorianCalendar besteht darin, dass die Tage eines Monats von 1 bis 31 gezählt werden, die Monate selbst aber von 0 bis 11 (Monat 11 ist also der Dezember) – eine ergiebige Quelle für Programmierfehler. Die Klassen Date, GregorianCalendar und SimpleDateFormat sind ein Beispiel dafür, wie man anderen Programmierern das Leben schwer macht. Hier die verbesserungswürdigen Punkte:

- Die Klassen sind über zwei völlig unspezifische Pakete verstreut (java.util, java.text).
- Die Funktionen sind eher zufällig auf die vorhandenen Klassen verteilt.
- Die Methoden von GregorianCalendar sind zwar allgemein und leistungsfähig, aber sie sind schwer zu benutzen und geben Anlass zu Fehlern.

Daraus ergibt sich zwingend, dass man in jedem ernsthaften Projekt Software benötigt, die diese Besonderheiten vor dem normalen Programmierer verbirgt – nicht etwa, weil der zu dumm ist, um die beschriebenen Klassen direkt zu verwenden, sondern weil er einfach Wichtigeres zu tun hat, als die Spezialitäten des GregorianCalendar zu analysieren. Ähnliche Kritik gilt für Java-Sockets, für JavaMail und eine ganze Reihe von anderen Bereichen. Insofern ist JRE nur bedingt als Vorbild für die Paketstrukturen in großen Systemen geeignet.

2.13.1 Wie baut man Java-Pakete?

Jedes Java-Paket ist eine Einheit der Wiederverwendung. Jede Komponente (was immer das ist; Kapitel 3 wird diesen Begriff genau erläutern) wird in Java als Paket implementiert. Möglichst viele Programmierer sollen das Paket benutzen, und zwar so einfach, so komfortabel und so intuitiv wie möglich. Pakete baut man für den Benutzer: Er soll es leicht haben, im besten Fall sogar Spaß. Das heißt:

- Jedes Paket enthält auf der obersten Ebene alles, was der Benutzer braucht. Das sind alle Schnittstellen, alle Nicht-Standarddatentypen, die diese Schnittstellen verwenden, und alle Fabriken, die den Zugang zur eigentlichen Implementierung vermitteln. Der Benutzer importiert nur Klassen und Schnittstellen der obersten Ebene.
- Alle Implementierungsklassen liegen mindestens eine Ebene weiter unten. Sie sind für den Benutzer uninteressant und werden niemals von außen importiert.

Diese Konvention bedeutet eine wesentlich rigidere Zugangskontrolle als die Einschränkungen durch `private` bzw. `protected`.

2.14 Schnittstellen in anderen Sprachen

Neben Java bietet unter den verbreiteten Programmiersprachen nur C# die Schnittstelle als eigenständiges Konstrukt an. Alle Java-Beispiele lassen sich wörtlich auf C# übertragen. Die Delegates von C# erleichtern den Umgang mit den kleinen Schnittstellen, die vor allem für Callbacks genutzt werden.

2.14.1 Schnittstellen in C++

Schnittstellen in C++ werden als Klassen mit ausschließlich virtuellen Methoden implementiert. Eine Besonderheit von C++ sind die Vorlagen (Templates), die es gestatten, typsicher zu programmieren und die zahlreichen mit der generischen Java- und C#-Programmierung verbundenen Cast-Methoden zu vermeiden. Java-`List` und -`Iterator` hätten in C++ folgende Form:

```
template <class T>
struct Iterator {
  virtual bool hasNext() = 0;
  virtual T& next() = 0;
  virtual T& remove() = 0;
};

template <class T>
struct List {
  virtual bool add(T x) = 0;
  virtual bool remove(T x) = 0;
  virtual bool contains(T x) = 0;
  virtual int indexOf(T x) = 0;
  virtual T& get(int i) = 0;
  virtual T set(T x) = 0;
  virtual int size() = 0;
  virtual Iterator<T> iterator() = 0;

  // weitere Methoden
};
```

Schnittstellen werden implementiert, indem man von der abstrakten Klasse ableitet. Da C++ Mehrfachvererbung unterstützt, kann jede C++-Klasse beliebig viele Schnittstellen implementieren. C++-Programmierer sind oft geneigt, die Implementierung von Schnittstellen als Spezialfall der Vererbung zu betrachten. Dies geht am Kern der Sache vorbei: Schnittstellen und deren Implementierung sind völlig anders geartet als die Implementierungsvererbung der Objektorientierung.

2.14.2 Schnittstellen in C

Schnittstellen in C sind Strukturen von Funktionszeigern. C kennt keine Vorlagen; die Rolle des Java-`Object` spielt der Datentyp `void*`. Liste und Iterator haben in C folgende Form:

```
typedef struct List List;
typedef struct Iterator Iterator;

typedef struct {
  List* (*make)(void);
  bool (*add)(List*, void*);
  int (*contains)(List*, void*);
  int (*remove)(List*, void*);
  void* (*get)(List*, int);
  int (*size)(List*);
  Iterator* (*iterator)(List*);

  // weitere Methoden
} IList;
```

```
typedef struct {
   int (*hasNext)(Iterator*);
   void* (*next)(Iterator*);
   void* (*remove)(Iterator*);

} IIterator;
```

Hierzu folgende Anmerkungen:

- In C brauchen wir zwei Strukturen: die eine für die Daten (`List`, `Iterator`), die andere für die Funktionen (`IList`, `IIterator`). Wir folgen der Microsoft-Konvention und versehen die Schnittstellen mit dem Präfix `I`.
- Jede Implementierung kann ihre eigene Datenstruktur verwenden (`struct List` bzw. `struct Iterator`).
- Weil C keine Konstruktoren kennt, braucht man eine eigene `make`-Funktion zur Erzeugung von Listen bzw. Iteratoren.
- Alle Funktionen erwarten das angesprochene Objekt, das in objektorientierten Sprachen vor dem Punkt steht, als ersten Parameter (eine übliche Konvention).

Diese Art der C-Programmierung macht außerordentlich viel Spaß, lässt sich aber im großen Maßstab nur schwer durchsetzen.

2.14.3 Schnittstellen in typfreien Sprachen: Beispiel Python

Typfreie Sprachen stellen zwischen Variable und Datentyp keine Bindung her. Jede Variable kann alles sein, in Python z.B.:

```
a = 7                  ## eine ganze Zahl
a = "otto"             ## eine Zeichenkette
a = lambda x : 2*x     ## eine Funktion
```

Es gibt keine Typvereinbarungen: Ausdrücke wie `2*x` werden erst zur Laufzeit ausgewertet. Deshalb gibt es keine Schnittstellen wie in Java; sie machen keinen Sinn; man könnte sie nirgends im Programm verwenden. In typfreien Sprachen wird also nicht nur die Semantik, sondern auch die Syntax einer Schnittstelle außerhalb der Sprache in der Dokumentation hinterlegt. Wer in Python unbedingt eine Java-Liste verwenden will (die Python-Listen sind wesentlich eleganter), der würde eine Klasse nach folgendem Muster schreiben:

```
class ListTemplate(object):

   def __init__(self):       raise NotImplementedError
   def add(self, x):         raise NotImplementedError
   def remove(self, x):      raise NotImplementedError
   def contains(self, x):    raise NotImplementedError
   def indexOf(self, x):     raise NotImplementedError
   def get(self, i):         raise NotImplementedError
```

```
def set(self, i, x):     raise NotImplementedError
def size(self):          raise NotImplementedError
def iterator(self):      raise NotImplementedError
```

In Python wird das angesprochene Objekt wie in C explizit als erster Parameter übergeben; der `NotImplementedError` ist die Verpflichtung für abgeleitete Klassen, diese Methoden zu implementieren. Die Klasse `ListTemplate` ist nichts weiter als eine Vorlage mit der Bedeutung: Ich verlasse mich darauf, dass genau diese Methoden mit diesen Namen implementiert werden. Typinformationen (Parameter, Rückgabewert) und Semantik der Methoden sind an anderer Stelle (etwa in *Pythondoc* analog zu *Javadoc*) zu hinterlegen.

2.15 Zusammenfassung

- Wir haben gesehen, wie man gegen Schnittstellen programmiert und welche Vorteile man daraus zieht: Schnittstellen machen die Software flexibel, reduzieren Abhängigkeiten und sparen Aufwand, weil man viele Funktionen ein für allemal gegen eine Schnittstelle schreibt und nicht für die verschiedenen Implementierungen der Schnittstelle.
- Aufrufer und Implementierung kennen sich nicht, aber irgendwie müssen sie zusammenkommen. Genau das ist die Aufgabe der Konfiguration.
- Die genaue Semantik einer Schnittstelle ist auch bei einfachen Beispielen komplizierter als erwartet.
- Auch Testtreiber schreibt man für Schnittstellen; jede Implementierung der Schnittstelle stellt sich diesem einen Testtreiber.
- Man baut Java-Pakete für den Benutzer – der soll es einfach haben. Das heißt, alle Klassen und Schnittstellen, die ihn etwas angehen, liegen auf der obersten Ebene des Pakets; der Zugriff auf Internas wird verhindert oder wenigstens schwer gemacht. In Java sind die regulären Ausdrücke (`java.util.regexp`) vorbildlich; die `Date`- und `Calendar`-Klassen sind ein abschreckendes Beispiel.
- Schnittstellen sind keine Besonderheit von Java. Man kann Schnittstellen in jeder Sprache mehr oder weniger elegant umsetzen.
- Die Idee der Schnittstelle skaliert: Schnittstellen verbergen kleine Dinge (einen Iterator) und große (ein ganzes Nachbarsystem).

3 Komponenten und Schnittstellen

Jedes technische System besteht aus verschiedenen Bestandteilen, den Komponenten. »Teile und herrsche« ist nicht nur der Wahlspruch von Kaisern und Königen, sondern der einzige gangbare Weg, um große Systeme zu entwerfen, zu bauen und zu betreiben.

Aber was ist eine Komponente? Wir betrachten als Beispiel ein Auto: Es besteht aus Motor, Kupplung, Getriebe, Differenzial und vielen anderen Bestandteilen, die sinnvoll zusammenwirken und doch weitgehend unabhängig sind: Man kann z.B. die Kupplung reparieren, austauschen oder auch nur verstehen – und sieht dabei von den benachbarten Komponenten (in diesem Fall Motor und Getriebe) nur eine einfache Schnittstelle. Ein anderes Beispiel ist der PC: Wer ihn aufschraubt, erkennt ohne Mühe Netzteil, Grafikkarte, verschiedene Laufwerke, den Prozessor – und all diese Bauteile lassen sich unabhängig voneinander entwerfen, produzieren und verstehen. Aber es hat Jahrzehnte gedauert, bis dieses Maß an Standardisierung erreicht war. Beim Auto und beim PC ist geglückt, was wir bei Softwaresystemen bis heute meist vergeblich anstreben: Softwaresysteme, die aus einer überschaubaren Anzahl von Komponenten bestehen, die über definierte Schnittstellen kommunizieren.

Passende Schnittstellen sind notwendig, aber nicht hinreichend für den erfolgreichen Zusammenbau von Systemen aus Komponenten, denn es kommt auch auf die Dimensionierung an: Ein kleiner Motor in einem großen Auto, ein schneller Prozessor auf einem langsamen Bus – das wird niemand zufrieden stellen.

Erstaunlicherweise kennen die heutigen Programmiersprachen das Konzept der Komponente nicht oder nur in einer versteckten, technischen Form: In C und C++ verwenden wir *DLLs* bzw. *shared libraries*, in Java Pakete und *jar*-Dateien und in C# *assemblies*, aber nur das Geschick des Programmierers bestimmt, ob diese technischen Möglichkeiten komponentenorientiert genutzt werden.

3.1 Komponenten

Obwohl jedes technische System dieser Welt auf irgendeine Art und Weise in Komponenten gegliedert ist, gibt es keine allgemein akzeptierte Definition dieses Begriffs. Viele Softwarearchitekten malen ihre Komponenten (oder das, was sie darunter verstehen) als Kästchen und verbinden sie durch Striche und Pfeile unklarer Semantik, oft mit der Bedeutung »Datenfluss von A nach B« oder »A hat irgendetwas zu tun mit B«. Dass sich die UML-Notation inzwischen durchgesetzt hat, ist nur ein geringer Fortschritt, denn die UML-Definition von Komponenten ist ungenau und nur eine unter vielen.

3.1.1 Drei Definitionen, sechs Merkmale

Die Komponente als einer der wichtigsten Begriffe der Softwarearchitektur überhaupt bedarf klarer Kriterien: Was ist eine Komponente und was ist keine? Zahlreiche Autoren haben sich an der Definition von Komponenten versucht; wir stellen hier drei Beispiele vor:

[Szypersky 2002]
A software component is a unit of composition with contractually specified interfaces and explicit context dependencies only. A software component can be deployed independently and is subject to composition by third parties.

[D'Souza & Wills 1999]
A software component is a coherent package of software implementations that

a) has explicit and well-specified interfaces for services it provides;
b) has explicit and well-specified interfaces for services it expects; and
c) can be composed with other components, perhaps customizing some of their properties, without modifying the components themselves.

[UML 2.0]
The component is a modular unit with well defined interfaces that is replaceable within its environment. ... It has one or more provided and required interfaces, and its internals are hidden and inaccessible other than as provided by its interfaces.

Diese Definitionen sind alle richtig, aber selbst in ihrer Gesamtheit unvollständig. Man kann fünf Merkmale extrahieren; ein sechstes fügen wir hinzu: Jede Komponente besitzt in unseren Augen die folgenden Merkmale:

1. Sie exportiert eine oder mehrere Schnittstellen, die im Sinne eines Vertrags garantiert sind (siehe auch Kapitel 6). Dazu gehört insbesondere die genaue Semantik der Schnittstellen (siehe [Szyperski 2002], [D'Souza & Wills 1999], [UML 2.0]). Jede Komponente, die die Schnittstelle *S* exportiert[1], ist eine *Implementierung* von *S*.

2. Sie importiert andere Schnittstellen (siehe [D'Souza & Wills 1999], [UML 2.0]). Der Import einer Schnittstelle bedeutet, dass die Komponente die Methoden dieser Schnittstelle benutzt. Sie ist erst lauffähig, wenn alle importierten Schnittstellen zur Verfügung stehen, und dies ist Aufgabe der *Konfiguration* (siehe Abschnitt 3.9). Die Formulierung »Komponente *C* importiert Schnittstelle *S*« lässt offen, wer S definiert (siehe Abschnitt 3.13).
3. Sie versteckt die Implementierung und kann daher durch eine andere Komponente ersetzt werden, die dieselbe Schnittstelle exportiert (siehe [UML 2.0]).
4. Sie eignet sich als Einheit der Wiederverwendung, denn sie kennt nicht die Umgebung, in der sie läuft, sondern macht darüber nur minimale Annahmen (siehe [Szyperski 2002], [UML 2.0]).
5. Komponenten können andere Komponenten enthalten oder anders ausgedrückt: Man kann neue Komponenten aus vorhandenen Komponenten zusammensetzen (oder komponieren), und dies über beliebig viele Stufen (siehe [Szyperski 2002], [D'Souza & Wills 1999]).

Aus all dem ergibt sich als sechstes Merkmal die zentrale Rolle der Komponente:

6. Die Komponente ist neben der Schnittstelle die wesentliche Einheit des Entwurfs, der Implementierung und damit der Planung.

Im Gegensatz zu anderen Autoren (vor allem [Szyperski 2002]) verlangen wir nicht, dass sich jede Komponente als Einheit der Auslieferung eignet. Dies ist in unseren Augen nur eine optionale Eigenschaft: Manche Komponenten haben sie, andere nicht. Wir begnügen uns mit der Wiederverwendbarkeit von Komponenten.

Weil sich Komponenten komponieren lassen, brauchen wir ein paar zusätzliche Begriffe: Komponenten, die nicht weiter unterteilt sind, nennen wir *einfach* oder auch *Modul*; alle anderen sind *zusammengesetzt*, und zwar aus *Subkomponenten*.

Die Merkmale (1) bis (6) sagen uns, was eine Komponente ist, aber sie helfen nur begrenzt bei der Unterscheidung von sinnvollen und weniger sinnvollen Komponenten – hier wird es immer auf die Erfahrung und das Geschick des Softwarearchitekten ankommen. Die Abschnitte 3.5 und 3.8 enthalten Beispiele für sinnvolle Komponenten; in Kapitel 4 zeigen wir, wie man mit Hilfe von Softwarekategorien sinnvolle Komponenten gestaltet und weniger sinnvolle als solche erkennt.

Weil Komponenten so wichtig sind, sollte die erste Frage eines jeden Architektur-Reviews lauten: Aus welchen Komponenten besteht das System? Als Antwort erhält man oft den Hinweis auf ein nicht weiter strukturiertes Klassenmo-

---

1. Der Export einer Schnittstelle bedeutet die tatsächliche Bereitstellung der in der Schnittstelle versprochenen Operationen und nicht nur die Bekanntgabe des Namens der Schnittstelle.

dell mit 10.000 Klassen, in anderen Fällen ein Schichtenmodell mit drei, vier, manchmal auch fünf Ebenen. Beides ist unbefriedigend. Wer nicht in der Lage ist, die Frage nach den Komponenten klar und einfach zu beantworten, der hat schon verloren – ein System ohne überzeugende Komponentenstruktur kann nicht gut sein. Jedes System braucht ein Übersichtsbild, das über jedem Schreibtisch hängt, und das für alle Projektmitglieder den Fahrplan darstellt für die vielen kleinen Entwurfsentscheidungen, die sie täglich treffen.

3.2 Schnittstellen

Der Begriff *Schnittstelle* hat viele Bedeutungen: In Kapitel 2 betrachteten wir Java-Schnittstellen, aber wir sprechen auch von der Schnittstelle zwischen Systemen oder von der Benutzerschnittstelle. Dieser Abschnitt befasst sich mit einem allgemeinen Schnittstellenbegriff; die Java-Schnittstelle ist ein Spezialfall davon.

Die Schnittstelle ist eine der wichtigsten Ideen des Ingenieurwesens überhaupt, aber in der Informatik hat sich der Begriff nur mühsam und bis heute noch nicht vollständig durchgesetzt. Vielleicht liegt das an dem irreführenden Begriff: Bei einer Schnittstelle wird ja nichts durchgeschnitten, sondern im Gegenteil: Schnittstellen verbinden, und zwar entweder Komponenten untereinander (*Programmschnittstellen* oder kurz *Schnittstelle*) oder Komponenten mit dem Benutzer (*Benutzerschnittstellen*). Jede Komponente kann keine, eine oder mehrere Benutzerschnittstellen anbieten. Kapitel 10 befasst sich mit der Architektur und der Implementierung von Benutzerschnittstellen; Thema dieses Abschnitts ist in erster Linie die Programmschnittstelle. Jede Programmschnittstelle definiert eine Menge von Methoden mit den folgenden Eigenschaften:

- Syntax (Rückgabewerte, Argumente, in/out, Typen)
- Semantik (Was bewirkt die Methode?)
- Protokoll (z.B. synchron, asynchron)
- Nichtfunktionale Eigenschaften (Performance, Robustheit, Verfügbarkeit, bei Web-Anwendungen möglicherweise auch Kosten)

Zur Programmschnittstelle gehört alles, was für die Benutzung der Komponente wichtig ist, was der Programmierer verstehen und beachten muss. Die Syntax einer Programmschnittstelle notieren wir in der verwendeten Programmiersprache; die Semantik lässt sich weniger leicht darstellen. Obwohl Schnittstellen so wichtig sind, gibt es bis heute keine allgemein akzeptierte Art der Dokumentation für deren Semantik. Auf der einen Seite dokumentieren die Pragmatiker ihre Schnittstellen – wenn überhaupt – nur informell. Als Standardbeispiel möge die Dokumentation der JRE dienen: Obwohl sie im Großen und Ganzen brauchbar ist, kann sie auf keinen Fall als formale, belastbare Spezifikation gelten. Auf der anderen Seite gibt es formale Ansätze, die von der Praxis weitgehend ignoriert werden. Kapitel 6 beschreibt eine einfache Spezifikationssprache (QSL), die im Wesentlichen auf Vor- und Nachbedingungen sowie Invarianten basiert.

Abbildung 3–1 zeigt die etwas unübersichtliche Schnittstellen-Begriffswelt als Klassendiagramm: Jede Schnittstelle ist im Sinn der Spezialisierung entweder eine Benutzer- oder eine Programmschnittstelle. Jede Programmschnittstelle kann in verschiedenen Sprachen programmtechnisch umgesetzt werden – so kommen wir zur Programmschnittstelle in C#, Java oder anderen Sprachen. Die Programmschnittstelle in Java enthält

- eine oder mehrere Java-Schnittstellen (also `public interface MyInterface { ... }`),
- alle Klassen, die man braucht, um diese Java-Schnittstellen anzusprechen (vor allem auch Ausnahmeklassen und Parametertypen); das nennen wir die *Hülle* der Schnittstelle,
- Sonstiges, wie z.B. Konfigurationsdateien oder EJB-Deskriptordateien, sofern sie der Benutzer editieren muss.

In Java ist die Verwendung von Schnittstellen nicht durchgängig: So implementiert die Klasse `Object` eine für jede Java-Klasse verbindliche Schnittstelle mit Standardmethoden wie `equals`, `hashCode`, `clone` usw., aber es gibt keine Java-Schnittstelle dafür. Aus unserer Sicht ist das zweitrangig: Die Klasse `Object` definiert eine Programmschnittstelle, unabhängig davon, ob ein eigenes Java-Interface vorhanden ist.

Eine Programmschnittstelle in Java ist im einfachsten Fall auf eine einzige Java-Schnittstelle oder Java-Klasse reduziert.

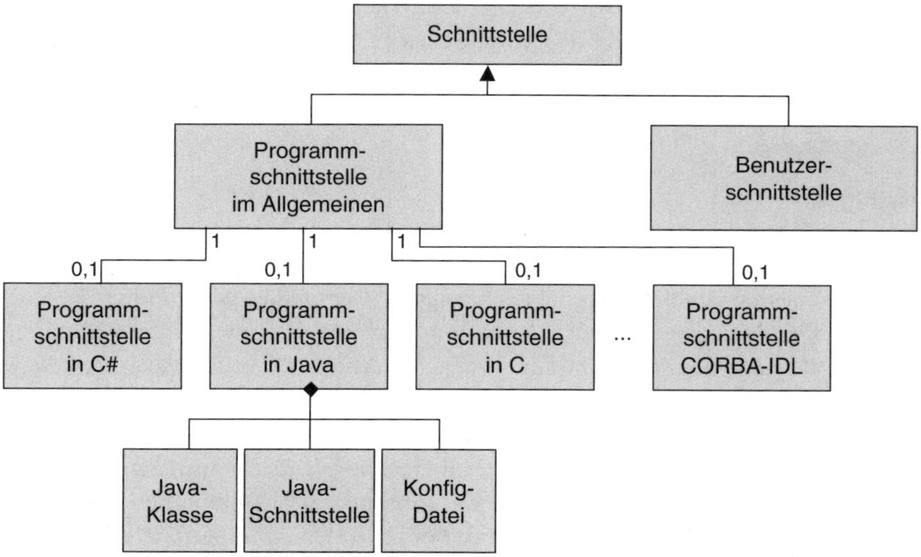

Abb. 3–1 *Schnittstellenbegriffe*

Jede Komponente exportiert mindestens eine Schnittstelle (Benutzerschnittstelle oder Programmschnittstelle), denn sonst wäre sie nicht benutzbar. Jede Komponente importiert keine, eine oder mehrere Schnittstellen. Importiert werden nur Programmschnittstellen, keine Komponenten und natürlich auch keine Benutzerschnittstellen. Die importierende Komponente macht nur Annahmen über die aufzurufende Schnittstelle, nicht über deren Implementierung. Sie kann aber z.B. zur Sicherung der eigenen Performance fordern, dass bestimmte Methoden der importierten Schnittstelle mit einer Mindestgeschwindigkeit ablaufen. Die Austauschbarkeit der implementierenden Komponenten ist also insofern eingeschränkt, als die ausgewählte Implementierung nichtfunktionale Eigenschaften der importierenden Komponente positiv oder negativ beeinflusst.

Schnittstellen sind wie Komponenten eine eigene Einheit des Entwurfs; sie sind für sich alleine lebensfähig, ja letztlich sind sie die eigentlichen Träger der Softwarearchitektur: Beim Entwurfsprozess wird man zunächst geeignete Schnittstellen entwerfen und erst dann nach geeigneten Implementierungen Ausschau halten (Beispiele dazu in den Abschnitten 3.5 und 3.8).

3.3 Mehr Beispiele für Komponenten

Zur Illustration noch ein paar Beispiele aus der Praxis:

Versichertenverwaltung
Jeder Versicherer braucht Informationen über die Versicherten, die von der Komponente *Versichertenverwaltung* zur Verfügung gestellt werden. Diese beantwortet alle Fragen, die über einen Versicherten gestellt werden können: Seit wann ist das Mitglied versichert? Lebt das Mitglied noch? Wo wohnt das Mitglied zurzeit? Wo wohnte das Mitglied vor einem Jahr? Die Versichertenverwaltung hat zwei Schnittstellen: eine Schnittstelle zur Pflege der Versichertendaten und eine Abfrageschnittstelle.

Regelinterpreter
In vielen Systemen werden Geschäftsregeln nicht hart kodiert, sondern sie werden in einem Regelsystem hinterlegt. Ein Beispiel für die Anwendung eines Regelinterpreters sind Ausnahmeberichte (Exception Reporting) bei Krankenversicherungen: Der Normalfall wird automatisch abgewickelt; nur außergewöhnliche Fälle landen auf dem Schreibtisch des Sachbearbeiters. Außergewöhnlich wäre z.B. ein Versicherter, der zum fünften Mal im laufenden Jahr in ein Krankenhaus eingeliefert wird. Regeln definieren, welche Situationen als außergewöhnlich betrachtet werden. Zur Verwaltung der Regeln verwendet man Regelinterpreter. Diese exportieren zwei Schnittstellen: die Administrationsschnittstelle zur Pflege der Regeln und die Nutzschnittstelle mit der zentralen Abfrage: Trifft die Regel r auf den Fall x zu?

Versandmanager
Versandmanager braucht man für den Druck, die Kuvertierung und den Versand von großen Papiermengen. Ein Versandmanager nimmt Versandaufträge entgegen, leitet sie an geeignete Drucker weiter, steuert die Kuvertierung (z.B. Beifügung von Zusatzinformationen) und optimiert die Portokosten. Auch Versandmanager haben zwei Schnittstellen: die Administrationsschnittstelle und die operative Schnittstelle. Die Administrationsschnittstelle ist außerordentlich komplex; dort kann man z.B. neue Drucker bekannt geben, die Kuvertierung oder die Portooptimierung parametrieren. Die operative Schnittstelle hat im Wesentlichen nur eine Methode, nämlich die Erledigung eines Versandauftrags.

3.4 Semantik und Verfeinerung von Schnittstellen

Jede Schnittstelle definiert Syntax und Semantik; das war die Aussage des letzten Abschnitts. Aber was heißt *Semantik* und welche Freiheitsgrade lässt die Semantik der Schnittstelle für die Implementierung übrig? Kann es sein, dass sich verschiedene Implementierungen nicht nur in internen Details unterscheiden (Hashverfahren oder binäre Suche), sondern auch im außen wahrnehmbaren Verhalten?

Es gibt zwei (bzw. drei) Arten von Methoden (siehe [Mitchell & McKim 2002]): Kommandos (*command*) ändern den Zustand der Komponente, Abfragen (*query*) lassen ihn unverändert. Für spätere Zwecke (Kapitel 6) unterscheiden wir noch zwischen *einfachen* und *abgeleiteten Abfragen*: Abgeleitete Abfragen werden mit Hilfe von einfachen Abfragen definiert (siehe Abb. 3–2).

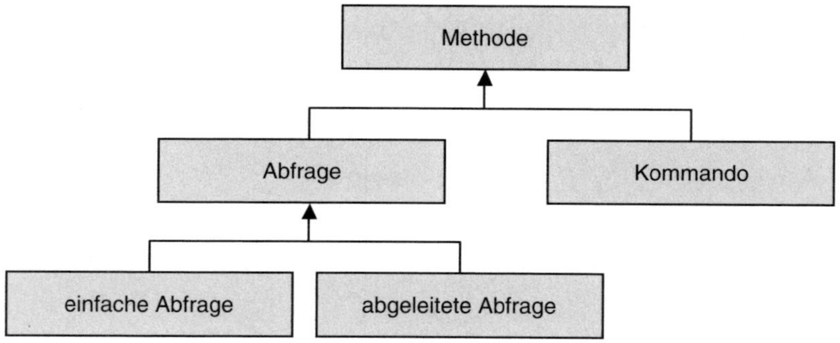

Abb. 3–2 *Methoden, Abfragen und Kommandos*

Die Semantik einer Schnittstelle legt fest, was die *Kommandos bewirken* und was die *Abfragen bedeuten*. Darin sind oft Freiheitsgrade enthalten; die *Verfeinerung* einer Schnittstelle bedeutet, diese Freiheitsgrade einzuschränken. Dazu betrachten wir drei Beispiele: Sortieren, Persistenz und die Ausgabe in einen `OutputStream`. Die Schnittstelle eines Arrays könnte die folgende Gestalt haben:

```
interface Array {
  public void sort(Comparator cmp);      // Kommando
  public Object get(int i);              // Abfrage

// weitere Methoden
}
```

Auf den ersten Blick ist die Semantik offensichtlich: Nach dem sort-Aufruf ist der angesprochene Array gemäß cmp sortiert. Aber diese Definition sagt nichts über die Reihenfolge gleicher Elemente (d.h. Elemente x, y mit cmp(x, y) == 0) im Ergebnis: Bei einer *stabilen Sortierung* bleibt die Reihenfolge gleicher Elemente unverändert, bei einer *instabilen Sortierung* ist deren Reihenfolge beliebig. Wir können also die allgemeine Sortierschnittstelle verfeinern, indem wir eine stabile Sortierung fordern.

Wir betrachten als nächstes Beispiel eine einfache Persistenzschnittstelle (siehe auch Kapitel 9):

```
interface Persistence {
  public void store(Object key, Object value);   // Kommando
  public Object lookup(key);                     // Abfrage
}
```

Wir erwarten, dass jedes mit store gespeicherte Objekt mit lookup wieder gefunden wird – das ist der Kern der Semantik von Persistenz, aber hier gibt es noch viel mehr Freiheitsgrade als beim Sortieren: Werden Objekte im Hauptspeicher abgelegt oder auf einer Platte? Welche Fehler sind möglich? Was passiert, wenn mehrere Benutzer unter demselben Schlüssel unterschiedliche Objekte speichern wollen? Wird Transaktionssicherheit garantiert? Wir sehen: Man kann diese Schnittstelle ganz unterschiedlich implementieren – simpel im Hauptspeicher für einen einzigen Benutzer, oder man kann sie durch Mehrbenutzerfähigkeit und/oder Transaktionssicherung verfeinern.

Nun zum dritten Beispiel, dem OutputStream: Zur Ausgabe von Daten (in eine Datei, an einen Socket oder an die Konsole) verwendet man in Java einen OutputStream. Dieser hat die folgenden Methoden[2]:

```
public abstract class OutputStream {
  public void write(byte[] out) throws IOException;// nur Kommandos
  public void flush() throws IOException;
  public void close() throws IOException;
}
```

Im JRE ist OutputStream aus historischen Gründen eine abstrakte Klasse; im Sinne von Abschnitt 3.2 ist das eine Programmschnittstelle. Die Semantik von OutputStream ist außerordentlich vage: Sie legt nur fest, dass irgendwelche Daten geschrieben werden, lässt aber offen, was damit passiert. Bei den write-Metho-

2. Wir beschränken uns auf die wichtigsten Methoden von OutputStream bzw. InputStream.

den werden die übergebenen Daten *irgendwohin* geschrieben; `flush` macht das Schreiben *irgendwie* endgültig und `close` schließt den `OutputStream`. Die einfachste Implementierung wäre ein *Null-Device*, das die Bytes einfach verschluckt.

Die Schnittstelle `OutputStream` ist *unvollständig*, denn sie enthält keine Abfragen, mit deren Hilfe man die Wirkung der `write`-Methoden testen könnte. Dazu braucht man eine zweite Schnittstelle mit den zugehörigen Abfragen, und zwar `InputStream`:

```
public abstract class InputStream {
   public int available() throws IOException; // nur Abfragen
   public long skip(long n) throws IOException;
   public int read(byte[] in) throws IOException;
   public void close() throws IOException;
}
```

Jetzt kann man festlegen, wann und in welcher Form die über `OutputStream` geschriebenen Daten am `InputStream` zur Verfügung stehen. So ist z.B. garantiert, dass nach dem Aufruf von `flush` am `InputStream` alle Daten zur Verfügung stehen, die seit dem letzten `flush` geschrieben wurden.

Im JRE gibt es mehrere Verfeinerungen von `OutputStream`: Die Klasse `FileOutputStream` schreibt die Daten in eine Datei, `BufferedOutputStream` puffert sie, `CheckedOutputStream` ergänzt sie um Prüfsummen, während `ZipOutputStream` sie komprimiert. `FileOutputStream` importiert eine Dateischnittstelle; die drei anderen importieren dieselbe Schnittstelle, die sie exportieren, nämlich `OutputStream`. Diese vier Implementierungen unterscheiden sich in ihrer Wirkung auf die importierte Schnittstelle: Die übergebenen Daten werden unverändert (`FileOutputStream`), gepuffert, um Prüfziffern ergänzt bzw. komprimiert weitergereicht.

Um dies zu testen, braucht man eine Hilfskomponente (`InputStreamDummy` in Abb. 3–3), die diese Daten liest und als `InputStream` zur Verfügung stellt.

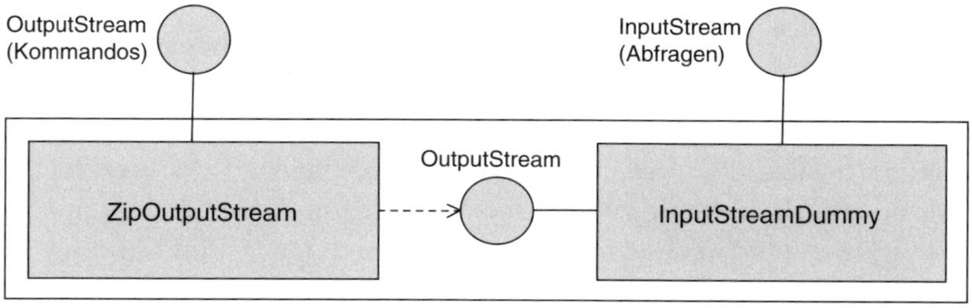

Abb. 3–3 *OutputStream und InputStream durch Dummy verbunden*

Einen `OutputStream` kann man also für sich alleine weder spezifizieren noch testen – das geht nur mit einer komplementären Dummy-Komponente. Das `Stream`-Beispiel zeigt noch zwei wichtige Elemente der Spezifikation:

- Die Wirkung von `ZipOutputStream` oder `BufferedOutputStream` lässt sich nur ungenau spezifizieren: Wie gut wird komprimiert, wie gut wird gepuffert? Es gibt keinen Komprimierungsalgorithmus, der eine bestimmte Kompressionsrate garantiert; die einzige Garantie könnte darin bestehen, dass sich das Datenvolumen nicht vergrößert.
- Das genaue Protokoll der Kommunikation von `OutputStream` und `InputStream` ist schon bei nur zwei Partnern kompliziert; bei mehreren `Streams` wird das Verhalten sehr unübersichtlich. Hier sind Testfälle ein gangbarer Weg der Spezifikation (siehe Kapitel 6).

3.5 Beispiel Berechtigung

Wir betrachten eine Berechtigungskomponente, wie sie in den meisten Informationssystemen vorkommt: Sie verwaltet die Benutzer und Berechtigungsobjekte (also die Dinge, die man tun darf oder auch nicht), dazu vielleicht noch Benutzergruppen. Ihr wesentlicher Daseinszweck besteht darin, den Benutzern den Zugriff auf Berechtigungsobjekte zu gestatten oder zu verbieten.

Die Funktionen einer solchen Komponente lassen sich perfekt trennen von den Funktionen der eigentlichen Anwendung, denn dem Berechtigungssystem sollte es gleichgültig sein, ob es dem Benutzer eine Umbuchung gestattet oder die Stornierung eines Fluges. Trotz dieser offensichtlichen Aufteilung sind viele Berechtigungssysteme mit der Anwendung, die sie überwachen, eng verflochten. Das muss nicht sein. Jedes Berechtigungssystem hat im Grunde nur zwei Schnittstellen:

- Erstens benötigt man eine operative Schnittstelle, die im Wesentlichen eine einzige Frage beantwortet, nämlich: »Hat Benutzer x Zugriff auf Berechtigungsobjekt y?« Der Aufruf dieser Methode steht an unzähligen Stellen, viele Programmierer sind betroffen – und das heißt: Die Methode muss einfach zu benutzen sein (wie in unserem Beispiel), sie darf sich niemals ändern, denn jede Änderung würde einen Riesenaufwand verursachen, und sie muss performant sein, denn sie wird millionenfach aufgerufen.
- Zweitens braucht man neben der operativen Schnittstelle noch eine Schnittstelle für die Verwaltung; diese hat einen völlig anderen Charakter. Über die Verwaltungsschnittstelle werden Benutzer eingetragen und entfernt; Rechte werden erteilt und entzogen. Dahinter steckt oft ein kompliziertes Datenmodell mit Benutzer- und Funktionsgruppen; die Fragen sind immer wieder dieselben: Darf ein Benutzer zu mehreren Benutzergruppen gehören? Was geschieht, wenn sich daraus widersprechende Rechte ergeben (als Mitglied der einen Gruppe darf er, als Mitglied der anderen darf er nicht usw.)? All diese Fragen sind selbstverständlich zu klären, aber zwei Punkte sind essenziell:

- Die operative Schnittstelle wird von dieser Diskussion nicht berührt. Den Anwendungsprogrammierer interessiert nur, ob der Benutzer befugt ist oder nicht – der Algorithmus, der die Antwort ermittelt, ist ihm gleichgültig.
- So kompliziert das Berechtigungsmodell auch sein mag – die Verwaltungsschnittstelle muss bedienbar bleiben. Die wichtigste Qualitätssicherungsmaßnahme hierzu besteht darin, die Verwaltungsschnittstelle zu entwerfen und die Bedienungsanleitung zu schreiben.

Abbildung 3–4 zeigt, wie man eine Berechtigungskomponente gestaltet: Der Berechtigungskern sitzt im Zentrum; er exportiert die beiden genannten Schnittstellen (die operative und die für die Administration). Wir nehmen realitätsnah an, dass der Berechtigungskern zwei Schnittstellen importiert: eine für den Datenbankzugriff (siehe Kapitel 9) und eine für die Kommunikation mit RACF[3]: Es ist typisch, dass eine Berechtigungskomponente wie die unsere mit einem Basissystem wie RACF kooperiert. RACF wird über den RACF-Adapter angesprochen, dessen Schnittstelle *R'* von RACF abstrahiert. Der RACF-Adapter trennt den Berechtigungskern von den technischen Besonderheiten von RACF; er greift direkt auf RACF zu. Der Datenbankzugriff exportiert die neutrale Persistenzschnittstelle *S* (siehe Kapitel 9) und importiert die technische Schnittstelle *JDBC*, die der JDBC-Treiber von Oracle implementiert.

Schließlich gibt es noch die Komponente *BerechtigungGUI*: Damit trägt der Administrator Benutzer ein und vergibt und entzieht Rechte. Die GUI-Kompo-

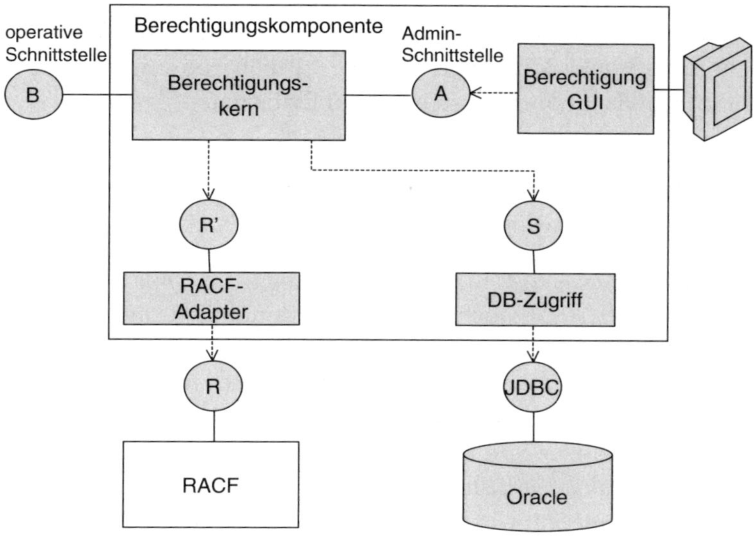

Abb. 3–4 *Berechtigungskomponente als Komposition von vier Komponenten*

3. Resource Access Control Facility, siehe [RACF]

nente importiert die Admin-Schnittstelle *A* des Berechtigungskerns und exportiert die Benutzerschnittstelle für den Administrator.

Die Berechtigungskomponente besteht also aus einer Benutzerschnittstelle, sechs Programmschnittstellen und vier Komponenten; sie ist eine *Komposition* der vier Komponenten (siehe Abb. 3–4). Sie exportiert zwei Schnittstellen: die operative Berechtigungsschnittstelle *B* und die Benutzerschnittstelle für den Administrator, und sie importiert RACF und JDBC. Abschnitt 3.10 beschreibt die Idee der Komposition im Detail.

Abbildung 3–4 zeigt nur eine von vielen möglichen Kompositionen – jede der vier Komponenten lässt sich auch ganz anders verwenden: *BerechtigungGUI* funktioniert mit jedem Berechtigungskern, der die Schnittstelle *A* exportiert; den *RACF-Adapter* und den *DB-Zugriff* können andere Komponenten für völlig andere Zwecke benutzen. Im Übrigen liegt eine gewisse Willkür in der Komposition: Man könnte auch *Berechtigungskern* und *BerechtigungGUI* zusammenfassen oder *Berechtigungskern* und *RACF-Adapter.*

Oft wird nach dem Sinn des RACF-Adapters gefragt. Darauf gibt es zwei mögliche Antworten – eine ideale und eine pragmatische: Im Idealfall ist die Schnittstelle *R'* so abstrakt, dass von RACF nichts mehr zu sehen ist. Das wäre die vollständige Unabhängigkeit von RACF; man könnte RACF durch ein anderes Produkt oder einen anderen Standard ersetzen. Aber der Pragmatiker würde sich für dieses hehre Ziel nicht interessieren, sondern er akzeptiert, dass RACF für alle Zeiten das System der Wahl sein wird – aber trotzdem ist er gut beraten, einen Adapter zu verwenden: Der Berechtigungskern wird viel einfacher; er ist einfach bessere Software, wenn er von RACF so wenig wie möglich weiß.

Abschnitte 3.9 und 3.10 sowie Kapitel 4 geben Hinweise für die sinnvolle Komposition von Komponenten zu größeren Einheiten.

3.6 Komponenten und Objektorientierung

Man kann sowohl mit objektorientierten als auch mit prozeduralen Programmiersprachen hervorragende Komponenten bauen und man kann umgekehrt sowohl objektorientierte als auch prozedurale Monolithen zuwege bringen.

In Java besteht jede Komponente aus einer Menge von eng kooperierenden Klassen, die in einem oder mehreren Paketen zusammengefasst sind. Kleine Komponenten enthalten nur wenige Klassen, vielleicht nur eine; große Komponenten (vor allem Kompositionen von Komponenten, siehe Abschnitt 3.10) können auf verschiedene Java-Pakete verteilt sein. In ähnlicher Weise kann man für jede Programmiersprache festlegen, wie man Komponenten implementiert.

Wie bei Klassen gibt es *Singleton-* und *Multiton-*Komponenten. Singleton-Komponenten existieren als ein einziges Exemplar, Multiton-Komponenten in mehreren. Bei Multitons sprechen wir vom *Komponentenobjekt* oder kurz *Objekt*, wenn zwischen der Komponente als solcher und den verschiedenen Exemplaren zu unterscheiden ist. Eine gute Regel lautet: Jede Komponente stellt eine Fabrik zur Verfügung, mit deren Hilfe der Benutzer leicht an die für ihn bestimmten Objekte herankommt. Eine Fabrik für Berechtigungsobjekte könnte so aussehen:

```
public class AuthorizationFactory {
   public AuthorizationObject getAuthorizationObject() { .. }
}

public interface AuthorizationObject {
   public AuthorizationAdmin getAuthorizationAdmin();      // A
   public Authorization getAuthorization();                // B
}
```

Jeder Aufruf von `getAuthorizationObject` liefert entweder immer dieselbe Komponente (Singleton) oder jedes Mal eine neue (Multiton).

Multiton ist fast immer die bessere Wahl, wie man leicht an Beispielen zeigt. Wir betrachten den Regelinterpreter aus Abschnitt 3.3. In einem großen System braucht man Regeln für verschiedene Sachgebiete: für Ausnahmeberichte, für das Mahnwesen, für die Behandlung von Rückläufern und anderes. Diese verschiedenen Regeln sollen natürlich nicht in einem Topf landen, und deshalb ist es eine gute Idee, für jeden Zweck einen eigenen Regelinterpreter (genauer: ein Regelinterpreterobjekt) vorzusehen; jeder Regelinterpreter verwaltet seine Regeln und keine anderen; die verschiedenen Regelinterpreter kennen sich gegenseitig nicht.

Aus Bequemlichkeit wird oft dem Singleton der Vorzug gegeben, aber Singleton ist nur auf den ersten Blick einfacher: Sicher kann man den Regelinterpreter auch als Singleton implementieren – aber dann braucht er eine interne Verwaltung der verschiedenen Sachgebiete als Zusatzfunktion, und das ist in jedem Fall komplizierter als ein Multiton-Regelinterpreter ohne eine solche Verwaltung.

Klassen und Komponenten haben vieles gemeinsam (siehe Tab. 3–1). Die letzte Spalte der Tabelle zeigt den Modul im Sinn von [Parnas 1972]: Module existieren nur in einem Exemplar; sie definieren und implementieren ihre Methoden und sie kennen keine Vererbung. Module lassen sich komponieren.

	Schnittstelle	**Komponente, Komponentenobjekt**	**Klasse, Objekt**	**Modul**
mehrere Exemplare möglich	nein	ja (Komponenten-objekte)	ja (Objekte)	nein
Methoden	definiert	implementiert	definiert und implementiert	definiert und implementiert
Gedächtnis	nein	ja	ja	ja
Vererbung	ja (Verhaltens-vererbung)	nein	ja (Implementie-rungsvererbung)	nein
Komposition	nein	ja	(nein)	ja

Tab. 3–1 *Schnittstelle, Komponente, Klasse, Modul*

Schnittstellen sind etwas Abstraktes: Es wäre sinnlos, von »Exemplaren einer Schnittstelle« zu sprechen; Schnittstellen haben kein Gedächtnis und sie können nicht komponiert werden. Vererbung ist möglich im Sinne von Verhaltensvererbung.

Komponenten sind nichts anderes als Klassen mit drei Merkmalen:

- Komponenten lassen sich zu größeren Komponenten komponieren. Das Konzept der inneren Klassen, das Java, C++ und C# in verschiedenen Ausprägungen unterstützen, hat mit Komposition in unserem Sinn nichts zu tun, denn innere Klassen existieren nur im Kontext der umgebenden Klasse; sie sind ohne die umgebende Klasse nicht wieder verwendbar.
- Komponenten kennen keine Implementierungsvererbung, ein wesentliches Merkmal von Klassen. Deren Nutzen ist nicht immer offensichtlich, und gelegentlich richtet sie Schaden an. Wir halten Implementierungsvererbung bei Komponenten erstens für entbehrlich, und zweitens wäre noch einige Forschung in die Frage zu investieren, was Implementierungsvererbung bei Komponenten genau bedeuten soll.
- Komponenten definieren keine eigenen Methoden, sondern nur solche, die in Schnittstellen vorgegeben sind.

Wenn sich Komponenten nach außen wie Klassen bzw. Objekte darstellen – wozu braucht man dann Komponenten? Die Antwort lautet: Komponenten können viel größer und komplizierter sein als Klassen. Hinter der Berechtigungskomponente stecken im einfachsten Fall nur einige wenige Klassen, aber bei großen Komponenten können es auch Hunderte sein. Vielleicht läuft die Berechtigungskomponente als ganz normales Unterprogramm, vielleicht läuft sie in einem eigenen Thread oder gar als eigener Server. Es ist die Aufgabe der Konfiguration, jeder Komponente ein Umfeld zur Verfügung zu stellen, in dem sie funktioniert (siehe hierzu auch Abschnitt 3.9).

Denken in Komponenten heißt Vereinfachen durch Abstraktion, und zwar radikal. Sie ist die geradlinige Fortsetzung der Gedanken von Parnas, Guttag und anderen, denen wir die Ideen der Datenabstraktion, der Datenkapselung und die Trennung der Zuständigkeiten verdanken. Naive Objektorientierung führt oft zu Systemen, die noch unwartbarer sind als die alten Cobol-Systeme der 70er Jahre: Tausende von Klassen kommunizieren ohne weitere Struktur wahllos miteinander. Die Klasse ist als Einheit des Entwurfs und der Planung viel zu klein. Datenkapselung wird nicht erreicht, indem man die Attribute der Klasse privat deklariert, sondern indem man nur solche Klassen zum Export freigibt, die der Benutzer wirklich braucht. Abhängigkeiten kontrolliert man in erster Linie über die Importe, die `private`-Angabe ist sekundär: Es ist Unsinn, eine Klasse erst zu importieren und dann mit Hilfe von `private`-Angaben Missbrauch zu verhindern – viel besser ist es, die Klasse überhaupt nicht zu importieren. Jede vermiedene Importanweisung ist ein Sieg.

Die sorgfältige, rigide Kontrolle der Importanweisungen ist eine der wichtigsten Maßnahmen beim objektorientierten Softwareentwurf, und dabei hilft das Denken in Komponenten. Wir plädieren dafür, Objektorientierung innerhalb von überschaubaren Komponenten zu betreiben und dort von ihren Vorzügen zu profitieren. Besonderes Augenmerk gilt dabei den Abhängigkeiten zwischen Komponenten: Diese kommunizieren nur und ausschließlich über Schnittstellen. Das hört sich an wie eine Selbstverständlichkeit, hat aber zwei wichtige Konsequenzen:

Erstens ist Vererbung über Komponentengrenzen verboten. Wir betrachten als Beispiel eine Komponente *Kundenverwaltung*, die für die Belange eines bestimmten Projekts entworfen und realisiert wurde, und nehmen ferner an, dass lange nach der Inbetriebnahme der Kundenverwaltung eine neue Anforderung entsteht: Es gibt Kunden mit Sonderverträgen, die eine besondere Behandlung benötigen. Hier unser Rat: Man entwerfe für diese Sonderkunden eine eigenständige Komponente *Sonderkundenverwaltung*. Dort wird man sich in aller Ruhe um die Sonderkunden kümmern; die Dienste der ursprünglichen Kundenverwaltung kann man selbstverständlich per Delegation benutzen. Der alternative Weg über Vererbung (*Sonderkunde* wird von *Kunde* abgeleitet) bereitet aus zwei Gründen regelmäßig Probleme:

- Vererbung ist nur angebracht, wenn jeder Sonderkunde ein Kunde im Sinne der Spezialisierung *ist*, d.h., überall dort, wo ein Kundenobjekt steht, könnte auch ein Sonderkundenobjekt stehen (Liskov'sches Substitutionsprinzip). Aber es wäre reiner Zufall, wenn diese Ersetzbarkeit zuträfe, denn in der Praxis sind Sonderkunden etwas anderes als Normalkunden, keine Spezialisierung im Sinn der Objektorientierung. Diese Beobachtung gilt für die meisten Sonderfälle betrieblicher Informationssysteme.
- Im Fall der Vererbung wirkt sich jede Änderung der Implementierung der *Kundenverwaltung* direkt auf die *Sonderkundenverwaltung* aus – in schwer vorhersagbarer und meistens unerwünschter Weise.

Zweitens ist Vorsicht bei Beziehungen über Komponentengrenzen angebracht. Diese wird es immer geben; man kann sie nicht verbieten. Man sollte aber genau trennen zwischen einer Beziehung aus Anwendungssicht (jeder Kunde hat viele Aufträge) und deren technischen Umsetzung. Bei einer größeren Anwendung würden *Kunde* und *Auftrag* von jeweils eigenen Komponenten verwaltet. Bei einer naiven Implementierung würde der *Kunde* alle seine Aufträge als Behälter von Objektreferenzen kennen und der *Auftrag* würde seinen Auftraggeber ebenfalls als Objektreferenz sehen. So wären *Kunde*- und *Auftragsverwaltung* auf Gedeih und Verderb miteinander verknüpft.

Die naive Umsetzung von Klassenmodellen führt regelmäßig zu Spaghetti-Beziehungen, die das gesamte System zu einem einzigen Monolithen zusammenleimen. Wir empfehlen, Beziehungen aus Anwendungssicht nur eingeschränkt mit

Hilfe von Objektreferenzen zu implementieren und dabei zyklische Abhängigkeiten strikt zu vermeiden. Im obigen Beispiel würde vermutlich der *Auftrag* seinen Auftraggeber kennen, aber der *Kunde* sollte nicht wissen, was mit ihm alles veranstaltet wird. Dies wird erreicht durch den sinnvollen Einsatz von loser Koppelung (siehe Abschnitt 8.7).

Beziehungen zwischen Klassen derselben Komponente sind kein Problem – man ist sozusagen in der Familie. So könnten bei einer kleinen Anwendung *Kunde* und *Auftrag* in derselben Komponente liegen – in diesem Fall sehen sich die Klassen *Kunde* und *Auftrag* direkt; gegenseitige Referenzen sind kein Problem.

3.7 Rollen im Entwicklungsprozess

Eine der wichtigsten Fragen im Entwicklungsprozess lautet: Wer muss was wissen? Keiner kann alles wissen, nicht einmal in dem einfachen Berechtigungsbeispiel. Jede Komponente und jede Schnittstelle enthält Komplexität, die zu verstehen selten Spaß macht und immer Aufwand verursacht. Dies gilt vor allem für technische Schnittstellen wie RACF oder JDBC. Wir streben zwei Ziele an: Erstens sind Schnittstellen, die viele Mitarbeiter sehen, so einfach wie möglich, und zweitens sehen unbeeinflussbar komplizierte Schnittstellen oder Komponenten nur möglichst wenige Mitarbeiter. Im Berechtigungsbeispiel ergeben sich die folgenden Rollen:

- Die Anwendungsprogrammierer (*viele*) sehen nur die einfache operative Schnittstelle *B*.
- Die Administratoren (*wenige*) verwenden die mäßig komplizierte GUI-Schnittstelle.
- *Ein* RACF-Experte entwirft und schreibt den RACF-Adapter.
- *Ein* Experte für Zugriffsschichten baut eine vorhandene Zugriffsschicht ein.
- *Zwei* (oder vielleicht drei) Entwickler bauen den Berechtigungskern.
- *Ein* Chefdesigner denkt sich genau dieses Szenario aus.

So sind die Rollen in der Weise verteilt, dass jeder nur das lernen muss, was er wirklich braucht. Dies sollte man nicht in der Weise missverstehen, dass wir die Entwickler möglichst dumm halten wollen. Das ist falsch: Jeder Entwickler darf über das Gesamtsystem so viel lernen, wie er will – aber er hat eine definierte Rolle, und aus dieser ergibt sich der Kanon seines unabdingbaren Grundwissens. Ein geschickter Projektleiter verhilft seinen Entwicklern zu einem möglichst guten Überblick des Gesamtsystems, indem er ihnen im Projektverlauf verschiedene Rollen zuweist.

Komponenten und Schnittstellen definieren nicht nur die Struktur des Softwaresystems, sondern auch die des Entwicklungsprojekts: Verschiedene Komponenten kann man parallel entwickeln, sobald die wechselseitigen Schnittstellen klar sind.

3.8 Wie findet man Komponenten: Beispiel E-Mail

Dieser Abschnitt beschreibt ein Hello-World-Beispiel für den Entwurf von Komponenten, das zwei Dinge zeigt: sachgemäße Nutzung vorhandener Software und das Denken in Schnittstellen und Komponenten. Dazu betrachten wir ein System zur Überwachung und Steuerung einer Kläranlage. Das System arbeitet vollautomatisch; nur im Notfall wird der Klärwärter über eine E-Mail informiert (oder SMS, aber das ist für das Beispiel ohne Bedeutung). Das System versendet keine Anhänge, es beantwortet keine Mails und es gibt nur einen einzigen Empfänger (*merke*: dies ist ein Hello-World-Beispiel!).

Wie verschickt man Mails aus einer Java-Anwendung? Dazu gibt es das Paket `javax.mail`, das alle Funktionen enthält, die man sich im Bereich E-Mail überhaupt vorstellen kann – viel mehr jedenfalls, als unsere einfache Anwendung jemals brauchen wird. Zu `javax.mail` gehören 4 Schnittstellen, 22 Klassen und 11 Ausnahmeklassen, und es ist durchaus nicht offensichtlich, wie man das alles verwendet. Hier eine Kurzanleitung: Man beschafft sich zuerst ein `Session`-Objekt, von dort bekommt man ein `Transport`-Objekt und diesem übergibt man ein `Message`-Objekt zum Transport. Dieses `Message`-Objekt erhält im Konstruktor einen `InputStream` und dort schreibt man den Inhalt der Mail hinein. Das ist alles nicht besonders schwer, aber trotzdem sollte man den ganzen Mechanismus von der eigentlichen Anwendung trennen. Das geschieht in vier Schritten (siehe Abb. 3–5):

1. *Entwurf der Schnittstelle*

   Wir brauchen wie so oft zwei Schnittstellen: eine operative, die immer dann verwendet wird, wenn eine E-Mail zu versenden ist, und eine administrative, mit deren Hilfe wir die Mail-Adresse des Klärwärters eintragen. Hier schlagen wir die folgenden Schnittstellen vor (siehe Abb. 3–5):

   ```
   public interface Mail {
     public void sendMessage(String subject, String content);
   }

   public interface MailAdmin {
     public void setReceiver(String address);
   }
   ```

   Der zuständige Klärwärter wird in der Administrationsschnittstelle fest eingestellt; die `sendMessage`-Methode der `Mail`-Schnittstelle sendet immer dorthin.

2. *Validierung der Schnittstelle*

   Die beiden Schnittstellen sind so einfach wie möglich, und die Hypothese lautet, dass die Anwendung damit auskommt. Das dürfte in diesem einfachen Beispiel stimmen; in der Realität würde man im Rahmen von Gesprächen oder eines formalen Reviews sicherstellen, dass mit diesen Schnittstellen jeder leben kann.

3. *Validierung der Implementierung*

   Wenn klar ist, dass die Schnittstellen aus Sicht der Anwendung stimmen, wird man deren Implementierbarkeit prüfen. In unserem Fall braucht man etwa eine Seite Java-Code, um die beide Schnittstellen auf `javax.mail` abzubilden – die Realität ist meistens komplizierter. Wir empfehlen dringend, jede Schnittstelle mindestens zweimal zu implementieren: einmal mit der Java-Mail und ein zweites Mal als Dummy, der den Inhalt der Mail z.B. an die Konsole ausgibt oder in eine Datei. Die Dummy-Implementierung kostet so gut wie keinen Implementierungsaufwand und ist beim Testen eine unschätzbare Hilfe, denn die Ausgabe ist sofort auf der Konsole oder in einer Datei sichtbar und der Test ist autark – er hängt nicht von der Verfügbarkeit des echten Mail-Systems ab.

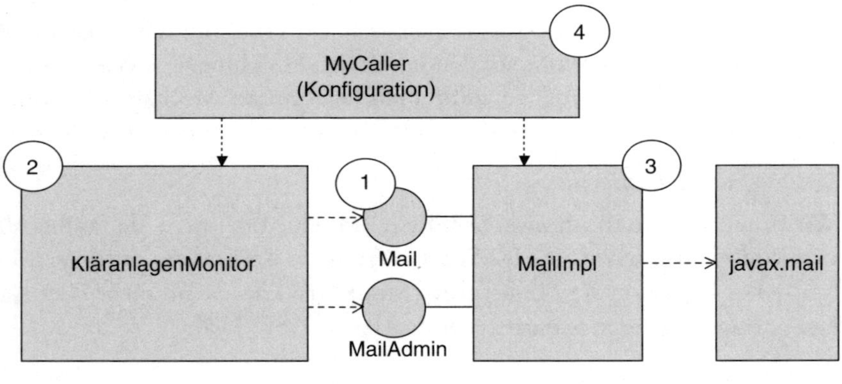

Abb. 3–5 *javax.mail über Schnittstellen*

4. *Konfiguration*

   Die Konfiguration ist die Stelle, wo Importeur und Exporteur verbunden werden[4]. Dort wird festgelegt, ob der heutige Testbetrieb mit der Dummy-Implementierung läuft oder mit dem richtigen Mailsystem. Im einfachsten Fall steht in der Konfiguration der Aufruf des Konstruktors, aber oft wird man hier mit einer Fabrik oder einer abstrakten Fabrik arbeiten (siehe

4. Der Begriff *Konfiguration* wird manchmal für die Einstellung von internen Parametern (timeout o.Ä.) verwendet. Das ist hier nicht gemeint.

[Gamma et al. 1995]). So ist gewährleistet, dass die Kläranlagen-Anwendung vom Paket `javax.mail` nicht das Geringste sieht. Das hat eine ganze Reihe von Vorteilen: Erstens muss sich nur ein Mitarbeiter (oder ganz wenige) in das Mail-Thema einarbeiten – alle anderen sehen nur die Schnittstelle. Zweitens ist die Anwendung von `javax.mail` optimal entkoppelt; es ist ohne weiteres möglich, `javax.mail` durch eine andere Implementierung (etwa einen Dummy) zu ersetzen.

3.9 Konfiguration: Komponenten verbinden

Komponenten zerlegen das Gesamtsystem in überschaubare, für sich verstehbare Teile – aber wer verbindet die Komponenten zu einem lauffähigen Ganzen? Das ist die Aufgabe der Konfiguration.

Bei der Erzeugung einer Komponente braucht man Implementierungen der importierten Schnittstellen. Entwurf und Programmierung gegen Schnittstellen sind gut und schön, aber irgendwo muss man Farbe bekennen, und das passiert in der *Konfiguration*. Diese legt eine bestimmte Implementierung fest – frühestens zur Übersetzungszeit, spätestens zur Aufrufzeit.

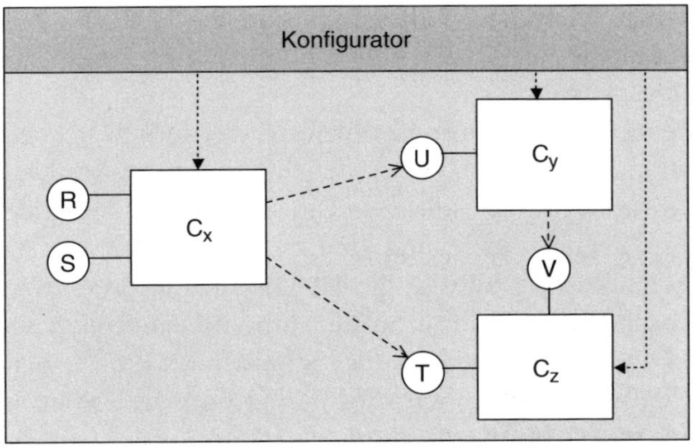

Abb. 3–6 *Konfiguration*

Als Beispiel betrachten wir eine Komponente C_x mit den exportierten Schnittstellen R, S und den importierten Schnittstellen U und T. Die Komponenten C_y, C_z mögen U resp. T exportieren. Weiterhin importiert C_y die von C_z exportierte Schnittstelle V. Dann sieht die Konfiguration in Java folgendermaßen aus:

```
// Cx, Cy, Cz als Java-Klassen
public class Cx implements R, S { .. }
public class Cy implements U { .. }
public class Cz implements T, V { .. }
```

```
// Konfiguration von Cx:
// x, y, z als Komponentenobjekte
Cx x = Cx.getCx();
Cy y = Cy.getCy();
Cz z = Cz.getCz();
x.bindU(y);     // x bekommt eine Implementierung von U
x.bindT(z);     // x bekommt eine Implementierung von T
y.bindV(z);     // y bekommt eine Implementierung von V
```

Nach erfolgreicher Konfiguration ist `x` ein betriebsbereites Exemplar von C_x, das nun selbst zur Konfiguration anderer Komponenten zur Verfügung steht. Abbildung 3–6 zeigt den Konfigurationsgraphen: Die Komponenten sind die Knoten, die Importbeziehungen sind die Pfeile.

Konfigurationsgraphen sind normalerweise zyklenfrei, denn Zyklen schaffen unbeherrschbare Abhängigkeiten der beteiligten Komponenten. Auch Kreise[5] (wie in Abb. 3–6) sind nicht unproblematisch, weil sie Seiteneffekte möglich machen. In Abschnitt 6.7 werden Zyklen und Kreise im Konfigurationsgraphen genauer untersucht.

Man konfiguriert normalerweise von hinten nach vorne, d.h., man beginnt mit den Komponenten, die im Konfigurationsgraphen keine Nachfolger haben (das sind die Senken), und hört auf mit den Komponenten, die im Konfigurationsgraphen keinen Vorgänger haben (das sind die Quellen). Jeder zyklenfreie Graph hat mindestens eine Quelle und mindestens eine Senke (siehe etwa [Neumann & Morlock 1996]).

Der Konfigurator (also das Stück Software, das die Konfiguration vornimmt) sieht nicht nur die Schnittstellen der beteiligten Komponenten, sondern auch deren Implementierung. Im Beispiel verwendet er drei `get`-Methoden zur Beschaffung der Komponentenobjekte und drei `bind`-Methoden zur Versorgung der importierten Schnittstellen. Sowohl die `get`- als auch die `bind`-Methoden werden nur bei der Konfiguration gebraucht; der normale Benutzer fängt nichts damit an, und deshalb gehören sie nicht zu der Schnittstelle, die der Benutzer sieht. In komplizierten Fällen empfehlen wir, die für die Konfiguration benötigten Methoden in einer eigenen Schnittstelle zusammenzufassen, die natürlich nur für die Konfiguration sichtbar ist. Es gibt verschiedene Varianten der Konfiguration, z.B.:

- direkter Aufruf eines Konstruktors,
- indirekter Aufruf eines Konstruktors über eine konkrete oder abstrakte Fabrik,
- Verbindung mit einer auf einem Server vorhandenen Komponente über einen Namensdienst.

5. Ein Kreis ist eine geschlossene Folge von Pfeilen, ein Zyklus ist ein Kreis, dessen Pfeile alle in dieselbe Richtung zeigen.

Man kann die Konfiguration entweder manuell programmieren oder man verwendet ein Konfigurationsprogramm, das die Konfigurationsinformationen aus einer Datei einliest (siehe Abschnitt 3.12) und dann automatisch erledigt, was in unserem Beispiel ausprogrammiert ist.

Aber am wichtigsten ist: Konfiguration geschieht nicht zufällig, sondern an wenigen definierten Stellen. Wer gegen diese Regel verstößt, der schafft zufällige, schwer kontrollierbare Abhängigkeiten der Komponenten untereinander. Konfiguration in unserem Sinne bedeutet: Die Komponenten kennen *nicht* die Umgebung, in der sie laufen, und deshalb sind sie in verschiedenen Umgebungen lauffähig.

Bisher wurde die Konfiguration einfach als frei schwebendes Programmstück dargestellt. Aber wo schreibt man diese Zeilen hin? Darum geht es im nächsten Abschnitt.

3.10 Kompositionsmanager: Konfiguration und Komposition

Komponenten laufen nicht im luftleeren Raum. Es ist die Aufgabe des Kompositionsmanagers, eine geeignete Umgebung herzustellen: Jede Komponente läuft unter der Obhut eines Managers, und jeder Manager verwaltet eine oder mehrere Komponenten. Mindestens zwei Aufgaben gehören zur Verwaltung, nämlich Konfiguration und Ausnahmebehandlung; je nach Situation können andere dazukommen, z.B.:

- Bereitstellung von Ressourcen (Threads, Socket-Verbindungen u.Ä.),
- Aufbau einer Verbindung mit einem CORBA-Namensdienst,
- Aufbau einer EJB-Umgebung in Form einer Session-Bean,
- Transaktionskontrolle.

Dies ist der Schlüssel zur Wiederverwendbarkeit: Weil die Komponente möglichst wenige Annahmen über ihre Umgebung macht, ist sie in verschiedenen Umgebungen lauffähig – aber sie verlangt auch, dass man sie erst einmal konfiguriert. Die Rolle des Kompositionsmanagers bei Fehlern und Ausnahmen ist Thema von Kapitel 5.

In diesem Abschnitt geht es um die Frage, wie ein Kompositionsmanager seine Aufgaben wahrnimmt und wie man ihn aufruft. Dazu ergänzen wir das Beispiel des letzten Abschnitts: Wir nehmen zusätzlich an, dass auch C_z eine Schnittstelle importiert, nämlich W. Die von C_x exportierten Schnittstellen R, S und die von C_z exportierte Schnittstelle T seien nach außen hin sichtbar, während die Schnittstellen U und V nur intern verwendet werden (siehe Abb. 3–7). Dann bilden die drei Komponenten C_x, C_y und C_z gemeinsam mit ihrem Kompositionsmanager eine neue Komponente C, die die Schnittstellen R, S und T exportiert und W importiert. C ist eine *Komposition* von C_x, C_y und C_z.

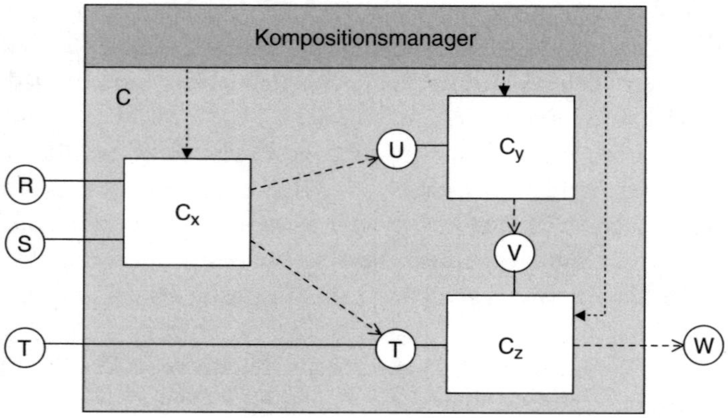

Abb. 3–7 *C als Komposition von C_x, C_y und C_z*

Komposition heißt salopp ausgedrückt: Stecke *n* Komponenten in eine Kiste und versorge die Importschnittstellen soweit wie möglich und sinnvoll durch Exportschnittstellen der komponierten Komponenten. Nicht versorgte Importschnittstellen sind Importschnittstellen der Komposition; eine beliebige Teilmenge der vorhandenen Exportschnittstellen wird als Exportschnittstelle der Komposition öffentlich gemacht. So lassen sich beliebig komplizierte Komponenten komponieren. Der Kompositionsmanager (hier `CManager`) hat folgenden Aufbau:

```
public class CManager {
  private Cx x;
  private Cy y;
  private Cz z;

  public CManager() {

    // Konfiguration mit lokalen Komponenten
    x = Cx.getCx();
    y = Cy.getCy();
    z = Cz.getCz();
    y.bindV(z);   // y bekommt eine Implementierung von V
    x.bindU(y);   // x bekommt eine Implementierung von U
    x.bindT(z);   // x bekommt eine Implementierung von T
  }

  // nachtraegliche Konfiguration von außen
  public void bindW(W w) {
    z.bindW(w);
  }

  // oeffentlicher Zugang zu den Schnittstellen
  public R getR() { return x; }
  public S getS() { return x; }
  public T getT() { return z; }
}
```

Jede Komposition exportiert also eine Teilmenge der Schnittstellen, die die enthaltenen Komponenten exportieren, und sie importiert genau die Schnittstellen, die lokal nicht versorgt werden können oder sollen. Mit der Methode `bindW` hängt später ein anderer Kompositionsmanager eine geeignete Komponente ein, die *W* exportiert.

Ein wichtiger Spezialfall der Komposition ist die *Fassade* (siehe Abb. 3–8).

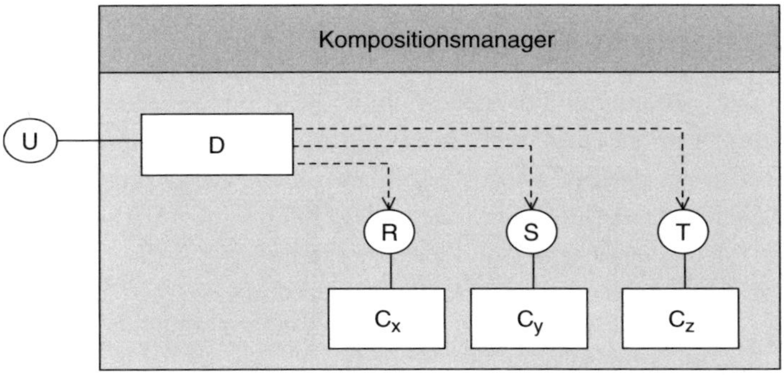

Abb. 3–8 *Fassade als Spezialfall der Komposition*

Zum Thema *Kompositionsmanager* sind noch folgende Hinweise angebracht:

- *Einen* Kompositionsmanager gibt es immer, nämlich das Hautprogramm, das nur die `main`-Methode exportiert. Oft ist das der einzige Manager, den man überhaupt braucht.
- Es sei *C* eine Komposition der Komponenten C_1, C_2, ... C_n. Dann exportiert *C* eine beliebige Teilmenge der von C_1, C_2, ... C_n exportierten Schnittstellen. Dies kann in der Weise geschehen, dass die öffentlichen Schnittstellen einfach über `get`-Methoden zugänglich sind (wie im `CManager`). Der Kompositionsmanager kann aber auch als Fassade agieren: Dann würde er die exportierten Schnittstellen als Adapter über Delegation implementieren. Im Kapitel 5 (über Fehler und Ausnahmen) werden wir diesen Punkt wieder aufgreifen.
- Die Klasse `CManager` zeigt das Prinzip der teilweisen Konfiguration: Der Kompositionsmanager konfiguriert alles, was mit Bordmitteln möglich ist; die nachträgliche Konfiguration obliegt der nächsten Kompositionsebene.
- Komponenten laufen in ganz verschiedenen Umgebungen, sofern Implementierungen der importierten Schnittstellen zur Verfügung stehen. Deshalb kann jede Komponente beliebig oft komponiert werden.
- Man kann *n* Komponenten C_1, C_2, ... C_n ganz unterschiedlich konfigurieren. Die Komposition von Komponenten ist also keine eindeutige Operation wie die Summe von *n* Zahlen oder die Vereinigungsmenge von *n* Mengen. Wir können nur sagen: Die Komponente C ist *eine* Komposition von C_1, C_2, ... C_n

– aber es gibt noch viele andere Möglichkeiten, diese Komponenten zu konfigurieren.

- Jede Konfiguration schränkt Freiheitsgrade ein und kann nichtfunktionale Eigenschaften beeinflussen. Wir betrachten als Beispiel eine Berechtigungskomponente *B*, die eine Datenbankschnittstelle importiert: Je nach Implementierung des Datenbankzugriffs ist *B* langsam oder performant.

3.11 Symmetrische Komposition

Komponenten, die ein und dieselbe Schnittstelle importieren und exportieren, kann man nach dem Pipes&Filter-Muster hintereinander schalten (siehe Abb. 3–9). Wir zeigen dies am Beispiel von `OutputStream` (siehe Abschnitt 3.4). Jeder `Stream` übernimmt seine Aufgabe in der Wertschöpfungskette: prüfen, komprimieren, puffern. Im folgenden Codebeispiel sehen wir eine Komposition von vier `Streams`: Die Eingabe wird in drei Stufen verarbeitet und dann in eine Datei geschrieben:

```
FileOutputStream       fs = new FileOutputStream ("myfile.dat");
BufferedOutputStream   bs = new BufferedOutputStream(fs);
ZipOutputStream        zs = new ZipOutputStream(bs);
CheckedOutputStream    cs = new CheckedOutputStream(zs);

byte[] output = ...           // wird irgendwie gefuellt
cs.write(output);
```

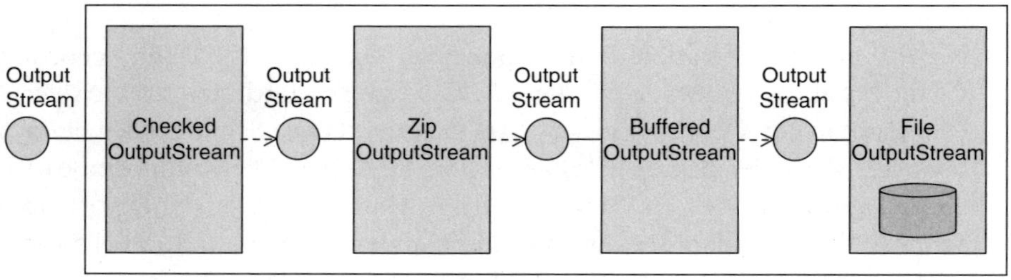

Abb. 3–9 *Symmetrische Komposition am Beispiel OutputStream*

Das Ergebnis der Komposition ist eine fünfte Implementierung von `OutputStream`: eine weitere Verfeinerung dieser Schnittstelle.

Die Eingabe von Daten funktioniert nach demselben Prinzip mit Hilfe des `InputStream`.

Anmerkung: Die verwendeten Komponenten `ZipOutputStream`, `CheckedOutputStream` und `BufferedOutputStream` sind degeneriert, denn sie bestehen jeweils aus nur einer Klasse.

3.12 Konfiguration mit XML

Konfigurationscode ist stereotyp und fehleranfällig und deshalb liegt es nahe, einen Generator zu erstellen. Dieser braucht die Konfigurationsinformation von Abbildung 3–7 in programmlesbarer Form, etwa in einer einfachen XML-Syntax:

```
<?xml version="1.0"?>
<configuration>

  <!-- alle beteiligten Schnittstellen -->
  <interface name="R"/>
  <interface name="S"/>
  <interface name="T"/>
  <interface name="U"/>
  <interface name="V"/>
  <interface name="W"/>

  <!-- Komponentendeklarationen -->
  <component name="Cx">
     <export interface="R"/>
     <export interface="S"/>
     <import interface="U"/>
     <import interface="T"/>
  </component>

  <component name="Cy">
     <export interface="U"/>
     <import interface="V"/>
  </component>

  <component name="Cz">
     <export interface="T"/>
     <export interface="V"/>
     <import interface="W"/>
  </component>

  <!-- Komposition -->
  <composition name="C">
     <!-- Komponentenobjekte -->
     <object name="x" component="Cx"/>
     <object name="y" component="Cy"/>
     <object name="z" component="Cz"/>

     <!-- interne Bindungen -->
     <binding interface="U" importer="x" exporter="y"/>
     <binding interface="T" importer="x" exporter="z"/>
     <binding interface="V" importer="y" exporter="z"/>

     <!-- extern sichtbare Schnittstellen -->
     <export interface="R"/>
     <export interface="S"/>
     <export interface="T"/>
     <import interface="W"/>
  </composition>
</configuration>
```

Die Bedeutung dieser Syntax ist leicht zu erraten: Einfache Komponenten werden deklariert mit den Schnittstellen, die sie exportieren bzw. importieren; bei der Komposition wird erklärt, welche Komponenten sie enthält, welche Komponenten intern gebunden sind, und schließlich, welche Schnittstellen exportiert bzw. importiert werden. Die Benutzer von *C* sehen nur die Schnittstellen, die *C* exportiert (*R*, *S*, *T*) oder importiert (*W*), aber nicht die Komponenten im Inneren von *C*.

Diese Syntax ist unabhängig von der Zielsprache, lässt sich also auf Java, C# und andere Sprachen abbilden. Konfigurationen kann man leicht prüfen: So ist die Anweisung

```
<binding interface="U" importer="x" exporter="y"/>
```

nur legal, wenn *x U* importiert und *y U* exportiert.

3.13 Wer definiert Schnittstellen?

In Abschnitt 3.1 wurde betont, dass Schnittstellen eigenständig sind und unabhängig von implementierenden Komponenten existieren – aber wo kommen sie her? Für das Zusammenwirken von Importeur *C*, Schnittstelle *S* und Exporteur *D* gibt es vier Möglichkeiten (siehe Abb. 3–10):

- *Standardschnittstelle:* Die Schnittstelle ist Allgemeingut. Sie gehört allen und keinem.
- *Angebotene Schnittstelle:* Der Exporteur definiert die Schnittstelle.
- *Angeforderte Schnittstelle:* Der Importeur definiert die Schnittstelle.
- *Adapter:* Ein Adapter vermittelt zwischen angebotener und angeforderter Schnittstelle.

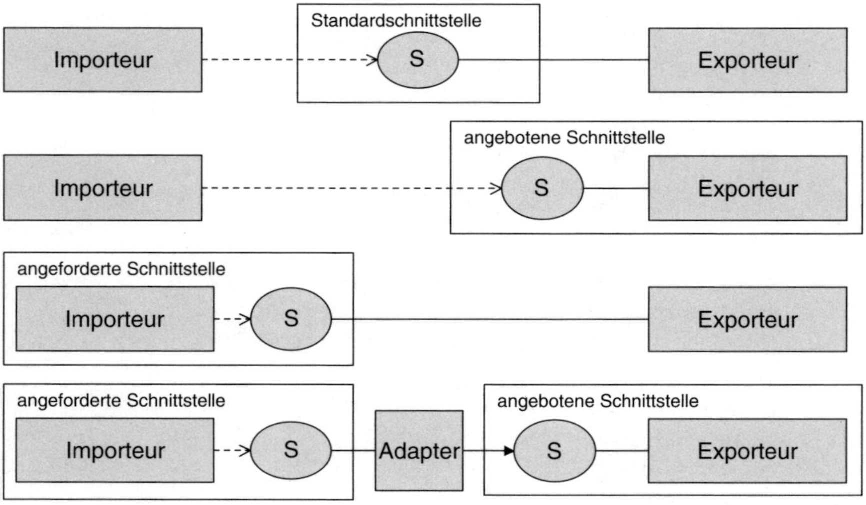

Abb. 3–10 *Wer definiert die Schnittstelle – vier Möglichkeiten*

Man beachte den Unterschied zwischen Import und Anforderung auf der einen Seite und Export und Angebot auf der anderen: Jede Schnittstelle hat genau eine der drei Eigenschaften *Standard*, *Angebot* oder *Anforderung* – und unabhängig davon wird sie importiert oder exportiert.

3.13.1 Standardschnittstellen

Auf Standardschnittstellen hat sich eine mehr oder weniger große Gemeinde von Programmierern geeinigt. Ein Beispiel sind die Behälter-Schnittstellen von Java: Wer eine Liste braucht, sollte die Java-Liste verwenden und keine eigene erfinden. Die Java-Liste ist dokumentiert, gut bekannt, und es gibt viele bewährte Implementierungen. Standardschnittstellen sind überall vorhanden; ihre Verwendung erzeugt keine neuen Abhängigkeiten.

Importeur und Exporteur sind bei Verwendung von Standardschnittstellen optimal entkoppelt. Der Exporteur (also die Komponente, die *S* implementiert) ist austauschbar; einzige Restriktion sind die durch den Austausch beeinflussten nichtfunktionalen Eigenschaften (vgl. Abschnitt 3.2).

Neben den Schnittstellen, die weltweiter Standard sind (wie `List` und `Iterator`), gibt es noch viele andere, die man dem Projekt, dem Softwarehaus oder welcher Gemeinschaft auch immer als Standard verordnen kann. Die Kapitel 9 und 10 definieren eine ganze Reihe von Schnittstellen im Bereich der Persistenz und der GUI-Programmierung, die für ein ganzes Softwarehaus Standard sein können. Jede Standardschnittstelle erfüllt folgende Kriterien:

- Sie ist ohne weiteres verfügbar. Jeder Programmierer der Gemeinschaft hat sie in seinem Klassenpfad.
- Sie ist abgeschlossen, d.h., alle Datentypen, die in der Schnittstelle vorkommen, sind entweder ebenfalls Standard (wie `String` oder `List`) oder sie sind in der Schnittstelle selbst definiert. Es kann also nicht sein, dass ausgehend von einer schlichten `import`-Anweisung eine ganze Kette von Bibliotheken mitgeliefert wird.
- Sie ist vollständig dokumentiert und ausgestattet mit Testtreibern zur Validierung von Implementierungen. Dokumentation und Test ist ein mühsames Geschäft, das haben wir in Abschnitt 2.8 gesehen. In der Praxis wird es immer wieder passieren, dass eine selten verwendete Schnittstelle unzureichend dokumentiert oder getestet wurde – aber bei Schnittstellen, auf die sich viele verlassen, darf das niemals vorkommen. Weil Standardschnittstellen oft verwendet werden, lohnt sich nahezu jeder Testaufwand.
- Sie ist in der Gemeinschaft akzeptiert. Es macht keinen Sinn, eine obskure Schnittstelle, die keiner versteht, zum Standard zu erheben. Sie würde nicht benutzt werden.
- Es gibt mindestens zwei getestete Implementierungen: eine Dummy-Implementierung zum Testen und Spielen und eine echte Implementierung, die für

reale Projekte vor allem in Bezug auf Performance, Robustheit und Betreibbarkeit geeignet ist.

Standardschnittstellen fallen nicht vom Himmel. Sie werden erarbeitet, abgestimmt, implementiert und manchmal auch wieder verworfen. Aber sie sind ein entscheidender Schritt in Richtung Wiederverwendung und Softwarequalität.

3.13.2 Angebotene Schnittstelle

Oft ist die exportierende Komponente mitsamt ihrer Schnittstelle schon da; der Importeur wird für diese Schnittstelle gebaut. In diesem Fall bestimmt die Schnittstelle den Grad der Abhängigkeit des Importeurs vom Exporteur. Je komplexer die Schnittstelle ist, desto enger bindet sich der Importeur an den Exporteur. Die Frage nach der *Hülle* der importierten Schnittstelle (also die Menge der Datentypen, die zur Verwendung der Schnittstelle benötigt wird) ist hier besonders wichtig, denn der unkritische Import von angebotenen Schnittstellen birgt ein hohes Risiko unerwünschter Abhängigkeiten.

3.13.3 Angeforderte Schnittstellen und Adapter

Im Mail-Beispiel haben wir eine einfache Schnittstelle gebaut, indem wir uns einzig und allein an den Belangen des Kläranlagen-Monitors orientiert haben. Es ist unerheblich, ob andere mit dieser Schnittstelle auch etwas anfangen können – wir haben weder Zeit noch Lust, die Mail-Schnittstelle mit einem Dritten abzustimmen. Wenn sich die Schnittstelle nur am Importeur orientiert, dann ist es unwahrscheinlich, dass irgendjemand auf der Welt genau diese Schnittstelle schon einmal implementiert hat. Deshalb geht man den Weg, der in Abschnitt 3.8 beschrieben wurde: Man verwendet Software, die ungefähr das tut, was die Schnittstelle verlangt (im Beispiel also das Paket `javax.mail`), und baut einen Adapter, der die vorhandene Software auf die Schnittstelle des Importeurs abbildet. In Java steht die angeforderte Schnittstelle im Paket des Importeurs. So ist der Importeur ohne `import`-Anweisung auf irgendeine Implementierung kompilierbar.[6]

Auch bei einer angeforderten Schnittstelle sind Importeur und Exporteur optimal entkoppelt. Die gesamte Abhängigkeit vom Exporteur liegt im Adapter, der beim Wechsel der Implementierung auszutauschen ist. In Abbildung 3–11 sind *S* und *T* Anforderungsschnittstellen der Komponente *C*; *A* und *B* sind Adapter, die *S* und *T* auf *S'* bzw. *T'* abbilden.

6. Ein alternativer Begriff für *angeforderte Schnittstelle* ist *Stützschnittstelle*, aber das ist ein Zungenbrecher.

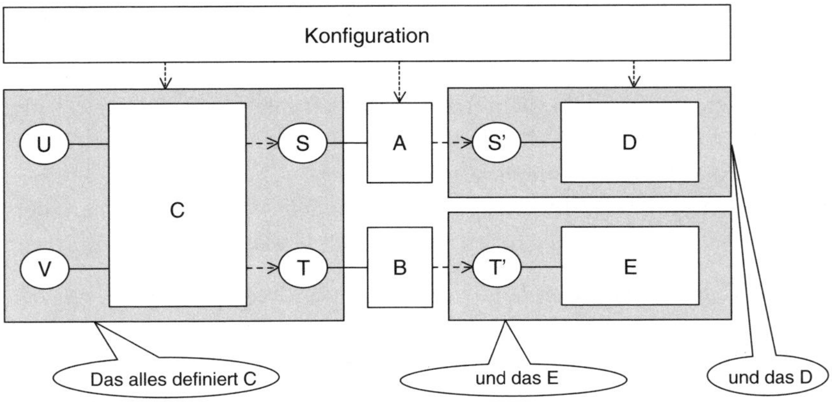

Abb. 3–11 *Angeforderte Schnittstellen und Adapter*

Adapter sind nichts weiter als spezielle Komponenten, die normalerweise genau eine Schnittstelle importieren und genau eine Schnittstelle exportieren. Die Grenze zwischen einem Adapter und einer Komponente, die man nicht mehr als Adapter bezeichnen würde, ist fließend: Im einfachsten Fall – wenn nämlich importierte und exportierte Schnittstelle übereinstimmen – enthält der Adapter nur einfache Delegationsaufrufe, die man oft generieren kann. Aber manchmal ist mehr zu tun:

- *Datentransformation:* Oft verwendet der Importeur andere Datenstrukturen als der Exporteur. In diesem Fall sind Datentransformationen erforderlich, die weder beim Importeur noch beim Exporteur ihren Platz haben. Diese Transformationen kann man hart kodieren oder man kann auf XML und XSLT basierende Mechanismen verwenden.
- *Anpassung* (Customizing; maximale/minimale Schnittstellen): Oft stehen Schnittstellen zur Verfügung, die wesentlich mehr leisten, als man im Projekt eigentlich braucht. Das liegt in der Natur der Sache, denn jeder Hersteller und jedes Normierungsgremium ist bestrebt, möglichst alle Eventualitäten zu berücksichtigen. Im Projekt braucht man aber oft nur einen Bruchteil der vorhandenen Funktionen. In einem solchen Fall wird die Anforderungsschnittstelle nur die wirklich benötigten Methoden enthalten; alle anderen bleiben hinter dem Adapter verborgen.
- *Behandlung von Ausnahmen:* Das ist Thema von Kapitel 5.

Manche Autoren (etwa [Hofmeister et al. 2000]) betrachten Adapter als eigenständigen Begriff, der von Komponenten sorgfältig getrennt wird. Wir vertreten einen anderen Standpunkt: Adapter sind für uns nichts anderes als spezielle Komponenten. Sie importieren und exportieren jeweils eine Schnittstelle und sind auf die oben angeführten Aufgaben beschränkt – kurz: Sie sind Komponenten zweiter Klasse.

3.14 Wie beschreibt man Komponenten?

Viele Dokumentationen, die man in der Praxis sieht, sind aus Entwicklersicht geschrieben: zu detailliert, verliebt in die eigenen Implementierungstricks und insgesamt eine Zumutung für den Leser. Die folgenden Hinweise helfen bei der Erstellung brauchbarer Dokumentationen.

Komponenten beschreibt man von außen nach innen: zuerst die Übersicht, dann die Außensicht, dann die Innensicht und schließlich die Variabilitätsanalyse.

- *Übersicht*: Zu jeder Komponente gibt es eine Idee, die man auf ein bis zwei Seiten darstellen kann. Das ist die Sicht des Managers: Die Komponente, die ja Geld kostet, stiftet einen Nutzen, und das ist darzustellen. Ohne Idee gibt es keine Komponente.
- *Außensicht*: Hier werden die Schnittstellen der Komponente beschrieben. Die Außensicht richtet sich an die späteren Benutzer der Komponente (das betrifft Dialogbenutzer genauso wie Anwendungsprogrammierer). Die Außensicht wird wie ein Benutzerhandbuch geschrieben: Was muss der Benutzer tun, was mute ich ihm zu, welche Arbeit nehme ich ihm ab? Die Außensicht ist der wichtigste Teil der Dokumentation, denn sie hat mit Abstand die meisten Leser. Die vom Benutzer zu leistende Konfiguration (siehe Abschnitt 3.9) gehört zur Außensicht.

  Ein wichtiger, oft vernachlässigter Benutzer ist der Betrieb. Komponenten wie DB-Zugriff oder Batch-Management haben breite Schnittstellen zum Betrieb, und die Beschreibung dieser Schnittstellen ist Bestandteil der Außensicht.
- *Innensicht*: Sie beschreibt den inneren Aufbau der Komponente und richtet sich an die Entwickler der Komponente bzw. an das Wartungsteam. Die Innensicht ist austauschbar. Deshalb hat sie ein geringeres Gewicht als die Außensicht. Es ist nicht erforderlich, alle Erwägungen, die zu einer bestimmten Implementierung geführt haben, und alle Irrwege, die man verworfen hat, in 500-seitigen Wälzern festzuhalten. Die in einer Komposition enthaltenen Komponenten gehören zur Innensicht.
- *Variabilitätsanalyse*: Software ist flexibel, wartbar und änderungsfreundlich – das behaupten alle Softwarehersteller. Aber wie kann man diese Eigenschaften belegen? Das tut man mit Hilfe von Änderungsszenarien. Jeder Softwarearchitekt sollte sich eine sinnvolle Anzahl von Szenarien ausdenken und durchspielen. Dabei sind technische Änderungen interessant (etwa der Wechsel von CORBA zu SOAP), aber auch fachliche (ein geändertes Verfahren der Rechnungsstellung). Bei jedem Szenario sind drei Antworten möglich:

- Die Änderung ist vorbereitet; sie lässt sich ohne nennenswerten Aufwand durchführen (etwa durch geeignete Parametrierung).
- Die Änderung ist konform zur vorhandenen Architektur, erfordert aber ein gewisses, planbares Maß an Umbauten (bei unseren Zugriffsschichten gehört der Wechsel des DBMS normalerweise zu dieser Kategorie).
- Die Änderung ist nicht konform zur vorhandenen Architektur; sie erfordert den Neubau oder den Umbau der ganzen Komponenten.

Ein solcher Szenarienkatalog macht die Eigenschaft *Änderbarkeit* noch lange nicht messbar, aber er ist eine große Hilfe bei der Suche nach der angemessenen Architektur. Der SAAM[7]-Ansatz (siehe [Clement et al. 2002] und Abschnitt 4.8) zeigt, wie man solche Szenarien systematisch findet und analysiert.

3.15 Zusammenfassung

- Komponenten und Schnittstellen sind die wichtigsten Einheiten im Entwurfsprozess. Sie sind der Ausgangspunkt für die Festlegung der Rollen im Entwicklungsprozess und auch für mögliche Parallelisierungen.
- Schnittstellen sind eigenständig; man kann über Schnittstellen nachdenken, lange bevor eine implementierende Komponente in Sicht ist.
- Man kann Schnittstellen verfeinern, indem man Freiheitsgrade einschränkt oder zusätzliche Eigenschaften fordert (z.B. Mehrbenutzerfähigkeit).
- Wir unterscheiden Standardschnittstellen, angebotene Schnittstellen und angeforderte Schnittstellen – je nachdem, aus welcher Sicht die Schnittstelle definiert ist. Adapter stellen die Verbindung zwischen der angeforderten und der angebotenen Schnittstelle her.
- Komponenten sind erst nach der Konfiguration lauffähig. Die Konfiguration versorgt die Komponente mit allem, was sie braucht; das sind vor allem Komponenten, die die importierten Schnittstellen exportieren.
- Komponenten kann man komponieren: Die Komposition einer Komponente ist wieder eine Komponente; die Eigenschaft der Komposition sieht man ihr von außen nicht an. Komposition funktioniert über beliebig viele Ebenen, obwohl mehr als drei Ebenen in der Praxis selten sind.

7. Software Architecture Analysis Method

4 Softwarekategorien – wie findet man Komponenten?

Es gibt keinen Algorithmus, der ein System in Komponenten aufteilt, aber die Bildung von Komponenten ist trotzdem kein Hexenwerk: Der Weg zu einer guten und vor allem nachvollziehbaren Komponentenbildung führt über die Analyse der Abhängigkeiten und die Definition von Softwarekategorien, um die es in diesem Kapitel geht.

Informatiker sprechen davon, dass Software etwas *kann* oder *weiß*, und drücken damit aus, dass Wissen über ein bestimmtes Gebiet in die Software eingeflossen ist: Es gibt Software, die sich mit Buchungen befasst, andere Software kümmert sich um die Anbindung zur Datenbank und wieder andere Software kennt Aufbau und Syntax von XMI. All das sind *Softwarekategorien*: Wissensgebiete, Themen, die in ein Stück Software einfließen.

Wir begnügen uns zunächst mit dieser informellen Vorstellung; Abschnitt 4.1 illustriert die Softwarekategorien eines einfachen Systems, und Abschnitt 4.2 führt den Begriff formal ein.

Als umgangssprachliches Synonym zur Softwarekategorie hat sich die *Software-Blutgruppe* eingebürgert. Die Kombination von Software verschiedener Kategorien ergibt wie bei den echten Blutgruppen wieder andere Kategorien – insofern passt der Vergleich (siehe Abschnitt 4.5).

Die Analyse der Abhängigkeiten spielt wohl bei jedem Softwareentwurf explizit oder implizit eine Rolle – wer über Klassen und Komponenten nachdenkt, der hat mit Sicherheit irgendeine Vorstellung über die Abhängigkeiten, die er in seine Software einbaut, und die Offenheit (also die Unabhängigkeiten), die er anstrebt. So enthält dieses Kapitel im Grunde nur Selbstverständliches und sagt nichts weiter als: Mache alle Abhängigkeiten mit Hilfe von definierten Softwarekategorien explizit und verbindlich.

Aber viele Softwarearchitekten erfinden zuerst die Komponenten und analysieren bestenfalls im zweiten Schritt die so geschaffenen Zuständigkeiten und Abhängigkeiten. Wir schlagen die umgekehrte Reihenfolge vor: Analysiere zuerst die Softwarekategorien und zerlege danach auf dieser Basis das System in Komponenten, die von vornherein zur richtigen Kategorie gehören. Softwarekategorien sind die Vorstufe zu Komponenten: Die richtigen Komponenten zu finden, ist schwer, aber die Softwarekategorien ergeben sich meist ohne Mühe – und sie sind die Wegweiser bei der Suche nach einer vernünftigen Softwarestruktur, sie sind Schubladen, in denen man gefundene Komponenten ablegt.

Die Kontrolle der Abhängigkeiten ist die wohl wichtigste Disziplin beim Softwareentwurf. Sie ist die Voraussetzung dafür, dass spätere Änderungen mit planbarem und vernünftigem Aufwand möglich sind. Aber selbst wenn von vornherein feststeht, dass bestimmte Abhängigkeiten während der gesamten Lebensdauer des Systems konstant bleiben, ist deren Kontrolle mittels Softwarekategorien ein probates Mittel zur Verbesserung der Architektur: Man versteht das eigene System einfach besser.

4.1 Beispiel: Schafkopfen mit dem Computer

Schafkopfen ist ein vor allem in Bayern verbreitetes Kartenspiel mit einer gewissen Ähnlichkeit zum Skatspiel. Man spielt es zu viert mit den deutschen Spielkarten; die genauen Spielregeln sind für unsere Betrachtung ohne Bedeutung.

Die Aufgabe besteht darin, ein System zu bauen, mit dessen Hilfe vier reale oder virtuelle Spieler Schafkopf spielen. Dabei liegt die Anzahl n der realen Spieler zwischen 0 und 4. Bei $n = 4$ ist das System nichts weiter als ein intelligenter Spieltisch, der den Spielverlauf protokolliert und gespielte Spiele speichert; mit $n = 0$ kann man Spiele simulieren, etwa um verschiedene Strategien zu vergleichen. Welche Softwarekategorien gibt es hier?

Ein großer Teil der Software weiß, dass es sich um ein Kartenspiel mit einer festen Anzahl von Personen handelt, die der Reihe nach drankommen. Dies ist die Kategorie *Kartenspiel*, die für Skat, Romme und vergleichbare Spiele gilt. Sie wird spezialisiert durch die Kategorie *Schafkopf*, wo die Regeln des Schafkopfspiels bekannt sind – im Gegensatz zu den Regeln des Skatspiels. Diese Kategorie ist sorgfältig zu trennen von der *Schafkopfstrategie*: Die Schafkopfregeln werden sich so schnell nicht ändern, aber es sind viele verschiedene Strategien denkbar, und deshalb ist das eine eigene Kategorie. *Schafkopfstrategie* ist eine *Verfeinerung* von *Schafkopf*, denn eine Schafkopfstrategie kann man nur in Kenntnis der Schafkopfregeln formulieren.

Nun zur Visualisierung: Dort gibt es zunächst die Kategorie *KartenspielGUI*, wo man unabhängig von der GUI-Bibliothek festlegt, wie ein Kartenspiel am Bildschirm aussieht: in der Mitte die ausgespielten Karten, an den vier Seiten die Blätter der Spieler; jeder Spieler sieht nur sein eigenes Blatt, die der anderen Spieler sind verdeckt.

Es liegt nahe, die verwendete GUI-Bibliothek (im Beispiel Swing) um einige Darstellungsmöglichkeiten zu erweitern, z.B. die *Spielkarte* und das aus einer oder mehreren Karten bestehende *Blatt*. So erhalten wir eine weitere Kategorie, nämlich *KartenspielGUISwing*, wo wir zwar Swing und Kartenspiele kennen,

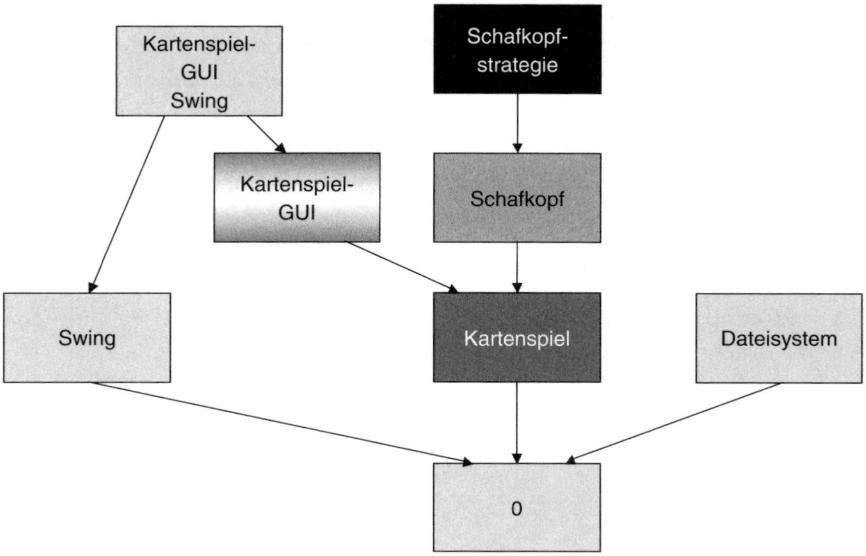

Abb. 4–1 *Softwarekategorien beim virtuellen Schafkopfen*

aber weder Skat noch Schafkopf. Wenn die stattgefundenen Spiele gespeichert werden, dann brauchen wir als weitere Kategorie noch *Dateisystem* – dort ist die Software, die Daten abspeichert und wieder einliest. So erhalten wir Kategorien aus der Anwendung (*Schafkopf*, *Schafkopfstrategie*), aus der Technik *(Dateisystem)* und eine Kombination (*KartenspielGUISwing*).

Grundlage jeder Kategorie ist die Kategorie 0, zu der alles gehört, was ohne weiteres im gesamten System zur Verfügung steht – in Java sind das normalerweise die Pakete `java.lang` und `java.util` (siehe Abschnitt 4.3).

Wie helfen uns die Kategorien bei der Suche nach Komponenten? Die Antwort lautet: Man schaut sich die Kategorien der Reihe nach an und überlegt, welche Komponenten und welche Schnittstellen man in der jeweiligen Kategorie unterbringen könnte. Was bringt dieses Vorgehen beim Schafkopfsystem (siehe Abb. 4–2)?

In der Kategorie *Schafkopf* definieren wir die Komponente *Schafkopfregeln*, welche die Schnittstelle *G* implementiert. Diese Schnittstelle antwortet auf die Frage: »Welche Karten *darf* ich spielen?«, während die Schnittstelle *H* von *Schafkopfstrategie* auf die Frage: »Welche Karte *soll* ich spielen?« Antwort gibt. Beide Schnittstellen gehören zur Kategorie *Kartenspiel*: Es geht nur um Karten im Allgemeinen, aber nicht über Schafkopf im Speziellen. In einem Skatsystem würde man dieselben Schnittstellen verwenden, aber völlig anders implementieren. Die Komponente *Schafkopfstrategie* gehört zur gleichnamigen Kategorie.

Der Kern des Systems gehört zur Kategorie *Kartenspiel*. Die beiden genannten Komponenten, *Schafkopfregeln* und *Schafkopfstrategie*, informieren sich über die Schnittstelle *A* von *KartenspielInfo* über das Spiel. *KartenspielInfo* enthält den Spielzustand und die Historie. Über die Schnittstelle *D* geben die Spieler bekannt, welche Karte sie ausspielen; die *Kartenspielsteuerung* kann ein Spiel starten, unterbrechen, zurücksetzen. Die Komponenten *realerSpieler* und *virtuellerSpieler* implementieren die Schnittstelle *E* mit der Operation: »Du bist dran, spiele aus«! Der virtuelle Spieler fragt die *Schafkopfstrategie,* was er machen soll, und antwortet sofort; beim realen Spieler geht die Kontrolle ans GUI. Der reale Spieler kann selbst entscheiden, was er spielt oder ebenfalls die Hilfe der *Schafkopfstrategie* in Anspruch nehmen.

Mit Hilfe der *Kartenspielverwaltung* kann man Spiele speichern, alte Spiele laden und erneut ablaufen lassen.

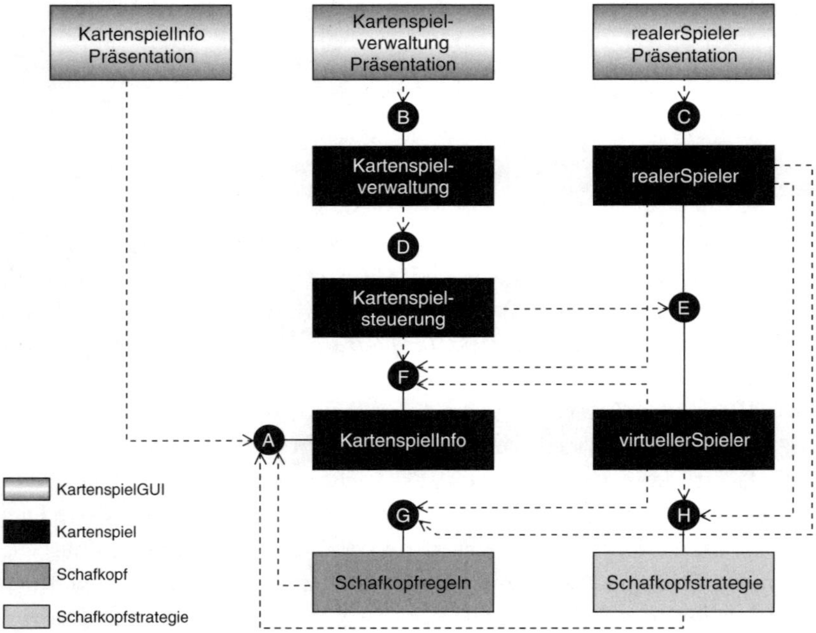

Abb. 4–2 *Komponenten und Schnittstellen des Schafkopfsystems*

In der Kategorie *KartenspielGUI* findet man drei Komponenten zur Präsentation von Kartenspiel, Verwaltung und Spieler. Diese beschaffen sich über die Schnittstellen *A*, *B* und *C* die zu präsentierenden Informationen und geben sie an eine Swingkomponente weiter.

So gelangen wir zu Komponenten, deren Kategorie von vornherein feststeht. Das Schafkopfbeispiel zeigt: Wer die Softwarearchitektur an Kategorien ausrichtet, der muss im ersten Schritt mehr nachdenken als jemand, der einfach drauflos zeichnet. Und es gibt auch Rückschläge: Nicht immer gelingt es, eine Komponente so allgemein zu machen wie ursprünglich geplant. Vielleicht waren wir doch etwas ehrgeizig bei dem Versuch, möglichst viele Komponenten in die Kategorie *Kartenspiel* zu stecken, und eines Tages stellt sich heraus, dass der virtuelle Spieler doch etwas über Schafkopf wissen muss. So etwas kann passieren – aber beim kategorieorientierten Vorgehen fällt es wenigstens auf!

Das ist der Nutzen von Softwarekategorien: Sie sind erstens eine Richtschnur beim Entwurf von Komponenten und Schnittstellen und dienen zweitens als Kontrollinstanz bei späteren Änderungen. Gewissermaßen als Nebeneffekt ergibt sich ein verbessertes Know-how-Management: Das Wissen, das in der Software steckt, befindet sich ja auch in den Köpfen der Programmierer, die diese Software geschrieben haben, und eine der Grundfragen von Softwaremanagement lautet ja: »Wer muss was wissen?« Softwarekategorien sind ein guter Ausgangspunkt für die Antwort darauf. Dass jeder alles weiß, funktioniert leider nicht.

4.2 Softwarekategorien und Komplexität

Softwarekategorien ähneln den Sachgebieten des menschlichen Wissens: Wie jeder Mensch bestimmte Sachgebiete hat, in denen er sich auskennt, so gehört jedes Stück Software zu einer oder mehreren Kategorien, die angeben, welches Wissen in der Software enthalten ist und wovon die Software abhängt. Doch die Analogie endet hier: Ein Mensch, der in vielen verschiedenen Fachgebieten bewandert ist, wird bewundert und gilt als interessant, aber bei der Software ist es umgekehrt: Kleine Softwareeinheiten sollten möglichst nur zu einer einzigen Kategorie gehören, sich um ein einziges Problem kümmern – genau das ist das Prinzip der Trennung der Zuständigkeiten. Software, die zu verschiedenen Kategorien gehört – etwa Datenbanken, Swing und EJB –, ist schlecht und sollte vermieden werden.

Diese Aussage ist im Hinblick auf zusammengesetzte Komponenten zu präzisieren: Natürlich wird man Komponenten verschiedener Kategorien zu einer großen Komponente komponieren, und dies über mehrere Ebenen. Das Schafkopfsystem des letzten Abschnitts ist ja selbst wieder eine Komponente, in der alle acht Kategorien vorkommen (siehe Abb. 4–1) – aber nicht einfach irgendwie vermengt, sondern ordentlich verteilt auf die inneren Komponenten. Man sollte also anstreben, dass *einfache* Komponenten (Module) zu genau einer Kategorie gehören.

Wer definiert die Softwarekategorien? Es wäre ein aussichtsloses Unterfangen, das weltweit vorhandene Wissen in ein starres Gerüst von weltweit gültigen Kategorien zu pressen. Stattdessen schlagen wir vor, dass jeder Softwarearchitekt die Kategorien, die ihm für sein System wichtig erscheinen, beschreibt und sich auf dieser Basis überlegt, welcher Teil der Software welchen Kategorien angehört. Ausgehend von projektspezifischen Kategorien kann man versuchen, Kategorien für ein Unternehmen oder vielleicht sogar eine ganze Branche zu definieren. Bei betrieblichen Informationssystemen haben sich neben der Kategorie 0 folgende zwei allgemein verwendete Kategorien herausgebildet: Software, die sich nur mit der Anwendung befasst, aber frei ist von Technik, hat die Kategorie A; Software, die mindestens ein technisches API kennt, hat die Kategorie T (mehr dazu in Abschnitt 4.6).

Kategorien sind teilgeordnet: Jede Kategorie kann eine oder mehrere andere Kategorien *verfeinern*. Die Kategorien eines Systems ordnet man wie in Abbildung 4–1 im zyklenfreien Kategoriegraphen an. Die Wurzelkategorie ist die Kategorie 0 – das ist das allgemeine Grundwissen, das überall vorhanden ist und dessen Verwendung keine unerwünschten Abhängigkeiten erzeugt. Jede Softwarekategorie ist eine direkte oder indirekte Verfeinerung der Kategorie 0.

Eine Softwarekategorie *a* nennen wir *rein*, wenn es im Kategoriegraphen genau einen Weg von *a* zur Kategorie 0 gibt; im anderen Fall heißt sie *unrein*. Reine Kategorien entstehen durch stückweise Verfeinerung der Kategorie 0; unreine Kategorien vermengen zwei oder mehr Kategorien (rein oder unrein).

Jede Komponente und jede Schnittstelle gehört zu einer oder mehreren Kategorien. Ziel ist dabei, dass jeder Modul (einfache Komponente) und jede Schnittstelle möglichst wenigen Kategorien angehört, und zwar solchen, die sich im Kategoriegraphen möglichst weit unten befinden: Je komplizierter oder spezieller ein Thema ist, desto weniger Software sollte sich damit befassen. Auf die zwischenmenschliche Kommunikation übertragen heißt das: Man drücke sich immer so einfach wie möglich aus und verwende Fachjargon nur dort, wo er unvermeidbar ist.

Daraus lässt sich ein einfaches Komplexitätsmaß ableiten. Wir nehmen an, dass jede einfache Komponente genau eine Kategorie besitzt (rein oder möglicherweise unrein) – eine Situation, die sich jederzeit herstellen lässt. Wir definieren:

- Die Komplexität einer reinen Kategorie ist die Anzahl ihrer Vorfahren im Kategoriegraphen. So hat die Kategorie 0 auch die Komplexität 0.
- Die Komplexität einer unreinen Kategorie ist die Summe der Komplexitäten der Kategorien, die sie vermengt. Mischformen werden also streng bestraft.
- Die Komplexität einer einfachen Komponente ist gleich der Komplexität der einzigen Kategorie, zu der sie gehört.
- Die Komplexität einer zusammengesetzten Komponente ist das gewichtete Mittel der Komplexitäten ihrer Subkomponenten. Die Komplexität eines Moduls kann in LOC (*lines of code*) oder irgendeiner anderen Metrik gemessen werden.

Idealerweise ist also die gesamte Software von der Kategorie 0, aber das gelingt nur bei akademischen Beispielen (oder bei unsinnigen Kategoriegraphen). Unsere Metrik unterstellt, dass die zu vergleichenden Architekturen denselben Kategoriegraphen verwenden. Sie eignet sich also besonders gut für den Vergleich von alternativen Architekturen für eine bestimmte Anwendung, aber sie ist kein absolutes Komplexitätsmaß.

4.3 Was gehört zu 0-Software?

Es gibt keine allgemein gültige Definition der Kategorie 0: Zwar würde man in den meisten Java-Projekten die Pakete `java.lang`, `java.util` und vielleicht noch ein paar andere zur 0-Software zählen, aber wer aus welchen Gründen auch immer gezwungen ist, mit Java 1.0 zu arbeiten, der wird sich auf die in Java 1.0 vorhandenen Möglichkeiten beschränken und seine Kategorie 0 entsprechend restriktiv definieren.

Bei der Definition der Kategorie sollte man Folgendes berücksichtigen: 0-Software ist überall vorhanden, sie ist sorgfältig getestet, sie enthält ewige Wahrheiten der Informatik (z.B. Zeichenketten, Behälter, reguläre Ausdrücke). Es wäre legal, aber unzweckmäßig, eine Abhängigkeit von CORBA (oder SOAP[1] oder was auch immer) zu akzeptieren und CORBA in die Kategorie 0 aufzunehmen.

0-Software ist global: Sie steht überall zur Verfügung, man kann sie ohne Restriktionen einsetzen und ihre Nutzung wird ermutigt. Das im letzten Abschnitt eingeführte Komplexitätsmaß legt es nahe, möglichst viel Software der Kategorie 0 selbst zu bauen. Ein Softwarebaustein ist immer dann ein Kandidat für 0-Software, wenn er sich nur mit geringer Wahrscheinlichkeit ändert und selber ausschließlich 0-Software verwendet, also keine unerwünschten Abhängigkeiten erzeugt.

Als grobe Leitlinie kann man sagen, dass Software der Kategorie 0 als Erweiterung des JRE geeignet sein sollte – wie z.B. die in [Commons] und [JADE] beschriebenen Pakete. Zwei Beispiele für 0-Komponenten:

- Bei Simulationsproblemen braucht man immer eine virtuelle Zeit. Dazu baut man eine Zeitmaschine wie in Abschnitt 2.12; diese hat die Kategorie 0.
- Viele Systeme (z.B. Word) verfügen über einen *undo/redo*-Mechanismus. Auch dies würde man mit einer geeigneten 0-Komponente erledigen.

Besonders wichtig sind Schnittstellen der Kategorie 0, denn erst sie gestatten die Kommunikation von Komponenten inkompatibler Kategorien (siehe Abschnitt 4.5).

4.4 Softwarekategorien und Variabilität

Softwarekategorien gestatten es, die Variabilität eines Systems von vornherein zu definieren: Jede Kategorie ist entweder fest oder variabel. Im Beispiel des Schafkopfsystems ist die gewählte Schafkopfstrategie variabel.

---

1. Simple Object Access Protocol

4.5 Kommunikation zwischen Komponenten verschiedener Kategorien

Die Softwarekategorien sind ansteckend: Ein Baustein, der einen anderen Baustein der Kategorie *a* aufruft, erwirbt diese Kategorie zusätzlich zu denen, die er ohnehin schon hatte. Das ist kein Problem, wenn er bereits von der Kategorie *a* war; im anderen Fall entsteht eine unerwünschte Mischform, denn Zuständigkeiten werden vermengt, nicht getrennt.

Um dies zu vermeiden, formulieren wir die folgende Sichtbarkeitsregel: Für Software einer hohen Kategorie ist Software von verfeinerten Kategorien sichtbar. Das heißt, Kategorie 0 ist für alle sichtbar; Bausteine der Kategorie *Schafkopf* sehen Bausteine der Kategorie *Kartenspiel*, aber nicht umgekehrt. Für je zwei Kategorien *a* und *b* gibt es im Kategoriegraphen mindestens einen ersten gemeinsamen Vorfahren; das ist die höchste Ebene der Kommunikation und die speziellste Kategorie, über die sich *a* und *b* verständigen können. Beispiel: Bausteine der Kategorie *Schafkopfstrategie* und *KartenspielGUI* können höchstens auf der Ebene *Kartenspiel* kommunizieren, denn *Kartenspiel* ist ihr erster gemeinsamer Vorfahre (siehe Abb. 4–1).

Dasselbe etwas formaler: Es sei *K* eine Komponente der Kategorie *a*. Dann darf *K* Schnittstellen einer anderen Kategorie *b* genau dann exportieren oder importieren, wenn *a* eine Verfeinerung von *b* ist. Komponenten einer hohen Kategorie dürfen also Schnittstellen einer niedrigeren Kategorie importieren und exportieren; insbesondere sind 0-Schnittstellen völlig unproblematisch. Es ist sogar typisch, dass eine Komponente, die intern allerlei komplizierte Technik verwendet, außen eine ganz simple Schnittstelle anbietet.

Das heißt, Komponenten können kommunizieren, sobald sie eine gemeinsame Gesprächsebene besitzen, und zwar in Form einer Schnittstelle der passenden Kategorie. Das ist im Grunde so ähnlich wie bei den Menschen: Wann immer sich zwei Personen unterhalten, dann gibt es eine schwierigste Ebene, die beide verstehen: Über das Wetter können alle reden; über Shakespeare nur, wenn beide Gesprächspartner über entsprechende Literaturkenntnisse verfügen. Insofern ist das Buch »Alles, was man wissen muss« (siehe [Schwanitz 2000]) in unserer Sprechweise ein Versuch, die Kategorie 0 der Allgemeinbildung zu definieren.

4.5.1 Kommunikation mit neutralen Schnittstellen und R-Software

Es seien *K* und *H* zwei Komponenten der unabhängigen Kategorien *a* bzw. *b*. Dann führt der einzige legale Weg der Kommunikation über eine Schnittstelle *S* einer Kategorie *c*, die sowohl von *a* als auch von *b* verfeinert wird (siehe Abb. 4–3)

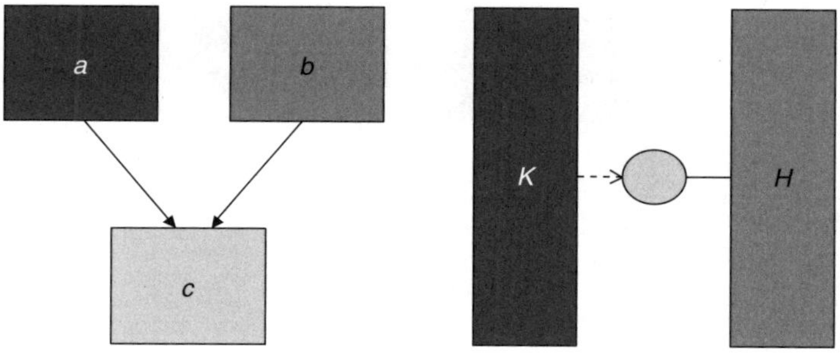

Abb. 4–3 *Kommunikation über eine neutrale Schnittstelle*

Im einfachsten Fall gelingt das ohne weiteres, aber manchmal ist es erforderlich, die Datenwelten der beteiligten Softwarekategorien durch Transformatoren aufeinander abzubilden. Das erste Beispiel (Vektoren und Matrizen) illustriert den einfachen Fall ohne Transformation, das zweite Beispiel (Anwendung und Persistenz) den komplizierten Fall mit Transformation.

4.5.2 Beispiel 1: Vektoren und Matrizen

Wir zeigen das allgemeine Prinzip an einem Beispiel aus der Mathematik: Ein Körper (engl. *Field*) ist eine Menge, auf der man addieren, subtrahieren, multiplizieren und dividieren kann. Jeder Körper besitzt eine Null (neutral bezüglich der Addition) und eine Eins (neutral bezüglich der Multiplikation). Bekannte Beispiele für Körper sind die rationalen, die reellen und die komplexen Zahlen, aber es gibt noch viel mehr: Primzahlkörper, gebrochen rationale Funktionen, Erweiterungen von $\mathbb{Q}$ und $\mathbb{R}$ usw.

In der linearen Algebra betrachten Mathematiker Vektoren und Matrizen über einem gegebenen Körper und überlegen sich, wie man diese addiert, multipliziert, invertiert usw. Dabei ist es unerheblich, welcher Körper zugrunde liegt: Matrizen von rationalen Zahlen gehorchen denselben Regeln wie Matrizen von komplexen Zahlen, denn sowohl die rationalen als auch die komplexen Zahlen bilden einen Körper.

In Java gibt es die Klassen `Double` und `BigDecimal` als näherungsweise Körperimplementierungen; die Klassen `Rational` und `Complex` sind zwar nicht standardisiert, lassen sich aber ohne weiteres nach dem Muster von `BigDecimal` implementieren.

Dies führt zu folgendem Gedanken (siehe Abb. 4–4): Wir definieren drei Softwarekategorien: Kategorie 0 wie immer, Kategorie *LinearAlgebra* für Software, die Vektoren und Matrizen kennt, und Kategorie *FieldImplementation* für jede Software, die Körper implementiert. Die Klassen `Double`, `BigDecimal`, `Rational` und `Complex` gehören also zu *FieldImplementation*; die Klasse `Matrix` zur Kategorie *LinearAlgebra*.

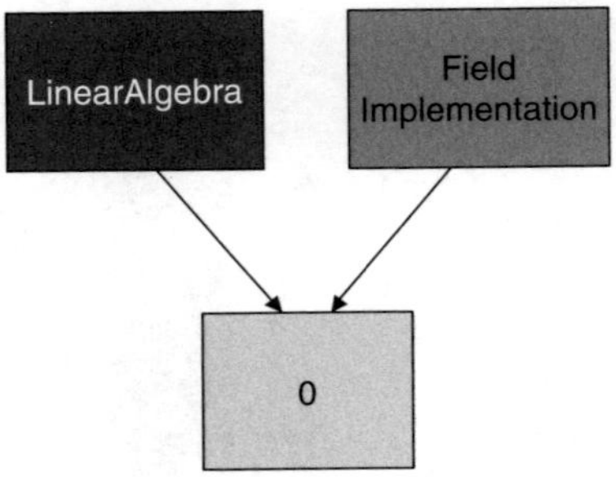

Abb. 4–4 *Softwarekategorien in der Mathematik*

Im Sinne der Kategorien sollte Software, die die Algorithmen der linearen Algebra implementiert, getrennt sein von der jeweiligen Körperimplementierung – das ist ja gerade der Witz an der Sache. In der numerischen Mathematik gehen allerdings viele Autoren gerade den anderen Weg: Sie programmieren die Algorithmen um ihre eigene Körperimplementierung herum (etwa [Forster 1996] mit *Aribas*). Das ist nahe liegend und auch performant, weil man für die verwendete Körperimplementierung optimieren kann, aber die Algorithmen laufen eben nur mit dieser einen Implementierung.

Wir schlagen stattdessen vor, die Algorithmen der linearen Algebra gegen die folgende Schnittstelle zu programmieren:

```
public interface Field {
   Object add(Object x, Object y);
   Object subtract(Object x, Object y);
   Object multiply(Object x, Object y);
   Object divide(Object x, Object y);
   Object negate(Object x);
   Object zero();
   Object one();
}
```

Dies ist die Definition eines Körpers in der Syntax von Java. Die Semantik dieser Schnittstelle haben die Mathematiker genauestens spezifiziert, darüber herrscht weltweit Einigkeit, und deshalb ist es legitim, diese Schnittstelle der Kategorie 0 zuzuordnen.

Die `Field`-Schnittstelle lässt sich für jeden Körper einfach implementieren, z.B.:

```
public class BigDecimalField implements Field {
   Object add(Object x, Object y) {
      BigDecimal a = (BigDecimal) x;
      BigDecimal b = (BigDecimal) y;
      return a.add(b);
   }
```

```
    // die folgenden Operationen nach demselben Schema:

    Object subtract(Object x, Object y) { .. }
    Object multiply(Object x, Object y) { .. }
    Object divide(Object x, Object y) { .. }
    Object negate(Object x) { .. }
    Object zero() { return BigDecimal.ZERO; }
    Object one() { return BigDecimal.ONE; }
}
```

So sind die Zufälligkeiten der verschiedenen Körperimplementierungen getrennt von der Welt der Vektoren und Matrizen: Wie in der Mathematik stützen wir uns nur und ausschließlich auf das abstrakte Konzept des Körpers.

Die Klasse `Matrix` ist gegen die `Field`-Schnittstelle programmiert; sie verwendet ein `Field`-Objekt im Sinne einer Rechenvorschrift: Dort sind die arithmetischen Operationen für die Matrixelemente hinterlegt. Für jede spezielle Matrix (z.B. Matrix von rationalen Zahlen, von Polynomen usw.) schreibt man eine vierzeilige Unterklasse, die erstens die richtige Rechenvorschrift bereitstellt und zweitens sicherstellt, dass nur korrekte Matrixelemente übergeben werden:

```
public abstract class Matrix {

   private Object[][] elements;              // Matrixelemente

   protected abstract Field getField();      // Rechenvorschrift
   private final Field field = getField();

   protected Matrix(Object[][] elements) { .. }

   public Matrix add(Matrix m) { .. }

   // subtract, multiply, divide usw.
}

public class PolynomMatrix extends Matrix {
   private static final Field FIELD = new PolynomField();
   protected Field getField() { return FIELD; }

   public PolynomMatrix(Polynom[][] elements) { super(elements); }
}
```

Anmerkung: Oft wird vorgeschlagen, zur Verbesserung der Typsicherheit in der Schnittstelle `Field` anstelle von `Object` eine abstrakte Klasse `FieldElement` zu verwenden (z.B. in [JADE]). Das kann man natürlich machen, hat aber den Nachteil, dass jede Klasse, die einen Körper implementiert (`Double`, `BigDecimal` usw.), von dieser abstrakten Klasse abgeleitet sein müsste. Damit wären alle weltweit verfügbaren Körperimplementierungen ausgeschlossen, insbesondere die Klassen `Double` und `BigDecimal`, die bereits von einer anderen, für unsere Zwecke aber gänzlich ungeeigneten Klasse abgeleitet sind, nämlich `java.lang.Number`: `Field` ist viel allgemeiner als `Number`, denn es gibt ja nicht nur Körper von Zahlen, sondern auch z.B. Körper von Polynomen oder von regulären Matrizen. Da wir JRE nicht umbauen können, wären also die in Java vorhandenen Körperimplementierungen nicht benutzbar, und deshalb verwendet die Schnittstelle `Field` Parameter vom Typ `Object` und nicht `FieldElement`.

4.5.3 Beispiel 2: Anwendung und Persistenz

Im Allgemeinen sind die Dinge komplizierter als im Beispiel der linearen Algebra, und zwar dann, wenn sich die Datenwelten der beiden Kategorien *a* und *b* unterscheiden. So sehen relationale Datenbanken ihre Daten als Relationen, eine GUI-Bibliothek sieht sie als GUI-Elemente, wie `Listbox`, `EditField`, und die Anwendung selbst als ganz normale Objekte[2]. Verschiedene Datenwelten lassen sich durch Datentransformationen miteinander verbinden: Relationen werden in Objekte transformiert, Objekte in GUI-Elemente. Software, die diese Transformationen vornimmt, sieht zwangsläufig beide Datenwelten und gehört somit zu beiden Kategorien.

Software, die *nur transformiert* und keine weiteren fachlichen Aufgaben übernimmt, nennen wir R-Software; dabei steht *R* für *Repräsentation*, denn es geht um die Transformation einer Repräsentation in eine andere. Dies ist eine oft unvermeidliche, zum Glück aber harmlose Art der Vermengung von Kategorien. R-Software ist stereotyp; häufig kann man sie generieren, und manchmal kann man sie ganz vermeiden, indem man die Transformationsregeln außerhalb des Programms in einer XML-Datei hinterlegt, und einen generischen Transformator schreibt, der nur noch XML kennt, aber keine der Datenwelten, zwischen denen er transformiert.

Zur Illustration betrachten wir eine kleine Anwendung (`Kundenpflege`), die über eine Schnittstelle (`Persistent`) eine Zugriffsschicht aufruft. Es gibt der Einfachheit halber nur drei Kategorien: Anwendung (*Kunde*), *Persistenz* und – wie immer – die Kategorie 0 (siehe Abb. 4–5).

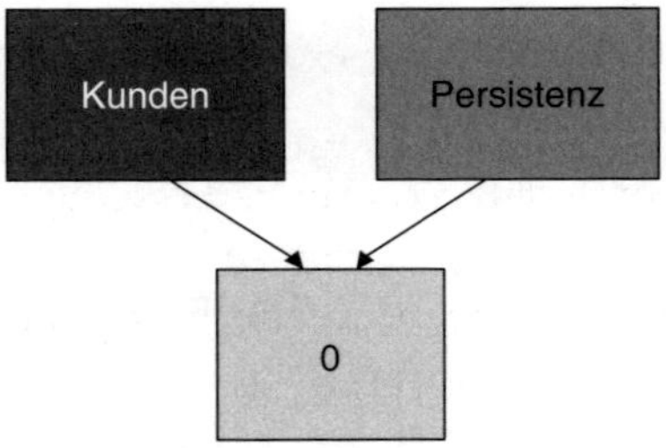

Abb. 4–5 *Einfacher Kategoriegraph*

2. Natürlich sind sowohl Relationen als auch GUI-Elemente in Java letztlich Objekte, aber sie unterscheiden sich wesentlich von den GUI- und Datenbank-unabhängigen Objekten der eigentlichen Anwendung.

Nach unseren Regeln sieht die Anwendung die Persistenz nur über eine Schnittstelle der Kategorie 0. Sie darf also nichts enthalten, was irgendetwas mit Datenbanken zu tun hat, sondern nur das absolute Minimum dessen, was einer wissen muss, der Daten speichert und wieder einliest. Wir zeigen hier die Minimalversion einer Persistenzschnittstelle; sie ist nur dazu da, um die Ideen dieses Abschnitts zu illustrieren (Kapitel 9 präsentiert die Persistenzschnittstellen in voller Schönheit).

```
public interface Persistent {
   public Object lookup(String key);
   public void store(Object object);
}
```

Die Schnittstelle `Persistent` kann also nichts weiter, als Objekte einzeln speichern und einzeln lesen. Das sollte sich einfach implementieren lassen, aber es stellt sich die Frage, auf welche Art und Weise die zu speichernden oder zu lesenden Objekte in die jeweils richtige Form gebracht werden (also Objekt bzw. Zeile einer Tabelle).

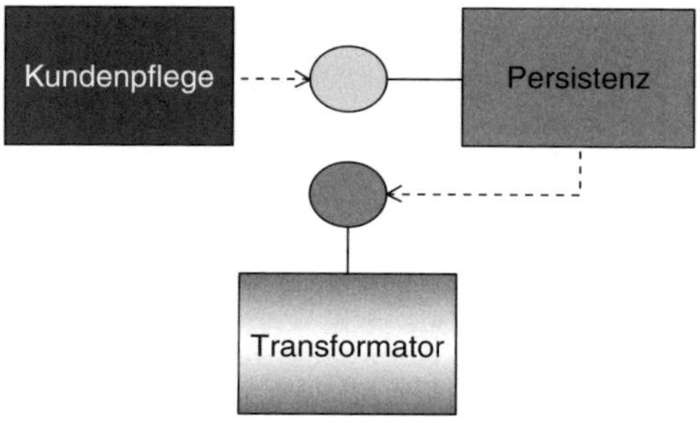

Abb. 4–6 *0-Schnittstelle und R-Software*

Dazu dient die Schnittstelle `SQLTransformer`, die folgendermaßen aussieht:

```
public interface SQLTransformer {
   public SQLObject toSQL(Object x);
   public Object fromSQL(SQLObject y);
}
```

Sie hat die Kategorie *Persistenz*, denn sie kennt den Datentyp `SQLObject`. Der Transformator selbst ist typischer R-Code: Er kennt Zeilen und Spalten der Datenbank, und gleichzeitig weiß er, wie ein Kunde aussieht. Im einfachsten Fall enthält der Transformator für jede persistente Klasse zwei von Hand programmierte Transformationsalgorithmen. Er könnte die folgende Gestalt haben:

```
public class SimpleTransformer implements SQLTransformer {
   public Object fromSQL(SQLObject y) {

      Class cls = y.getClass();
      if (cls == Customer.class) {

         // erzeuge Customer-Object aus y

      } else if (cls == Account.class) {

         // erzeuge Account-Object aus y
      }
      return object;
   }

public SQLObject toSQL(Object x) {

   Class cls = x.class;

      // erzeuge SQLObject aus x
      return SQLObject;
   }
}
```

Aber dieser Code ist wirklich hässlich, und deshalb zeigen wir, wie man ihn verbessert. Die Idee ist einfach: Bei *N* persistenten Klassen braucht man *2*N* Transformationsfunktionen (jeweils vorwärts und rückwärts). Diese *2*N* Funktionen hinterlegt man als `UnaryFunction` (vgl. Abschnitt 2.12) in zwei Verzeichnissen, die wir `toSQLMap` und `fromSQLMap` nennen. Dann wird der Transformator wesentlich eleganter:

```
public class CleverTransformer implements SQLTransformer {
   private Map toSQLMap = ...;
   private Map fromSQLMap = ...;

   public Object fromSQL(SQLObject y) {
      Class cls = y.getClass();
      UnaryFunction fromSQL = (UnaryFunction)fromSQLMap.get(cls);
      return fromSQL.execute(y);
   }

   public SQLObject toSQL(Object x) {
      Class cls = object.class;
      UnaryFunction toSQL = (UnaryFunction) toSQLMap.get(cls);
      return toSQL.execute(x);
   }
}
```

Jetzt ist der Transformator reine 0-Software; die *2*N* Transformationsfunktionen sind von Hand programmierter R-Code. Dies hat den Vorteil der Flexibilität: Die Transformationsfunktionen bewältigen fast jede Denormalisierung. Andererseits verursachen Änderungen des Datenbankschemas auch Programmänderungen. Diesen Nachteil kann man umgehen, indem man die Transformationsinformation in einem geeigneten Format (z.B. XML) hinterlegt. Dort ist festgehalten, wie die Attribute des Kunden und anderer persistenter Klassen in Spalten der Datenbank übertragen werden. Der Transformator benutzt diese Informationen, um Kunden in Zeilen bzw. Zeilen in Kunden zu transformieren (vgl. Abb. 4–7).

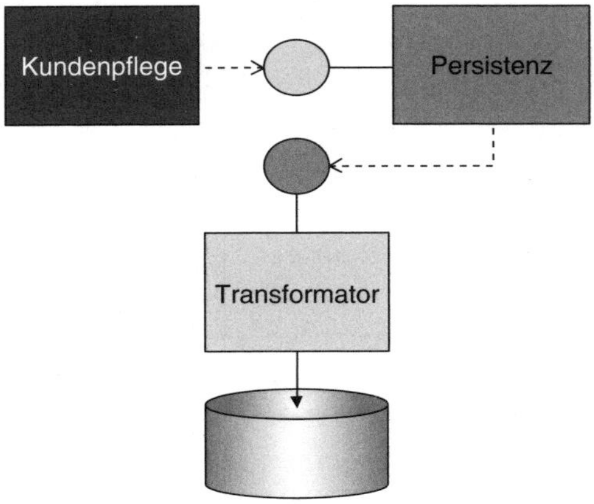

Abb. 4–7 *Modellgesteuerte Transformation*

Der Zugriff auf die Internas der zu transformierenden Objekte kann in Java mit Hilfe von Reflektion erfolgen; in C++ wären eigene Mechanismen nötig, um dem Transformator die nötigen Informationen zu beschaffen (siehe auch Abschnitt 9.5).

4.5.4 R-Software und Sichtbarkeit

Der Transformator kennt die zu transformierenden Objekte genau: Bei der Transformation Objekt → Datenbank liest er alle zu speichernden Attribute des Objekts und baut daraus eine Datenbankzeile auf. Er benötigt also Lesezugriff auf alle Attribute. In der anderen Richtung erzeugt er ein neues Objekt und füllt es mit dem Inhalt der Datenbankzeile; dies geht nur mit Schreibzugriff auf alle Attribute.

Die `private`/`protected`-Angaben haben mit diesem Zugriff nichts zu tun. Eine Komponente wie den Transformator sollte man wie das Laufzeitsystem betrachten, das ja auch alle Attribute unabhängig von deren Sichtbarkeit im Zugriff hat. Der Transformator ist nicht von Kategorie A; er hat also kein Wissen über die Objekte, mit denen er hantiert, und kann deshalb – von Sabotage abgesehen – mit seinen Rechten kein Unheil anrichten.

4.6 A- und T-Software

Bei betrieblichen Informationssystemen gibt es neben der Kategorie 0 zwei wichtige Kategorien, die in jedem Projekt vorkommen: Kategorie A für Anwendung und Kategorie T für Technik.

4.6.1 A-Software

A-Software ist bestimmt durch die Anwendung, aber unabhängig von der Technik. Anwendungsbestimmter Code kennt Begriffe wie *Fluggast*, *Buchung* oder *Fluglinie*. A-Software befasst sich mit der Anwendung und sonst gar nichts. Unsere Anwendungen sind für sich allein schon ausreichend komplex. Deshalb sollte die Anwendungssoftware die in der Spezifikation definierten Funktionen (etwa eine Bonitätsprüfung) so einfach und so unmittelbar wie möglich darstellen. Das Programm, das die Bonitätsprüfung durchführt, entspricht der Spezifikation; es ist die programmtechnische Formulierung der Fachlichkeit, die durch kein technisches Detail gestört wird.

Wer sich innerhalb weniger Programmzeilen um Fragen der Anwendung, der Datenbank und vielleicht noch um CORBA kümmert, der wird sein Programm möglicherweise zum Laufen bringen, aber er wird es bald selber nicht mehr verstehen, und niemand wird in der Lage sein, es zu warten.

In Kapitel 8 beschreiben wir die Architektur des Anwendungskerns unter dem Gesichtspunkt der optimalen Trennung von A und T: Der Anwendungskern besteht im Wesentlichen aus A-Software; er erhält je nach Umgebung einen geeigneten Kontext (z.B. für EJB). A-Software stellt in der Regel den größten Teil eines Systems dar, denn die Menge an A-Software ist proportional zum Funktionsumfang. 0-Software hat einen geringen Umfang, während T-Software nur von der Anzahl der technischen Schnittstellen abhängt, die zu bedienen sind.

4.6.2 T-Software

Technische APIs sind oft Anlass für schauderhafte Programme. Zwei Beispiele:

- Bei naiver Servlet-Programmierung ist man gezwungen, die zu sendende HTML-Seite als Zeichenkette aufzubauen und diese dann per `print`-Befehl an den Client zu senden.
- SQL-Anweisungen sehen nur in den Lehrbüchern übersichtlich aus. Reale SQL-Anweisungen erstrecken sich oft über eine Seite (und mehr).

Es ist schlicht eine Frage der Softwarehygiene, diejenigen Programmteile, die HTML-Seiten oder SQL-Anweisungen aufbauen, in eigene, getrennte Komponenten auszulagern.

T-Software ist unabhängig von der Anwendung und ist durch die Technik bestimmt: T-Software kennt mindestens ein technisches API wie JDBC[3] oder OCI[4]. Je zahlreicher und unübersichtlicher die technischen Schnittstellen werden, desto wichtiger wird die Rolle von T-Software. Die wichtigsten Anwendungen von T-Software sind: Zugriff auf die Datenbank, Nutzung von Verbindungssoftware und Dialogprogrammierung mit unterschiedlichen APIs von *Swing* bis *Struts*.

Es gibt Abhängigkeiten von relationalen Datenbanken im Allgemeinen, von SQL, von JDBC und von Oracle. Damit lassen sich zahlreiche Unterkategorien definieren: Innerhalb von T verfeinern wir zur Kategorie *Swing* (kennt Swing) und zu *RelDB* (kennt relationale Datenbanken); innerhalb von *RelDB* verfeinern wir zu *SQL20* (kennt SQL2.0) und innerhalb von *SQL20* verfeinern wir zu *SQL20Oracle* (kennt den Oracle-Dialekt von SQL2.0). Parallel zum SQL-Zweig verfeinern wir innerhalb von *RelDB* zu *JDBC* (kennt JDBC) und innerhalb von *JDBC* zu *JDBCOracle* (kennt die JDBC-Besonderheiten von Oracle). Abbildung 4–8 zeigt einen typischen Kategoriegraphen.

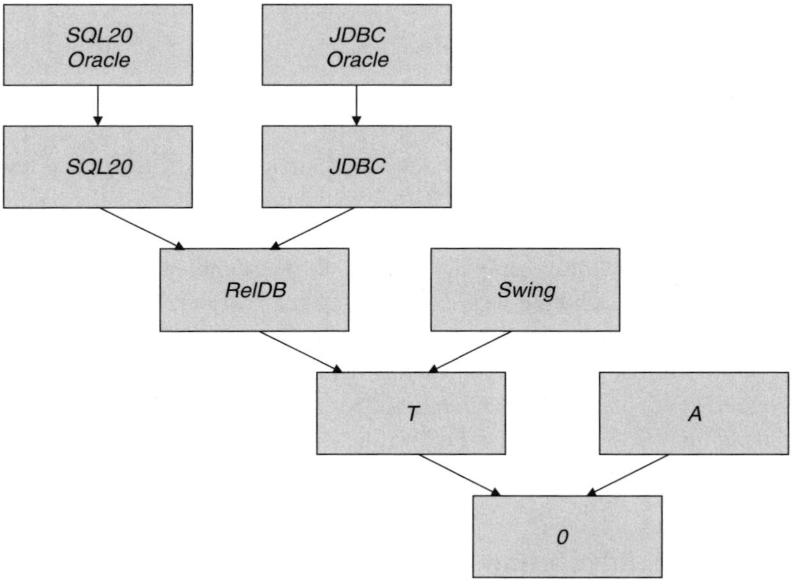

Abb. 4–8 *Softwarekategorien auf der Basis von A und T*

Bausteine der Kategorie *SQL20Oracle* und *JDBC* können höchstens auf der Ebene *RelDB* kommunizieren, denn *RelDB* ist der erste gemeinsame Vorfahre dieser beiden Kategorien.

---

3. Java Database Connection, siehe [White 1999].
4. Oracle Call Interface, siehe [OCI].

4.6.3 Kombination von A und T

Wer A und T ohne weitere Vorkehrungen vermengt, der erhält Software der unreinen Kategorie AT. Sie ist bestimmt durch Anwendung *und* Technik – das ist leider eine häufig anzutreffende Form. Sie ist schwer zu warten, widersetzt sich Änderungen, kann kaum wieder verwendet werden und ist daher zu vermeiden, es sei denn, es handelt sich um R-Software.

0-Software kann man ohne Bedenken einsetzen; sie schafft keine ungewünschten Abhängigkeiten. Daher behalten A-Software und T-Software ihre Kategorie selbst dann, wenn sie 0-Software aufrufen: A = A + 0; T = T + 0. Tabelle 4–1 zeigt die Details:

+	0	A	T	R
0	0	A	T	R
A		A	AT	./.
T			T	./.
R				R

Tab. 4–1 *Addition von Softwarekategorien*

Das heißt z.B., dass man die Behälter-Klassen von `java.util` ohne Bedenken verwenden kann und soll. Wenn aber A-Software in T-Software ohne weitere Vorkehrungen aufgerufen wird, dann verwandelt sie sich in AT-Software mit allen unangenehmen Eigenschaften dieser Kategorie; dasselbe gilt natürlich auch in der anderen Richtung. In Abschnitt 4.5 wurde gezeigt, wie man mit Hilfe von R-Software von A nach T kommt, ohne die A- bzw. T-Eigenschaft zu verlieren.

Mittlerweile hat sich eine feste Farbgebung für Softwarekategorien durchgesetzt: 0-Software ist blau wie klares Wasser (in Schwarz-Weiß-Darstellung hellgrau), A-Software ist grün (schön, davon beliebig viel, hier mittelgrau), T-Software ist gelb (Vorsicht, hier kariert), AT-Software ist rot (zu vermeiden, hier dunkelgrau) und R-Software ist hellbraun als Mischung von A (grün) und T (gelb); hier grau schattiert.

4.7 A und T – Revolution oder Selbstverständlichkeit?

Die Trennung von A und T stößt auf viel Zustimmung, aber manchmal auch auf wütende Kritik. Deshalb soll dieser Abschnitt die A/T-Trennung noch besser motivieren und einige Gegenargumente entkräften.

Software, die sich unterschiedlich schnell ändert, sollte in verschiedenen Modulen untergebracht werden – das schrieb Parnas vor über 30 Jahren (siehe [Parnas 1972]). Dahinter steht die Absicht, verschiedene Änderungen unabhängig voneinander jeweils lokal in verschiedenen Modulen durchzuführen. Dieser

Gedanke ist heute aktueller denn je: Wir sind einer Fülle von Standards, Normen und Produkten ausgesetzt, die sich laufend weiterentwickeln und in höchst unterschiedlichen Reifegraden auf den Markt kommen. Zwei Beispiele sollen diese These stützen:

- *CORBA* galt lange als die objektorientierte Vision der verteilten Verarbeitung: Objekte existieren nicht mehr in einem einzelnen System, sondern im CORBA-Universum. Das hat in dieser Form nie funktioniert; CORBA wird heute fast ausschließlich verwendet im Sinne von Sockets mit Zusatzdiensten wie Sicherheit oder Transaktionen. CORBA hat sich im Lauf der Jahre beständig weiterentwickelt – vor allem der Sprung von CORBA 2.0 auf 3.0 war einschneidend. Betreiber von CORBA-basierten Systemen sind gezwungen, mit der Entwicklung mitzugehen. Aber mittlerweile sind Web-Protokolle wie SOAP aus verschiedenen Gründen wesentlich attraktiver als CORBA. Bei welchen Systemen ist es möglich, CORBA durch SOAP zu ersetzen, ohne das System im Wesentlichen neu zu bauen? Unsere Vorschläge zur Softwarearchitektur machen einen derartigen Umbau zwar nicht gerade gratis, aber planbar und machbar.
- *EJB* ist der Java-Standard für Anwendungsserver. EJB enthält wie CORBA viele nützliche Funktionen, die man auf keinen Fall selber schreiben sollte (z.B. Thread-Pooling). Auf der anderen Seite hat sich auch EJB in den letzten Jahren von EJB 1.0 über 1.1 zu 2.0 weiterentwickelt, so dass Systeme, die mit EJB 1.0 gebaut wurden, heute eine Altlast darstellen. Im Übrigen besteht die Abhängigkeit nicht nur von der jeweils verwendeten EJB-Version, sondern auch vom eingesetzten Produkt: Jeder Hersteller bietet Funktionen, die über den Standard hinausgehen, kein Hersteller ist in der Lage, den Standard vollständig zu implementieren, und schließlich ist gerade der EJB-Standard an vielen Stellen so ungenau, dass sich Implementierungen verschiedener Hersteller notgedrungen unterscheiden.

Die technische Basis unserer Systeme ist also wackelig: Wer sein System um ein bestimmtes Produkt oder eine Norm herumbaut, der handelt sich Abhängigkeiten ein, die die Wartung und den Betrieb des Systems schwer, wenn nicht unmöglich machen.

Informationssysteme leben oft zehn Jahre, viele sogar zwanzig oder dreißig. In dieser Zeit ändern sich die fachlichen Anforderungen nicht weniger schnell als die technische Basis, allerdings in einem völlig anderen Rhythmus. Wir sind also zwei verschiedenen Innovationszyklen ausgesetzt, und deshalb sollte man jedes System so gestalten, dass Anwendung und Technik möglichst gut getrennt sind – das ist einer der Leitgedanken dieses Buches. Drei Argumente gegen diese Trennung versuchen wir von vornherein zu entkräften:

- *Die Trennung von Anwendung und Technik kostet Performance.* Zusätzliche Schichten kosten tatsächlich ein paar Maschinenzyklen, aber das ist heute kein Problem; an dieser Front wird der Performance-Krieg nicht gewonnen. Viel wichtiger sind die Steuerungsmöglichkeiten, die ein nach unseren Ideen gebautes System bietet. Wir betrachten als Beispiel den Datenbankzugriff: Systeme sind dann langsam, wenn sie zum falschen Zeitpunkt zu viel lesen. Wer den Datenbankzugriff so baut, wie wir das in Kapitel 9 beschreiben, der behält die Kontrolle über den tatsächlichen Zeitpunkt des Lesens und verfügt damit über eine mächtige Tuningmöglichkeit.
- *Die Trennung von Anwendung und Technik ist aufwendig.* Daran ist nur so viel richtig, dass der Entwurfsprozess schärferes Nachdenken erfordert als beim naiven Vorgehen, aber dies lässt sich in Bearbeitertagen kaum messen. Dafür sind die Zuständigkeiten getrennt: Man braucht nur wenige Experten, die sich in der Technik auskennen. Alle anderen Programmierer arbeiten effizient, weil sie sich nur auf die Anwendung konzentrieren, und die ist – wir sagen es noch mal – für sich alleine kompliziert genug.
- *Die Trennung ist überflüssig, weil im vorliegenden System der Austausch der Datenbank (oder der Ersatz von CORBA durch SOAP) ausgeschlossen ist.* Die prinzipielle Austauschbarkeit der technischen Basis ist nur ein erfreulicher Nebeneffekt unserer Architektur, aber nicht die Existenzberechtigung. Selbst wenn von vornherein feststeht, dass ein System während seiner ganzen Lebensdauer mit ein und derselben Datenbank laufen wird, ist es sinnvoll und hilfreich, die Anwendung von den Details und Zufälligkeiten des verwendeten Produkts zu trennen. Dies ist nichts anderes als das Prinzip der Trennung der Zuständigkeiten, das in anderen Ingenieurdisziplinen eine Selbstverständlichkeit ist und mit dem wir Informatiker uns immer noch schwer tun.

4.8 Variabilitätsanalyse mit SAAM

Softwarekategorien sind ein konstruktiver Ansatz, um die Abhängigkeiten verschiedener Softwarekomponenten systematisch zu kontrollieren: Wir definieren zuerst geeignete Kategorien und stecken dann die Komponenten in diese Schubladen.

Auch andere Autoren haben Ansätze zur systematischen Trennung von Zuständigkeiten entwickelt: *SAAM (Software Architecture Analysis Method)* von der University of Waterloo und dem Software Engineering Institute (SEI) geht den umgekehrten Weg und beantwortet die Frage, wie gut eine Architektur die einzelnen Zuständigkeiten in Komponenten kapselt. SAAM verfolgt einen analytischen Ansatz und eignet sich zur Validierung von Softwarearchitekturen.

SAAM besteht aus sechs Schritten, die meist in einem Ein- oder Zweitagesworkshop mit dem Softwarearchitekten, einem Moderator und Repräsentanten weiterer Interessengruppen (wie Kundenvertretern oder Mitgliedern des Entwicklungsteams) durchgeführt werden:

- Im *ersten Schritt* sammeln die Workshopteilnehmer alle möglichen Änderungswünsche, die in naher oder ferner Zukunft mit größerer oder kleinerer Wahrscheinlichkeit an das System herangetragen werden könnten. Diese Änderungswünsche werden als *Änderungsszenarien* dokumentiert (zum Beispiel »Tausche die Datenbank innerhalb von zwei Bearbeitertagen aus« oder »Ändere die Software so, dass auch XML exportiert werden kann«).
- Im *zweiten Schritt* präsentiert der Softwarearchitekt seine Softwarearchitektur. Oft ergeben sich daraus weitere Szenarien. Nach diesen Vorarbeiten beginnt die eigentliche Analyse.
- Im *dritten Schritt* klassifiziert der Architekt jedes Änderungsszenario als *direkt* oder *indirekt*. Direkte Änderungsszenarien hat der Architekt schon vorgesehen; sie erfordern keine Änderung. Indirekte Szenarien verursachen Umbauten: Eine oder mehrere Komponenten oder Schnittstellen werden hinzugefügt, geändert oder entfernt. Da aus Zeitgründen nur die wichtigsten Änderungsszenarien analysiert werden, vergeben die Workshopteilnehmer Prioritäten.
- Im *vierten Schritt* werden die wichtigsten indirekten Szenarien analysiert. Hierzu beschreibt der Architekt im Detail, wie er jedes dieser Szenarien in die Architektur einarbeiten würde. Nach dem Workshop sind für jedes Szenario die erforderlichen Architekturänderungen dokumentiert und der dafür nötige Aufwand geschätzt.
- Im *fünften Schritt* untersucht man die Interaktion der einzelnen Szenarien: Zwei Szenarien *interagieren*, wenn sie Änderungen an ein und derselben Komponente erfordern. Haben die Szenarien, die in einer Komponente interagieren, wenig oder nichts miteinander zu tun, implementiert die Komponente unabhängige Funktionen. Wie schon bei den Softwarekategorien gilt ein besonderes Augenmerk den hierarchisch in Subkomponenten verfeinerten Komponenten. Falls unabhängige Szenarien in einer Komponente interagieren, bedeutet dies nicht automatisch, dass die Komponente schlecht ist, sondern deutet eventuell nur darauf hin, dass die Komponente auf der falschen Verfeinerungsebene betrachtet wird. In diesem Fall muss die Analyse auf der nächsten Verfeinerungsebene fortgesetzt werden – in der Hoffnung, dass die semantisch unabhängigen Szenarien Änderungen an verschiedenen Subkomponenten erfordern und somit nicht mehr interagieren.
- Im *sechsten und letzten Schritt* werden die Analyseergebnisse zusammengefasst und gegebenenfalls verschiedene Architekturkandidaten tabellarisch miteinander verglichen.

4.8.1 Zurück zum Beispiel: Schafkopfen mit dem Computer

Das Schafkopf-Beispiel (siehe Abschnitt 4.1) illustriert, wie Softwarekategorien und die SAAM das gleiche Entwurfsprinzip von verschiedenen Seiten beleuchten. Tabelle 4–2 zeigt mögliche Änderungsszenarien. Einige sind motiviert von der Vorstellung, die die Teilnehmer von dem System und dessen Verwendung haben (Szenarien 2, 3, 6, 7, 8); andere sind durch die Architektur selbst getrieben (Szenarien 1, 4, 5, 9).

Szenario-nummer	Szenariobeschreibung
1	Wechsele die Spielstrategie während des laufenden Spiels.
2	Ändere die Software, so dass auch andere Kartenspiele gespielt werden können (etwa Skat oder Poker).
3	Ändere die Software, so dass mehrere Spieler (reale oder virtuelle Spieler) über ein Netzwerk miteinander spielen können.
4	Ändere die Software, so dass andere Sätze von Spielkarten unterstützt werden (siehe *www.spielkartenmuseum.de* für Beispiele)
5	Ändere die Software, so dass man als menschlicher Spieler versuchen kann zu schummeln.
6	Ändere die Software, so dass der Rechner bei Bedarf versucht zu schummeln.
7	Ändere die Software, so dass auch Spiele mit mehr als 4 Spielern unterstützt werden.
8	Erstelle eine Handy-Version des Spiels, in der mehrere Spieler über den Austausch von SMS miteinander spielen.
9	Ändere die Software, so dass mehrere virtuelle Spieler mit verschiedenen Strategien miteinander spielen können (zum Vergleich der Strategien).
10	Speichere Spiele nicht im Dateisystem, sondern in einer Datenbank.

Tab. 4–2 *Änderungsszenarien beim Schafkopfsystem*

Viele Szenarien führen bei der Analyse zu einer fruchtbaren Diskussion; sie sind eine Herausforderung für den Architekten.

Beispiel: Wir nehmen an, dass das Schafkopfsystem einfach an neue Kartenspiele angepasst werden kann. Im Gegensatz zu Schafkopf kann man diese Spiele mit mehr (oder weniger) als 4 Spielern spielen. Welche Komponenten des Architekturvorschlags treffen auf die Annahme zu, dass genau 4 Spieler vertreten sind? Soll auch eine große Zahl von Spielern unterstützt werden, muss vielleicht mit mehr als einem Satz Spielkarten gespielt werden. Welche Komponenten sind darauf vorbereitet und welche nicht?

4.8.2 SAAM und Softwarekategorien

Softwarekategorien sind ein Plädoyer dafür, die Abhängigkeiten zwischen Komponenten explizit zu machen. Nicht tolerierbare Abhängigkeiten zeigen sich immer dann, wenn etwas geändert werden soll. Deshalb ist die Kontrolle der Abhängigkeiten ja auch Voraussetzung für planbare und mit vernünftigem Aufwand durchführbare Änderungen. SAAM spielt solche Änderungen als Gedankenexperiment durch und ist somit eine einfache und direkte Methode, nicht tolerierbare Abhängigkeiten zu identifizieren.

Ebenso wie Komponenten und Schnittstellen können auch Änderungsszenarien Softwarekategorien zugeordnet werden. Insbesondere gibt es A- und T-Szenarien (z.B. »Ändere die Software, so dass auch andere Kartenspiele gespielt werden können (etwa Skat oder Poker)« bzw. »Speichere Spiele nicht im Dateisystem, sondern in einer Datenbank«). Die Autoren der SAAM nennen die Szenarien einer Kategorie *semantisch zusammengehörig*. Ist eine Komponente von mehr als einer Gruppe semantisch zusammengehöriger Szenarien betroffen, ist dies ein starkes Indiz dafür, dass die Komponente mehrere Softwarekategorien vermischt. Somit lässt sich ein Satz von Änderungsszenarien (und deren Gruppierung in semantisch zusammengehörige Gruppen) für eine einfache Gegenprobe verwenden: Hat der Architekt genügend Kategorien definiert oder hat er es vielleicht sogar zu weit getrieben?

Der Entwurf der Architektur mit Hilfe der Softwarekategorien führt meist zu einer guten Lösung. Die SAAM hilft, das Vertrauen in diese Lösung zu stärken, und liefert wichtige Argumente, um die gewählte Architektur gegenüber dem Management oder dem Entwicklungsteam zu veranschaulichen und gegebenenfalls zu verteidigen.

4.9 Fünf Regeln zu Softwarekategorien

1. Definiere die Softwarekategorien des Systems nach dem Beispiel von 4.1, d.h., für jede Kategorie sind die zulässigen Abhängigkeiten und damit auch die zulässigen Importbeziehungen festgelegt.
2. Jede einfache Komponente gehört zu einer definierten Kategorie.
3. Verbinde Software verschiedener Kategorien mit Hilfe von 0-Schnittstellen und R-Software.
4. Unreine Kategorien sind nur in begründeten Ausnahmen gestattet.
5. Schreibe möglichst wenig Software der speziellen Kategorien und möglichst viel der allgemeinen.

5 Fehler und Ausnahmen – Rechte und Pflichten

Ausnahmebehandlung und Geheimnisprinzip vertragen sich schlecht. Das Geheimnisprinzip bedeutet ja, dass man vor allem lokal, also im Zuständigkeitsbereich der eigenen Komponente arbeitet und dass man andere Komponenten ohne Kenntnis der Implementierung nur über ihre Schnittstellen anspricht. Aber die Behandlung von Ausnahmen erfordert erstens einen gewissen Überblick der Gesamtsituation und zweitens Kenntnis der Implementierung – und beides ist mit dem Geheimnisprinzip nicht ohne weiteres zu vereinbaren. So überrascht es nicht, dass die Behandlung von Fehlern und Ausnahmen in der täglichen Praxis immer wieder Anlass gibt zu Diskussionen, Missverständnissen und manchmal zu grotesken Fehlkonstruktionen führt.

Puristen lehnen das Thema insgesamt ab; sie fordern die *Vermeidung* von Ausnahmen und nicht deren *Behandlung*. Aber Software hat Fehler wie jedes Werk von Menschenhand, und selbst wenn es fehlerfreie Software gäbe: Auch sie müsste in einem Umfeld von Hardware, Betriebssystem und anderen Beteiligten laufen, deren Fehlerfreiheit niemand garantiert.

Bis heute gibt es keine allgemein akzeptierte Definition des Begriffs *Ausnahme*; die Ausnahmemechanismen der verschiedenen Programmiersprachen unterscheiden sich zum Teil grundsätzlich. Die Verwendung von Ausnahmen ist von Projekt zu Projekt verschieden; schlimmer noch: Vielen Projekten fehlt ein dokumentiertes Konzept zur Behandlung von Fehlern und Ausnahmen, was immer diese Begriffe jeweils bedeuten. In der Praxis stellt man fest, dass sich oft der größte Teil der Systeme mit Situationen befasst, die als nicht normal, ungewöhnlich oder unerwünscht angesehen werden, und dass nur ein geringer Teil der eigentlichen Anwendung gewidmet ist. Deswegen ist der Umgang mit Fehlern und Ausnahmen eines der wichtigsten Themen der Softwarearchitektur, aber alle dem Autor bekannten Anleitungen zum Programmieren behandeln das Thema entweder gar nicht oder nur stiefmütterlich: »Aus Platzgründen verzichten wir auf die Behandlung von Fehlern und Ausnahmen« liest man oft, aber in Wirklichkeit hatte der jeweilige Autor einfach keine Lust, sich mit Fehlern und Ausnahmen zu befassen.

Die Idee der Ausnahmen (*exceptions*) moderner Programmiersprachen besteht darin, die eigentliche Anwendung von der Behandlung von Sonderfällen zu trennen. Die Verwendung von Ausnahmen ist inzwischen weit verbreitet, aber wie so oft hat sich nur das Programmkonstrukt als solches durchgesetzt, während die zugrunde liegenden Ideen weitgehend vergessen sind. So gibt es bei der Verwendung von Ausnahmen viele offene Fragen:

- Wer trägt die Verantwortung für die Behandlung von Ausnahmen?
- Wie werden Fehler aus unteren Schichten an die Benutzeroberfläche (oder eine andere Steuerung) hoch gereicht? Wie transformiert man Ausnahmen der unteren Ebene (etwa Datenbankzugriff) in solche, die auf den höheren Ebenen der Steuerung etwas Sinnvolles bedeuten?
- Welche Ergebnisse einer Methode werden mit Hilfe von Ausnahmen gemeldet, welche über normale Rückgabewerte?
- Wann verwendet man in Java geprüfte Ausnahmen, wann sind ungeprüfte Ausnahmen angemessen?
- Ist es sinnvoll, eigene Ausnahmeklassen zu definieren, oder sind die in Java vorhandenen Klassen ausreichend?

Dieses Kapitel leistet einen Beitrag zur Klärung der Begriffe und zur Beantwortung dieser Fragen. Es beschreibt einen praktikablen Weg für die Behandlung von Fehlern und Ausnahmen, der weder Zuständigkeiten vermengt noch Implementierungsgeheimnisse preisgibt.

5.1 Ausnahmen und Programmiersprachen

Früher wurde das Ergebnis eines Aufrufs per Returncode zurückgegeben. Das hat zwar funktioniert, aber es gab eine Reihe von Problemen:

- Returncodes haben die Tendenz, ihre Ausprägungen zu vervielfachen. Oft beginnt man mit zwei oder drei verschiedenen Ausprägungen und landet am Ende des Projekts bei 1024. Bei Änderungen des Returncodes ist es schwer und oft unmöglich, die Returncode-Behandlung aller Aufrufer anzupassen.
- Der Aufrufer ist mit der Interpretation des Returncodes überfordert und ignoriert sie schließlich.
- Die Bedeutung von Returncodes ändert sich über die verschiedenen Ebenen: Fehler, die auf einer tiefen Ebene (etwa beim Datenbankzugriff) harmlos erscheinen, sind weiter oben eine Katastrophe. Umgekehrt kann es sein, dass ein aus der lokalen Sicht der Datenbank katastrophaler Fehler für die Anwendung keine Bedeutung hat (etwa beim Schreiben eines optionalen Protokolls).
- Die meisten Programmiersprachen gestatten nur einen Rückgabewert. Wenn die Methode ein fachliches Ergebnis liefert, dann ist für einen Rückgabewert kein Platz übrig. Künstliche Rückgabeparameter oder globale Variablen zur

Abfrage des Systemstatus sind keine zufrieden stellende Lösung. Dieses Problem verschärft sich in objektorientierten Sprachen, weil Konstruktoren und überladene Operatoren überhaupt keinen Rückgabewert vorsehen. Wir schreiben in Java:

```
Integer i = new Integer("67");              // Konstruktor
```

und da ist kein Platz für einen Returncode. In C++ schreiben wir:

```
Rational r = Rational(3,5) + Rational(4,7);// Konstruktor, +Operator
```

In dieser Programmzeile werden aufgerufen: Der Konstruktor `Rational(int, int)` zweimal, der Konstruktor `Rational(const &Rational)` einmal, die Operatoren `operator=(const &Rational)` und `operator+(const &Rational)` jeweils einmal – und keine dieser Funktionen hat die Möglichkeit, einen Returncode zu liefern.

Die objektorientierten Sprachen brachten uns die Ausnahmen: Jeder Aufruf liefert entweder gar nichts zurück oder einen Rückgabewert oder eine Ausnahme. Im Fall einer Ausnahme ist der Rückgabewert in allen gängigen Sprachen undefiniert. Ausnahmen erfüllen drei Funktionen:

- Sie sind ein zusätzlicher Informationskanal vom Gerufenen zum Aufrufer, der für beliebige Zwecke verwendbar ist. Sie lösen also das Platzproblem für den Rückgabewert.
- Sie leiten den Kontrollfluss an denjenigen `catch`-Block weiter, der die Ausnahme auffängt. Dieser `catch`-Block kann sich an einer beliebigen Stelle im System befinden. Daher kann man mit Ausnahmen ähnlichen Unsinn anstellen wie mit `goto`.
- Bei der Weiterleitung des Kontrollflusses wird der Aufruf-Stack sachgemäß abgewickelt. Dies ist der entscheidende Unterschied zu den berüchtigten C-Funktionen `setjmp` und `longjmp`, mit denen man ebenfalls quer durch das System springen kann, dabei aber selbst für die Verwaltung der Objekte und Referenzen auf dem Stack verantwortlich ist.

Ausnahmen sind nur ein Konstrukt der Programmiersprache – genauso wie die `if`-Anweisung oder die `while`-Schleife. Wie jedes andere Konstrukt kann man sie sinnvoll verwenden oder missbrauchen. Und in der Tat stößt man immer wieder auf folgende Probleme:

- Zahllose Ausnahmen fliegen quer durch das System. Weder ist klar, wann Ausnahmen geworfen werden, noch, wer sie fangen soll und was dann zu tun ist.
- Viele, manchmal sogar alle `catch`-Blöcke sind leer, enthalten unsinnigen Code (wie z.B. Ausgaben an die Konsole, sinnlose Transformationen von einer Ausnahmeklasse in eine andere), im besten Fall ein wenig Protokollierung, aber keine wirkliche Ausnahmebehandlung.

- In vielen Systemen ist eine Unzahl von verschiedenen Ausnahmeklassen definiert. Diese überfordern den Aufrufer genauso wie früher die Returncodes und erzeugen darüber hinaus unerwünschte Abhängigkeiten zwischen dem Aufrufer und dem Gerufenen.[1]
- Ausnahmen werden für die Rückgabe von ganz normalen Ergebnissen missbraucht.
- Der `throw-catch`-Mechanismus erzeugt bei naiver Anwendung undurchsichtige Kontrollstrukturen, die an schlimme Fortran-Zeiten erinnern: `throw` ist nichts anderes als ein veredeltes `goto` mit fast denselben Möglichkeiten des Missbrauchs.
- `try-catch`-Blöcke machen den Code unübersichtlich, vor allem, wenn sie geschachtelt sind.

Diese Erfahrungen zeigen, dass Ausnahmen bis heute schlecht verstanden werden. Deshalb besinnen wir uns im nächsten Abschnitt auf Grundlagen, die in [Parnas & Würges 1976] gelegt wurden.

5.2 Ausnahmen und Softwarearchitektur

Der Begriff *Ausnahme* suggeriert die Bedeutungen »passiert nur ganz selten« oder »Katastrophe«. Das entspricht nur zum Teil der gängigen Verwendung von Ausnahmen in der täglichen Programmierpraxis. [Goodenough 1975] nennt drei typische Verwendungen: Meldung eines Fehlschlags, Klassifizierung eines Resultats (z.B. arithmetische Methoden mit/ohne Überlauf) und Monitoring (Ausgabe des Bearbeitungsstandes, z.B. der Anzahl gelesener Sätze). Ausnahmen im Sinne der Programmiersprachen können also Teil des ganz normalen Geschäfts sein. In Java dient die `InterruptedException` der Synchronisation von Threads – diese Ausnahme ist weder selten noch unerwünscht.

Der Begriff der Ausnahme ist also unscharf. Viele andere Begriffe wurden vorgeschlagen: *unerwünschtes Ereignis* von [Parnas & Würges 1976], *Systemfehler* von [Denert & Siedersleben 1992] oder *Desaster* von [Siedersleben 2002], aber sie enthalten alle eine Wertung, und deshalb gibt es in wohl jedem Projekt ermüdende Diskussionen über die Frage, was weniger schlimm ist (Fehler) oder sehr schlimm (Systemfehler, Desaster oder was auch immer).

Der Punkt ist ein ganz anderer: Jede Methode kann zwei grundsätzlich verschiedene Sorten von *Ergebnissen*[2] zurückgeben: Die einen – wir nennen sie *normal* – passen zu der Abstraktionsebene der Schnittstelle und enthalten keine Implementierungsdetails. Sie gehören zur selben Softwarekategorie. Die anderen gehören zu einer anderen Kategorie, und sie verraten oft Implementierungsde-

---

1. Wir sagen in Abschnitt 5.8, welche Ausnahmeklassen man selbst definieren sollte.
2. Das ist ein Begriff ohne jede Wertung.

tails. Wir nennen sie *abnorm*, denn *abnorm* ist das Gegenteil von *normal*. Worauf es ankommt: Jeder Aufrufer hat die Freiheit, auch abnorme Ergebnisse zu behandeln, aber vor allem hat er das Recht, sie zu ignorieren. Um abnorme Ergebnisse kümmert sich der unmittelbare Aufrufer nur ganz selten. Diese werden vielmehr in einer übergeordneten Ausnahmebehandlung versorgt (siehe Abschnitt 5.4).

So verhalten wir uns auch im täglichen Leben; das Auto möge als Beispiel dienen: Jeder Autofahrer sieht die bekannte, einfache und gut definierte Schnittstelle bestehend aus Lenkrad, Gaspedal, Bremspedal und weiteren Bedienelementen. Autos funktionieren meistens – das ist der unterstellte Normalfall. Aber wenn das Auto einmal nicht funktioniert, dann ist nicht mehr der Autofahrer zuständig, sondern eine übergeordnete Instanz, in diesem Fall wohl die Pannenhilfe.

Wir schlagen vor, die *Ausnahme* im Sinne der Softwarearchitektur unabhängig von den Zufälligkeiten irgendeiner Programmiersprache und das *abnorme Ergebnis* als Synonyme zu betrachten. Also: Jedes Ergebnis ist entweder normal oder abnorm; *Ausnahme* und *abnormes Ergebnis* bedeuten genau dasselbe. Die Begriffe *Ausnahmebehandlung* und *Behandlung abnormer Ergebnisse* sind ebenfalls synonym. Wir verwenden beide Begriffspaare nebeneinander.

Wir trennen strikt zwischen Ausnahmen im Sinne der Softwarearchitektur und Ausnahmen der verwendeten Programmiersprache: Jedes Ergebnis (normal oder abnorm) kann als Returncode oder als programmiersprachliche Ausnahme gemeldet werden; Abschnitt 5.6 zeigt, wie man Java-Ausnahmen sinnvoll verwendet. Wir vertiefen die Idee abnormer Ergebnisse an vier Beispielen:

- *Beispiel 1*: Die Komponente `Konto` besitze die Methode `geldAbheben`. Normale Ergebnisse sind: `ok`, `keineDeckung`, `kontoGesperrt`. RMI-Probleme (gemeldet durch `RemoteException`), eine nicht erreichbare Datenbank oder andere Datenbankprobleme (gemeldet durch `SQLException`) sind abnorm, denn sie verraten Implementierungsgeheimnisse: Die `RemoteException` besagt, dass RMI verwendet wird, die `SQLException`, dass eine relationale Datenbank im Spiel ist. Das Problem dabei ist weniger der Geheimnisverrat – der Aufrufer darf selbstverständlich von RMI und Datenbanken wissen. Aber er sollte sich keine Sorgen machen über die Behandlung von implementierungsabhängigen Problemen, denn dafür ist er nicht zuständig.
- *Beispiel 2*: Wir betrachten die Methode `connectDatabase` einer Zugriffsschicht. Normale Ergebnisse sind in diesem Fall `ok` und `nok` (wenn die Datenbank nicht erreichbar ist). Ein RMI-Problem (gemeldet durch `RemoteException`) wäre abnorm, denn RMI hat mit Datenbanken nichts zu tun. Die Nichterreichbarkeit der Datenbank ist im ersten Beispiel abnorm, im zweiten normal. So ist die Entscheidung *normal* vs. *abnorm* lokal, also für jede einzelne Schnittstelle zu treffen, und zwar von demjenigen, der die Schnittstelle entwirft.

- *Beispiel 3*: Es gibt Fälle, wo die Entscheidung für oder gegen Normalität nicht offensichtlich ist. Wir betrachten dazu die Berechtigungsprüfung: Jede Operation eines Systems kann mit einer Berechtigungsprüfung verbunden sein. Sie wird also scheitern, wenn der zugeordnete Benutzer nicht befugt ist, die Operation auszuführen. Hier liegt es im Ermessen des Softwarearchitekten, das Thema *Berechtigung* zu einer eigenen Softwarekategorie zu erklären oder als Teil der Kategorie *Anwendung* zu betrachten. Diese Entscheidung hängt vom Umfang und der Komplexität der Berechtigungsprüfungen ab: Je wichtiger und komplizierter sie sind, desto eher würde man sie als eigene Kategorie betrachten.

Auch bei den Berechtigungen geht es darum, dass etwas *nicht* funktioniert: Eine Operation wird abgewiesen, weil der Benutzer sie nicht ausführen darf. Man könnte also meinen, dass abnorme Ergebnisse immer unerfreulich sind. Aber mit etwas Phantasie kann man auch ein Beispiel konstruieren, wo ein abnormes Ergebnis erfreulich ist:

- *Beispiel 4*: Wir betrachten die Bestellerfassung eines Versandhauses. Eine Geschäftsregel möge besagen, dass jeder millionste Kunde ein Geschenk erhält. Wie kann man so etwas in die Anwendung einbauen? Antwort: Das Ergebnis »Dies war ein millionster Kunde« kann man mit Fug und Recht als abnorm betrachten, selten ist es allemal. Daher sollte man die normale Anwendung von diesem seltenen Sonderfall trennen und in eine eigene Komponente auslagern.

Diese Beispiele zeigen, dass abnorme Ergebnisse mehr sind als Systemfehler, Desaster und unerwünschte Ereignisse anderer Publikationen. Wer normale und abnorme Ergebnisse in einen Topf wirft, verstößt fast zwangsläufig gegen die Regeln der Datenabstraktion, denn der Aufrufer würde auch mit Ergebnissen konfrontiert, für die er nicht zuständig ist, und die er nur unter Verletzung des Geheimnisprinzips behandeln könnte. Natürlich wäre es möglich, dass er abnorme Ergebnisse auch in Empfang nimmt und weiterreicht, aber viel besser ist es, wenn er sie überhaupt nicht sieht!

Bei der Unterscheidung von normalen und abnormen Ergebnissen sind folgende Punkte wichtig:

- Die Schnittstelle definiert für jede Methode alle normalen Ergebnisse. Diese sind unabhängig von der Implementierung. Die Entscheidung normal vs. abnorm ist binär. Es gibt keinen Mittelweg.
- Meistens gibt es nur ein oder zwei normale Ergebnisse; wenn es wesentlich mehr sind, sollte man die Schnittstelle ändern. Zu jeder Methode werden alle normalen Ergebnisse vollständig aufgezählt; sie sind Teil der Spezifikation.
- Abnorme Ergebnisse sind meistens implementierungsabhängig. Deshalb ist es schon aus Prinzip unmöglich, sie an der implementierungsunabhängigen Schnitt-

stelle zu nennen, und kein Mensch wäre in der Lage, alle denkbaren abnormen Ergebnisse vollständig aufzuzählen. Das ist wie beim Auto: Wenn es einmal *nicht* anspringt, kann das zahllose Gründe haben. Deshalb gehören abnorme Ergebnisse zur Innensicht einer Komponente – an der Schnittstelle haben sie keine Bedeutung.

- Abnorme Ergebnisse sind selten – wenn sie häufig auftreten, dann liegt ein Entwurfsfehler vor, und man sollte die Methode anders gestalten.
- Abnorme Ergebnisse unterbrechen den normalen Ablauf und verlangen nach einer Sonderbehandlung. In manchen Fällen kann man danach normal fortfahren, in anderen Fällen ist der Stopp des ganzen Systems die einzige Option.
- Was sich zur Laufzeit nicht behandeln lässt, ist immer abnorm: Syntaktisch falsche SQL-Anweisungen, syntaktisch falsche reguläre Ausdrücke sind immer Anlass für Ausnahmen.

Normalität spielt auch bei Bedienoberflächen eine wichtige Rolle: Ein Benutzerdialog verhält sich normal, wenn er vom Benutzer nur solche Dinge verlangt, zu denen dieser auch in der Lage ist – und genau das ist mit der *richtigen Abstraktionsebene* gemeint. Eine Anwendung, die dem Benutzer im Fall eines internen Fehlers zumutet, den Debugger zu öffnen, befindet sich etliche Etagen unterhalb der richtigen Abstraktionsebene.

5.3 Optionen der Ausnahmebehandlung

Wie kann man auf abnorme Ereignisse überhaupt reagieren? Im einfachsten Fall hält man das System einfach an, gibt Ressourcen frei und protokolliert den Vorfall. Dieses Verfahren ist genauso einfach, wie es klingt, und wird in der Test- und Integrationsphase, manchmal auch im Wirkbetrieb eingesetzt. Aber wie kann eine richtige Ausnahmebehandlung aussehen? Die Antwort hängt natürlich vom System ab, aber vier Aufgaben sind typisch:

- *Protokollieren und weitermachen*: Abnorme Ergebnisse sind aus Sicht des Aufrufers nicht notwendigerweise schlimm. Im besten Fall protokolliert man den Sachverhalt und setzt dann die Arbeit fort.
- *Protokollieren und Schaden begrenzen*: Im Fall des endgültigen Scheiterns wird man erstens das Unglück genau protokollieren, und zwar für die Wartungsprogrammierer, die das Problem später beheben werden, *nicht* für den Anwender am Bildschirm. Zweitens gibt es eine Reihe von schadenbegrenzenden Maßnahmen: Schließen von Verbindungen, Rücksetzen von Transaktionen und Ähnliches. Danach ist zu entscheiden, welcher Teil der Anwendung beendet wird: Oft ist nur eine Sitzung betroffen; der Benutzer muss sich neu anmelden. Im schlimmsten Fall wird das gesamte System heruntergefahren.
- *Abwarten und wiederholen*: In manchen Fällen ist es sinnvoll, bis zu einem Timeout zu warten oder eine bestimmte Anzahl von Wiederholversuchen

durchzuführen. Wenn es beim ersten Mal nicht geklappt hat, dann vielleicht beim zweiten oder dritten. Der Punkt ist dabei: Reparaturversuche wie die n-fache Wiederholung werden nur in der Ausnahmebehandlung programmiert und nirgendwo sonst! Es kann nicht sein, dass jeder Programmierer bei jedem Aufruf der Zugriffsschicht überlegt, ob er einmal, fünfmal oder gar nicht wiederholt. Im Übrigen ist gerade bei Wiederholstrategien darauf zu achten, dass die Anzahl der Wiederholungen, die sich ja über verschiedene Schichten hinweg multiplizieren, insgesamt in vernünftigen Grenzen bleibt. Die Ausnahmebehandlung entscheidet über den endgültigen Abbruch aus Sicht der gerufenen Komponente.
- *Rekonfiguration*: Manchmal stehen zwei alternative Komponenten zur Verfügung. Standardbeispiel ist eine lokale Reservedatenbank, die immer dann verwendet wird, wenn die eigentliche Datenbank nicht verfügbar ist. Hier ist es so, dass die zuständige Ausnahmebehandlung bei Bedarf rekonfiguriert, d.h., die nicht erreichbare Datenbank wird durch die lokale ersetzt.

Somit hat jede Methode nach erfolgter Ausnahmebehandlung nur noch zwei mögliche Ausgänge:

- *Normales Ergebnis*: Die Methode wurde durchgeführt. Dies schließt auch Ergebnisse ein, die aus Sicht der Anwendung Fehler sind, wie die wegen mangelnder Deckung abgewiesene Abhebung. Dem Aufrufer bleibt verborgen, ob eine Ausnahmebehandlung in Form von Wiederholungen oder Rekonfiguration erforderlich war, um das Ergebnis zu erzielen – nur die längere Antwortzeit könnte ein Hinweis sein.
- *Endgültiges und sicheres Scheitern*: Die Methode ist endgültig gescheitert; alle Reparaturversuche waren erfolglos, alle schadenbegrenzenden Maßnahmen wurden durchgeführt. Weitere Reparaturversuche sind sinnlos; für den Aufrufer sind Rekonfiguration oder Aufgabe die einzigen verbleibenden Optionen.

In vielen Systemen wird die Ausnahmebehandlung während der ganzen Lebensdauer des Systems einfach und überschaubar bleiben. Aber wenn Ausnahmen zahlreich und unübersichtlich sind, sollte man einen Schritt weiter gehen und deren Behandlung an verschiedene Experten delegieren. Davon handelt der nächste Abschnitt.

5.4 Architektur der Ausnahmebehandlung

Jedes ernst zu nehmende System besitzt eine Ausnahmebehandlung (`ErrorHandler`, `ExceptionHandler`), also eine eigene Komponente zur Behandlung von Ausnahmen, was auch immer *Ausnahme* im jeweiligen System bedeutet. Sie erledigt die typischen Aufräumarbeiten: Freigabe von Ressourcen, Protokollierung und ordnungsgemäßes Beenden der Anwendung, möglicherweise auch den Neustart. Die Ausnahmebehandlung befindet sich in der Regel am Ende der Aufrufkette; sie sitzt gewissermaßen im Keller; das gefangene Ausnahmeobjekt ist meistens die einzige Informationsquelle.

Dieser Ansatz funktioniert nur begrenzt, denn es ist umständlich und manchmal unmöglich, dem Ausnahmeobjekt alle Informationen mitzugeben, die man für eine fundierte Entscheidung über den weiteren Gang der Dinge braucht. Ferner sind je nach Situation (Dialog/Stapelbetrieb) verschiedene Ausnahmebehandlungen nötig. Zwar könnte man die Ausnahmebehandlung wie im Zustandsmuster (siehe [Gamma et al. 1995]) so parametrieren, dass sie in Abhängigkeit von der Situation das jeweils Richtige macht, aber all das ist umständlich und kann nicht befriedigen. Deshalb schlagen wir einen anderen Weg vor.

5.4.1 Sicherheitsfassade

Es gibt zwei Möglichkeiten, eine Komponente aufzurufen: *optimistisch* oder *pessimistisch*. Im optimistischen Fall wird die Komponente benutzt, wie sie ist, ohne Vorkehrung gegen mögliche Ausnahmen. So bilden rufende und gerufene Komponente eine Risikogemeinschaft, der alle anderen optimistisch gerufenen Komponenten per Transitivität angehören. Dagegen ist nichts zu sagen; man muss nur wissen, was man tut.

Dieser Abschnitt befasst sich mit dem pessimistischen Aufruf. Hier wird die Komponente durch eine *Sicherheitsfassade* abgeschirmt; mit dieser gemeinsam bildet sie eine neue, sichere Komponente. Jeder Aufruf hat genau zwei mögliche Ergebnisse: Erfolg oder endgültiges und sicheres Scheitern (siehe Abschnitt 5.3).

Die Sicherheitsfassade implementiert dieselben Schnittstellen wie die zu sichernde Komponente, und sie behandelt alle Ausnahmen, die innerhalb der Komponente auftreten können. Dabei stehen alle im letzten Abschnitt genannten Optionen zur Verfügung. Die Sicherheitsfassade ist symmetrisch, denn sie exportiert und importiert dieselben Schnittstellen. Abbildung 5–1 zeigt die Komponente *C* mit Sicherheitsfassade *SF*.

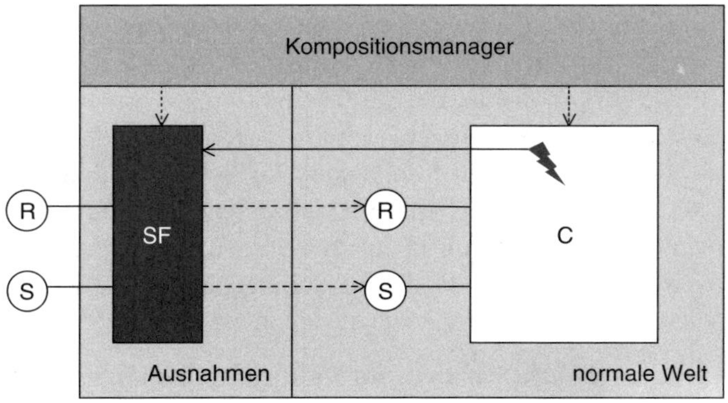

Abb. 5–1 *Komponente mit Sicherheitsfassade*

Jedes abnorme Ergebnis von *C* (in Abb. 5–1 als Blitz dargestellt) wird mit den Mechanismen der verwendeten Programmiersprache (z.B. Java-Ausnahmen) direkt an *SF* weitergeleitet. Das sieht im Programm folgendermaßen aus (`foo` und `bar` stehen für irgendwelche Methoden von `R` bzw. `S`):

```
public class SecurityFacade implements R, S {
   private C x;
   public bindC(C x) { this.x = x; }
   public void foo() {
      try {
         x.foo();
      }
      // Ausnahmebehandlung mit optionalem Zugriff auf x
      catch (ExceptionA a) { // Behandlung von A }
      catch (ExceptionB b) { // Behandlung von B }

      catch (Throwable t) { // Behandlung sonstiger Probleme }
   }

   public void bar() {
      try {
         x.bar();
      }
      catch(ExceptionA a) { .. }
      // weiter wie bei foo
   }
   // die uebrigen Methoden von R und S
}
```

Die Trennung der Behandlung von normalen und abnormen Ergebnissen hat drei wichtige Vorteile:

- Das Geheimnisprinzip ist gewahrt: Jede Komponente befasst sich nur mit Ergebnissen ihrer Zuständigkeit. Anders ausgedrückt: Der Programmierer lebt in einer heilen Welt, er kann alle abnormen Ergebnisse guten Gewissens ignorieren, denn darum kümmert sich die Sicherheitsfassade.
- Die Komponente *C* ist gut wieder verwendbar, weil man Ausnahmen je nach Situation unterschiedlich behandeln kann (z.B. Stapelbetrieb und Dialog). Zudem ist eine Komponente, die die Behandlung abnormer Ergebnisse einer anderen Instanz überlässt, einfacher und robuster.
- Der Entwicklungsprozess wird einfacher: Zu Beginn begnügt man sich mit einer primitiven Ausnahmebehandlung, die vielleicht nichts weiter tut, als die Ausnahme zu protokollieren und das System geordnet anzuhalten. Im Laufe der späteren Entwicklung wird die Ausnahmebehandlung nach und nach zu einer eigenen, manchmal komplexen Komponente reifen.

Aber wo Licht ist, ist auch Schatten: Im Falle einer Ausnahme wird die gerade ausgeführte Methode unterbrochen; der Kontrollfluss gelangt vom Ort des Geschehens zur Sicherheitsfassade. Das heißt: Nach erfolgter Ausnahmebehandlung kann man nicht einfach an der Stelle weitermachen, wo die Ausnahme stattgefunden hat. Die Sicherheitsfassade kann zwar eine teilweise ausgeführte Methode zurücksetzen (`rollback` innerhalb einer Transaktion, `reset`, wenn eine geeignete D&R-Schnittstelle[3] zur Verfügung steht), und sie kann sie ein weiteres Mal aufrufen oder irgendeine andere Optionen wählen *bis auf eine*: einfach den Aufruf-Stack zurücksetzen und weitermachen, als wäre nichts passiert. Ist das schlimm?

Unsere Antwort lautet: Im Allgemeinen nicht, denn die Unterbrechung des Kontrollflusses ist nur in seltenen Fällen ein Problem. Ausnahmen im Sinne von Abschnitt 5.2 sind per Definition selten, und wenn sie einmal auftreten, dann dürfen sie sich auch bemerkbar machen. Aber wir können nicht völlig ausschließen, dass in speziellen Situationen der Kontrollfluss unmittelbar nach der Ausnahmebehandlung fortgesetzt werden muss. Wenn das wirklich so ist, dann führt kein Weg daran vorbei, die Ausnahmebehandlung direkt in der `catch`-Klausel aufzurufen, die den kritischen Aufruf klammert.

Ein anderer Einwand betrifft die Codemenge. In der Tat bedeutet die Sicherheitsfassade eine gewisse Codemenge, deren Erstellung und Verwaltung auch bei Verwendung eines Generators Aufwand verursacht. Drei Punkte sind hier anzumerken:

- Nicht jede Komposition braucht eine Sicherheitsfassade. In kleinen und mittleren Systemen wird eine einzige Sicherheitsfassade für den gesamten Anwendungskern ausreichen.
- Die berüchtigten Java-Ausnahmen (`ClassCastException`, `NullPointerException`, ...) kann niemand ausschließen; in den meisten Systemen fliegen sie völlig unkontrolliert durch die Gegend. Die Sicherheitsfassade kümmert sich auch darum und löst gewissermaßen nebenher ein fast immer offenes Problem.
- Die Sicherheitsfassade kann auch andere Aufgaben übernehmen: Sie kann z.B. in einer EJB-Anwendung als Session-Bean ausgeprägt sein, die den Einstieg in die Anwendung gestattet. Insofern verursacht eine solche Fassade fast keinen Mehraufwand.

Der Aufwand für Sicherheitsfassaden ist also in jedem Fall gerechtfertigt und oft kaum wahrnehmbar; vor allem bei der Verwendung von Dynamic Proxies (siehe [J2SE]).

5.4.2 Diagnose und Reparatur

Jede Komponente kann eine eigene Schnittstelle für Diagnose und Reparatur anbieten; wir nennen sie kurz D&R-Schnittstelle. Sie ist nur dem Kompositions-

3. Siehe den nächsten Abschnitt über Diagnose und Reparatur.

manager und der Sicherheitsfassade bekannt; andere Komponenten sehen sie nicht. Bei Anwendungskomponenten wie *Kunde* oder *Konto* braucht man eine solche Schnittstelle nur selten, aber bei technischen Komponenten (z.B. Zugriffsschicht) ist sie hilfreich und überdies einfach zu implementieren. Hier ein Vorschlag für die D&R-Schnittstelle einer Zugriffsschicht:

```
public interface PersistenceDR {
   boolean ok();
   boolean reset();
   boolean reconnect();
   boolean resign();
}
```

Die Bedeutung dieser Methoden ist nicht schwer zu erraten: `ok` gibt Auskunft über den Zustand; das Ergebnis `true` bedeutet, dass die Komponente arbeitsfähig ist. Zur `reset`-Methode: Ein Hauptproblem der Ausnahmebehandlung besteht darin, dass man nach dem Eintreten einer Ausnahme oft das Rad ein Stück zurückdrehen muss. Dabei hilft die `finally`-Klausel in Java nur wenig; dasselbe gilt für C++-Destruktoren. Viel besser ist eine dezidierte `reset`-Methode, die in Abhängigkeit vom Zustand alle nötigen Rücksetzaufgaben übernimmt. Mit `reconnect` würde man versuchen, die Verbindung zur Datenbank wieder herzustellen; nach einer gewissen Anzahl von Fehlschlägen würde man die ganze Komponente mit einem Aufruf von `resign` stilllegen.

Wichtig ist dabei weder die genaue Gestalt der D&R-Schnittstelle noch die tatsächlich gewählte Strategie (z.B. die Anzahl der Verbindungsversuche), sondern die Tatsache, dass die Sicherheitsfassade mit der D&R-Schnittstelle über alle Mittel verfügt, um eine Diagnose zu stellen und die Situation im Rahmen des Möglichen zu bereinigen.

D&R-Schnittstellen sind nicht nur bei der Behandlung von Ausnahmen nützlich, sondern sie bilden auch die Grundlage für jede Art von Systemmanagement: Über einen Leitstand lassen sich alle Komponentenobjekte beobachten und bei Bedarf beeinflussen. Das ist auch die Idee von JMX (*Java Management Extensions*, siehe [JMX]).

Der Kompositionsmanager und die Sicherheitsfassade kennen die Implementierung der beteiligten Komponenten wenigstens teilweise – und das ist völlig konform zum Geheimnisprinzip, denn es ist ja gerade der Kompositionsmanager, der festlegt, mit welcher konkreten Implementierung gearbeitet wird. Für verschiedene Situationen (Stapelbetrieb und Dialog) verwendet man verschiedene Kompositionsmanager.

5.4.3 Experten für Diagnose und Reparatur

Manchmal sind die möglichen Ausnahmen so unübersichtlich, dass man sie in geeignete Kategorien unterteilt, zum Beispiel *Datenbank* und *Verbindung*, vielleicht auch *Berechtigung* und *EJB*. So greifen wir den Gedanken der Softwarekategorien aus Kapitel 4 wieder auf: Zu jeder Kategorie gibt es einen D&R-Experten; jeder D&R-Experte sieht die D&R-Schnittstellen der Komponenten, für die er zuständig ist.

Zwischen den Komponenten, die die eigentliche Arbeit tun, und den D&R-Experten besteht im Allgemeinen eine n:m-Beziehung: Jeder D&R-Experte benötigt die D&R-Schnittstellen einer oder mehrerer Komponenten; jede Komponente bietet ihre D&R-Schnittstelle – sofern vorhanden – einer beliebigen Anzahl von Experten an. Die Experten sehen nur die D&R-Schnittstellen der Komponenten, die sie überwachen. Abbildung 5–2 zeigt das Zusammenwirken der Komponente, der Sicherheitsfassade und der D&R-Experten.

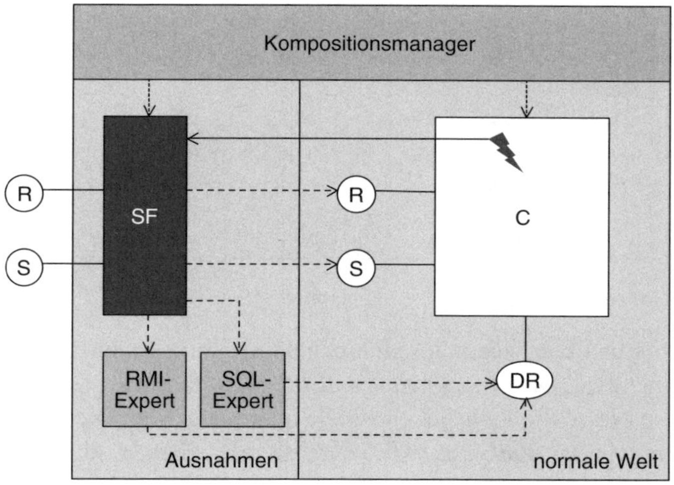

Abb. 5–2 *Sicherheitsfassade für eine Komponente*

5.4.4 Komposition als Risikogemeinschaft

Die dargestellte Architektur bringt es mit sich, dass jede mit einer Sicherheitsfassade ausgestattete Komposition gleichzeitig auch Risikogemeinschaft ist: Alle kompositionsinternen Aufrufe sind optimistisch; externe Aufrufe laufen über die Sicherheitsfassade. Diese sind pessimistisch und kennen daher nur die beiden schon bekannten Ausgänge: normales Ergebnis oder endgültiges und sicheres Scheitern.

Abbildung 5–3 zeigt eine realitätsnahe Komposition der drei Komponenten C_x, C_y, C_z mit der gemeinsamen Sicherheitsfassade *SF* und zwei D&R-Experten (*RMIExpert*, *SQLExpert*). C_x, C_y und C_z rufen sich optimistisch auf; sie überleben gemeinsam oder sie sterben gemeinsam.

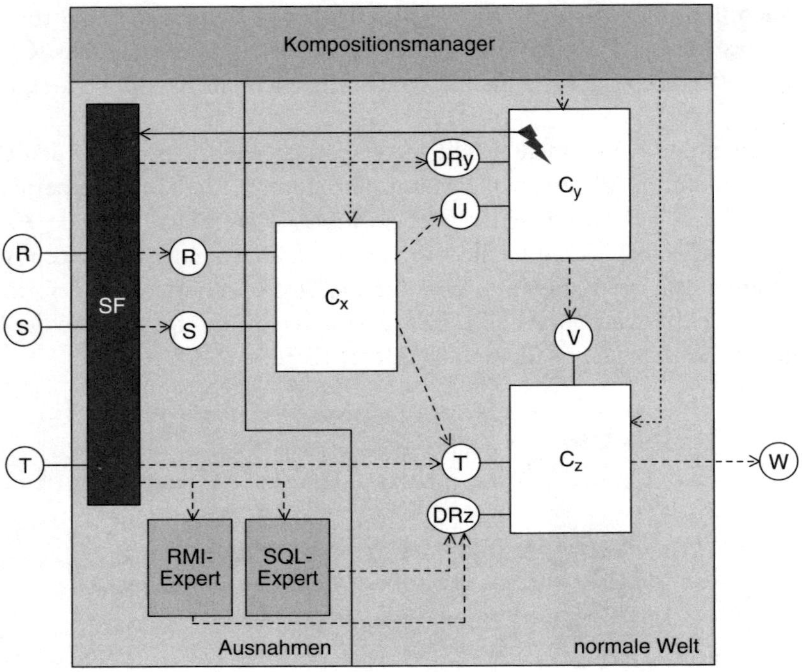

Abb. 5–3 *Sicherheitsfassade für mehrere Komponenten*

Ausnahmen haben die Neigung, jede noch so elegante Architektur im Lauf der Zeit zu verunstalten. Dem begegnen wir durch zwei parallele Strukturen: Die eine behandelt den Normalfall, also die normale oder heile Welt. Dort läuft die eigentliche Anwendung, das Tagesgeschäft. Daneben gibt es einen oder mehrere Experten für lästige Ausnahmen jeder Art. Programme der normalen Welt können ihre Arbeit jederzeit unterbrechen und die Steuerung einem D&R-Experten übergeben. Dieser behandelt die Ausnahme und hat danach zwei Optionen: Entweder setzt er über die verfügbaren D&R-Schnittstellen den normalen Ablauf wieder in Gang oder er beendet die Arbeit geordnet.

Abbildung 5–4 zeigt, wie mehrere Risikogemeinschaften im Fall einer Ausnahme zusammenwirken. Wir betrachten vier Kompositionen *C*, *D*, *E* und *F* mit ihren Kompositionsmanagern. Jede dieser Kompositionen ist eine Risikogemeinschaft; jede wird von einem Kompositionsmanager verwaltet, und dieser enthält jeweils einen D&R-Experten.

Im dargestellten Szenario gelangt ein externer Aufruf an die Komponente C. Der `CManager` delegiert diesen an C_z (1). C_z ruft D_z (2), D_z ruft E_z (3), und dort passiert etwas Abnormes. Das abnorme Ereignis wird dem D&R-Experten im `EManager` gemeldet, aber der sieht keine Möglichkeit der Reparatur und meldet deshalb endgültiges und sicheres Scheitern an den `DManager` (4). Dieser verfügt über die Komponente *F* als Ersatz für *E*. Daher rekonfiguriert er D_z mit *F* anstelle von *E* und wiederholt den Aufruf an die rekonfigurierte Komponente D_z, die jetzt

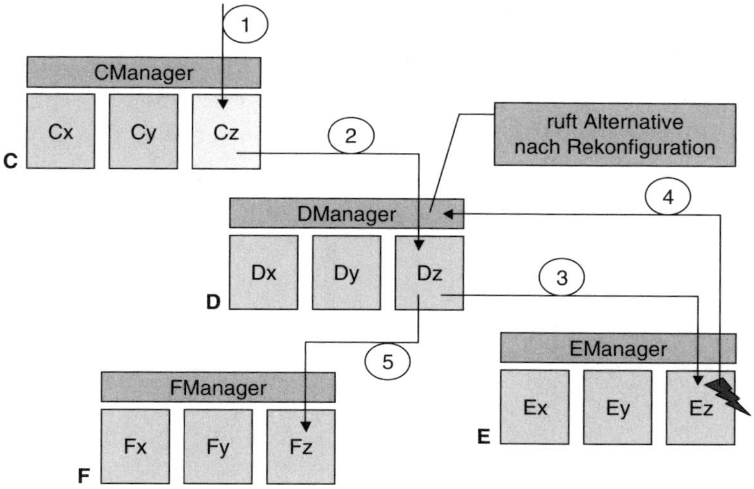

Abb. 5–4 *Kompositionen als Risikogemeinschaften*

F_z ruft (5) und nicht mehr E_z. Im dargestellten Szenario nehmen wir an, dass dieser Aufruf glückt. Dem externen Aufrufer ist der ganze Ablauf verborgen; er registriert höchstens eine längere Antwortzeit.

5.4.5 Beispiel Anwendungsserver

Wir betrachten einen Anwendungsserver, der die Datenbank über eine Zugriffsschicht anspricht. Unsere Empfehlung lautet: Anwendungskern und Zugriffsschicht bilden eine Risikogemeinschaft (siehe Abb. 5–5) Alle Datenbankausnahmen gelangen zur Sicherheitsfassade innerhalb des *A-ServerManagers*; dort liegt die Entscheidung über das weitere Vorgehen.

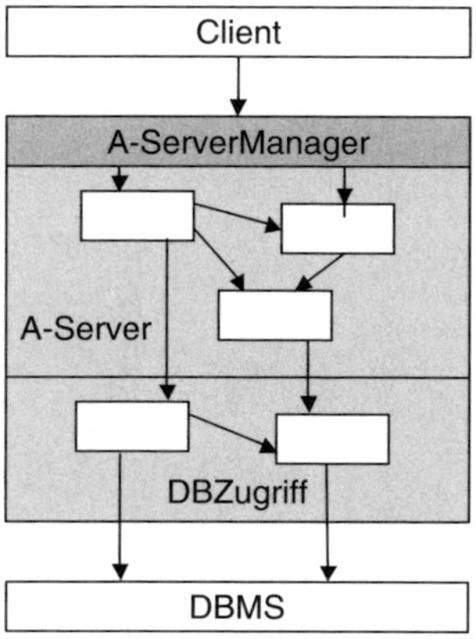

Abb. 5–5 *A-Server und Datenbankzugriff in einer Risikogemeinschaft*

5.5 Java-Ausnahmen und Performance

Java-Ausnahmen kosten keine Laufzeit, solange sie nicht auftreten, aber wenn es geschieht, sind sie außerordentlich teuer. Im folgenden Beispiel ist die erste Methode 750-mal langsamer als die zweite, wenn sie mit Nicht-Integern aufgerufen wird; im anderen Fall ist der Unterschied unerheblich[4]:

```
public static boolean testForInteger1(Object x) {
   try {
      Integer i = (Integer) x;
      return true;
   } catch (Exception e) {
      return false;
   }
}

public static boolean testForInteger2(Object x) {
   return x instanceof Integer;
}
```

Das hat die unangenehme Folge, dass Performance-Überlegungen die Verwendung von Java-Ausnahmen beeinflussen, schlimmer noch: Wenn eine bestimmte, zunächst per Java-Ausnahme behandelte Situation mit der Zeit immer häufiger auftritt, kann es sein, dass man sie durch einen Returncode ersetzen muss, und zwar ausschließlich aus Performance-Gründen.

Der Grund ist Java-spezifisch: Jedes Werfen einer Ausnahme ist meistens (wie im obigen Beispiel) mit der Erzeugung eines Ausnahmeobjekts verbunden; in diesem ist u.a. der Aufrufpfad (`StackTrace`) gespeichert – aber die Erzeugung von Java-Objekten ist teuer. Das Performance-Problem wird gemildert, wenn man ein einmal erzeugtes Ausnahmeobjekt mehrfach verwendet, aber dieses enthält natürlich einen unsinnigen Aufrufpfad. Zur Verdeutlichung dient das folgende Beispiel:

```
private static Exception myException = new Exception();

public static int testExceptions(int i) throws Exception {
   switch (i) {
      case 0:
         return i;
      case 1:
         throw myException;
      case 2:
         throw new Exception();
   }
   return -1;
}
```

4. getestet unter Windows XP und Java 1.4.2

Beim Aufruf mit `i=0` wird einfach `i` zurückgegeben; bei `i=1` wird immer dieselbe vorab erzeugte Ausnahme `myException` geworfen, und jeder Aufruf mit `i=2` bewirkt, dass eine neue Ausnahme erzeugt und geworfen wird. Im Fall einer Ausnahme ist das Ergebnis von `testExceptions` undefiniert; der Wert -1 ist also genauso unwahrscheinlich wie jeder andere Wert ungleich 0. Hier das Zeitverhalten: Der Aufruf mit `i=1` dauert etwa zehnmal so lang wie der mit `i=0`, der mit `i=2` zehnmal so lang wie der mit `i=1`. Das heißt, Java-Ausnahmen können bei ungeschickter Verwendung die Performance massiv verschlechtern.

Der nächste Abschnitt untersucht die Konsequenzen dieses Zeitverhaltens für die Verwendung von Java-Ausnahmen.

5.6 Java-Ausnahmen: Geprüft oder ungeprüft?

Java unterscheidet geprüfte Ausnahmen (*checked exceptions*) und ungeprüfte Ausnahmen (*unchecked exceptions*).

Ungeprüfte Ausnahmen entsprechen bis auf syntaktische Details den Ausnahmen anderer gängiger Sprachen (C++, C#, Python, Ada, Eiffel). Sie zeigen in Java schwere Fehler an (z.B. `ClassCastException`, `ArithmeticException`, `NullPointerException`) und können an jeder Stelle des Programms geworfen werden. Sie erscheinen nicht in der Deklaration der Methode, in der sie auftreten. Ungeprüfte Ausnahmen werden von der Klasse `java.lang.RuntimeException` abgeleitet, geprüfte von `java.lang.Exception`[5].

Geprüfte Ausnahmen sind eine Besonderheit von Java. Sie folgen derselben Syntax wie ungeprüfte, aber im Gegensatz zu diesen werden sie entweder an Ort und Stelle behandelt (also innerhalb der Methode, in der sie auftreten) oder sie sind Teil der Signatur wie in:

```
void foo() throws RemoteException { … }
```

Der Aufrufer von `foo` hat zwei Optionen: Entweder behandelt er die Ausnahme oder er reicht sie an den eigenen Aufrufer weiter. Die Idee ist also, schon in der Signatur deutlich zu machen, was alles passieren kann, und den Aufrufer zur Reaktion zu zwingen: Geprüfte Ausnahmen kann man nicht ignorieren, sondern man muss sie entweder behandeln oder weiterleiten.

Der Programmierer kann nach eigenem Ermessen sowohl geprüfte als auch ungeprüfte Ausnahmen implementieren und werfen. Aber in der Java-Welt gibt es keinen Konsens über die Verwendung geprüfter bzw. ungeprüfter Ausnahmen: Das Spektrum reicht vom Verbot ungeprüfter Ausnahmen (siehe [Arnold et al. 2000]) bis zum Verbot geprüfter Ausnahmen (siehe [Eckel 2003]).

---

5. Java-*Errors* sind reserviert für interne Fehler der JVM. Der Anwendungsprogrammierer sollte sie niemals verwenden (darüber herrscht Konsens).

Geprüfte Ausnahmen haben die Tendenz, sich quer über das ganze System zu verbreiten. Dies zeigt schon das `foo`-Beispiel: Der Programmierer, der `foo` aufruft, hat wahrscheinlich keine Idee, wie er die `RemoteException` sinnvoll behandeln könnte, und wird sie deshalb im besten Fall an die nächste Ebene weiterreichen; im schlechtesten Fall ignoriert er sie in Form eines leeren `Catch`-Blocks. Konsequenz im ersten Fall: `RemoteException` wird überall auftauchen, RMI ist im ganzen System sichtbar; im zweiten Fall erhalten wir ein instabiles System.

Ein anderes Beispiel: Die CORBA-Architekten waren sich über die Verwendung von geprüften bzw. ungeprüften Ausnahmen nicht ganz einig und bieten deshalb beides an: `org.omg.CORBA.SystemException` ist eine ungeprüfte Ausnahme, `org.omg.CORBA.UserException` ist eine geprüfte. Die Verwendung dieser beiden Ausnahmeklassen folgt keiner erkennbaren Strategie. Ein Beispiel: `TRANSACTION_REQUIRED` ist eine `SystemException` und bedeutet: Es ist keine Transaktion vorhanden, obwohl eine Transaktion benötigt wird. `WrongTransaction` ist eine `UserTransaction` und bedeutet: Eine Transaktion ist vorhanden, aber es ist die falsche. Beide Ausnahmen werden durch Fehler im Anwendungsprogramm verursacht und lassen sich zur Laufzeit kaum behandeln – es sind *abnorme Ergebnisse*.

Die `RemoteException` ist offenbar ein Hinweis auf die Implementierung, denn man könnte jede Methode ja auch lokal implementieren und so `RemoteExceptions` umgehen. Deshalb ist die Auslegung von `RemoteException` als geprüfte Ausnahme ein klarer Entwurfsfehler; `RemoteException` sollte eine ungeprüfte Ausnahme sein. Die Autoren des JDO-Standards (siehe Kapitel 9) haben sich richtig entschieden: Alle JDO-Ausnahmen sind ungeprüft.

Gerade in Projekten, wo besonders gewissenhafte Softwareingenieure am Werk sind, begegnet man der folgenden Fehlentwicklung: Für zahllose denkbare Probleme erfindet man ebenso viele Ausnahmeklassen und versieht jede Methode mit einer großen, aber niemals vollständigen Anzahl von `throws`-Angaben, also z.B.:

```
public Object lookup(Class cls, Object primaryKey)
   throws DatabaseDownException,
      SchemaException,
      TimeOutException
      // zehn weitere Ausnahmen
{ .. }
```

Diese reichhaltigen Angaben sind zwar gut gemeint, aber aus zwei Gründen außerordentlich störend:

- Der gesamte Code wird mit zahllosen `try-catch`-Klammern durchzogen. Dadurch wird er länger, schlechter lesbar und unterm Strich mehr Fehler enthalten.

- Keiner weiß, was er in die vielen catch-Blöcke eigentlich eintragen soll, denn abnorme Ergebnisse zeichnen sich gerade dadurch aus, dass man lokal nicht vernünftig reagieren kann.

Sollte man geprüfte Ausnahmen also ganz verbieten? Das wohl nicht, aber etwas Zurückhaltung ist angebracht. Aus den Abschnitten 5.4 und 5.5 ergibt sich fast zwangsläufig eine einfache Regel für die Verwendung geprüfter bzw. ungeprüfter Ausnahmen:

- Abnorme Ergebnisse werden als ungeprüfte Ausnahmen gemeldet. Abnorme Ergebnisse sind selten, und deshalb spielen die genannten Performance-Probleme keine Rolle. Wenn ein abnormes Ergebnis im Lauf der Zeit immer häufiger auftritt, dann ist die Methode neu zu gestalten.
- Normale Ergebnisse sind häufig. Deshalb werden sie als Rückgabewert gemeldet (z.B. boolean) oder als einmal vorab erzeugte geprüfte Ausnahme. Im Fall eines normalen Ergebnisses brauchen wir von den drei in Abschnitt 5.1 genannten Funktionen des Ausnahmemechanismus ja nur die erste, nämlich die Ausnahme als zusätzlichen Informationskanal vom Gerufenen zum unmittelbaren Aufrufer. Bei normalen Ergebnissen interessiert sich niemand für den Aufrufpfad, und es erübrigt sich, den Stack abzuwickeln. Das folgende Beispiel illustriert das Prinzip:

```
public class MyClass {

   public static class ExceptionA extends Exception {}
   public static class ExceptionB extends Exception {}

   private static final ExceptionA exceptionA = new ExceptionA();
   private static final ExceptionB exceptionB = new ExceptionB();

   public void foo() throws ExceptionA, ExceptionB {

      if( .. )                  // Fehler A
         throw exceptionA;      // normales Ergebnis

      if( .. )                  // Fehler B
         throw exceptionB;      // normales Ergebnis
   }
}
```

Hier werden die normalen Ergebnisse A und B über die geprüften Ausnahmen ExceptionA und ExceptionB gemeldet. Beide Ausnahmeklassen sind statische innere Klassen – so werden Namenskonflikte vermieden. Und beide sind mit Absicht leer, denn es gibt nichts zu programmieren.

5.7 Vor- und Nachbedingungen

Jede Methode kann und soll in Form von Vorbedingungen (*preconditions*) angeben, wie sie aufgerufen werden will. Vorbedingungen sind Forderungen an den Aufrufer; jede verletzte Vorbedingung ist für die gerufene Methode ein Grund, die Arbeit zu verweigern. Vorbedingungen beschreiben die Welt vor dem Aufruf einer Methode. Sie können sich auf die Eingabeparameter oder auf den Zustand der angesprochenen Komponente beziehen. Die Idee ist alt: [Goodenough 1975] behandelt *domain failures* (verletzte Vorbedingungen) und *range failures* (verletzte Nachbedingungen).

Vorbedingungen schützen die Komponente vor unsachgemäßen Aufrufen: Es liegt in der Verantwortung des Aufrufers, die Vorbedingungen zu prüfen und ggf. herzustellen. Verletzte Vorbedingungen sind abnorm. Deshalb wird jeder Aufruf, der auch nur eine Vorbedingung verletzt, schroff abgewiesen (siehe auch die Klasse `Reject` in diesem Abschnitt). Verletzte Vorbedingungen sind das Problem des Aufrufers, nicht des Gerufenen. Es ist sinnlos, dem Aufrufer in Form von Returncodes zu erläutern, was er alles falsch gemacht hat, in der Hoffnung, dass er beim nächsten Aufruf weniger Fehler begehen wird. Verletzte Vorbedingungen sind für den Aufrufer (also den Verursacher) ein abnormes Ergebnis wie jeder andere Programmierfehler auch.

Vorbedingungen fallen nicht vom Himmel, sondern werden entworfen. Je härter die Vorbedingung, desto einfacher ist die Arbeit für die zu implementierende Methode, und desto schwieriger wird es, die Methode sachgemäß aufzurufen. Im Extremfall, nämlich bei unerfüllbaren Vorbedingungen, ist nichts mehr zu implementieren. Eine Funktion zur Berechnung der Quadratwurzel würde negative Eingaben zurückweisen, aber eine Funktion zur Invertierung von Matrizen würde alle quadratischen Matrizen ungleich null unabhängig von ihrem Rang akzeptieren, denn wenn der Aufrufer erst den Rang der Matrix ermitteln müsste, könnte er die Matrix gleich selbst invertieren.

Wir empfehlen in Java als Konvention, grundsätzlich alle Parameter ungleich `null` anzunehmen; jede Abweichung wird dokumentiert. Der Grund dafür: Erstens ist `null` nur ganz selten ein gültiger Parameter, und zweitens sind die von unzulässigen `null`-Parametern verursachten `NullPointerExceptions` eine richtige Plage.

Vorbedingungen formuliert man in Java mit `@pre`[6], z.B.:

```
/**
 * @pre amount.compare(Euro.NULL) >= 0;
 * @pre !account.isBlocked();
 */
public Euro withdraw(Euro amount) { .. }
```

6. Das Tag @pre ist noch kein Standard, lässt sich aber schon heute in vielen IDEs einstellen und auswerten.

Damit sind die Vorbedingungen dokumentiert, aber wie behandelt man sie im Programm? Hier die Antwort: Jede Methode prüft vor Beginn der Arbeit alle mit `@pre` definierten Vorbedingungen nach absteigender Schwere und wirft im Fall einer verletzten Vorbedingung eine ungeprüfte Ausnahme. Als syntaktisch elegante Möglichkeit empfehlen wir die Klasse `Reject`:

```
public class Reject {

   public static void ifTrue(boolean condition) {
      if (condition)
         throw new PreconditionException();
   }

   public static void ifNull(Object object) {
      if (null == object)
         throw new PreconditionException();
   }
   ...
}
```

Dabei ist `PreconditionException` eine ungeprüfte Ausnahmeklasse. Die Methode `withdraw` hätte die folgende Gestalt:

```
public class Account {

   public Euro withdraw(Euro amount) {

      Reject.ifNull(amount);
      Reject.ifTrue(amount.compare(Euro.NULL) < 0);
      Reject.ifTrue(account.isBlocked());

      // Beginn der eigentlichen Arbeit
      ...
   }
}
```

Vorbedingungen haben den Sinn, die Komponente während ihres ganzen, hoffentlich langen Lebens vor unsachgemäßen Aufrufern zu schützen. Dieser Schutz spielt während der Erstentwicklung eine relativ geringe Rolle: Die Aufrufer der Komponente sind vermutlich bekannt; eventuelle Missverständnisse lassen sich auf dem kleinen Dienstweg klären. Vorbedingungen entfalten ihren ganzen Nutzen erst später, wenn nach Jahren andere Programmierer die Komponente in einem anderen Umfeld einsetzen. Daher schaltet man die Prüfung von Vorbedingungen niemals ab.

Nachbedingungen haben einen völlig anderen Charakter als Vorbedingungen: Sie schützen den Aufrufer vor einer unsachgemäßen Implementierung. Nachbedingungen beschreiben die Welt nach dem Aufruf einer Methode. So gibt es bei `withdraw` zwei Möglichkeiten.

- Neuer Saldo ist gleich alter Saldo minus abgehobener Betrag oder
- Methode war wirkungslos.

Die Prüfung der Nachbedingungen liegt vor allem im Interesse des Aufrufers: Je größer das Misstrauen in eine gegebene Implementierung, desto wichtiger die Prüfung der Nachbedingungen. Am größten ist das Misstrauen im Testtreiber, und deshalb sind Testtreiber als Prüfer von Nachbedingungen prädestiniert.

Es macht in der Regel wenig Sinn, Nachbedingungen direkt in der Implementierung zu prüfen, denn das führt oft zu lächerlichen Programmstücken wie z.B. dem folgenden:

```
int add(int a, int b) {
   int result = a + b;
   assert result == a + b;
   return result;
}
```

Vor- und Nachbedingungen sind Teil der Schittstellendefinition (siehe Kapitel 6).

5.8 Neun Regeln zu Fehlern und Ausnahmen

1. Unterscheide sorgfältig zwischen Fehlern und Ausnahmen.
2. Entdecke Ausnahmen so früh wie möglich.
3. Weise verletzte Vorbedingungen mit `Reject` zurück.
4. Setze alle Parameter standardmäßig als nicht `null` voraus.
5. Fasse Komponenten zu sinnvollen Risikogemeinschaften zusammen.
6. Sicherheitsfassaden fangen Ausnahmen und behandeln sie – sonst niemand.
7. Fehler werden nach Möglichkeit mit speziellen Rückgabewerten gemeldet (z.B. `null`). Wenn dies nicht möglich ist, werden Fehler als geprüfte Ausnahmen gemeldet.
8. Behandle Fehler sofort. Fehler werden nicht weitergereicht.
9. Verwende selbst definierte Ausnahmeklassen nur dann, wenn sie für die Steuerung des Kontrollflusses tatsächlich gebraucht werden.

6 Spezifikation von Schnittstellen

In diesem Kapitel geht es um die Frage, wie man Programmschnittstellen (im Sinn von Abschnitt 3.2), die in der Praxis vorkommen, so beschreibt, dass der Importeur weiß, worauf er sich verlassen kann, und der Exporteur weiß, was er zu tun hat. Erst dann kann die Schnittstelle ihrer Rolle gerecht werden: ein *Vertrag* zu sein zwischen Importeur und Exporteur. Es geht uns dabei nicht um neue Methoden der Spezifikation, sondern um die sinnvolle und praktikable Verwendung vorhandener Konzepte wie: Zustandsmodelle, Vor- und Nachbedingungen, Invarianten und Testfälle. Zur Notation verwenden wir die in Abschnitt 6.5 präsentierte halbformale Notation QSL (*Quasar Specification Language*) als Mittelweg zwischen präzisen, aber in ihrer Komplexität schwer handhabbaren Sprachen (OCL, JML, VDM, Z) und der informellen, teilweise etwas laschen Art der Dokumentation, die sich in Java eingebürgert hat.

Es kann nicht sein, dass jeder Softwareingenieur bei der Spezifikation seiner Anwendung alle Grundprobleme jedes Mal von neuem löst; das wäre eine Vergeudung seiner Geisteskraft. Vielmehr braucht jede praktikable Spezifikationsmethode einige Annahmen, die standardmäßig vorausgesetzt werden und die dem Spezifikateur die Arbeit erleichtern.

Der Leitgedanke dieses Kapitels ist die *Spezifikation in einer heilen Welt*. Vor allem zwei Dinge machen dem Spezifikateur das Leben schwer: Ausnahmen und Parallelität. Unser Ziel ist es, in der Spezifikation einer Schnittstelle nur das zu beschreiben, worauf es wirklich ankommt, und die Punkte, die wir nach dem heutigen Stand der Technik nicht oder nur ungenau beschreiben können, sinnvoll und verantwortlich auszusparen.

Als Beispiel dienen uns die Java-Listen und -Iteratoren sowie das simple Berechtigungssystem von Kapitel 3; im Anhang spezifizieren wir eine realitätsnahe Variante davon.

6.1 Die Schnittstelle als virtuelle Komponente

Die Spezifikation der Schnittstelle beschreibt das Minimum, das jede Komponente garantiert, die diese Schnittstelle exportiert. Man kann also nur Dinge spezifizieren, die für jede beliebige Implementierung gelten. Was auch immer von der Implementierung oder der Konfiguration abhängt, kann nicht Gegenstand einer Schnittstellendefinition sein. Die Spezifikation einer Komponente ist etwas anderes als die Spezifikation einer Schnittstelle. Sie enthält drei Elemente:

- Angabe der exportierten Schnittstelle(n)
- Verfeinerung der exportierten Schnittstelle(n) (siehe Abschnitt 6.4)
- Angabe der importierten Schnittstelle(n)

6.1.1 Zustand, Konsistenz, Konstanz

In diesem Kapitel geht es um die Spezifikation von Schnittstellen, nicht von Komponenten. Aber zwei Annahmen über die implementierende Komponente sind notwendig: Jedes Komponentenobjekt (siehe Abschnitt 3.6) besitzt erstens einen Zustand und zweitens einen Konsistenzbegriff, d.h.: Es ist zu jedem Zeitpunkt entweder konsistent oder inkonsistent. Konsistenz bedeutet nichts weiter als arbeitsfähig. Ein konsistentes Komponentenobjekt verhält sich so, wie es die Spezifikation vorgibt; ein inkonsistentes Komponentenobjekt ist unbrauchbar, niemand kann sein Verhalten voraussagen.

Jedes konsistente Komponentenobjekt hat also einen definierten Zustand. Zwar wissen wir nichts über die Art der Speicherung (im Hauptspeicher, in einer flachen Datei, in einer Datenbank), aber wir verlassen uns darauf, dass ändernde Methoden dauerhaft wirken und somit das Ergebnis nachfolgender Methoden beeinflussen. Wenn wir also im Folgenden vom *Zustand einer Schnittstelle S* sprechen, so meinen wir in Wirklichkeit den Zustand eines *virtuellen Objekts* einer Komponente, die *S* implementiert. Dieser Zustand bleibt während der ganzen Lebensdauer des Objekts erhalten.

Beispiel `List`: Die `add`-Methode fügt ein Element zur Liste hinzu. Wir wissen nicht, wie das hinzugefügte Element gespeichert wird, aber wir unterstellen, dass z.B. lesende Methoden wie `get`, `size` oder `contains` seine Existenz kennen. Schnittstellen ohne Zustand sind seltene Sonderfälle; als Standardbeispiel dient eine Bibliothek mit mathematischen Funktionen wie die Klasse `java.lang.Math`.

Der Zustand eines Objekts ist bestimmt durch seine Werte und seine Referenzen. Die Aussage: »Objekt *x* ist bei der Ausführung der Methode *f* konstant« bedeutet, dass *f* weder die Werte noch die Referenzen von *x* ändert – aber die von *x* referenzierten Objekte dürfen sich ändern. Beispiel: Eine Liste ändert sich, wenn man Elemente hinzufügt oder entfernt; wenn man aber ein Element der Liste ändert, dann bleibt die Liste selbst konstant.

Jedes Objekt ist entweder konsistent oder inkonsistent. Wir unterstellen, dass inkonsistente Zustände nur möglich sind

- im Fall einer Ausnahme und
- während der Durchführung einer Methode.

Wir spezifizieren unter der Annahme, dass jede Methode immer nur konsistente Objekte antrifft, und dass alle Parameter (die ja selbst wieder Objekte sein können) ebenfalls konsistent sind. Leider ist das nicht immer so; Abschnitt 6.7 beschreibt Situationen, in denen diese Annahme verletzt sein kann. Dann und nur dann braucht man tatsächlich komplexe Spezifikationsmethoden; die einfachen Methoden versagen.

Konsistenz ist eine lokale Eigenschaft des Objekts, d.h., allein aus dem Zustand des Objekts x lässt sich ermitteln, ob x konsistent ist oder nicht. Zustände referenzierter Objekte haben keinen Einfluss auf die Konsistenz von x. Konsistenzbedingungen an mehrere Objekte betreffen die Konsistenz der Komposition dieser Objekte. Beispiel: Wir betrachten eine Komposition K der Objekte x, y und z. Es kann durchaus sein, dass zwar alle drei Objekte für sich allein konsistent sind, dass aber ihre Zustände nicht zusammenpassen. In diesem Fall wäre die Komposition K inkonsistent.

6.1.2 Ausnahmen

Jede Methode kann aus zahllosen Gründen scheitern: Mangelnder Speicherplatz, Datenbankfehler und Netzprobleme sind Beispiele dafür. Aber Ausnahmen hängen von der Implementierung ab und sind deshalb *nicht* das Thema der Spezifikation von Schnittstellen. Außerdem: Wer ständig versucht, an alle möglichen Ausnahmen zu denken, der hat den Kopf nicht mehr frei für den Normalfall – aber genau den wollen wir spezifizieren.

Ausnahmen dokumentieren wir bei der implementierenden Komponente, nicht bei der Schnittstelle. Das heißt, bei der Spezifikation von Schnittstellen können wir Ausnahmen mit gutem Gewissen ignorieren, denn für die Behandlung von Ausnahmen ist die ggf. durch D&R-Experten unterstützte Sicherheitsfassade zuständig. Wir spezifizieren in einer heilen Welt ohne Ausnahmen.

6.1.3 ACID und RR

Parallel ausführbare Methoden sind viel schwerer zu beschreiben als sequenziell ausführbare, denn im Allgemeinen sind komplizierte Interaktionen und Blockierungen möglich. So ist das leider, und deshalb sind ein paar Vorüberlegungen nötig. Unser Ziel ist es, Schnittstellen so weit wie möglich in einer heilen, sequenziellen Welt zu beschreiben, und das Thema *Parallelität* auf wenige Stellen im System zu konzentrieren.

Das entspricht der Praxis: Wohl alle Informationssysteme sind über weite Strecken so gebaut, als gäbe es nur einen einzigen Benutzer: Beim Entwurf von Anwendungsklassen wie *Bestellung* und *Artikel* oder Datentypen wie *ISBN* und *Wochentag* kümmert sich niemand um Parallelität – nicht aus Nachlässigkeit, sondern weil Parallelität einfach keine Rolle spielt. Mit Parallelität, also der Existenz vieler Prozesse, die sich möglicherweise stören, befassen sich die Datenbank, vielleicht ein EJB-Container und einige wenige Stellen der Anwendung. Wie beim Thema *Ausnahmen* ist es nicht sinnvoll, sich ständig über Parallelität Gedanken zu machen, denn so blockiert man den Kopf.

Schnittstellen haben eine gewisse Ähnlichkeit mit einer Datenbank: Man steckt Informationen hinein und holt diese und davon abgeleitete Informationen wieder heraus. So kann es nicht überraschen, dass uns bei der Spezifikation bekannte Datenbankthemen begegnen, nämlich die *ACID*-Eigenschaften und – eng damit zusammenhängend – das Problem des wiederholbaren Lesens (*RR*, *repeatable read*). In der heilen Welt gelten ACID und RR. ACID bedeutet:

- *Atomicity*: Jede Methode wird ganz oder gar nicht ausgeführt.
- *Consistency*: Jede Methode überführt die implementierende Komponente von einem konsistenten Zustand in einen anderen konsistenten Zustand.
- *Isolation*: Jede Methode ist isoliert von anderen, möglicherweise parallel laufenden Methoden.
- *Durability*: Jede Methode ist dauerhaft in dem Sinne, dass die Änderung in den Zustand der Komponente eingeht und während deren Lebensdauer erhalten bleibt.

ACID bedeutet Transaktionssicherheit einer jeden Methode. Ist diese Forderung in unserer Komponentenwelt überhaupt erfüllbar oder ist sie im Gegenteil selbstverständlich? Die Antwort lautet: weder noch, und der Abschnitt 6.7 befasst sich mit der Frage, wann ACID gilt und welche Umstände ACID verhindern können. Die zweite Eigenschaft der idealen Welt ist RR. Das bedeutet:

- *Repeatable Read*: Wiederholte Aufrufe derselben Methode mit denselben Parametern liefern dieselben Ergebnisse.

RR ist in seltenen Fällen eine Eigenschaft der Methode selbst (wie bei mathematischen Funktionen); im Allgemeinen gilt RR nicht. Wenn zwei parallele Prozesse p und q ein und dasselbe Objekt x gleichzeitig verwenden, ist das offensichtlich: Wiederholte Aufrufe derselben Methode mit denselben Parametern können immer dann verschiedene Ergebnisse liefern, wenn Prozess q den Zustand von x zwischen zwei Aufrufen des Prozesses p ändert. Wir unterscheiden drei Arten der Wiederholbarkeit bzw. der Nicht-Wiederholbarkeit:

- *URR (unrestricted repeatable read)* bedeutet: Die Methode liefert immer und unter allen Umständen mit denselben Parametern dasselbe Ergebnis. Diese

Eigenschaft ist selten und gilt nur für die mathematischen Funktionen wie den Sinus und andere Sonderfälle ohne Zustand.

- *RRR (restricted repeatable read)* bedeutet: Die Methode ist bei einem Prozess wiederholbar, solange der einzige Benutzer das Objekt nicht direkt ändert. Beispiel: Für die lesenden `List`-Methoden (`get`, `contains`, `indexOf`, `size`) fordert man RRR.
- *NRR (non repeatable read)* bedeutet: Jeder Aufruf kann ein anderes Ergebnis liefern. Beispiele: Zufallszahlengenerator, Zeitabfrage.

Jede Methode, die ein Resultat liefert, hat also genau eine der drei Eigenschaften URR, RRR oder NRR. RRR ist der mit Abstand häufigste Fall.

6.1.4 Zusammenfassung: Annahmen bei der Spezifikation

Unser Ziel ist eine einfache, praktikable Spezifikationssprache. Deshalb unterstellen wir vier Annahmen, die das Leben erleichtern:

- Wir spezifizieren keine Ausnahmen, denn diese sind von der Implementierung abhängig.
- Wir spezifizieren für nur einen Prozess und kümmern uns nicht um Kollisionen und Blockaden.
- Wir unterstellen RRR und damit – weil nur ein Prozess vorhanden ist – RR. Methoden mit abweichender RR-Eigenschaft (URR bzw. NRR) werden eigens gekennzeichnet.
- Wir unterstellen ACID.

Diese Annahmen sind für den Theoretiker unbefriedigend, aber in der Praxis sind wir froh, wenn wir wenigstens in der heilen Welt – wenn die Annahmen gelten – genau wissen, was unsere Komponenten tun. Wer ohne diese Annahmen spezifiziert, der tut sich schwer, denn die zahllosen Komplikationen lassen sich kaum voraussehen, geschweige denn systematisch und vollständig beschreiben. Die vier Annahmen sind der Kunstgriff, mit der Spezifikationen machbar werden. Leider gelten die vier Annahmen nicht immer; damit befasst sich Abschnitt 6.7. Was dann? Zwei Wege stehen offen:

- Oft kann man durch geeignete Maßnahmen (etwa geschickte Konfiguration) die heile Welt doch herstellen.
- Wenn das nicht möglich ist, dann bleibt nur der dornige Weg der Ad-hoc-Analyse, eventuell unterstützt durch ein formales Spezifikationsverfahren.

6.2 Elemente der Spezifikation

Wir verwenden vier bekannte und bewährte Elemente, um Schnittstellen zu spezifizieren: Zustandsmodelle, Invarianten, Vor- und Nachbedingungen und Testfälle. Darüber hinaus notieren wir bei jeder Methode neben der Signatur noch Angaben über mögliche Fehler, über die Konstanz der beteiligten Objekte und über die Wiederholbarkeit der Methode.

Wir sind der Überzeugung, dass man durch konsequenten Einsatz dieser einfachen Elemente Spezifikationen zuwege bringt, die jeder Softwareingenieur lesen und schreiben kann und die im Rahmen der diskutierten Annahmen an Genauigkeit nur wenig hinter formalen Methoden zurückstehen.

6.2.1 Zustandsmodell

Der Zustandsraum von Schnittstellen ist meistens unermesslich groß (wie bei der Liste), und niemand ist daran interessiert, alle denkbaren Zustände aufzuzählen. Aber oft ist es hilfreich, das Verhalten einer Schnittstelle mit Hilfe eines *Zustandsmodells* zu beschreiben. Dazu zerlegt man die Menge aller Zustände in eine übersichtliche Anzahl disjunkter Teilmengen, mit anderen Worten: Man definiert eine Äquivalenzrelation auf der Menge aller Zustände. Die Äquivalenzklassen heißen *Zustandsklasse* oder einfach wieder *Zustand*, wenn aus dem Zusammenhang hervorgeht, was gemeint ist.

Beispiel: Bei Listen können wir unterscheiden zwischen `empty` und `not empty`; bei einem Iterator, ob er am Ende steht oder nicht (`hasNext` bzw. `not hasNext`). Manchmal gibt es zu einer Schnittstelle auch zwei oder mehr Zustandsmodelle. Als Beispiel betrachten wir den `ListIterator`, der sich vorwärts und rückwärts bewegen kann. So bekommen wir zwei Zustandsmodelle: Er kann am Anfang stehen oder auch nicht (`hasPrevious` bzw. `not hasPrevious`) und er kann am Ende stehen oder auch nicht (`hasNext` bzw. `not hasNext`). Dies liefert vier mögliche Kombinationen, von denen eine (`not hasNext and not hasPrevious`) genau dann eintritt, wenn die Liste leer ist.

6.2.2 Invarianten

Invarianten sind Bedingungen, die ein Komponentenobjekt fast immer erfüllt; sie können nur im Fall einer Ausnahme oder während der Durchführung einer Methode verletzt sein. Aber Ausnahmen gehören nicht zu der heilen Welt, in der wir uns befinden, und vereinbarungsgemäß wird ein Objekt nur gerufen, wenn es seine Konsistenz garantiert (das ist Gegenstand von Abschnitt 6.7). Die Invarianten sind meist das anspruchsvollste Element der Spezifikation; wenn sie einmal feststehen, ergibt sich der Rest nicht gerade von allein, aber ohne große Mühe.

6.2.3 Vor- und Nachbedingungen

Vor- und Nachbedingungen wurden bereits in Abschnitt 5.7 behandelt. Manchmal besteht Unklarheit darüber, ob eine bestimmte Bedingung eine Invariante oder eine Nachbedingung ist. Hier das Kriterium: Invarianten gelten immer (bis auf die erwähnten Sonderfälle), Vor- bzw. Nachbedingungen nur in bestimmten Situationen. Jede Invariante ist implizit Vor- und Nachbedingung jeder Methode der Schnittstelle. Invarianten sind härtere Forderungen als Vor- bzw. Nachbedingungen.

6.2.4 Testfälle

Jeder *Testfall* ist eine Sequenz von Methodenaufrufen einer oder mehrerer Schnittstellen mit vorab festgelegtem Ergebnis. Testfälle spezifizieren das erwartete Verhalten einer Komponente auch in komplizierten Situationen. Testfälle dienen natürlich auch zum Testen, aber für uns sind sie ganz normaler Bestandteil der Spezifikation – es wäre ein Fehler, Testfälle erst im Nachhinein zu erfinden. Testfälle haben den Zweck, auch komplizierte Abläufe und Zusammenhänge verschiedener Methoden an Beispielen darzustellen. Jeder Testfall kann Vorbedingungen und Nachbedingungen definieren. Diese haben einen etwas anderen Charakter als die Vor- und Nachbedingungen von Methoden: Ist die Vorbedingung einer Methode verletzt, so schlägt diese fehl (sie liefert eine Ausnahme). Ist die Vorbedingung eines Testfalls verletzt, so wird die erste Methode des Testfalls zwar ausgeführt, liefert im Allgemeinen aber nicht das vom Testfall geforderte Ergebnis.

Es ist im Allgemeinen unmöglich, alle denkbaren Abläufe durch Testfälle zu spezifizieren – genauso wie es unmöglich ist, bei der Erprobung eines neuen Autos alle denkbaren Fahrsituationen zu simulieren. Das ist einfach so und damit müssen wir leben. Die Kunst des Softwareingenieurs besteht darin, mit wenigen, aussagekräftigen Testfällen die Essenz einer Schnittstelle zu vermitteln.

Der Aufwand für die Spezifikation einer Schnittstelle hängt maßgeblich vom Umfang der Testfälle ab. Daher wird man sich bei unkritischen Schnittstellen mit einer geringen Abdeckung zufrieden geben; bei kritischen Schnittstellen wird man mit hohem Aufwand eine gute Abdeckung anstreben.

6.2.5 Weitere Angaben

Bei jeder Methode spezifizieren wir die möglichen Fehler (keine Ausnahmen!), die Konstanz der Parameter und des angesprochenen Objekts und schließlich die Wiederholbarkeit. Wir unterscheiden zwischen Abfragen und Kommandos: Abfragen lassen das angesprochene Objekt unverändert; Kommandos haben das Recht, es zu ändern.

6.3 Vorgehen bei der Spezifikation

Die Elemente der Spezifikation kann man im Grunde in jeder beliebigen Reihenfolge erarbeiten, aber das Vorgehen von [Mitchell & McKim 2002] scheint uns als Leitlinie besonders geeignet. Es beruht auf der Trennung von einfachen Abfragen, abgeleiteten Abfragen und Kommandos (siehe Abschnitt 3.4). Hier der Ablauf in einer modifizierten und um Testfälle erweiterten Form:

1. Spezifiziere alle einfachen Abfragen mit ihren Vorbedingungen. Die einfachen Abfragen sind die Grundlage der Spezifikation.
2. Spezifiziere alle abgeleiteten Abfragen in Abhängigkeit von den einfachen Abfragen: Nachbedingungen oder Invarianten definieren die Art und Weise, wie das Ergebnis einer abgeleiteten Abfrage von einer oder mehreren einfachen Abfragen abhängt. Die Unterscheidung zwischen einfachen und abgeleiteten Abfragen ist nicht immer eindeutig. Hat man zum Beispiel zwei Abfragen `boolean isTrue()` und `boolean isFalse()`, die durch die Invariante `isTrue() != isFalse()` verknüpft sind, so ist es nur eine Geschmacksfrage, welche der beiden man als einfach betrachtet und welche als abgeleitet.
3. Spezifiziere für jedes Kommando die Vorbedingungen. Spezifiziere seine Wirkung auf die einfachen Abfragen als Nachbedingungen.
4. Formuliere alle Invarianten.
5. Formuliere alle Testfälle.

6.4 Erweiterung und Verfeinerung von Schnittstellen

Viele Schnittstellen sind zwar insgesamt komplex, aber die meisten Programmierer verwenden nur einen Bruchteil der vorhandenen Methoden. Oft verwenden die meisten Benutzer einer Schnittstelle nur die Abfragen: Sie sehen die Schnittstelle wie ein Orakel und interessieren sich nicht für die Herkunft der Daten. Die Berechtigungskomponente ist ein Beispiel hierfür (siehe Abschnitt 6.6). Das gibt Anlass zu folgendem Verfahren: Teile Schnittstellen für verschiedene Benutzergruppen in der Weise auf, dass jede Gruppe nur die Methoden sieht, die sie wirklich braucht.

So kommt man zu wenigen schmalen, leicht verständlichen Schnittstellen, die viele Programmierer verwenden, und um die große Schnittstelle kümmern sich nur wenige Experten. Diese schmalen, für eine Benutzergruppe maßgeschneiderten Schnittstellen nennen wir *Sichten*.

In Java ist jede Sicht eine eigene Java-Schnittstelle; die gesamte Schnittstelle S ist eine Erweiterung der Sichten S_1 bis S_n und kann bei Bedarf zusätzliche Methoden enthalten, die zu keiner Sicht gehören (siehe Abb. 6–1).

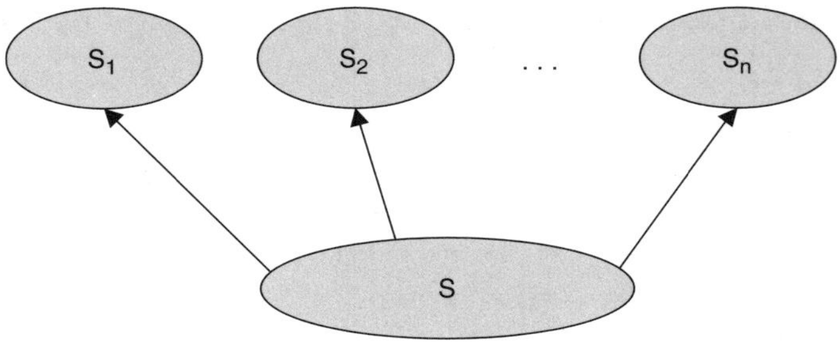

Abb. 6–1 *Sichten $S_1, S_2, ..., S_n$ auf die Schnittstelle S*

Für die Theorie ist das kein Fortschritt, denn die große Schnittstelle *S* ist noch genauso kompliziert wie vorher. Aber der Praktiker freut sich, denn jeder Programmierer sieht nur noch diejenigen Methoden, die er wirklich verwendet – die andern kann er nicht einmal aufrufen, also braucht er sie auch nicht zu verstehen.

6.4.1 Erweiterung von Schnittstellen

Wenn Schnittstelle *S* die Schnittstellen $S_1, ..., S_n$ *erweitert*, dann heißt das einfach: *S* enthält die Vereinigungsmenge aller Methoden dieser Schnittstellen. Die Erweiterung von Schnittstellen ist ein außerordentlich einfaches Prinzip, das Schreibarbeit spart und – wichtiger noch – Redundanz vermeidet: Die Liste $S_1, ..., S_n$ der Schnittstellen, die *S* erweitert, sagt einfach, was jede *S* implementierende Komponente in jedem Fall kann. Dieses Prinzip gilt für Programmschnittstellen ganz allgemein; es ist in Java und C# unmittelbar umgesetzt.

6.4.2 Verfeinerung von Schnittstellen

Eine Schnittstelle *T*, die eine andere Schnittstelle *S erweitert*, bietet die Methoden von *S* genau so an, wie sie dort spezifiziert sind. Aber *T* kann *S* zusätzlich *verfeinern* (siehe Abschnitt 3.4). Das bedeutet:

- *T* kann Vorbedingungen lockern: *T* fordert höchstens die Vorbedingungen von *S*, möglicherweise aber weniger.
- *T* kann Fehler, die in *S* möglich sind, ausschließen: Bei *T* können schlimmstenfalls die in *S* spezifizierten Fehler auftreten, möglicherweise aber weniger.
- *T* kann Nachbedingungen verschärfen: *T* garantiert alle Nachbedingungen von *S* und möglicherweise noch weitere.
- *T* kann zusätzliche Invarianten definieren: *T* garantiert alle Invarianten von *S* und möglicherweise noch weitere.
- *T* kann weitere Testfälle definieren: Es gelten alle Testfälle von *S* und möglicherweise noch weitere.

Das heißt, wer *T* importiert, kann sich auf alles verlassen, was *S* garantiert – *S* kann jederzeit durch *T* ersetzt werden.

6.5 Quasar Specification Language (QSL): Design by Contract

Wir kommen jetzt zum Kern des Problems: Wie schreibt man eine Spezifikation wirklich auf? Die Abschnitte 6.1 bis 6.4 legen wohl einige Grundlagen, aber sie sagen nichts über die zu verwendende Notation. Die Frage nach einer geeigneten Spezifikationssprache ist eine der ältesten der Informatik überhaupt. Von den zahlreichen Versuchen seien vier genannt: OCL (siehe [OCL 2003]), die Tabellendarstellung von Parnas (siehe [Janicki et al. 1997]), Eiffel (siehe [Meyer 1997]) und JML (siehe [Leavens et al. 1999]). Wir geben einen kurzen Überblick über diese vier Ansätze und präsentieren dann QSL als einfache und praktikable Alternative.

6.5.1 OCL

Für die Formulierung von Vor- und Nachbedingungen, Invarianten und ähnlichen Dingen gibt es OCL als akzeptierte und standardisierte Sprache. Aber OCL enthält aus unserer Sicht drei gravierende Probleme, die es für die Spezifikation von Schnittstellen nur mäßig geeignet erscheinen lassen:

- Als *Object Constraint Language* ist OCL dazu gedacht, Bedingungen an ein *Objektmodell* zu formulieren, aber das ist etwas anderes als die Semantik von *Schnittstellen*: Die Semantik von Schnittstellen beschreibt man anhand der vorhandenen Methoden. Das Klassenmodell ist eine wichtige Zusatzinformation, aber es ist nicht Bestandteil der Schnittstelle. Ein wichtiger Bestandteil von OCL sind Mechanismen für die Navigation im Klassenmodell. Die brauchen wir nicht.
- Die meisten OCL-Elemente gibt es in anderen Sprachen schon: OCL definiert seine eigenen Datentypen und seine eigene Standardbibliothek mit `Collection`, `Sequence`, `Set`. Daher konkurriert OCL in eigenartiger Weise mit den entsprechenden Bibliotheken von Java, C# und anderen Sprachen und gerät so zur Arbeitsbeschaffungsmaßnahme für Diplomanden, die OCL-Elemente in ihre Java- oder C#-Entsprechungen transformieren.
- OCL-Beschreibungen von nichttrivialen Schnittstellen sind ungleich schlechter lesbar als das Java-Programm, das die Schnittstelle implementiert (siehe [Zschaler 2002]).

6.5.2 Parnas-Tabellen

Dabei handelt es sich um eine weitgehende Verallgemeinerung der bekannten Entscheidungstabellen: Die Wirkung einer Operation in Abhängigkeit von Parametern und Zustand wird in Tabellenform dargestellt. Diese Tabellen sind viel besser lesbar als mathematische Formeln; allerdings sind sie oft durch ihre schiere Größe unübersichtlich. [Janicki et al. 1997] beschreiben verschiedene Tabellentypen, die komprimierte Darstellungen gestatten; ferner gibt es die Möglichkeit, große Tabellen in mehrere kleine zu zerlegen. Parnas-Tabellen haben sich in mehreren realen Projekten bewährt. Nach unserer Einschätzung sind Parnas-Tabellen trotz Werkzeugunterstützung bei umfangreichen Schnittstellen doch etwas unhandlich, obwohl die Syntax im Grunde einfach ist.

6.5.3 Eiffel

Eiffel ist eine objektorientierte Programmiersprache, angereichert um die folgenden Elemente einer Spezifikationssprache:

- Vor- und Nachbedingungen (`require`, `ensure`)
- Invarianten (`invariant`)
- Verfeinerung (`inherit`, `require else` zur Abschwächung von Vorbedingungen, `ensure then` zur Verschärfung von Nachbedingungen)

Für Zustandsmodelle und für Testfälle besitzt Eiffel kein eigenes Sprachmittel.

6.5.4 JML

JML steht für Java Modeling Language. JML taugt also nur für Java und keine andere Sprache. Damit umgeht man das OCL-Problem. Die Schlüsselwörter sind an Eiffel angelehnt (z.B. `requires`, `ensures`). Zur Formulierung von Prädikaten steht der gesamte Java-Sprachumfang zur Verfügung. Die JML-Syntax erinnert an TeX; JML ist nicht angenehm zu lesen.

6.5.5 QSL

Keine der genannten Spezifikationsmethoden hat sich in der Breite durchgesetzt. OCL ist zu kompliziert. JML ist ein guter Ansatz, aber die Syntax ist etwas abschreckend, und die Sprache enthält insgesamt viel mehr, als man in der Praxis braucht. Parnas-Tabellen sind eine schöne Sache, aber letztlich doch unhandlich. Auf der anderen Seite fehlen die nach unserer Meinung notwendigen Angaben zu Konstanz und RR.

Daher schlagen wir eine an Java angelehnte Notation namens QSL (*Quasar Specification Language*) vor. Der Sinn von QSL ist in erster Linie die für den menschlichen Leser (vor allem den Programmierer) präzise und verständliche Beschreibung der Semantik der Schnittstelle und nur in zweiter Linie die maschinelle Auswertung.

QSL besteht aus einer kleinen Menge von eigenen Schlüsselwörtern und wird ergänzt durch die jeweilige Zielsprache; in unseren Beispielen ist das Java; es könnte aber genauso gut C# oder C++ sein. Man kann QSL direkt in *Javadoc* formulieren oder man kann Java-Schnittstellen inklusive *Javadoc* aus QSL generieren.

Tabelle 6–1 zeigt die Elemente der Spezifikation von QSL im Vergleich zu JML, OCL, Eiffel und den Parnas-Tabellen. In QSL beschreibt man Vor- und Nachbedingungen, Invarianten und Schnittstellenvererbung genauso wie in JML, OCL oder Eiffel. Bei Existenz- und Allquantoren besteht kein Unterschied zu JML oder OCL. Leere Einträge in Tabelle 6.1 bedeuten, dass die jeweilige Sprache das Sprachelement zwar nicht verbietet, aber auch nicht ausdrücklich unterstützt. QSL unterscheidet sich von den anderen Notationen in folgenden Punkten:

- QSL beschreibt Schnittstellen und sonst nichts. Deswegen kennt QSL nur Fehler (`error`) und keine Ausnahmen.
- Mit QSL beschreibt man Zustandsmodelle, Testfälle, Konstanzforderungen und Wiederholbarkeitseigenschaften. Das ist mit anderen Notationen nicht ohne weiteres möglich.

	QSL	JML	OCL	Eiffel	Parnas
Vorbedingungen	`pre`	`requires`	`pre`	`require`	Tabelle
Nachbedingungen	`post`	`ensures`	`post`	`ensure`	Tabelle
Wert von x vor Ausführung	`'x`	`\old(x)`	`x@pre`	`old x`	`'x`
Ergebnis einer Methode	`result`	`\result`	`result`	`Result`	Tabelle
Invarianten	`invariants`	`invariant`	`inv`	`invariant`	Tabelle
Vererbung	`extends`	`extends`	`extends`	`inherit`	
Existenz- und Allquantor	ja	ja	ja		
Zustandsmodell	`states`				
Konstanzangaben	`basicQueries, derivedQueries, const`	`pure`			
Fehler	`error`				
Ausnahme		`exsures, exceptional_behavior`		`EXCEPTIONS-` Klasse	
Nullwerte	`maybenull`	`non_null`	`not x.oclIsUndefined()`	`/= Void`	
Wiederholbarkeit	`RRR (default) URR, NRR`				
Testfälle	`testcases`				

Tab. 6–1 *QSL, JML, OCL, Eiffel und Parnas-Tabellen im Vergleich*

6.5.6 Definition der QSL-Syntax mit Java

Im Folgenden beziehen wir uns auf die beiden Java-Schnittstellen `List` und `Iterator` und auf Methoden der Java-Klasse `Object` (z.B. `equals`, `hashCode`). Man kann QSL nach demselben Schema an andere Programmiersprachen anpassen.

```
public interface List {

   public boolean add(Object x);
   public int size();
   public Object get(int i);
   public boolean contains(Object x);
   public int indexOf(Object x);
   public boolean remove(Object x);
   public Iterator iterator();

   // Methoden, die hier nicht weiter interessieren
}

public interface Iterator {

   public boolean hasNext();
   public Object next();
   public void remove();
}
```

In QSL schreibt man Spezifikationen. Jede QSL-Spezifikation beschreibt eine Menge von zusammengehörigen Methoden, die z.B. als Java-Schnittstelle oder eine Java-Klasse umgesetzt werden können. Jede QSL-Spezifikation hat den folgenden Aufbau:

```
interface MyInterface extends YourInterface, HerInterface

   uses HisInterface, OurInterface

   variables ...

   states ...

   basicQueries
      firstBasicQuery
      secondBasicQuery
         ...

   derivedQueries
      firstDerivedQuery
      secondDerivedQuery
         ...

   commands
      firstCommand
      secondCommand
         ...
```

```
invariants
   firstInvariant
   secondInvariant
      ...
testcases
   firstTestCase
   secondTestCase
      ...
```

Diesen Rahmen füllt man im Wesentlichen mit Java-Ausdrücken; nicht benötigte Klauseln lässt man weg. Der gesamte Java-Sprachumfang steht zur Verfügung. Allerdings sind Blockkommentare (`/* ... */` bzw. `/** ... */`) verboten, denn diese verhindern die Einbettung von QSL in Quelltextkommentare bzw. *Javadoc*. QSL definiert die folgenden Erweiterungen gegenüber Java:

- All- und Existenzquantor:

  ```
  forall x, xs : xs.contains(x) <=>
     (exists i : 0 <= i < xs.size() : x.equals(xs.get(i)))
  ```

- Element-von (∈-Relation):

  ```
  x in m    // x ist Element von m
  ```

  `in` ist synonym zu der Behälter-Methode `m.contains(x)`, ist aber auch auf Arrays anwendbar.
- QSL verwendet die logischen Operatoren `and`, `or`, `not`, `=>`, `<=>`. Dabei sind `and`, `or`, `not` synonym zu den Java-Operatoren `&&`, `||` bzw. `!`; die Implikation `a => b` ist dasselbe wie `not a or b`; die Äquivalenz `a <=> b` dasselbe wie `(a and b) or not (a or b)`. Diese Kurzformen dienen ausschließlich der besseren Lesbarkeit.
- In Nachbedingungen und Fehlerklauseln bezeichnet `'x` den Wert von `x` vor der Durchführung der Methode. Die Variable `result` enthält das Ergebnis des Methodenaufrufs.

Für Variablen- und Methodendeklarationen gelten folgende Abweichungen von der Java-Syntax:

- Variablen und Parameter dürfen nur dann gleich `null` sein, wenn dies durch die Angabe `maybenull` explizit gestattet ist:

  ```
  String s maybenull
  ```

- Um auszudrücken, dass die Ausführung einer Methode einen Parameter nicht verändert, markiert man ihn wie in C++ mit `const`:

  ```
  boolean contains(const Object x)
  ```

- Java-Behälter wie `List`, `Set` und `Map` sind nicht typisiert. Man definiert homogene Behälter, indem man den Elementtyp in spitzen Klammern angibt (das entspricht dem Standard in Java 1.5):

  ```
  List<String> ls     // ls enthaelt nur Strings
  ```

Wir erläutern nun die einzelnen Abschnitte einer QSL-Spezifikation:

- **interface** `List`
  Hier steht die zu spezifizierende Java-Schnittstelle. Falls sie andere Schnittstellen erweitert, werden diese mit `extends` angefügt.
- **uses** `HisInterface, OurInterface`
  Hier stehen alle Klassen und Schnittstellen, die als Typ von Parametern oder Resultaten vorkommen. Standardklassen und -schnittstellen werden nicht genannt.[1]
- **variables** `List rs maybenull, xs; Iterator it; Object x, y, z;`
  Variable werden wie in Java definiert. Sie gelten in der gesamten Spezifikation und stehen in Vor- und Nachbedingungen, Invarianten und Testfällen mit einem impliziten Allquantor zur Verfügung. Wenn wir also mit der hier definierten Variablen `x` in einer Invarianten fordern:

  ```
  x.equals(x)
  ```

  dann heißt das:

  `x.equals(x)` ist `true` für jedes `Object x` ungleich `null`.
- **states** `= { undefined, on, off }    // anonym`
  Alternative Schreibweise bei mehreren orthogonalen Zustandsmodellen:

  ```
  states switch  = { undefined, on, off }
         level   = { undefined, low, high }
  ```

  Bei nur einem Zustandsmodell erübrigt sich der Name; zwei oder mehr Zustandsmodelle werden durch ihren Namen unterschieden. Zustandsmodelle sind hilfreich bei der Formulierung von Vor- und Nachbedingungen und Invarianten. Den Zustand der Variablen `x` fragt man folgendermaßen ab:

  ```
  state(x) == off  // anonymes Zustandsmodell
  switch(x) == on or level(x) == high  // benanntes Zustandsmodell
  ```
- **basicQueries, derivedQueries, commands**
  Jede Methode ist einem der drei Abschnitte `basicQueries` (einfache Abfragen), `derivedQueries` (abgeleitete Abfragen) oder `commands` (Kommandos) zugeordnet. Abfragen ändern den Zustand des angesprochenen Objekts nicht.

Zu jeder Methode kann man Vorbedingungen (`pre`) und Nachbedingungen (`post`) definieren. Außerdem kann und soll man jede Methode kommentieren. Vorbedingungen notiert man oberhalb der Methode, Kommentare und Nachbedingungen darunter.

---

1. Als Standard betrachten wir den Inhalt der JDK-Pakete `java.lang (Object, String, ...)` und `java.util (List, Set, Iterator, ...)`.

```
pre   0 <= i < xs.size()
Object get(int i)
// liefert das i-te Element der Liste.
boolean add(const Object x maybenull)
// fuegt x zur Liste hinzu, auch wenn x bereits enthalten war.
post  contains(x)
post  'size() + 1 == size()
post  result == true
```

Alle Fehler, die aus Sicht der Anwendung auftreten können, werden in error-Klauseln genannt. Man notiert sie hinter den Nachbedingungen. Bedingungen, die zu einem Fehler führen, kann man formal beschreiben oder als Kommentar angeben. Wir unterstellen, dass das angesprochene Objekt im Fall eines error unverändert ist. Abfragen mit Wiederholbarkeit ungleich RRR werden mit URR bzw. NRR gekennzeichnet (siehe Abschnitt 6.1):

```
pre   range > 0
int random(int range) NRR
// liefert eine Zufallszahl.
post  0 <= result < range
```

Jede Methode hat in QSL also den folgenden Aufbau:

```
pre   firstPrecondition
pre   secondPrecondition
someType someMethod(firstParameter, secondParameter) repeatability
// informelle Beschreibung
post     firstPostcondition
post     secondPostcondition
error    someErrorCondition => firstError
error    secondError   // informelle Fehlerbeschreibung
```

- **invariants**

  Invarianten können anonym sein oder einen Namen besitzen:

```
xs.size() >= 0  // anonym

symmetry        x.equals(x)
reflexivity     x.equals(y) => y.equals(x)
transitivity    x.equals(y) and y.equals(z) => x.equals(z)
nevernull       not x.equals(null)
hashcode        x.equals(y) => x.hashCode() == y.hashCode()
```

- **testcases**

  Hier beschreibt man Aufrufsequenzen mit den erwarteten Ergebnissen. Jeder Testfall hat einen Namen und kann nötigenfalls lokale Variable definieren. pre und post bezeichnen die Vor- und Nachbedingungen des Testfalls.

```
addAndRemove
Object x;         // lokale Variablen
List<Object> xs;

pre   xs.size() == 0
xs.add(x)
xs.size()         -> 1
```

```
xs.add(x)
xs.size()        -> 2
xs.remove(y)     -> false
xs.size()        -> 2
xs.indexOf(x)    -> 0
xs.indexOf(y)    -> -1
xs.contains(x)   -> true
xs.contains(y)   -> false
xs.remove(x)     -> true
xs.size()        -> 1
xs.indexOf(x)    -> 0
xs.remove(x)     -> true
post  xs.size() == 0
```

6.6 Beispiel: Einfaches Berechtigungssystem

Wir nehmen die Berechtigungskomponente von Abschnitt 3.5 als Beispiel: Dort gibt es die administrative Schnittstelle *A* und die operative Schnittstelle *B*. Der Berechtigungskern kann einfach sein oder auch kompliziert – das hängt von den Regeln ab, aus denen die Rechte der Benutzer abgeleitet werden. Aber die Schnittstelle *B* ist davon völlig unabhängig, und das ist ein wichtiger Schritt zur Beherrschung der Komplexität: Nehmen wir an, ein Team von 50 Personen bearbeitet ein Projekt, in dem die Berechtigungskomponente zum Einsatz kommt. Dann sehen mindestens 45 Personen von der ganzen Berechtigungskomponente nicht mehr als die Schnittstelle *B*; zwei oder drei befassen sich mit der Schnittstelle *A* und nicht mehr als zwei Personen implementieren die Komponente. Das heißt auch, dass das restliche System von der Berechtigungskomponente im Wesentlichen nur über die Schnittstelle *B* abhängt. Diese könnte in Java folgendermaßen aussehen:

```
public interface Authorization {                // Schnittstelle B
   public boolean mayPerform(User x, Action y)
      throws UnknownUserException, UnknownActionException;

}
```

Hier die Schnittstelle in QSL:

```
interface Authorization

   uses User, Action

   basicQueries

      boolean mayPerform(const User x, const Action y)
      // liefert true, wenn der User x Action y ausfuehren
      // darf, sonst false.
      error unknownUser
      error unknownAction
```

Das ist schon die gesamte Bedienungsanleitung; mehr braucht der Anwendungsprogrammierer über die Berechtigungskomponente nicht zu wissen: Er kümmert sich nicht darum, wie Benutzer und Aktionen in das System hineinkommen, und es interessiert ihn nicht, warum ein Benutzer etwas darf oder auch nicht. Die Schnittstelle ist ein Orakel: Was sie sagt, das gilt.

Für die Schnittstelle `AuthorizationAdmin` betrachten wir den Berechtigungskern zunächst in einer unrealistisch einfachen Variante: Jeder Benutzer darf eine beliebige Anzahl von Aktionen ausführen; jede Aktion ist beliebig vielen Benutzern gestattet. Es gibt keine Benutzergruppen und keine Profile. Das Datenmodell zeigt Abbildung 6–2.

Abb. 6–2 *Einfaches Datenmodell für Berechtigungen*

Daraus ergibt sich die Schnittstelle `AuthorizationAdmin`: Benutzer bzw. Aktionen werden eingefügt und entfernt; Rechte werden gewährt und entzogen:

```
public interface AuthorizationAdmin extends Authorization {
   public boolean existUser(User x);
   public void addUser(User x);
   public void removeUser(User x);

   public boolean existAction(Action y);
   public void addAction(Action y);
   public void removeAction(Action y);

   public boolean allow(User x, Action y)
      throws UnknownUserException, UnknownActionException;
   public boolean disallow(User x, Action y)
      throws UnknownUserException, UnknownActionException;
   public List getAllowedActions(User x)
      throws UnknownUserException;
   public List getAllowedUsers(Action y)
      throws UnknownActionException;

}
```

AuthorizationAdmin erweitert Authorization, so dass der Administrator prüfen kann, ob seine Zuordnungen korrekt sind. Hier die QSL-Spezifikation:

```
interface AuthorizationAdmin extends Authorization

  uses User, Action

  variables User u, Action a;

  basicQueries

     boolean existUser(const User x)
     // liefert true, wenn Benutzer x existiert, sonst false.

     boolean existAction(const Action y)
     // liefert true, wenn Aktion y existiert, sonst false.

  derivedQueries

     List<Action> getAllowedActions(const User x)
     // liefert die Liste aller Aktionen, die Benutzer x
     // ausfuehren darf. (siehe auch Invariante)
     error  not existUser(x) => unknownUser

     List<User> getAllowedUsers(const Action y)
     // liefert die Liste aller Benutzer, die Aktion y
     // ausfuehren duerfen. (siehe auch Invariante)
     error  not existAction(y) => unknownAction


  commands

     void addUser(const User x)
     // fuegt den Benutzer x zum System hinzu.
     // Der neu eingefuegte Benutzer hat keinerlei Rechte.
     post   existUser(x)
     post   getAllowedActions(x).size() == 0
     error  'existUser(x) => knownUser

     void removeUser(const User x)
     // entfernt den Benutzer x und alle seine Rechte aus dem
     // System.
     post   not existUser(x)
     error  not 'existUser(x) => unknownUser

     void addAction(const Action y)
     // fuegt Aktion y zum System hinzu.
     post   existAction(x)
     error  'existAction(x) => knownAction

     void removeAction(const Action y)
     // entfernt die Aktion y aus dem System.
     post   not existAction(y)
     error  not 'existAction(y) => unknownAction
```

```
    boolean allow(const User x, const Action y)
    // bewirkt, dass Benutzer x die Aktion y ausfuehren darf.
    post  result == not 'mayPerform(x, y)
    post  mayPerform(x, y)
    error not existUser(x) => unknownUser
    error not existAction(y) => unknownAction

    boolean disallow(const User x, const Action y)
    // bewirkt, dass Benutzer x die Aktion y nicht mehr
    // ausfuehren darf.
    post  result == 'mayPerform(x, y)
    post  not mayPerform(x, y)
    error not existUser(x) => unknownUser
    error not existAction(y) => unknownAction

invariants

    a in getAllowedActions(u)  <=> mayPerform(u, a)
    u in getAllowedUsers(a)    <=> mayPerform(u, a)

testcases

    addRemoveUser
       pre   not existUser(u)
       addUser(u)
       existUser(u)        -> true
       addUser(u)          -> error knownUser
       existUser(u)        -> true
       removeUser(u)
       existUser(u)        -> false
       removeUser(u)       -> error unknownUser
       post  not existUser(u)

    allowDisallowAction
       pre   existUser(u)
       pre   existAction(a)
       pre   not mayPerform(u, a)
       allow(u, a)         -> true
       mayPerform(u, a)    -> true
       allow(u, a)         -> false
       mayPerform(u, a)    -> true
       disallow(u, a)      -> true
       mayPerform(u, a)    -> false
       disallow(u, a)      -> false
       mayPerform(u, a)    -> false
       post  existUser(u)
       post  existAction(a)
       post  not mayPerform(u, a)
```

Beide Testfälle haben nicht zufällig die Eigenschaft, dass ihre Vorbedingung am Ende des Testfalls wieder erfüllt ist. Testfälle mit dieser Eigenschaft kann man in einer Schleife beliebig oft wiederholen.

6.7 ACID und RRR bei einem Prozess

Wir spezifizieren unter der Annahme, dass ACID und RRR gelten. Man könnte meinen, dass dies bei nur einem Prozess immer der Fall ist, aber im Allgemeinen stimmt das leider nicht: Seiteneffekte können RRR verhindern, Rückrufe können ACID zunichte machen. In der Praxis macht sich darüber kaum jemand Gedanken; ACID und RRR sind meistens erfüllt, und wenn dies ausnahmsweise einmal nicht der Fall sein sollte, dann löst man das Problem ad hoc. In diesem Abschnitt untersuchen wir ACID und RRR systematisch. Wer das Thema kompliziert oder sperrig findet, möge bedenken, dass wir nichts weiter tun, als stillschweigende Annahmen der Objektorientierung offen zu legen und ihnen einen Namen zu geben.

6.7.1 Seiteneffekte und RRR

Jeder Aufruf einer Methode kann den Zustand des angesprochenen Objekts ändern – das ist offensichtlich. Aber hinter den Kulissen können sich beliebig viele Objekte ändern; das hängt davon ab, welche anderen Objekte das angesprochene Objekt aufruft. Beispiel: Der Eintrag eines neuen Benutzers über die Administrationsschnittstelle der Berechtigungskomponente verursacht vermutlich einen neuen Eintrag in der Datenbank, und der ist über eine SQL-Abfrage sichtbar. Der Eintrag des Benutzers hat also einen Seiteneffekt auf die Datenbank, der in diesem Fall durchaus erwartet ist und auch nicht weiter stört. Aber im Allgemeinen können Seiteneffekte überraschen und außerordentlich stören.

Abbildung 6–3 zeigt das Prinzip des Seiteneffekts: Die Komponentenobjekte *x*, *y* und *z* kommunizieren über die Schnittstellen *R*, *S* und *T*. Jeder Aufruf einer Methode von *R* kann durch den Aufruf einer Methode von *S* zu einer Änderung von *z* führen, die für *x* an der Schnittstelle *T* sichtbar wird. Das zeigt: RRR kann schon bei einem einzigen Prozess verletzt sein, und zwar selbst dann, wenn alle Methoden sequenziell bearbeitet werden.

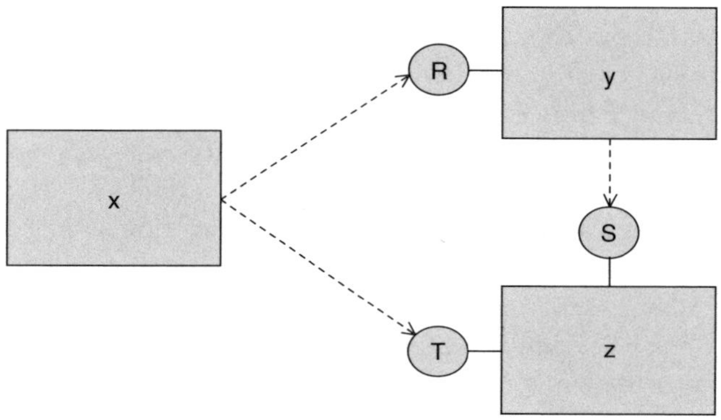

Abb. 6–3 *Beispiel für Seiteneffekt*

Abbildung 6–3 zeigt auch, dass Objekt *x* höchstens dann einen Seiteneffekt in Objekt *z* beobachten kann, wenn der Konfigurationsgraph zwei oder mehr Wege von *x* nach *z* enthält. Wir formulieren die *1-Weg-Eigenschaft*:

> Eine Komposition besitzt genau dann die 1-Weg-Eigenschaft, wenn für je zwei Komponentenobjekte x und y der Konfigurationsgraph höchstens einen Weg von x nach y enthält.

Die 1-Weg-Eigenschaft verhindert also Seiteneffekte. Umgekehrt ist es natürlich nicht so, dass die Existenz zweier Wege von *x* nach *y* automatisch Seiteneffekte verursacht – aber dann ist die Analyse umständlich, und die Abwesenheit von Seiteneffekten lässt sich meistens nur plausibel machen und testen, aber nicht beweisen.

Und noch ein wichtiger Punkt: Seiteneffekte hängen von Implementierung und Konfiguration ab. RRR kann je nach Konfiguration erfüllt sein oder auch nicht. Wenn es gelingt, die 1-Weg-Eigenschaft herzustellen, dann ist RRR gegeben, wenn nicht, dann kann der Nachweis von RRR umständlich sein.

RRR spielt insofern eine besondere Rolle, als diese Eigenschaft durch die implementierende Komponente allein nicht garantiert werden kann. RRR ist vielmehr eine Forderung an die Implementierung *und* an die Konfiguration.

6.7.2 Rückruf und ACID

ACID heißt unter anderem Konsistenz. Wenn wir annehmen, dass jede Methode das angesprochene Objekt von einem konsistenten Zustand in einen anderen konsistenten Zustand überführt – sind dann Inkonsistenzen überhaupt möglich? Leider ja, und zwar gibt es zwei Ursachen: Ausnahme und Rückruf.

Ausnahmen können jederzeit auftreten, aber für deren Behandlung und für die Wiederherstellung der Konsistenz ist ein D&R-Experte zuständig. Ausnahmen liegen außerhalb der heilen Welt, in der wir spezifizieren, und werden deshalb nicht weiter behandelt.

Ein Rückruf ist ein Zyklus im Konfigurationsgraphen (siehe Abb. 6–4). Jede Methode kann nicht nur in der Ferne Seiteneffekte verursachen, sondern auch in unmittelbarer Nähe, d.h. im rufenden Objekt. Zwar ist vereinbarungsgemäß jedes Objekt am Beginn und am Ende einer jeden Methode in einem konsistenten Zustand, aber unterwegs, also nach dem Beginn und vor dem Ende einer Methode, sind Inkonsistenzen möglich und oft unvermeidlich. Hier das Rückrufproblem: Objekt *x* wird mit der Methode *k* gerufen. Während der Abarbeitung von *k* wird *x* über die Stationen *y.f* und *z.g* mit der Methode *h* zurückgerufen. Wir nennen *x* das Rückrufobjekt, *k* die auslösende Methode und *h* die Rückrufmethode. Diese sieht *x* in einem zufälligen, wahrscheinlich inkonsistenten Zwischenzustand, den der unvollständig abgearbeitete Aufruf der auslösenden Methode *k* herbeigeführt hat (siehe Abb. 6–4).

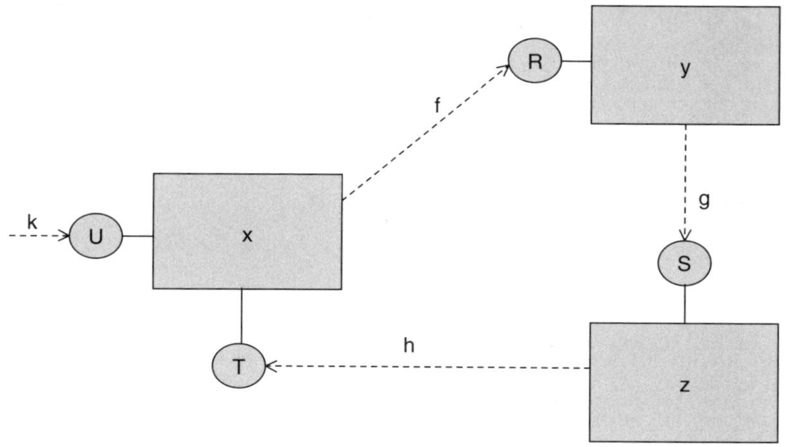

Abb. 6–4 *Beispiel für Rückruf*

Man beachte, dass ein Zyklus im Konfigurationsgraphen eine Eigenschaft der Konfiguration ist, und nicht der Implementierung oder der Schnittstelle. Wenn der Konfigurationsgraph keine Zyklen enthält, dann ist bei einem Prozess ACID gewährleistet. Das Umgekehrte trifft nicht zu: ACID kann trotz Zyklen gewährleistet sein.

6.7.3 Konsistenz und Konstanz

Rückrufe können in der Praxis haarsträubende Fehler verursachen. Sie können nur gelingen, wenn die Konsistenz des zurückgerufenen Objekts während der Durchführung der auslösenden Methode garantiert ist. Damit haben wir einen neuen Begriff:

> *Konsistenzgarantie* für Methode *f* bedeutet: Der Importeur befindet sich vor dem Aufruf von *f* in einem konsistenten Zustand, so dass mögliche Rückrufe ein konsistentes Objekt vorfinden. Es ist also der Importeur, der seine eigene Konsistenz garantiert.

Die Konsistenzgarantie ist Voraussetzung dafür, dass ein Rückruf überhaupt stattfinden kann. Wenn sie gilt, kann der Importeur (der seine Konsistenz garantiert), vom Rückrufer verlangen, dass er nur lesende Methoden ausführt, und dies gibt Anlass zu einem weiteren Begriff:

> *Konstanzgarantie* für Methode *f* bedeutet: Es wird garantiert, dass mögliche Rückrufe innerhalb der Methode *f* das rufende Objekt nicht verändern; es bleibt *konstant*.

Konstanz in diesem Sinne kann nur die Konfiguration garantieren; die Konsistenzgarantie des Importeurs ist die Voraussetzung dafür. Zustandsänderungen innerhalb eines Rückrufs sind schwer zu analysieren und können katastrophale Folgen haben.

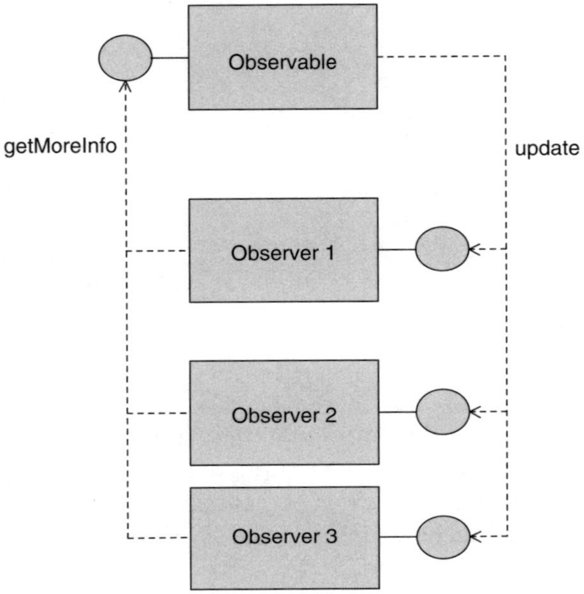

Abb. 6–5 *Beobachter-Muster und Rückrufschnittstelle*

Zur Verdeutlichung betrachten wir das Beobachter-Muster in der folgenden, oft angetroffenen Form (siehe Abb. 6–5). Zum Beobachter-Muster gehören die zwei Schnittstellen `Observer` und `Observable`:

```
public interface Observer {
   public void update(Observable sender, Object info);
}

public interface Observable {
   public void registerObserver(Observer v);
   public void notifyObservers();
   public Object getMoreInfo();
}
```

Die Beobachter (`Observer`) sind beim Beobachteten (`Observable`) registriert. Beim Aufruf von `notifyObservers` ruft der Beobachtete alle registrierten Beobachter mit der `update`-Methode. Im Parameter `sender` identifiziert er sich als Absender, im Parameter `info` übergibt er irgendwelche Informationen. Der Beobachter kann innerhalb seiner `update`-Methode über `getMoreInfo` bei Bedarf weitere Informationen vom Beobachteten holen. Hier ist `update` die auslösende Methode, `getMoreInfo` die Rückrufmethode. Damit das funktioniert, braucht man Konsistenz und Konstanz:

- Der Beobachtete garantiert Konsistenz für `update`. Damit ist gewährleistet, dass `getMoreInfo`-Rückrufe den Beobachteten in einem konsistenten, vorzeigbaren Zustand antreffen.
- Die `getMoreInfo`-Methode ist – wie der Name sagt – eine lesende Methode; sie verändert den Zustand des Beobachteten nicht. Sie garantiert Konstanz.

Das Sequenzdiagramm (siehe Abb. 6–6) zeigt, an welchen Stellen Konsistenz- bzw. Konstanzgarantie greifen.

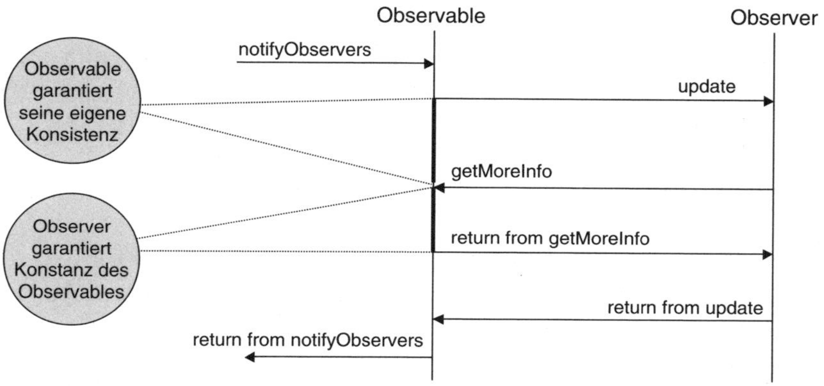

Abb. 6–6 *Konsistenz- und Konstanzgarantie im Sequenzdiagramm*

[Szyperski 2002] beschreibt Rückrufbeispiele, die aufgrund ungeschickter Rückrufmechanismen katastrophale und schwer zu findende Fehler verursachen. Unsere Empfehlung lautet:

- Direkte Rückrufbeziehungen wie beim Beobachter-Muster sind nur dann gestattet, wenn Konsistenz und Konstanz garantiert sind.
- Man vermeide zyklische Beziehungen von drei oder mehr Komponentenobjekten wie in Abbildung 6–4 um fast jeden Preis. Wenn Rückrufe wirklich nicht zu vermeiden sind, dann kann man als letzten Ausweg ein Zustandsmodell implementieren, das einen Rückruf verhindert – so geschehen im Security-Manager von Java. Dabei versetzt sich das Rückrufobjekt in einen Zustand, der besagt: *don't call me back*. Dies ist unbefriedigend, denn eine solcherart zurückgewiesene Methode kann nur mit einer Ausnahme reagieren.

All das ist aus theoretischer und aus praktischer Sicht unerfreulich, und wir bedauern, dass auch uns nicht mehr einfällt, als die Probleme einzugrenzen und an die Disziplin des Programmierers zu appellieren.

6.8 Zusammenfassung

- Wir spezifizieren in einer heilen Welt ohne Ausnahmen und ohne Parallelität, und wir unterstellen ACID.
- Die wichtigsten Elemente der Spezifikation sind Zustandsmodelle, Invarianten, Vor- und Nachbedingungen und Testfälle. Der Aufwand für die Spezifikation wird vor allem durch die geforderte Testüberdeckung bestimmt. Diese ist bei kritischen Schnittstellen hoch.
- Als Spezifikationssprache schlagen wir QSL vor. QSL lässt sich mühelos an andere Programmiersprachen anpassen.
- Wir unterscheiden drei Arten der Wiederholbarkeit bzw. Nicht-Wiederholbarkeit: URR (*unrestricted repeatable read*), RRR (*restricted repeatable read*) und NRR (*non repeatable read*).
- Der Konfigurationsgraph besitzt im besten Fall die 1-Weg-Eigenschaft (dies garantiert RRR); im zweitbesten Fall ist er zyklenfrei (dies verhindert Rückrufe).
- Rückrufe sind unproblematisch, wenn die Konfiguration Konstanz garantiert. Voraussetzung dafür ist die Konsistenzgarantie des Rückrufobjekts.
- Wenn ACID aus einem der in Abschnitt 6.7 genannten Gründe nicht gilt, dann versuchen wir erst einmal, ACID dennoch herzustellen. Nur wenn dies nicht gelingt, sind komplexe Verfahren der Spezifikation wirklich erforderlich.

7 Softwarearchitekturen

Die Trennung von A-Software und T-Software hat Auswirkungen auf die Softwarearchitektur und den Entwicklungsprozess. Unser Ziel ist es, aus der Spezifikation der Anwendung die Architektur der Anwendung (die *A-Architektur*) abzuleiten und diese als A-Software gegen Schnittstellen der Kategorie 0 zu implementieren. Die Implementierung dieser Schnittstellen ist Sache der T-Komponenten, die man im Rahmen der T-Architektur definiert. So wird der Entwicklungsprozess entzerrt.

In diesem Kapitel beschreiben wir zunächst verschiedene Architekturbegriffe (Abschnitt 7.1); diese werden in den folgenden Abschnitten 7.2 bis 7.6 vertieft. Danach untersuchen wir die Konsequenzen für den Entwicklungsprozess (Abschnitt 7.7) und schließlich vergleichen wir unseren Weg mit zwei anderen Ansätzen.

7.1 Übersicht

Man kann die *Systemarchitektur*, also die Architektur eines Informationssystems, von verschiedenen Seiten aus betrachten:

- Die Architektur der technischen Infrastruktur (*TI-Architektur)* beschreibt die technische Infrastruktur des Informationssystems. Dazu gehören die physischen Geräte (Rechner, Netzleitungen, Drucker etc.), die installierte Systemsoftware (Betriebssystem, Transaktionsmonitor, Anwendungsserver, Verbindungssoftware) und das Zusammenspiel von Hardware und Systemsoftware. Die TI-Architektur definiert auch die verwendeten Programmiersprachen (das sind oft mehrere).
- Die *Softwarearchitektur* beschreibt die Komponenten und Schnittstellen, aus denen das System besteht, und deren Zusammenspiel.

Innerhalb der Softwarearchitektur unterscheiden wir zwei Sichten:

- Die Anwendungsarchitektur (*A-Architektur*) strukturiert die Software aus der Sicht der Anwendung. So besitzt ein Reisebuchungssystem einen *Katalogverwalter*, eine *Buchungsmaschine*, einen *Preisrechner* und andere Anwendungskomponenten. Worauf es ankommt: Die Funktionen und das Zusammenspiel dieser Komponenten entwirft man ohne Bezug zur Technik, aber in genauer Kenntnis der fachlichen Abläufe – ungefähr so, wie man auch das Zusammenwirken von menschlichen Sachbearbeitern organisieren würde (siehe dazu auch die in [Denert & Siedersleben 1992] beschriebene Sachbearbeitermethode).
- Neben der A-Architektur besitzt jedes Informationssystem eine Technikarchitektur (*T-Architektur*), die den sachgemäßen Umgang mit der Technik sicherstellt. Die T-Architektur beschreibt all diejenigen Komponenten eines Systems, die von der Anwendung unabhängig sind: Zugriffsschicht, GUI-Rahmen, Fehlerbehandlung und anderes mehr. Sie verbindet die A-Architektur mit der TI-Architektur; die T-Software ist die Ablaufumgebung für die A-Software. Im Rahmen der T-Architektur definiert man auch die Verteilung der Software (oft Prozesssicht genannt) und die Einheiten (jar-Dateien, DLLs), in denen das fertige System geliefert wird.

Insgesamt erhalten wir also drei Architekturen: A-Architektur, T-Architektur und TI-Architektur; diese bilden gemeinsam die Systemarchitektur.

In einem Softwarehaus, das (wie sd&m) auf große Individualsysteme spezialisiert ist, sind A-Architekturen nur schwer wieder verwendbar: Die Kundenverwaltung eines Automobilherstellers und die eines Mobilfunkanbieters ähneln sich nur oberflächlich; in Wirklichkeit unterscheiden sie sich so grundlegend, dass Wiederverwendbarkeit bestenfalls in Form von Wissenstransfer stattfindet, aber kaum einmal auf der Ebene von Programmen. sd&m hat schon mehr als hundert Kundenverwaltungen gebaut, aber bisher hat noch niemand ernsthaft versucht, daraus eine wieder verwendbare Standard-A-Architektur zu destillieren. In der Praxis wird die A-Architektur in jedem Projekt auf der Basis der Spezifikation neu erstellt; dabei fließen die Erfahrungen anderer Projekte selbstverständlich mit ein.

Individualsysteme sind gerade dadurch charakterisiert, dass sie sich einer Standard-A-Architektur entziehen, denn dort, wo eine vorhanden ist, gibt es über kurz oder lang ein Standardprodukt, das Individualentwicklung überflüssig macht. In branchenorientierten Häusern ist das anders; dort lohnt es sich, eine Standard-A-Architektur für wiederkehrende Aufgaben (z.B. Kundenverwaltung für eine bestimmte Branche) zu entwickeln. Standard-A-Architekturen haben eine gewisse Ähnlichkeit mit den Anwendungsmustern in [Fowler 1999], aber sie sind größer: Fowler beschreibt kleine Einheiten von wenigen Klassen (etwa Bestellung/Bestellposition), während eine Standard-A-Architektur ein größeres System beschreibt, das aus vielen A-Komponenten besteht. Zahlreiche Beiträge aus dem Bereich der Wirtschaftsinformatik (z.B. [Scheer 1997]) beschreiben A-Architekturen für bestimmte Bereiche, etwa Finanzbuchhaltung oder Materialwirtschaft.

Standard-A-Architekturen zu entwickeln ist schwer, aber ein anwendungsunabhängiger Standard für A-Architekturen lässt sich vergleichsweise leicht angeben: Jede A-Architektur besteht immer aus denselben Elementen: Anwendungsfälle, Entitätstypen, Datentypen und Verwaltern mit genau definierten Aufgaben. Wir nennen dies die *Standardarchitektur des Anwendungskerns*; sie ist Gegenstand von Kapitel 8. Diese Standardarchitektur ist selbst weder A noch T, sondern sie beschreibt abstrakt das Zusammenwirken von A-Komponenten untereinander und deren Einbettung in die Technik.

Im Gegensatz zu A-Architekturen lassen sich T-Architekturen recht gut wiederverwenden: Es ist nicht erforderlich, in jedem Projekt eine eigene Zugriffsschicht und ein eigenes GUI-Framework zu erfinden, obwohl man das lange Jahre so gemacht hat. Die T-Architektur hängt von der TI-Architektur ab, aber nicht von der Anwendung, und deshalb ist es sinnvoll, für gängige TI-Architekturen Standards zu entwickeln. Wir tun dies auf zwei Ebenen:

- Die erste Ebene ist unabhängig von der TI-Architektur. Wir sprechen von Standardarchitekturen für *Persistenz* und *Transaktionen* (Kapitel 9), *grafische Oberflächen* (Kapitel 10) und schließlich für *Basisdienste* wie Fehlerbehandlung und Berechtigungen. Diese enthalten die ewigen Wahrheiten, die – so hoffen wir – für alle Anwendungen und für alle TI-Architekturen richtig sind. Sie präzisieren die bekannte Drei-Schichten-Architektur, die sich ähnlich flächendeckend eingebürgert hat wie die Aufteilung in Lexer und Parser bei den Compilern.
- *Standard-T-Architekturen* für ausgewählte *TI-Architekturen* (z.B. EJB-Server, .NET). Standard-T-Architekturen sind zu verstehen als vorgefertigte Konstruktionsbausteine, die in jedem Projekt mit passender TI-Architektur unverändert oder angepasst einsetzbar sind. Standard-T-Architekturen lohnen sich nicht für exotische TI-Architekturen. Projekte mit exotischen TI-Architekturen können sich aber an vorhandenen Standard-T-Architekturen orientieren.

TI-Architekturen entstehen am Markt, und der Markt entscheidet über ihren Erfolg: Microsoft hat mit .NET eine Standard-TI-Architektur geschaffen; diese konkurriert mit der Java-Plattform mit einem EJB-Server sowie Swing bzw. JSP als Basis der GUI-Programmierung.

Hier eine Zusammenfassung der verschiedenen Standards:

- *Standardarchitekturen* für Anwendungskern, Persistenz, GUI und andere Komponenten, die in fast allen Informationssystemen vorkommen. Diese Standardarchitekturen gehören zu keiner Softwarekategorie, denn sie hängen weder von der Anwendung noch von der Technik ab. Die Kapitel 9 und 10 beschreiben solche Standardarchitekturen.

- *Standard-A-Architekturen* für bestimmte Anwendungen oder Teile davon: Buchhaltung, Kundenverwaltung, Inkasso. Diese beschreiben eine bestimmte Anwendung, sind davon also selbstverständlich abhängig, aber sie sind unabhängig von der Technik.
- *Standard-TI-Architekturen* definieren eine bestimmte, mehrfach verwendete technische Infrastruktur.
- *Standard-T-Architekturen* spezialisieren jeweils eine Standardarchitektur für eine bestimmte Standard-TI-Architektur. Drei Standardarchitekturen (Anwendungskern, Persistenz und GUI) und zwei Standard-TI-Architekturen (EJB und .NET) ergeben sechs Standard-T-Architekturen.

Abbildung 7–1 verdeutlicht das Zusammenspiel: Standardarchitekturen und Standard-T-Architekturen sind gedacht als Vorlage und Muster für Informationssysteme und beschreiben die T-Architektur so weit, wie man das unabhängig von der jeweiligen Anwendung überhaupt tun kann. Im konkreten Projekt wird diese Vorlage für die gegebene TI-Architektur und die fachlichen Anforderungen angepasst. Die projektspezifische T-Architektur kann Standardarchitekturen und Standard-T-Architekturen in passender Technologie als Vorlage benutzen oder sogar Programmteile wiederverwenden.

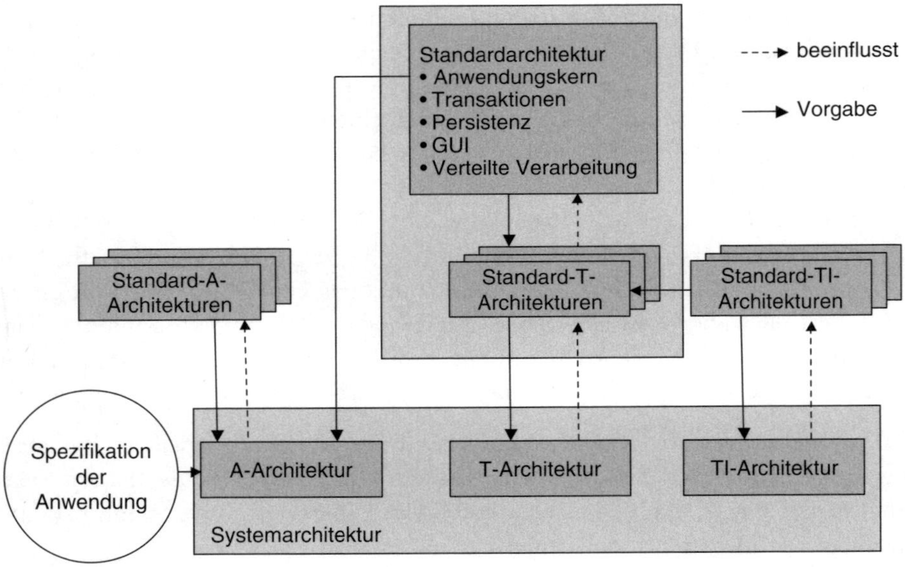

Abb. 7–1 *Zusammenspiel von Standards und Architekturen*

Die in Abbildung 7–1 eingezeichneten Standard-A-Architekturen sind optional – wir freuen uns, wenn eine zur Verfügung steht, aber wenn nicht, dann erfinden wir eine A-Architektur ohne Rückgriff auf einen Standard.

7.2 Architektur eines Informationssystems

Informationssysteme sind nach den berühmten drei Schichten aufgebaut – das weiß jeder und das steht überall. Aber was bedeutet das eigentlich? Wie kann man prüfen, ob ein System Drei-Schichten-konform ist oder nicht? Dieser Abschnitt präzisiert die richtige, aber ziemlich allgemeine Idee der drei Schichten und ist als Grundlage und Fahrplan für die folgenden Kapitel gedacht.

Das ganze Informationssystem ist selbst nichts anderes als eine Komposition von Komponenten und damit wieder eine Komponente mit allen bekannten Eigenschaften: Es importiert und exportiert Schnittstellen; es kann Singleton oder Multiton sein.

Das Beispielsystem in Abbildung 7–2 importiert zwei Nachbarsystemschnittstellen. Diese liegen außerhalb; wer das System in Gang setzen will, der muss erst einmal den Zugang zu den beiden Nachbarsystemen herstellen. Das System exportiert eine GUI-Schnittstelle und den Administrationsdialog für den Stapelbetrieb, ferner zwei Schnittstellen zur Verwendung durch andere Nachbarsysteme. Abbildung 7–2 zeigt die Softwarekategorien der verschiedenen Komponenten (siehe Kapitel 4).

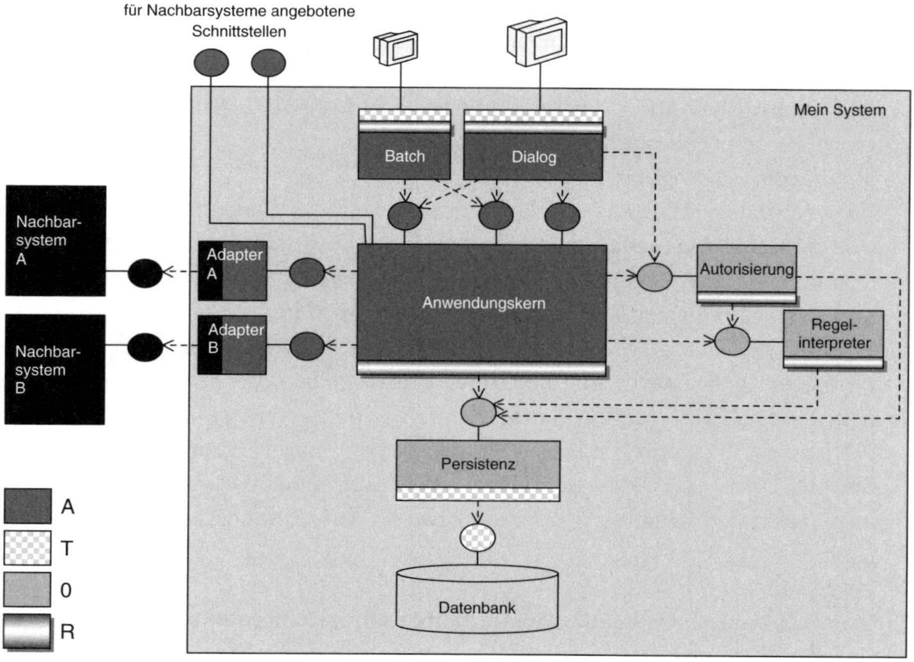

Abb. 7–2 *Softwarearchitektur eines Informationssystems*

Nun zur Innensicht: Der Kern eines jeden Informationssystems ist der Anwendungskern. Er enthält die fachliche Intelligenz des Systems und ist nicht nur in dieser Abbildung der Mittelpunkt des Systems[1]. Der Anwendungskern ist – wie könnte es anders sein – selbst eine Komponente, die in unserem Beispiel fünf Schnittstellen importiert. Wir stellen sie in drei Gruppen vor:

- *Nachbarsystemschnittstellen*
  Kaum ein System läuft im luftleeren Raum – wohl jedes System kommuniziert mit einer oft erstaunlich großen Anzahl von Nachbarsystemen; in unserem Beispiel haben wir zwei eingezeichnet. Die meisten Nachbarsysteme sind historisch gewachsen, die Trennung von A und T ist dort die große Ausnahme, und deshalb sind in Abbildung 7–2 beide Nachbarsysteme schwarz, also von der Kategorie AT.

  Die folgenden Fragen bereiten regelmäßig Kopfzerbrechen: Wie eng sind die Systeme gekoppelt? Was passiert, wenn eines abstürzt? Welche darf es mitreißen, welche können weiterlaufen, eventuell im Notbetrieb? Wie überbrückt man Sprachbarrieren, wenn die Begriffswelten verschiedener Systeme unvereinbar scheinen? Welche Annahmen darf man über die Qualität der von Nachbarsystemen gelieferten Daten machen? Wie soll man sich verhalten, wenn diese Annahmen entgegen der Absprache verletzt sind? Diese Fragen entziehen sich einer allgemeinen Beantwortung, aber sie zeigen jedenfalls, dass man Nachbarsysteme niemals direkt aufrufen darf. Stattdessen definiert man für jedes Nachbarsystem eine Schnittstelle als fachliche Abstraktion: Das ist die Sicht des Anwendungskerns auf das Nachbarsystem; das ist alles, was er davon mitbekommt. Diese Schnittstelle hat die Kategorie A. Ein Adapter agiert als Mittler zwischen den beiden Welten.
- *Standardkomponenten*
  Viele Systeme benutzen Standardkomponenten der Kategorie 0; im Beispiel sind dies eine Autorisierungskomponente (siehe Anhang A) und ein Regelinterpreter (siehe Abschnitt 4.5). Kategorie 0 deshalb, weil man Standardkomponenten so baut, dass sie erstens technikfrei sind und zweitens keinen Bezug zu einer konkreten Anwendung besitzen: Der Autorisierung ist es gleichgültig, ob sie den Zugriff auf Buchungen überwacht oder den auf persönliche Mitarbeiterdaten. Standardkomponenten exportieren Standardschnittstellen der Kategorie 0; und diese darf jeder benutzen, der sie gebrauchen kann. Im Beispiel wird die Autorisierung vom Dialog und vom Anwendungskern importiert; den Regelinterpreter importieren Anwendungskern und Autorisierung.
- *Persistenz*
  Wir programmieren objektorientiert, aber wir speichern unsere Daten in relationalen Datenbanken. Deshalb brauchen wir Software, die zwischen der relationalen und der objektorientierten Welt vermittelt – so wie die Adapter

1. Kapitel 8 beschreibt die Innensicht des Anwendungskerns.

zwischen Anwendungskern und Nachbarsystem. Persistenzkomponenten sind das Thema von Kapitel 9; an dieser Stelle nur so viel: Eine vernünftige Persistenzkomponente exportiert Schnittstellen der Kategorie 0, enthält also Operationen wie *anlegen*, *suchen* und *bestätigen*, aber keine technischen Aspekte. Wir unterstellen, dass neben dem Anwendungskern auch die Autorisierung und der Regelinterpreter persistente Daten besitzen, und deshalb importieren alle drei die Persistenzschnittstelle. Ein Problem aller Persistenzschnittstellen ist das Suchen: Es gibt zahlreiche (zu viele?) Abfragesprachen (z.B. SQL, OQL, JDOQL, EJBQL), die in unterschiedlichem Maß folgende Eigenschaften teilen: Sie sind unhandlich, liegen quer zur objektorientierten Programmierung und existieren trotz verabschiedeter Standards in zahlreichen Dialekten. Deswegen schlagen wir vor, sämtliche Datenbankabfragen in eigenen Subkomponenten der Kategorie R zusammenzufassen. In Abbildung 7–2 ist dies durch die dünnen schattierten Balken an der Unterseite des Anwendungskerns angedeutet. Die Persistenzkomponente selbst ist zum größten Teil 0-Software, aber ein gewisses Maß an T-Software ist unvermeidlich.

Der Anwendungskern exportiert Anwendungsschnittstellen, und zwar Anwendungsfälle und Abfragen. Das sind die Schnittstellen, gegen die man Batch- und Dialogprogramme schreibt. Der Anwendungskern wird also in der Weise gebaut, dass er in beiden Umgebungen verwendbar ist. Selbstverständlich kann und wird es in der Regel Anwendungsfälle geben, die nur im Stapelbetrieb oder nur im Dialog sinnvoll sind.

7.3 A-Architektur

Die *A-Architektur* ist die Architektur der Anwendung. Sie beschreibt die anwendungsspezifischen Bestandteile des Systems, deren Schnittstellen und Beziehungen. Unsere These lautet: Es ist ohne weiteres möglich, ohne Annahmen über die Technik und nur in Kenntnis der fachlichen Anforderungen die Anwendung in sinnvolle Komponenten zu zerlegen, und diese Komponenten ändern sich im Entwicklungsprozess nicht oder nur wenig.

Beispiel: Im eingangs erwähnten Reisebuchungssystem wurden die Komponenten *Katalogverwalter*, *Buchungsmaschine* und *Preisrechner* genannt. Diese Anwendungskomponenten (oder kurz *A-Komponenten*) zeichnen sich dadurch aus, dass man ohne jedes DV-Wissen über ihre Daten und Funktionen nachdenken kann, etwa so: Der Katalogverwalter *kennt* alle Reisen, alle Zielgebiete, alle Hotels und die Angebotszeiträume; die Buchungsmaschine *vergibt* die Buchungsnummern, sie *bestätigt* Buchungen und sie *nimmt* innerhalb definierter Fristen Buchungen *entgegen*.

Die A-Architektur entsteht in drei Schritten:

- *Übersicht*: Im ersten Schritt legt man die A-Komponenten fest und beschreibt, was sie leisten und welche Daten sie verwalten. Wichtigste Vorgaben sind die Anwendungsfälle, das Datenmodell und die Nachbarsysteme.
- *Außensicht*: Im zweiten Schritt definiert man die Schnittstellen der A-Komponenten auf der Ebene von Operationen. Dies geschieht idealerweise mit QSL oder in der Zielsprache (z.B. Java) ergänzt durch Freitext (wie im JRE).
- *Innensicht*: Schließlich überlegt man sich, wie man die A-Komponenten als Klassen implementiert. Dabei verlässt man sich darauf, dass die T-Komponenten die von den A-Komponenten importierten 0-Schnittstellen implementieren.

Die Vorstellung ist dabei, die A-Komponenten so zu bauen, als gäbe es keine Datenbank, keine Transaktionen und keine Performance-Probleme. Damit ist die A-Architektur die ohne Rücksicht auf die Technik zu Ende gedachte Spezifikation der Anwendung; im Grunde ist sie eine *lauffähige Spezifikation*. Das klingt revolutionär, ist aber im Grunde selbstverständlich:

Die String-Klasse von Java funktioniert in einer Spielanwendung genauso wie in einem Transaktionssystem mit 10.000 Benutzern. Sie kennt keine Parallelität und keine Transaktionen – das ist für jedermann selbstverständlich. Aber warum sollte eine Anwendungsklasse wie *Konto* in einem großen Transaktionssystem anders aussehen als in einer Spielanwendung für einen Benutzer? Dafür gibt es keinen Grund. Sie darf fachlich so kompliziert sein, wie es die Anwendung erfordert, aber sie darf über Parallelität und Transaktionen genauso wenig wissen wie die Klasse *String*.

Dieser schlichte Gedanke eröffnet nahe liegende Möglichkeiten für Test und Integration. Man schreibt zwei einfache Dummys: eine Dummy-T-Umgebung, die sich um die Persistenz kümmert und sonst kaum etwas leistet (siehe Kapitel 9 zum Thema Dummy-Persistenz), und eine Dummy-Anwendung, die vielleicht nur aus einem Dialog und einer Stapelverarbeitung besteht. Dann geht man folgendermaßen vor (siehe Abb. 7–3):

Zuerst testet man die A-Software in der Dummy-T-Umgebung. Dort findet man – ungestört von der Technik – die fachlichen Fehler. Im Übrigen macht es einfach Spaß, die Anwendung derart unbeschwert und frei von Restriktionen zu entwickeln – so spart man Zeit, Aufwand und erhöht die Qualität.

Anmerkung: Bei der Entwicklung von A-Software spüren wir nur einen geringen Bedarf nach Generatoren. Generatoren lohnen sich für stereotype Funktionen wie Anlegen/Ändern/Löschen, aber komplexe Anwendungsfälle schreibt man in Java, C# oder vergleichbaren Sprachen *von Hand* – da stören Generatoren nur.

Parallel zur Entwicklung der A-Komponenten entwickelt man die T-Umgebung. Zu deren Test braucht man eine Dummy-Anwendung, und so etwas sollte man unbedingt bauen. Mit Hilfe der Dummy-Anwendung testet man die T-Software ungestört von der realen Anwendung. Mit der Dummy-Anwendung fährt man Lasttests, misst die maximale Anzahl von Transaktionen, die maximale Anzahl von Benutzern und das Verhalten des Systems bei großem Datenvolumen.

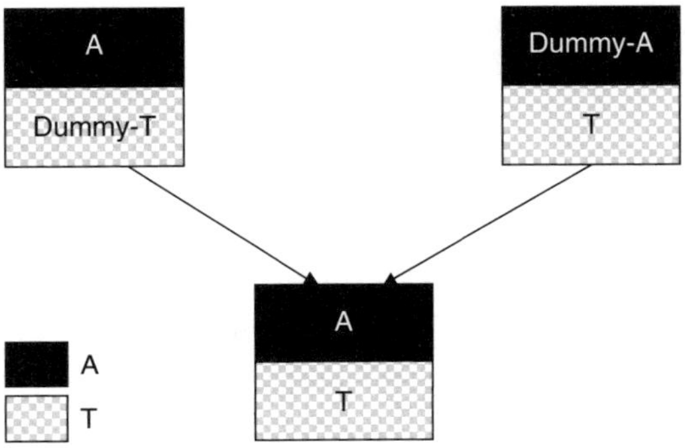

Abb. 7–3 *Entwicklungsprozess mit Dummys*

Jetzt ist die A-Software aus Sicht der Anwendung getestet und die T-Software aus Sicht der Technik. Das ist eine komfortable Grundlage für den entscheidenden Schritt: Zusammenbau der A-Software mit der echten T-Umgebung. Das wird nicht immer ohne Probleme funktionieren – vielleicht macht die A-Software mehr Annahmen über die Umgebung als die Dummy-Anwendung. Aber trotzdem ist dieses Vorgehen viel komfortabler und stressfreier als die herkömmliche Methode.

Dieser Vorschlag bedeutet eine wesentliche Änderung gegenüber den bekannten Vorgehensmodellen, die letztlich alle dazu führen, dass man in der Spezifikation die Anwendung nur grob skizziert und erst später in der Konstruktion zu Ende denkt, und zwar in den Begriffen der gewählten Technik.

Im Allgemeinen erstellt man die A-Architektur in mehreren Stufen. Jede dieser Stufen liefert als Ergebnis eine Menge von getesteten und integrierten A-Komponenten.

7.4 A und T: Zwei Welten

Oft wird gefragt: Wie kann man A und T trennen, wenn technische Begriffe wie *Transaktion*, *Dialogschritt* oder *Dialogzustand* für den Benutzer sichtbar sind? Hier die Antwort:

Man kann A und T nur trennen, wenn man A-Begriffe und T-Begriffe auseinander hält. Wir wollen das System um die Anwendung herum bauen; die Technik ist dabei eine willkommene Hilfe, aber nicht mehr. Die Trennung von A und T wird niemals vollkommen sein, aber wir können immer unterscheiden zwischen der Sicht des Benutzers und ihrer technischen Umsetzung. Als Beispiel dient uns der Begriff der Transaktion:

Jeder Benutzer eines DV-Systems hat einen naiven Transaktionsbegriff: Die meisten Systeme besitzen eine Bestätigungstaste; jedem Word-Benutzer ist klar, dass er gelegentlich speichern muss, um seine Eingaben zu sichern. *Transaktion* bedeutet aus Benutzersicht: Der Benutzer weiß, wie lange er seine Eingaben zurücknehmen kann, wann seine Änderungen endgültig werden, und wie die Synchronisation mit anderen Benutzern funktioniert (man denke an die Platzreservierung bei einem Check-in-System). Dieser naive Transaktionsbegriff hat wenig zu tun mit den Komplikationen, die uns EJB oder CICS auferlegen. Die Transaktionsbegriffe dieser Basissysteme sind dem Benutzer völlig egal, und wir wollen auch die A-Software davon freihalten. Wir sprechen von der *A-Transaktion*, wenn wir den naiven Transaktionsbegriff aus Anwendungssicht meinen; die technische Umsetzung nennen wir *T-Transaktion* (siehe dazu auch Kapitel 9).

Ein anderes Beispiel ist die Parallelität: Auch hier sollten wir Parallelität im Sinn der Anwendung strikt trennen von der technischen Parallelität. Wir illustrieren diesen Gedanken anhand einer Fahrstuhlsteuerung mit mehreren Schächten: Selbstverständlich bewegen sich Kabinen in verschiedenen Schächten gleichzeitig – aber das besagt nicht das Geringste über die Parallelität der Steuerungssoftware. Fahrstühle sind im Vergleich zum Rechner dermaßen langsam, dass die Steuerungssoftware ohne weiteres sequenziell arbeiten kann.

Wir brauchen also zwei Begriffsebenen: Die Ebene der A-Begriffe, die für den Anwender wichtig sind und mit deren Hilfe wir die Anwendung ohne Bezug auf die Technik gestalten, und die Ebene der T-Begriffe, wo die A-Begriffe auf DV-technische Normen und Produkte abgebildet werden. Diese Trennung ist vor allem auch eine Sache der intellektuellen Hygiene: Die Technik ändert sich rasch, und oft sind es keine sachlichen Gründe, sondern die Konkurrenzsituation am Markt, die uns immer wieder Neues beschert.

7.5 TI-Architektur

Wir erläutern den Begriff der Architektur der technischen Infrastruktur, kurz TI-Architektur, anhand von Abbildung 7–4. In diesem Beispiel werden folgende Elemente festgelegt:

- ein Anwendungsserver mit einer DB2-Datenbank und einem EJB-Server,
- ein über CORBA angesprochenes Nachbarsystem,
- ein Webserver mit Servlets und JSP, der über RMI auf den Anwendungsserver zugreift.

Der Zugang zum System erfolgt über einen nicht näher spezifizierten Browser; auf dem PC des Benutzers ist keine weitere Software erforderlich. Dies ist eine reale TI-Architektur in Grobform; viele Details wie etwa die folgenden fehlen noch: Welche Browser werden unterstützt? Welche Bandbreiten sind bei den verschiedenen Verbindungen vorausgesetzt? Welche Rechner sind für den Webserver und den Anwendungsserver vorgesehen? Welches Betriebssystem wird verwendet? Welche CORBA-Version ist vorgesehen? Welche Programmiersprachen werden eingesetzt?

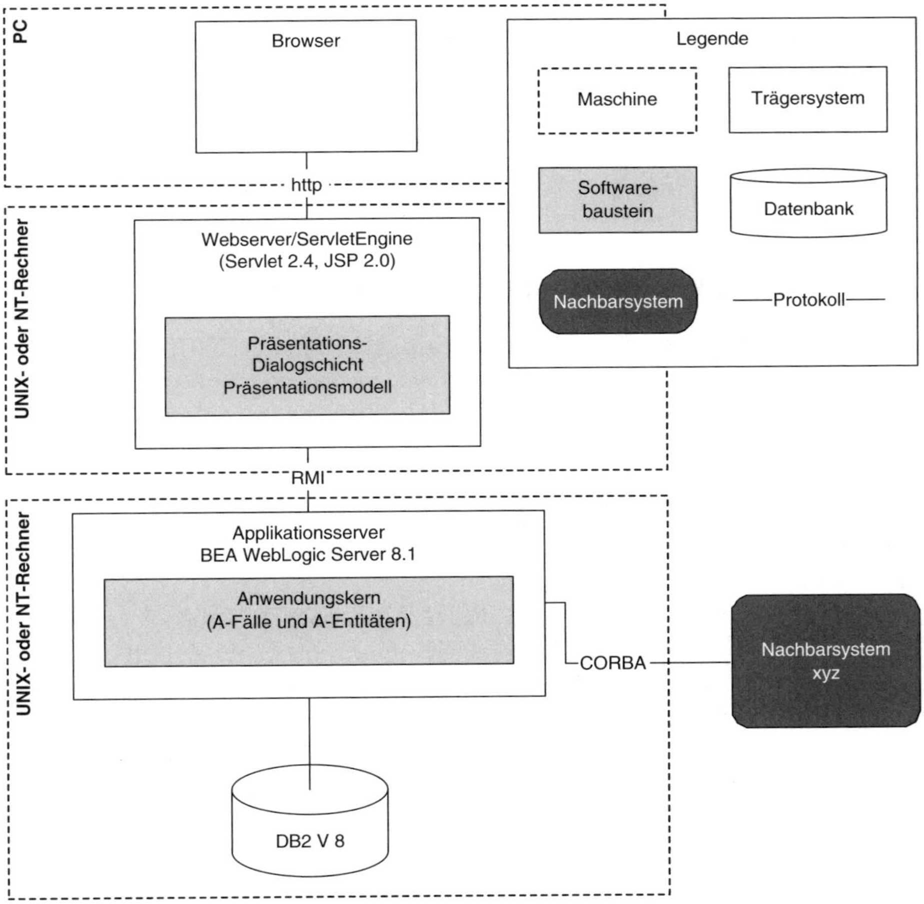

Abb. 7–4 *Beispiel für eine TI-Architektur*

Im Allgemeinen entsteht die TI-Architektur in mehreren Schritten:

- Man beginnt mit den Grundfragen: Browser-Oberfläche oder Fat Client? Client/Server-System oder Großrechner? Anwendungsserver ja oder nein?
- Dann beschreibt man Hardware und Systemsoftware, und zwar zunächst ohne konkrete Produkte und Produktversionen: Rechner, Verbindungen (auf der Ebene UNIX-Anwendungsserver, Mainframe, PC, LAN, WAN) und Sys-

temsoftware (EJB Application Server, Browser, CORBA, CICS). Schließlich präzisiert man – je nach Situation – Anzahl der Prozessoren, Cluster, Platten- und Speicherbedarf, Firewalls etc.
- Zum Schluss bestimmt man die technischen Komponenten bis hin zu Versionsnummer und Patch-Level.

Auch die Probleme des Betriebs werden im Rahmen der TI-Architektur angesprochen: Verfügbarkeit, Sicherungen, Versionswechsel, Verhalten beim Ausfall einer Komponente, Lastverteilung, Clusterfähigkeit u.a.m.

Bei der Gestaltung der TI-Architektur wird man diese Probleme so weit wie möglich durch geeignete Produkte lösen. Wenn kein geeignetes Produkt vorhanden ist, werden sie als Anforderung an die T-Architektur weitergereicht und dort erledigt. In jedem Fall wird verhindert, dass technische Probleme in die Anwendung durchschlagen.

7.6 T-Architektur und Standard-T-Architektur

Die *T-Architektur* ist das Bindeglied zwischen der A- und der TI-Architektur. Ziel ist es, die in der A-Architektur definierten A-Komponenten unverändert und mit minimalen Abhängigkeiten zur Technik in die T-Architektur zu integrieren. Die T-Architektur definiert den Umgang mit dem Betriebssystem, der Datenbank, dem TP-Monitor und ggf. weiteren systemnahen, technischen Komponenten. Sie stellt definierte, einfache Schnittstellen zur Verfügung, gegen die man die A-Komponenten implementiert. Letztlich beschreibt sie eine virtuelle Maschine, auf der die A-Komponenten laufen.

Die A-Architektur bestimmt die A-Komponenten, die T-Architektur bestimmt die T-Komponenten. Typische T-Komponenten sind Zugriffsschichten, GUI-Rahmen, Komponenten zur Fehlerbehandlung, Transaktionssteuerung und anderes mehr. T-Komponenten haben drei Aufgaben:

- Sie übernehmen diejenigen Funktionen, die vorhandene Produkte entweder nicht oder nur zu unvernünftigen Preisen leisten. Als Beispiel kann die automatische Lastverteilung bei mehreren parallelen Anwendungsservern dienen: Je nach Projekt gibt es gute Gründe sowohl für den Kauf als auch für den Eigenbau.
- Sie übersetzen Anwendungsbegriffe (z.B. A-Transaktion) in die Welt der Technik. Dies geschieht in der Weise, dass den A-Komponenten einfache Schnittstellen der Kategorie 0 zur Verfügung gestellt werden.
- Sie definieren, an welchen Stellen der Systemarchitektur die A-Komponenten einzusetzen sind (siehe Abb. 7–5).

Dabei ist entscheidend, dass die T-Architektur eine Reihe von technischen Komponenten zur Verfügung stellt, die über einfache, definierte Schnittstellen mit der

Anwendung und untereinander kommunizieren und deren Implementierung austauschbar ist. So kann man die Persistenzkomponente eines Systems wiederverwenden, ohne dass die Dialogkomponente gratis mitgeliefert wird.

Jedes System braucht seine eigene, maßgeschneiderte T-Architektur. Allerdings kann man sich dabei auf bekannte Konzepte und z.T. auch auf Code aus ähnlich gelagerten Projekten stützen. So ist es nicht erforderlich, dass in jedem Projekt eine eigene Datenbankzugriffsschicht oder ein eigenes Framework zur EJB-Nutzung entworfen und implementiert wird. Abbildung 7–5 zeigt die T-Architektur für einen Web-Client.

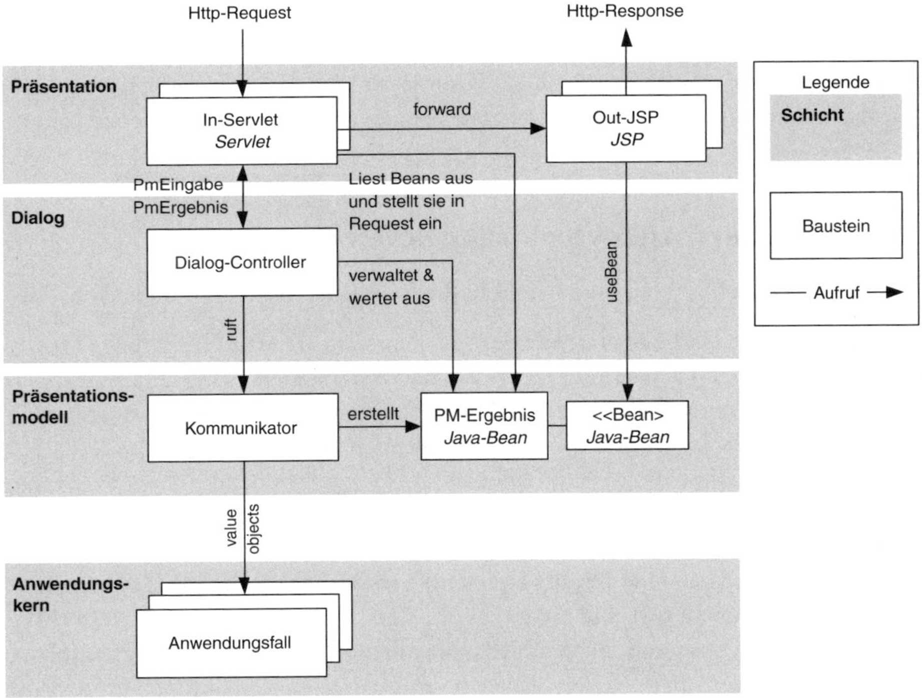

Abb. 7–5 *Beispiel für eine T-Architektur*

Die Trennung von T- und TI-Architektur ist etwas willkürlich: Je mehr Produkte zum Einsatz kommen, desto schmaler wird die T-Architektur. Aber: Selbst wenn man sämtliche technischen Funktionen durch gekaufte Produkte abdeckt, bleibt doch die Aufgabe der Trennung von A und T durch geeignete Schnittstellen.

Vorgabe für die T-Architektur sind die Standardarchitekturen für Transaktionen, Persistenz, GUI und Verteilung. Diese Dinge sind in (fast) jedem Projekt zu erledigen; andere, Themen (etwa Batch) kommen möglicherweise hinzu. Die T-Architektur entsteht in denselben Schritten wie die A-Architektur: Übersicht, Außensicht, Innensicht.

Manche sagen, die T-Architektur sei nichts anderes als ein *Framework* (oder auf Deutsch: *Rahmen*). Wir vermeiden den Begriff *Framework* bewusst, weil er erstens nur unklar definiert ist und zweitens genau das Gegenteil dessen suggeriert, was wir anstreben: Viele (nicht alle) Frameworks sind tatsächlich ein Software-*Rahmen*, der auseinander fällt, sobald man auch nur ein Element entfernt. Oft kommt hinzu, dass die Verantwortung des Framework-Erstellers und die des Benutzers schlecht getrennt sind. Deshalb lassen sich Frameworks vor allem dann hervorragend verwenden, wenn das Entwicklungsteam das Framework selbst gebaut hat. Frameworks im schlechten Sinne muten dem Anwendungsprogrammierer zu, dass er seine eigenen Klassen von den Framework-Klassen ableitet und so A und T in unzulässiger Weise vermischt.

Wir verfolgen eine andere Idee: Die T-Architektur ist kein Framework, sondern besteht aus einer Menge von T- Komponenten, die man weitgehend unabhängig voneinander benutzen kann und die über definierte Schnittstellen kommunizieren.

7.7 Rolle der Architektur im Entwicklungsprozess

Die Architektur eines Systems entsteht in drei parallelen Strängen (siehe Abb. 7–6):

- *Entwicklung der TI-Architektur* auf der Basis der nichtfunktionalen Anforderungen. Bei der TI-Architektur gibt es ganz unterschiedliche Freiheitsgrade: In vielen Projekten steht alles schon mehr oder weniger fest; nur die Rechnergrößen und die benötigten Bandbreiten sind noch zu definieren. In anderen Fällen ist noch alles offen – von einer in Cobol geschriebenen Hostanwendung bis hin zu einem reinen .NET-System. Eine nützliche Regel sei dem Leser ans Herz gelegt: Verwende ausschließlich solche Hardware- und Softwareprodukte, die sich in mehreren vergleichbaren Projekten bewährt haben, und überzeuge dich an Ort und Stelle davon, dass die ins Auge gefassten Produkte wirklich funktionieren. Es geschieht nur allzu oft, dass gerade junge Informatiker dem Reiz des Neuen erliegen und einer unerprobten, vermeintlich attraktiveren TI-Architektur den Vorzug geben.
- *Entwicklung der A-Architektur* auf der Basis der Spezifikation und einer eventuell vorhandenen Standard-A-Architektur. Maßgebliche Elemente der Spezifikation sind hier das Datenmodell, die Anwendungsfälle und die Nachbarsysteme (siehe hierzu Kapitel 4 in [Siedersleben 2002] sowie [Stutz et al. 2002] und [Scheffczyk et al. 2004]). Der Entwurf der A-Architektur ist meistens eine einfache Angelegenheit, die obendrein Spaß macht, weil man das System im Kopf zum Laufen bringt. Die Erfahrung zeigt, dass die A-Komponenten außerordentlich stabil bleiben, wenn man zu Beginn richtig nachgedacht hat. Und wie denkt man richtig nach? Indem man Szenarien durchspielt, angefangen beim schlichten Anlegen/Ändern/Löschen bis hin zu komplexen Abläufen.

- *Entwicklung der T-Architektur* auf der Basis der TI-Architektur und einer eventuell vorhandenen Standard-T-Architektur. Im Rahmen der T-Architektur definiert man alle benötigten T-Komponenten mit ihren Schnittstellen, und man legt fest, an welchen Stellen die A-Komponenten eingehängt werden. Viele T-Komponenten sind Kompositionsmanager im Sinne von Abschnitt 4.7: Sie verbinden A-Komponenten mit technischen Diensten wie Persistenz und übernehmen die Behandlung der Ausnahmen.

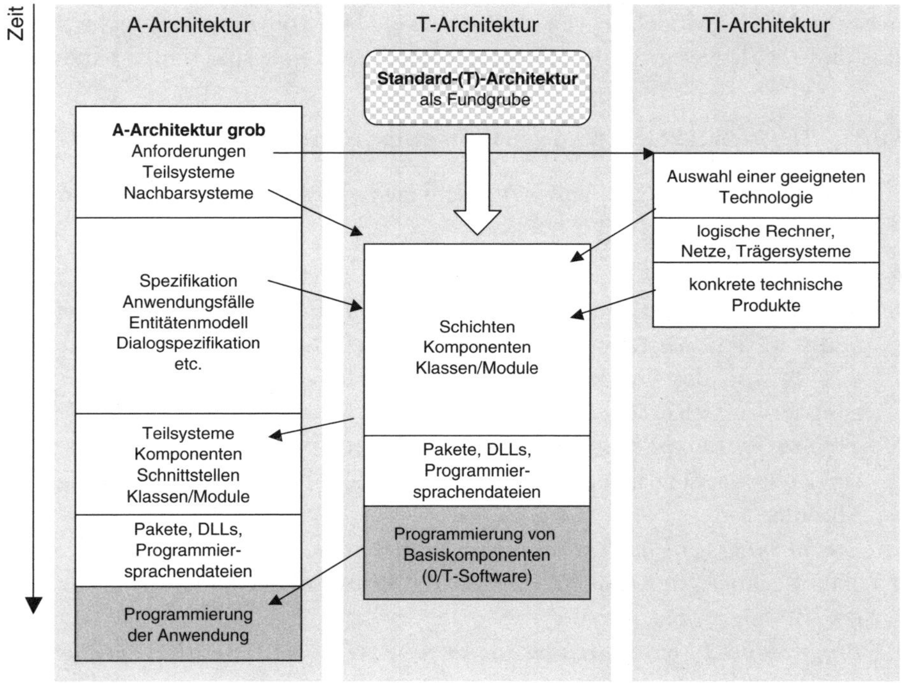

Abb. 7–6 *Architektur und Entstehungsprozess*

Dieser Ansatz hat drei Vorteile:

- Er entkoppelt den Entwicklungsprozess: Verschiedene Teams können parallel die verschiedenen Architekturen verbessern und implementieren. Die Anwendung kann zunächst gegen Dummy-Implementierungen der T-Komponenten laufen.
- Er erleichtert das Know-how-Management. Bei der Verwendung einer bestimmten Technik X stellt sich immer die Frage: Wie viele der – sagen wir – 50 Entwickler müssen in X ausgebildet werden? Die Trennung von A und T erleichtert auch die Zuordnung zu Teams, wobei die Teamgrenzen durchlässig gestaltet sein sollten.

- Er erleichtert Wiederverwendung, denn jede Komponente macht minimale Annahmen über die Umgebung, in der sie läuft. Sie ist eben nicht an eine bestimmte Technologie oder gar eine bestimmte Version gebunden.

7.8 Alternative Ansätze

Das dargestellte Vorgehen liegt quer zu anderen Ansätzen, von denen wir zwei herausgreifen: erstens die Architektursichten von Hofmeister, Nord, Soni und zweitens MDA (Model Driven Architecture). Das soll natürlich nicht heißen, dass diese beiden Wege schlecht oder gar falsch sind – sie sind schlicht anders.

7.8.1 Die Architektursichten von Hofmeister, Nord, Soni

In [Hofmeister et al. 2000] wird vorgeschlagen, die Architektur eines Systems in vier Schritten zu erstellen:

1. *Konzeptionelle Sicht (conceptual view)*: Das ist die Grobarchitektur des Systems, die grobe Festlegung von Komponenten, die man selbst entwickelt oder kauft. In [Hofmeister et al. 2000] wird unterschieden zwischen Komponenten, die von der Programmiersprache unabhängig sind, und deren Umsetzung in die Zielsprache, den Modulen.
2. *Modulsicht (module view)*: Das ist die Umsetzung der in Schritt (1) definierten Komponenten auf die Zielumgebung. Ergebnis dieses Schritts sind die Module.
3. *Ausführungssicht (execution view)*: In diesem Schritt legt man fest, auf welchen Rechnern, in welchen Threads und Prozessen die in Schritt (2) definierten Module laufen.
4. *Programmsicht (code architecture view)*: Das ist die Definition der Liefereinheiten (jar-Dateien, DLLs usw.).

Ausgangspunkt dieses Vorgehens ist die schrittweise Verfeinerung von der Anwendung hin zur Technik, vom Groben zum Feinen. Das ist der Unterschied zum Quasar-Vorgehen: Dort wird die A-Architektur nicht *verfeinert*, sondern *verbessert*:

Wer schon beim ersten Wurf an alles gedacht hat, braucht nichts mehr zu verbessern – ein seltener Glücksfall. Wenn die A-Architektur Fehler oder Lücken enthält (das ist die Regel), dann wird man diese im Projektverlauf verbessern bzw. füllen. Aber es gibt in unserem Modell keine Verfeinerung in Richtung Technik, sondern es existiert ein von vornherein gegebener Rahmen in Form der T-Umgebung, in der die A-Komponenten so laufen, wie sie sind – ohne weitere Verfeinerung. Insofern sind Ausführungssicht und Programmsicht Bestandteil unserer T-Architektur; konzeptionelle Sicht und Modulsicht gibt es bei uns zweimal: in der A- und in der T-Ausprägung. Die TI-Architektur ist Bestandteil aller vier Hofmeister-Sichten (siehe Abb. 7–7).

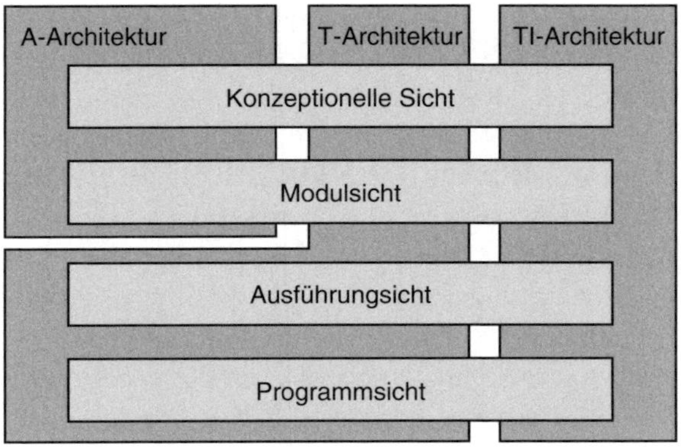

Abb. 7–7 *Hofmeister vs. Quasar*

7.8.2 MDA und MDC

MDA (*Model Driven Architecture*, siehe [MDA] und [Frankel 2003]) ist eine Initiative der OMG[2] mit dem Ziel, verschiedene Implementierungstechniken zu integrieren und den Übergang auf künftige Standards zu erleichtern. MDC steht für *Model Driven Components* und ist gewissermaßen MDA im Kleinen. Wir skizzieren zunächst MDA; auf MDC gehen wir weiter unten ein.

Das Grundprinzip von MDA ist wie bei Quasar die Trennung von Anwendung und Technik, allerdings auf einem ganz anderen Weg: Die Anwendung wird auf einer Abstraktionsebene oberhalb der Programmiersprache nicht programmiert, sondern *modelliert*. Man erstellt das System in drei Schritten:

1. Im ersten Schritt modelliert man die Anwendung unabhängig von der Technik; das Ergebnis ist PIM (*Platform Independent Model*). Dieses Modell bleibt während der ganzen Entwicklung führend; es wird in UML formuliert.
2. Aus PIM generiert man ein technikabhängiges Modell (PSM, *Platform Specific Model*); dabei legt man die Zielumgebung (Sprache, Verbindungssoftware etc). fest. Dieser Generatorschritt benötigt je nach Werkzeug zusätzliche Informationen, z.B. Eigenschaften von Session-Beans.
3. Der abschließende Generatorschritt transformiert PSM in die Zielsprache.

Das hört sich gut an, aber wir sehen zwei Grenzen für den Einsatz von MDA:

- Erstens sind UML-Sprachen zur Modellierung der Dynamik des Systems (xUML [Kennedy 2002], Executable UML [Mellor et al. 1999]) weder ausgereift noch standardisiert, und es ist nicht klar, ob sie jemals Erfolg haben werden, denn Modellierung mit xUML wird sich nur dann durchsetzen, wenn die

2. Object Management Group

xUML-Modellierung einfacher ist, schneller geht und mehr Spaß macht als die Programmierung in J2EE oder .NET. Aber davon ist xUML noch weit entfernt. Wir befürchten, dass eine Entwicklungsumgebung mit dem Funktionsumfang von J2EE oder .NET so ähnlich aussehen wird wie J2EE oder .NET – und dann würde sich MDA erübrigen. Heute verfügbare MDA-Generatoren beschränken sich im Wesentlichen auf die Statik des Systems, d.h. auf die Darstellung von Beziehungen gemäß dem Datenmodell sowie Funktionen zum Anlegen, Ändern, Löschen. Aber das konnten schon die CASE-Werkzeuge der 80er Jahre.
- Zweitens ist wegen dieser Unzulänglichkeiten der generierte Code unvollständig. Er enthält mehr oder wenige große Lücken, die durch manuelle Programmierung gefüllt werden – mit allen Problemen der Lückenprogrammierung, wie unklare Annahmen über den Kontext, unklare Schnittstellen, schwierige Fehlersuche und Probleme bei Neugenerierung.

MDA würde herkömmliche Programmierung erst dann überflüssig machen, wenn es gelänge, auch komplexe Anwendungen vollständig in xUML oder in einer vergleichbaren Sprache zu modellieren, und zwar so, dass das Generat genauso wenig interessiert wie der Bytecode, den der Java-Compiler erzeugt. Das bedeutet insbesondere, dass die Fehlersuche auf der Ebene von xUML stattfindet. Aber das wird nicht ohne weiteres möglich sein.

Deshalb glauben wir nicht an das System auf Knopfdruck – aber trotzdem leistet MDA gute Dienste bei der Generierung der stereotypen Teile einer Anwendung (500-mal Anlegen/Ändern/Löschen). Der Grundgedanke von MDA ist einfach und bestechend. Er besagt: Ersetze mühsam zu erstellende und unverständliche *Programme* durch einfach zu erstellende und leicht verständliche *Modelle*.

Das funktioniert mit Sicherheit im Kleinen – und wird auch oft angewandt, allerdings unter ganz anderen Namen: Die seit Jahrzehnten bekannte Entscheidungstabelle ist das Hello-World-Beispiel modellgesteuerter Architektur oder – etwas bescheidener – modellgesteuerter Komponenten – daher der Name *MDC*. Man kann Entscheidungstabellen von Hand programmieren, aber das ist ein mühsames und fehleranfälliges Unterfangen. Viel besser ist beraten, wer modellgesteuerte Komponenten baut. Dazu gehören immer zwei Elemente:

- Eine Modellierungssprache für die Darstellung des fachlichen Sachverhalts. Das ist in unserem Beispiel die Entscheidungstabelle in einer Form, die sowohl für den Menschen als auch für die Maschine gut lesbar ist. Dazu verwendet man heute in der Regel ein XML-Format in Verbindung mit einem geeigneten XML-Editor.
- Ein Modellinterpreter, der die in der Modellierungssprache formulierten Modelle (hier also Entscheidungstabellen) interpretiert.

Man programmiert dann Entscheidungstabellen nicht mehr von Hand, sondern hinterlegt sie als XML-Dateien an einer passenden Stelle. So reduziert man den Aufwand und die Codemenge und gewinnt an Qualität.

Modellinterpreter können oft als 0-Komponenten gestaltet werden, denn sie enthalten in der Regel keine Anwendungslogik (die steckt im Modell), und die Abhängigkeiten von der Technik versteckt man wie üblich hinter Schnittstellen.

Der MDA-Gedanke kann auch im Großen funktionieren: bei Systemen oder Subsystemen ohne komplexe fachliche Logik, die sich im Wesentlichen mit Anlegen/Ändern/Löschen befassen. Systeme dieser Art brauchen keinen Anwendungskern (siehe Abschnitt 8.1); man kann sie tatsächlich ganz oder zum größten Teil generieren. Entscheidend ist allerdings, dass generierte und manuell erstellte Software über definierte Schnittstellen kommunizieren.

MDA und Quasar verfolgen dasselbe Ziel: Die Trennung von Anwendung und Technik, um die immer komplexer werdenden Anwendungen beherrschbar zu machen, die sich ständig revolutionierende Technik von der Anwendung abzukoppeln und allgemein die Zuständigkeiten besser zu trennen. Die Nutzung von Modellen mit einem höheren Abstraktionsniveau als Code wird dabei in beiden Ansätzen gefördert.

7.9 Quasar-Konformität

Wie kann man prüfen, ob ein gegebenes System den Quasar-Kriterien entspricht? Die folgenden Fragen sollen dabei helfen:

- Wo ist die A-Architektur? Aus welchen A-Komponenten besteht das System? Wer benutzt wen bzw. welche Abhängigkeiten existieren?
- Wo ist die TI-Architektur?
- Wo ist die T-Architektur? Aus welchen T-Komponenten besteht das System? Wer benutzt wen bzw. welche Abhängigkeiten existieren?
- Wird zwischen Fehlern (normale Ergebnisse) und Ausnahmen (abnorme Ergebnisse) unterschieden?
- Für jede Komponente *C*:
  - Was tut *C* (maximal drei Sätze)?
  - Bei Modulen: Zu welcher Kategorie gehört *C*?
    Bei anderen Komponenten: Aus welchen Komponenten ist *C* zusammengesetzt?
  - Welche Schnittstellen exportiert *C*?
  - Welche Schnittstellen importiert *C*?
  - Welche Kategorien haben die Schnittstellen?
  - Wo werden Ausnahmen behandelt?
  - Welche Änderungen von *C* sind vorgesehen, welche nicht möglich?

8 Anwendungskomponenten und Anwendungskern

Der in Kapitel 3 eingeführte Komponentenbegriff ist allgemein: Er passt für Betriebssysteme genauso wie für die Steuerung eines Fahrstuhls oder eine Auftragsverwaltung. In diesem Kapitel befassen wir uns mit speziellen Komponenten: dem Kern betrieblicher Informationssysteme, dem *Anwendungskern*.

Der Anwendungskern ist das Destillat der Anwendung: GUI, Batch und Persistenz sind wegabstrahiert – es bleiben nur die fachlichen Funktionen, um derentwillen das System überhaupt gebaut wird. Die grafische Bedienoberfläche – das Einzige, was man von außen wirklich sieht – baut man um den Anwendungskern herum, nicht umgekehrt. Genauso wäre es ein Fehler, den Anwendungskern am Datenbankschema auszurichten – man baut den Anwendungskern gemäß der fachlichen Spezifikation ohne Rücksicht auf die Datenbank und verlässt sich darauf, dass eine intelligente Persistenzkomponente alle nötigen Datenbankoptimierungen ohne Konsequenzen für den Anwendungskern zulässt.

Der Anwendungskern ist wiederverwendbar, d.h., man kann seine Funktionen in verschiedenen Dialogen und auch in der Stapelverarbeitung verwenden. Deshalb gestaltet man den Anwendungskern defensiv und macht möglichst wenige Annahmen über seine Aufrufer. Das heißt im Einzelnen:

1. Der Anwendungskern prüft alle Eingaben; er verlässt sich nicht darauf, dass diese an der Bedienoberfläche schon einmal geprüft worden sind.
2. Der Anwendungskern ist offen für verschiedene Ausnahmebehandlungen, denn diese unterscheiden sich in Dialog und Batch.
3. Der Anwendungskern ist offen für verschiedene Transaktionsstrategien, denn auch diese können in Dialog und Batch verschieden sein.

Hier kommt oft der Einwand: In meinem System gibt es keinen Batch oder: Mein System wird nur über eine einzige Bedienoberfläche benutzt, und das wird die nächsten zehn Jahre so bleiben – wozu also der Aufwand? Die Antwort lautet: Selbst wenn das so ist, führen die Regeln (1), (2) und (3) zu einem System mit einer messbar besseren Architektur: leichter zu verstehen, besser zu warten und zu erweitern. Sie verursachen keinen Mehraufwand in der Realisierung; allerdings erfordern sie verschärftes Nachdenken beim Systementwurf. Regeln (2) und (3) sind völlig performanceneutral; Regel (1) kostet in der Tat ein paar Maschinenzyklen, aber die sind kaum einmal ausschlaggebend für die Gesamtperformance, und die dadurch erzielte Robustheit ist diesen Preis wert.

Manchmal kann man beobachten, dass der Anwendungskern diffundiert, d.h., man weiß nicht so recht, was man im Anwendungskern eigentlich programmieren soll. Dafür kann es zwei Gründe geben:

- Das System ist wirklich so einfach. Manche Systeme machen in der Tat nichts weiter, als Objekte unter Beachtung von ein paar Plausibilitäten zu erzeugen, zu ändern und zu löschen. In diesem Fall baut man einen leichtgewichtigen Anwendungskern, der ganz oder zum größten Teil aus R-Software besteht und sich daher gut generieren lässt. An dieser Stelle leisten MDA-Werkzeuge (z.B. [AndroMDA]) gute Dienste (siehe Abschnitt 7.8).
- Das System ist in Wirklichkeit komplex, aber diese Komplexität ist in die Bedienoberfläche gewandert. Das ist ein Hinweis auf einen schlechten Entwurf, und man ist gut beraten, die Verteilung der Aufgaben zwischen Bedienoberfläche und Anwendungskern noch einmal zu überdenken.

Der weitere Inhalt dieses Kapitels: Abschnitt 8.1 beschreibt den Aufbau des Anwendungskerns im Allgemeinen, Abschnitt 8.3 zeigt den Anwendungskern von *Robert*, einem System zur Verwaltung einer Stadtbücherei, und Abschnitt 8.5 erläutert den Unterschied zwischen Datentypen und Entitätstypen.

8.1 A-Komponenten und Anwendungskern

Der Anwendungskern besteht aus den *Anwendungskomponenten*, abgekürzt *A-Komponenten*. In Kapitel 7 wurde ausgeführt, dass die A-Komponenten unabhängig von der Technik sind. A-Komponenten sind normale Komponenten im Sinn von Kapitel 3. Somit unterliegen sie den üblichen Spielregeln:

- Sie importieren Schnittstellen, die andere Komponenten exportieren, und sie exportieren Schnittstellen, die andere Komponenten importieren.
- Sie lassen sich komponieren: Jede A-Komponente kann andere A-Komponenten enthalten (siehe Abschnitt 3.10).

Der Anwendungskern ist selbst wieder eine Komponente, die aus den A-Komponenten zusammengesetzt ist. A-Komponenten sind von der Kategorie A. Das bedeutet: Sie importieren Schnittstellen der Kategorien A oder 0, aber keine Schnittstellen der Kategorie T.

Jede A-Komponente verwaltet einen (möglicherweise kleinen) Ausschnitt des Datenmodells. Das Datenmodell des Gesamtsystems ist in disjunkte Bereiche aufgeteilt, und jede A-Komponente verwaltet einen dieser Bereiche. Dies nennt man das Prinzip der *Hoheit über die Daten*. A-Komponenten implementieren die folgenden Elemente:

- *Anwendungsfälle* im Sinn von UML: Anwendungsfälle sind Methoden einer A-Komponente, z.B. *Buch ausleihen*, *Buch zurückgeben*.
- *Anwendungsdatentypen* (kurz Datentyp): Der *Datentyp* beschreibt die Daten der Anwendung, wie z.B. die *Versicherungsart* einer Krankenversicherung oder die *ISBN* eines Buchtitels. Manchmal ist es wichtig, zwischen den Anwendungsdatentypen und den Standarddatentypen zu unterscheiden: Anwendungsdatentypen sind spezifisch für ein System oder wenigstens für eine Branche; Standarddatentypen (Beispiel `String`, `Map`, `List`) gibt es überall.
- *Anwendungs-Entitätstypen* (kurz Entitätstyp): Der *Entitätstyp* wird verwendet im Sinn der Entity-Relationship-(ER-)Modellierung: Jeder Entitätstyp hat einen fachlichen Schlüssel; man kann die zugehörigen Exemplare anlegen, ändern und löschen.

Diese Elemente erzwingen eine Struktur: Jeder Anwendungsfall, jeder Datentyp und jeder Entitätstyp gehört zu genau einer A-Komponente. Die Idee ist dabei der bruchlose Übergang von der Spezifikation zur Konstruktion: Die in der Spezifikation erfundenen und informell beschriebenen Anwendungsfälle, Datentypen und Entitätstypen werden in der Zielsprache ausformuliert und ggf. verbessert und ergänzt, bleiben aber so technikfrei, wie sie es in der Spezifikation waren.

Jede A-Komponente exportiert eine oder mehrere Schnittstellen mit Methoden aus Sicht der Anwendung, und zwar sind die in der Spezifikation ermittelten Anwendungsfälle genau die Kommandos (schreibende Methoden) einer A-Komponente; die Abfragen (lesende Methoden) stellen die Daten zur Verfügung, die man für die Ausgabe am Bildschirm oder auf Listen benötigt. Der Anwendungskern insgesamt stellt die Methoden seiner A-Komponenten (oder eine Teilmenge davon) nach außen zur Verfügung.

Bei der Gestaltung des Anwendungskerns sind zwei Punkte besonders wichtig:

- Jede Methode des Anwendungskerns ist so beschaffen, dass sie auch der DV-Laie versteht. Technische Dinge wie Synchronisation, Sperren, Cache-Aktualisierung haben dort nichts zu suchen.
- Die Kommandos des Anwendungskerns sind richtige Anwendungsfälle wie z.B. »Buch ausleihen«, »Geld abheben«, »Flug stornieren«. Trivial-Methoden der Form *Anlegen/Ändern/Löschen* sind nur als Ergänzung vorhanden. Der Anwendungskern enthält den Kern der Anwendung; er ist viel mehr als eine Datenbank.

8.2 Welche Schnittstellen importiert der Anwendungskern?

Der Anwendungskern läuft nicht im luftleeren Raum, sondern er importiert die folgenden Schnittstellen der Kategorie 0 bzw. A:

- Persistenz: Die Daten des Anwendungskerns sind persistent, und dazu braucht man eine Datenbank, die man über eine geeignete Persistenzkomponente anspricht. Diese implementiert drei Schnittstellen, und zwar für Transaktionen, Änderungen und Abfragen (siehe Kapitel 9).

- Schnittstellen wie Autorisierung (Anhang A), Regelverwalter und andere nützlichen Dinge.
- Schnittstellen von Nachbarsystemen: Dabei wird jedes Nachbarsystem mit Hilfe einer Schnittstelle der Kategorie A so abstrahiert, dass das eigene System nur im unvermeidlichen Umfang vom Nachbarsystem beeinflusst wird.

Abbildung 8–1 zeigt den Aufbau eines Anwendungskerns: Er besteht aus einer beliebigen Anzahl von A-Komponenten, die ein Kompositionsmanager zum Anwendungskern zusammenfügt.

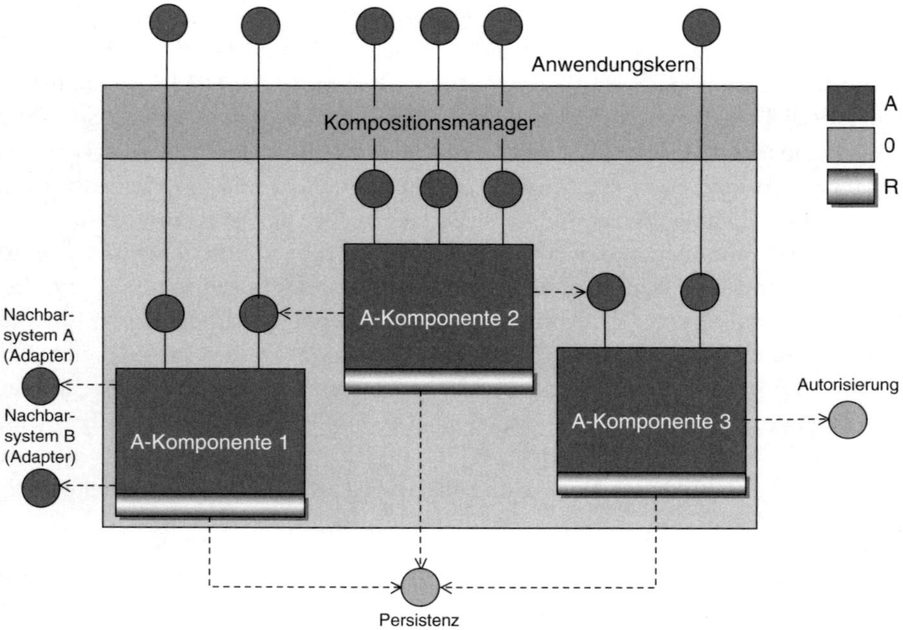

Abb. 8–1 *Aufbau des Anwendungskerns*

In Abbildung 8–1 wird eine der beiden Schnittstellen von A-Komponente 3 nur intern verwendet. Alle drei A-Komponenten verwenden dieselbe 0-Schnittstelle für Persistenz.

Der Kompositionsmanager des Anwendungskerns stellt den Kontext zur Verfügung, in dem der Anwendungskern läuft. Dabei übernimmt er verschiedene Aufgaben: Ausnahmebehandlung, Transaktionssteuerung, Konfiguration der Datenbankzugriffsschicht und anderes mehr. Der Kompositionsmanager kann für Batch bzw. Dialog parametriert sein, oder man schreibt zwei verschiedene Kompositionsmanager: einen für Dialog, einen für Batch.

8.3 *Robert*: Rosenheimer Stadtbücherei

Anwendungsprogrammierung kann man nur an Beispielen erklären; alles andere ist trocken und blutarm. Wir wählen *Robert*, ein System zur Verwaltung der Rosenheimer Stadtbücherei (*Ro* für Rosenheim, *b* für Bücherei und *ert* als Endung ohne Bedeutung). *Robert* ist so einfach, dass jeder verstehen kann, worum es geht, aber doch so reichhaltig, dass alle Konzepte dieses Kapitels zum Tragen kommen. *Robert* ist viel mehr als nur Anlegen/Ändern/Löschen.

Der Funktionsumfang ist rasch skizziert: *Robert* ist dazu da, um Bücher an Kunden zu verleihen. Es gibt fünf Funktionsgruppen:

- *Titelkatalog:* Wir unterscheiden zwischen Titel und Buch: Ein Buch kann man anfassen und mit nach Hause nehmen; der Titel ist ein Abstraktum. Jeder Titel ist durch eine ISBN eindeutig identifiziert. Das System besitzt einen Titelkatalog mit folgenden Funktionen: Datenübernahme aus externen Quellen (z.B. aus dem Titelkatalog des deutschen Buchhandels); Titel manuell anlegen; Titel streichen; Pflege von Sachgebiet und Beschlagwortung. Eine weitere wichtige Funktion ist die Literaturrecherche nach verschiedenen Kriterien.
- *Bestandsführung:* Kern jeder Bücherei ist ihr Buchbestand: Neue Bücher werden gekauft; sie erhalten eine Inventarnummer und einen Standort im Regal, beschädigte Bücher werden ausgemustert und ggf. nachgekauft.
- *Ausleihe:* Jeder Kunde kann Bücher ausleihen und er gibt sie wieder zurück. Bei der Rückgabe wird der Zustand des Buches vermerkt; der Kunde muss für eventuelle Beschädigungen oder den Verlust des Buches aufkommen. Zum Bereich *Ausleihe* zählen wir auch die Rechnungsstellung und das Mahnwesen: Der Kunde bekommt in jedem Fall eine Rechnung mit den Leihgebühren der entliehenen Bücher; wenn er die Bücher nicht zurückgibt, wird er gemahnt, und wenn er das Buch beschädigt oder verliert, wird ein Schaden gemeldet.
- *Kundenverwaltung: Robert* kennt seine Kunden mit den üblichen Attributen; Kunden, die ihre Bücher regelmäßig zu spät oder beschädigt zurückgeben, kommen auf eine schwarze Liste.
- *Gebühren:* Es gibt die Gebühr für die normale Ausleihe und nach Mahnstufen gestaffelte Mahngebühren. Diese ändern sich von Zeit zu Zeit. Zur Rekonstruktion alter Rechnungen ist der Zugriff auf die Gebühren der Vergangenheit erforderlich.

Diese fünf Funktionsgruppen sind bereits die A-Komponenten des Büchereisystems (siehe Abb. 8–2). Die Abhängigkeiten der A-Komponenten sind naturgegeben: Der *Titelkatalog* hat mit dem Rest von *Robert* nichts zu tun – er weiß nichts von Kunden, vom Bestand oder Ausleihen. Dasselbe gilt sinngemäß für die A-Komponenten *Kunden* und die *Gebühren*; auch sie sind unabhängig vom Rest von *Robert*. Die *Bestandsführung* kennt die Titel: Jedes Buch weiß, welcher Titel es ist. Die *Ausleihe* hängt wie die Spinne im Netz: Sie kennt den Kunden, der das Buch ausleiht, das ausgeliehene Buch und die fälligen Gebühren.

Diese Abhängigkeiten sind in hohem Grad verbindlich: Eine Importbeziehung von Komponente *K* zu Komponente *H* ist nur gestattet, wenn *K* von *H* abhängt. In unserem Beispiel darf die *Ausleihe* Klassen und Schnittstellen der *Kunden*, der *Bestandsführung* und der *Gebühren* importieren, während den *Gebühren* der Import von Schnittstellen anderer A-Komponenten verboten ist.

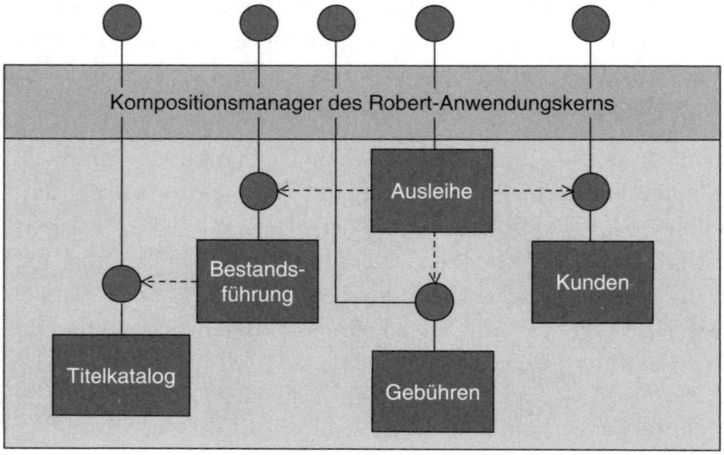

Abb. 8–2 *A-Architektur von* Robert

Die Aufteilung in A-Komponenten fällt meistens leicht. Eine große Hilfe ist erstens die Analyse der Abhängigkeiten (wie eben durchgeführt) und zweitens die Arbeit in parallelen Arbeitsgruppen mit anschließendem Vergleich der Ergebnisse.

Die Schnittstellen der A-Komponenten sind hier nur angedeutet; wir präzisieren im nächsten Abschnitt die Komponenten *Gebühren* und *Ausleihe*. Abbildung 8–3 zeigt das Datenmodell von *Robert*. Jede Ausleihe bezieht sich auf genau ein Buch: Wenn ein Kunde also drei Bücher auf einmal mitnimmt, dann entstehen drei Ausleihen. Wir nennen eine Ausleihe *offen*, wenn das Buch noch nicht zurückgegeben ist.

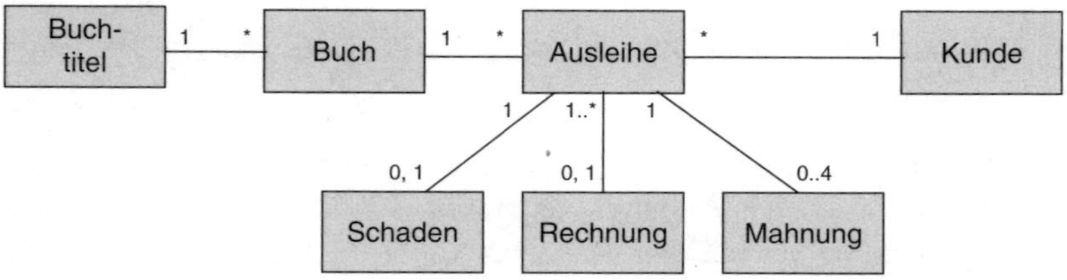

Abb. 8–3 *Datenmodell von Robert*

Dieses Datenmodell enthält längst nicht alle Details der Wirklichkeit, aber es genügt für unsere Zwecke.

8.4 Außensicht von A-Komponenten: Gebühren und Ausleihe

Wir betrachten zunächst die *Gebühren* als besonders einfaches Beispiel und dann die *Ausleihe* als etwas anspruchsvollere Komponente.

8.4.1 Gebühren

Als realitätsnahe Komplikation berücksichtigen wir die in der Funktionsbeschreibung geforderte Historie: Die Gebührenkomponente kennt nicht nur die derzeit gültigen Gebühren, sondern alle, die jemals gültig waren. Sie hat zwei Schnittstellen: `GebuehrenAbfrage` enthält verschiedene `get`-Methoden zur Abfrage der heute bzw. früher gültigen Gebühren; `GebuehrenPflege` enthält für jede Gebührenart eine `set`-Methode, mit der man die Gebühr ab Stichtag neu festlegt. Wir unterstellen, dass die Datentypen `Geld` und `Datum` vorhanden sind.

Das Thema *Historie* gilt als kompliziert, und in der Tat ist es nicht leicht, Datenbankschema und Zugriffsschicht so zu entwerfen, dass die Historie sicher und vor allem performant funktioniert – so ist das leider. Aber auf Anwendungsebene ist alles ganz einfach: Die `get`- und `set`-Methoden bekommen einen zusätzlichen Parameter für das gewünschte Gültigkeitsdatum, und mehr ist aus Sicht der Anwendung für die Historie nicht zu tun!

Die folgende QSL-Darstellung enthält nur die Methoden für die Leihgebühr; die Methoden für Mahn- und andere Gebühren folgen demselben Schema.

```
interface GebuehrenAbfrage

  uses Datum, Geld

  variables Datum heute       // das Datum beim Aufruf
            Datum tag
            int i
            DatumGeld dg      // DatumGeld ist ein Struktur-Typ mit den
                              // Feldern 'datum' und 'geld'

  basicQueries

     Geld getLeihgebuehr(const Datum tag)
     // liefert die am Tag 'tag' gueltige Leihgebuehr
     // oder null, falls fuer 'tag' noch keine Gebuehr galt

  derivedQueries

     Geld getLeihgebuehr()
     // liefert die heute gueltige Leihgebuehr.
     post   result.equals(getLeihgebuehr(heute))

     pre    von < bis
     List<DatumGeld> getLeihgebuehren(const Datum von,
                                      const Datum bis)
     // liefert in chronologischer Reihenfolge alle im Intervall
     // [von, bis[ gueltigen Leihgebuehren jeweils mit dem Startdatum
     // des Gueltigkeitszeitraums.
```

```
        post    forall dg in result :
                getLeihgebuehr(dg.datum).equals(dg.geld) and
                dg.datum >= von and dg.datum < bis
        post    forall i : i <= 0 < result.size() - 1 :
                result.get(i).datum < result.get(i + 1).datum

interface GebuehrenPflege extends GebuehrenAbfrage

    uses Datum, Geld

    variables Datum heute      // das Datum beim Aufruf
              Datum tag1, tag2;

    commands

        pre     heute <= ab
        void setLeihgebuehr(const Datum ab, const Geld neueGebuehr)
        // setzt die Leihgebuehr auf 'neueGebuehr' ab Datum 'ab'.
        post    (tag1 >= ab) => getLeihgebuehr(tag1).equals(neueGebuehr)

    invariants

    (tag1 < tag2 and getLeihgebuehr(tag1) != null)
        => getLeihgebuehr(tag2) != null

    testcases

        setAndGet
                Datum morgen;
                Geld einEuro, zweiEuro, dreiEuro;

                pre     heute < morgen
                pre     getLeihgebuehr(morgen) == null
                getLeihgebuehr(heute)           -> null
                setLeihgebuehr(heute, einEuro)
                getLeihgebuehr(heute)           -> einEuro
                getLeihgebuehr(morgen)          -> einEuro
                setLeihgebuehr(morgen, zweiEuro)
                getLeihgebuehr(heute)           -> einEuro
                getLeihgebuehr(morgen)          -> zweiEuro
                setLeihgebuehr(heute, dreiEuro)
                getLeihgebuehr(heute)           -> dreiEuro
                getLeihgebuehr(morgen)          -> dreiEuro
```

Die Gebührenkomponente verwaltet nur einen kleinen Ausschnitt des Datenmodells – es sind gerade ein paar Konstanten. Aber trotz ihrer Schlichtheit erledigt diese Schnittstelle im Rahmen der Gebühren das gesamte Thema *Historie*.

8.4.2 Ausleihe

Die Ausleihkomponente verwaltet vier Entitätstypen: die *Ausleihe* selbst, *Mahnung*, *Rechnung* und *Schaden*. Ihre Schnittstelle enthält die Anwendungsfälle von *Robert*, vor allem zur Ausgabe und Rückgabe von Büchern, und alle wichtigen Abfragen, z.B.: Wer hat Buch *x* ausgeliehen, wie oft wurde Buch *x* im letzten Jahr ausgeliehen u.a.m.

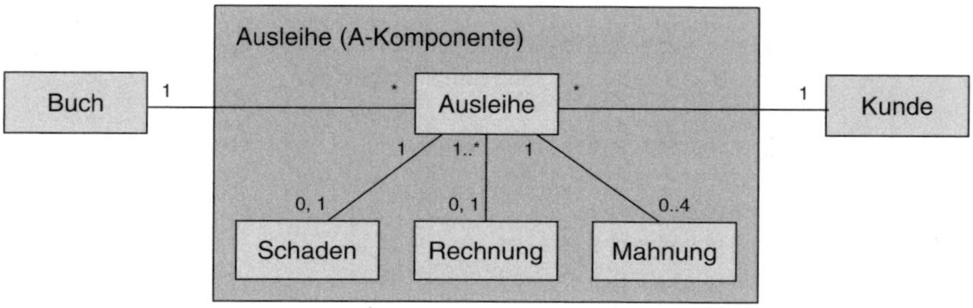

Abb. 8–4 *Datenmodell der Ausleihkomponente*

Die Schnittstelle der Ausleihkomponente nennen wir `Ausleihverwalter`. Hier ist sie in QSL-Notation:

```
interface Ausleihverwalter

  uses Ausleihe, Schaden, Kunden.Kunde, Bestandsfuehrung.Buch, Datum, Geld

  variables Datum heute;         // das Datum beim Aufruf
            Datum tag1, tag2;
            Kunde k; Buch b; Ausleihe a;

  basicQueries

    Ausleihe sucheAusleihe(const Buch buch)
    // liefert die einzige offene Ausleihe fuer 'buch' oder null,
    // falls 'buch' nicht ausgeliehen ist.
    post   result == null or
           (result.getBuch().equals(buch) and result.offen())

    List<Ausleihe> sucheOffeneAusleihen(const Kunde entleiher)
    // liefert alle offenen Ausleihen fuer 'entleiher'.
    post   a in result <=>
           a.getEntleiher().equals(entleiher) and a.offen()

    pre    von < bis
    List<Ausleihe> sucheAusleihen(const Datum von, const Datum bis)
    // liefert alle Ausleihen im Intervall [von, bis[.
    post   a in result <=>
           a.getAusleihdatum() < bis and
           (a.getRueckgabedatum() == null or
           a.getRueckgabedatum() >= von)

  derivedQueries

    pre    von < bis
    List<Ausleihe> sucheAusleihen(const Buch buch,
                                  const Datum von,
                                  const Datum bis)
    // liefert alle Ausleihen fuer 'buch' im Intervall [von, bis[.
    post   a in result <=>
           a in sucheAusleihen(von, bis) and
           a.getBuch().equals(buch)
```

```
    pre   von < bis
    List<Ausleihe> sucheAusleihen(const Kunde entleiher,
                                  const Datum von,
                                  const Datum bis)
    // liefert alle Ausleihen fuer 'entleiher' im Intervall
    // [von, bis[.
    post  a in result <=>
          a in sucheAusleihen(von, bis) and
          a.getEntleiher().equals(entleiher)

commands

    pre   entleiher not in Kunde.schwarzeSchafe()
    pre   a.getBuch() in buecher => not a.offen()
    List<Ausleihe> leiheBuecher(const Kunde entleiher,
                                const List<Buch> buecher)
    // legt fuer jedes Element von 'buecher' eine neue Ausleihe an.
    post  result.size() == buecher.size()
    post  forall b in buecher : exists a in result:
          sucheAusleihe(b).equals(a)
    post  a in result <=>
          (a not in 'sucheOffeneAusleihen(entleiher) and
          a in sucheOffeneAusleihen(entleiher))
    post  forall a in result : tag1 <= heute < tag2 =>
          a in sucheAusleihen(tag1, tag2)
    post  forall a in result :
          a.getMahnungen().isEmpty() and
          a.getSchaden() == null

    pre   a.getBuch() in buecher => a.offen()
    void gebeBuecherZurueck(const List<Buch> buecher)
    // schließt fuer jedes Element von 'buecher' die zugehoerige
    // offene Ausleihe.
    post  forall b in buecher :
          sucheAusleihe(b) == null and
          not exists a : (a.getBuch().equals(b) and
                          a in sucheOffeneAusleihen(k))
    post  a.getBuch() in buecher =>
          a.getRueckgabedatum().equals(heute)

    List<Ausleihe> mahneRueckgabe(const Kunde entleiher)
    // prueft fuer jedes von 'entleiher' ausgeliehene Buch, ob und wie
    // lange die Leihfrist ueberschritten wurde, erzeugt ggf. neue
    // Mahnungen und liefert die betroffenen Ausleihen als Resultat.
    post  a in result <=>
          (a.offen() and
          a.getEntleiher().equals(entleiher) and
          a.getMahnungen().size()
             == 'a.getMahnungen().size() + 1)
    error zuOftGemahnt
          // fuer eine oder mehrere der offenen Ausleihen von
          // 'entleiher' war bereits die maximal zulaessige
          // Mahnungsanzahl erreicht.
```

```
    pre     sucheAusleihe(buch) != null
    pre     sucheAusleihe(buch).getEntleiher().equals(entleiher)
    Schaden meldeSchaden(const Kunde entleiher,
                         const Buch buch,
                         int zustand,
                         const Geld schaden,
                         const String kommentar)
    // erzeugt oder aktualisiert einen Schadenseintrag fuer eine
    // offene Ausleihe.
    post    sucheAusleihe(buch).getSchaden.equals(result)
    post    result.getZustand() == zustand
    post    result.getBetrag().equals(schaden)
    post    result.getKommentar().equals(kommentar)

invariants

    forall a in sucheAusleihen(b, von, bis) :
            a in sucheAusleihen(a.getEntleiher(), von, bis)

    forall a in sucheAusleihen(k, von, bis) :
            a in sucheAusleihen(a.getBuch(), von, bis)

    a.offen() <=> sucheAusleihe(a.buch) != null

testcases

    ausleiheUndRueckgabe
        Datum gestern, morgen;
        Ausleihe a1, a2;
        Buch b1, b2;
        List aList, bList;
        Kunde kunde;

        pre     gestern < heute < morgen
        pre     not a.offen()
        pre     sucheAusleihen(kunde, gestern, morgen).isEmpty()
        pre     aList.isEmpty()
        pre     bList.isEmpty()

        bList.add(b1)
        bList.add(b2)
        aList = leiheBuecher(kunde, bList)
        sucheOffeneAusleihen(kunde).equals(aList)  -> true
        a1 = aList.get(0)
        a2 = aList.get(1)
        sucheAusleihe(b1).equals(a1)               -> true
        sucheAusleihe(b2).equals(a2)               -> true
        bList.clear()
        bList.add(b1)
        gebeBuecherZurueck(kunde, bList)
        sucheAusleihe(b1)                          -> null
        a1.getRueckgabedatum()                     -> heute

        post    a2.offen()
        post    sucheAusleihen(kunde, gestern, morgen).size() == 2
```

Dieser Testfall zeigt, dass man mit der Schnittstelle `Ausleihverwalter` gut arbeiten kann. Sie verwendet zwei Schnittstellen derselben A-Komponente (*Ausleihe* und *Schaden*) und zwei Schnittstellen anderer Komponenten: `Bestandsfuehrung.Buch` und `Kunden.Kunde`. Die Schnittstellen `Ausleihe` und `Schaden` überlassen wir dem Leser als Übungsaufgabe.

8.5 Entitätstypen und Datentypen

Wir unterscheiden Objekte mit eigener Identität wie *Buch*, *Buchtitel* auf der einen Seite und solche ohne eigene Identität wie *Datum*, *Geld* und Aufzählungstypen wie z.B. die *Mahnstufe*. Erstere sind genau die Entitätstypen der Datenmodellierung: Man kann sie zählen, anlegen, ändern und löschen und man wird sie in der Regel in einer eigenen Tabelle speichern. Anders beim *Datum*: Ein neues *Datum* anzulegen wäre genauso sinnlos wie das Anlegen der natürlichen Zahl *Sieben*, denn die gibt es schon. Eine Tabelle aller möglichen Datumswerte wäre genauso abwegig wie eine Tabelle aller möglichen `Integer`-Werte.

Entitätstypen sind die Pfeiler, an denen eine Anwendung hochgezogen wird: das *Buch*, der *Buchtitel*, die *Ausleihe* (siehe [Siedersleben 2002], S. 137 ff.). Sie entstehen in der fachlichen Spezifikation. Sie werden beschrieben durch *Attribute* und zu jedem Attribut gehört ein *Datentyp*. Beispiel: Der *Kunde* hat eine *Rechnungsadresse*, eine *Lieferadresse* und ein *Freitext*-Feld: Die beiden Adressen sind vom Typ *Adresse* und das Freitext-Feld vom Typ *String*. Der Entitätstyp ist ein abstrakter Begriff (wie die Klasse); konkret sind die Exemplare (der Kunde 4711).

Entitätstypen haben einen Lebenszyklus, der durch ein Zustandsmodell beschrieben wird. *Assoziationen* und *Aggregationen* können Entitätstypen verknüpfen. Entitätstypen sind in der Regel persistent; sie können in einer oder mehreren Datenbanken, Nachbarsystemen oder auch in flachen Dateien gespeichert sein.

Datentypobjekte sind für sich alleine ohne Interesse: Die Angabe eines Datums ist nur interessant in Verbindung mit einem Ereignis, das an diesem Tag stattfand oder stattfinden wird, genauso wie die Angabe eines Betrages (59.600,– €) erst interessant wird, wenn er eine bestimmte Bedeutung erhält, z.B. das Jahresgehalt des Kollegen Maier.

Entitätstypen haben einen Schlüssel; zwei Entitäten sind gleich, wenn sie denselben Schlüssel besitzen. Datentypen haben keinen Schlüssel, Gleichheit bedeutet hier feldweise Übereinstimmung. Datentypen können aus anderen Datentypen zusammengesetzt sein, aber niemals enthalten sie Referenzen auf Entitäten. Wir nennen als Beispiel vier wichtige Gruppen von Datentypen:

- *Klassiker: String*, *Datum*, *Euro* und *Intervall* kommen wohl in jedem Informationssystem vor.
- *Minigrammatiken* sind Zeichenketten, die speziellen Regeln, eben einer meist sehr einfachen Grammatik, genügen: Pfadnamen, URLs, Prüfziffertypen oder die Flugfrequenz aus dem Lufthansa-Flugplan (z.B. *xe6* oder *135*).

- *Aufzählungstypen:* Neben dem in der Praxis weniger wichtigen Aufzählungstyp *Farbe* gibt es das *Rating* (AAA, AAB usw.), den *Versicherungstarif*, den *Flughafencode* und viele andere. Fünfzig und mehr Aufzählungstypen sind in realen Projekten keine Seltenheit.
- *Zusammengesetzte Datentypen* wie *Adresse* oder *Bankverbindung*.

Die genannten Beispiele sind Datentypen aus Sicht der Anwendung. In Analogie zu den Softwarekategorien nennen wir sie *A-Datentypen*. Als *0-Datentypen* bezeichnen wir alle Datentypen, die überall zur Verfügung stehen und keine Abhängigkeiten erzeugen, also z.B. Datentypen aus `java.lang` und `java.util` (`String`, `List`, `Map` usw.). Allgegenwärtige Datentypen wie `Geld`, `Datum` und `Intervall` wird man ebenfalls zu den 0-Datentypen zählen – aber die Entscheidung über 0 oder A liegt immer beim Projekt selbst: Wenn ein Projekt aus welchen Gründen auch immer auf Java 1.1 festgelegt ist, dann sind die Behälter-Klassen aus Java 1.2 tabu.

T-Datentypen sind erwartungsgemäß solche, die sich auf eine spezielle Technik beziehen, so z.B. die Datentypen in `java.sql` (`ResultSet`, `Row`, `Column`).

Datentypen genügen immer einem spezifizierten Format, wobei es verschiedene externe Darstellungen (z.B. auf der Benutzeroberfläche, in der Datenbank) geben kann. Formate können durch eine Aufzählung (Beispiel Land), eine Intervallangabe (Beispiel Prozentsatz) oder eine strukturierte Formatangabe (Beispiel Adresse, bestehend aus Straße, Hausnummer, Postleitzahl, ...) festgelegt sein.

Die Unterscheidung von Datentypen und Entitätstypen ist fast immer offensichtlich, aber es gibt einen bekannten Grenzfall: In fast jedem System ist die *Adresse* ein Datentyp, kein Entitätstyp: Die Adresse »Carl-Wery-Str. 42, D 81739 München« interessiert als solche überhaupt nicht, sondern erst als Adresse einer bestimmten Person oder Firma, in diesem Fall ist das die sd&m AG in München. Aber es gibt Systeme, deren Daseinszweck gerade in der Verwaltung und Prüfung aller Adressen einer bestimmten Region besteht (z.B. [Uniserv]): Neubau, Umbenennung oder Auflassung einer Straße sind gerade die Anwendungsfälle des Systems, und deswegen ist die Adresse dort ein Entitätstyp.

Wie so oft in der Informatik sind die verwendeten Begriffe nicht allgemein akzeptiert. [Fowler 2003] spricht von *value objects* und *reference objects*; in JDO (siehe [Roos 2003]) ist die Rede von Objekten erster und zweiter Klasse (FCOs und SCOs). Value Objects, SCOs und Datentypen bedeuten dasselbe, allerdings fehlt bei Fowler und bei JDO der Begriff für den *Typ* im Unterschied zum einzelnen *Objekt*. Tabelle 8–1 stellt die alternativen Begriffe dar.

Fowler	value object	reference object
JDO	SCO (second class object)	FCO (first class object)
Quasar	Datentypobjekt, Datentyp	Entität, Entitätstyp

Tab. 8–1 *Alternative Begriffe für Datentyp und Entitätstyp*

Entitätstypen implementiert man mit Hilfe von *Entitätsklassen* etwa folgendermaßen:

```
public class Ausleihe {

   private AusleihId   key;

   private Datum       ausleihdatum;
   private Datum       rueckgabedatum;

   private BuchRW      buch;             // Entitaetsschnittstelle
   private KundeRO     entleiher;        // dto.

   private Rechnung    rechnung;         // in derselben Komponente
   private List        mahnungen;        // dto.
   private Schaden     schaden;          // dto.

   Ausleihe(Key key, Datum ausleihdatum, Buch buch, Kunde entleiher) {
      ..
   }

   // weitere Methoden
}
```

Assoziierte Entitätstypen derselben Komponente referenziert man wie im Beispiel direkt; Entitätstypen anderer Komponenten nur über *Entitätsschnittstellen* oder über Fremdschlüssel (siehe auch Abschnitt 8.7.2). So wird die Verbindung zu den assoziierten Entitätstypen `Buch` und `Kunde` hier über Entitätsschnittstellen hergestellt. Das sind von Entitätsklassen implementierte Schnittstellen, die eine sinnvolle Teilmenge der vorhandenen Methoden anbieten, z.B. nur die Abfragen. Beispiel:

```
public interface AusleiheRO {          // RO wie read only

   public Id getId();

   public Datum     getAusleihdatum();
   public Datum     getRueckgabedatum();

   public BuchRO    getBuch();
   public KundeRO   getEntleiher();

   public Rechnung  getRechnung();
   public List      getMahnungen();
   public Schaden   getSchaden();
}
```

Es gibt viele gute Gründe, Entitätsklassen an der Schnittstelle von Komponenten zu verbieten. Hier die zwei wichtigsten:

- Die meisten Entitätsklassen implementieren aus technischen Gründen flächendeckende `get`- und `set`-Methoden (etwa für die Verwendung mit Reflektion oder für die Benutzung durch die Persistenzkomponente). Aber der normale Aufrufer kann vor allem mit den set-Methoden viel Unheil anrichten.

- Es gibt verschiedene Mechanismen, um Entitätsklassen mit einer Persistenzkomponente zu verbinden. Wer Entitätsklassen nach außen gibt, schafft eine Abhängigkeit vom gewählten Mechanismus. Das sollte man vermeiden.

Zu jeder Entitätsklasse kann man eine *Transportklasse* definieren. Diese enthält alle Attribute der Entitätsklasse; alle Referenzen werden in Fremdschlüssel umgewandelt. Beispiel:

```
public class AusleiheRecord {

   public AusleihId     id;

   public Datum         ausleihdatum;
   public Datum         rueckgabedatum;

   public BuchId        buchId;
   public KundeId       entleiherId;

   public RechnungId    rechnungId;
   public List          mahnungenIds;
   public SchadenId     schadenId;
}
```

Klassen dieser Art eignen sich – wie der Name suggeriert – hervorragend zum Transport von Objekten über Rechnergrenzen: Entitätsobjekte werden vor dem Versand in ein Transportobjekt transformiert und nach der Ankunft wieder ausgepackt. Die Transformation in ein Transportobjekt und wieder zurück geschieht am besten mit dem in Abschnitt 4.5 beschriebenen Verfahren.

8.6 Implementierung von Datentypen

Datentypen kann man in Java unabhängig von der Kategorie auf zwei Arten implementieren:

1. Jedes Datentypobjekt ist ein Objekt einer Datentypklasse; diese enthält die Java-interne Darstellung des Datentyps. Das ist der gängige Weg; er folgt dem Beispiel vieler Java-Klassen (z.B. `String`, `Integer`, `BigInteger`).
2. Jedes Datentypobjekt wird als elementarer Datentyp oder als Standardklasse abgelegt; alle Funktionen zur Prüfung und Umformung sind in eine oder mehrere Klassen ausgelagert (oft als statische Methoden). Dieser Weg wird immer dann beschritten, wenn die Variante (1) zu Problemen führt (siehe Abschnitt 8.6.2).

Wir betrachten zunächst die Variante (1). Datentypklassen sind normalerweise nicht änderbar (*immutable*) wie der Java-String, so dass Seiteneffekte ausgeschlossen sind. In manchen Fällen ist es sinnvoll, neben der nicht änderbaren

Datentypklasse noch eine änderbare Hilfsklasse bereitzustellen, so wie es in Java neben dem `String` auch den `StringBuffer` gibt. Wir zeigen weiter unten die wesentlichen Teile einer Implementierung; [Fowler 2003] skizziert eine Klasse `Money`, die denselben Gedanken folgt.

Zunächst eine Übersicht der Funktionen von Datentypklassen:

- *Prüfungen:* Oft interessiert die Frage, ob ein gegebener String ein korrektes Datum oder einen korrekten Geldbetrag darstellt; bei Mengen oder Größen sind Ober- und Untergrenzen zu prüfen. Diese Wertebereichsprüfungen implementiert man in der Regel als statische Methoden, die als Ergebnis einen booleschen Wert liefern. Die Alternative wäre die Prüfung im Konstruktor, aber das ist umständlich und wenig performant. Im Übrigen können Konstruktoren Fehler nur in Form von Java-Ausnahmen melden und nicht als Rückgabewert.
- *Fachliche Funktionen:* Diese Gattung hängt stark vom Datentyp ab. So gibt es sowohl beim Datum als auch beim Geld eine eigene Arithmetik (Addition von Geldbeträgen, Addition von Tagen auf ein Datum); bei Aufzählungstypen gibt es zahlreiche Abfragen (vgl. hierzu das Beispiel `Versichertenart`).
- *Transformationen:* Datentypklassen transformieren zwischen der internen und der externen Darstellung. So wird Geld intern oft als `long`-Wert dargestellt; extern gibt es verschiedene `String`-Darstellungen: »5.000,– €«, »5 T€« und andere mehr. Die Transformationen in der Richtung extern intern übernehmen verschiedene Konstruktoren; in der anderen Richtung helfen diverse `toString`-Methoden.
- *Standardmethoden* (`equals`, `hashCode`, `compare`): Bei Datentypen ist Gleichheit feldweise definiert: Zwei Adressen sind gleich, wenn sie in allen Feldern übereinstimmen; zwei Geldbeträge, wenn sie denselben Geldbetrag bezeichnen. Die beiden anderen Methoden (`hashCode`, `compare`) werden so gestaltet, dass sie mit `equals` konsistent sind (siehe [Bloch 2001]).

8.6.1 Beispiele: ISBN, Versichertenart

Die ISBN ist das Hello-World-Beispiel für Datentypen. Jede ISBN hat den folgenden Aufbau: Jede ISBN (z.B. 3-446-21843-2) besteht aus vier Teilen: Sprachcode, Verlagsnummer, verlagsinterne Buchnummer und Prüfziffer. Sprachcode, Verlagsnummer und verlagsinterne Buchnummer enthalten zusammen neun Zeichen; die Prüfziffer besteht aus einem Zeichen – das macht zusammen mit drei Trennstrichen genau 13 Zeichen. Dazu implementiert man die folgende Klasse:

```
public class ISBN {

   private String isbn;

   public static boolean check(String input) { .. }

   public ISBN(String input) throws FormatException {..}

   public int getSprache() { .. }
   public int getVerlag() { .. }

   public boolean equals(Object other) { .. }
   public int hashCode() { .. }
   public String toString() { return isbn; }
}
```

Das nächste Beispiel stammt nicht von *Robert*, sondern von einer Krankenversicherung. Dort gibt es verwirrend viele Versichertenarten. Diese sind als Zahlen zwischen 100 und 999 hinterlegt und haben zahlreiche Sonderbedeutungen: So gibt es 32 Versichertenarten der Kategorie Pflichtversicherung. Hier eine mögliche Implementierung der Klasse `Versichertenart`:

```
public class Versichertenart {
   private static final int[] pflichtVersichertenarten =
      new int[] { 101, 102, 103, 104, 105, 106, 107, 108, 109, 110,
                  111, 114, 115, 116, 117, 118, 119, 120, 121, 122,
                  123, 124, 401, 402, 403, 404, 406, 407, 408, 601,
                  602, 603 };

   private int art;
   private boolean pflichtversichert;

   public Versichertenart(int art) throws FormatException {

      // ermittle pflichtversichert aus pflichtVersichertenarten
      ..

   }

   public static boolean check(int art) {

      // pruefe gegen Tabelle aller Versichertenarten
      ..
   }

   public boolean istPflichtversichert() {
      return pflichtversichert;
   }
}
```

8.6.2 Fehler, die man vermeiden sollte

Datentypklassen sind eine wunderbare Sache, aber man kann auch des Guten zu viel tun. Vor allem drei Fehler sind häufig:

1. Datentypen werden auch bei loser Koppelung (siehe Abschnitt 8.7) häufig exportiert, sind also für andere Komponenten sichtbar. Deshalb sollte man sorgfältig darauf achten, dass alle Datentypklassen völlig technikfrei sind. Sonst kann es passieren, dass der Import der ISBN-Klasse vielleicht noch Abhängigkeiten von SQL, XML und anderen Bibliotheken nach sich zieht.
2. In manchen Systemen gibt es eine Inflation von fast identischen Datentypklassen ohne nennenswerte Funktion. Beispiel: `AnzahlAuftraege`, `AnzahlBestellungen`, `AnzahlReklamationen`, ... und weitere 20 `Anzahl`-Klassen. Das ist selbst dann schädlich, wenn ein Generator diese Datentypen erzeugt, denn der Code ist einfach vorhanden; er muss übersetzt und verwaltet werden.
3. Manche Datentypen behindern den Programmierer, anstatt ihn zu unterstützen. Als Beispiel betrachten wir die `Anzahl`-Klassen von Punkt (2) und nehmen an, dass damit wirklich gerechnet wird; man braucht also die arithmetischen Methoden. Diese kann man entweder bei jeder einzelnen `Anzahl`-Klasse implementieren (das ist viel Arbeit für den, der die Datentypen erstellt), oder man verlangt vom Programmierer, dass er vor jeder Berechnung den `int`-Wert extrahiert und hinterher das Ergebnis in ein `Anzahl`-Objekt umwandelt (das ist eine Zumutung für den, der die Datentypen benutzt).

Die Alternative zur Vermeidung von (2) und (3) besteht darin, die `Anzahl`-Attribute direkt als `int` zu deklarieren und die zugehörigen Methoden in eine eigene Klasse auszulagern, etwa so:

```
public class AnzahlManager {

   public static boolean checkAnzahlAuftraege(int anzahl)       { .. }
   public static boolean checkAnzahlBestellungen(int anzahl)    { .. }
   public static boolean checkAnzahlReklamationen(int anzahl)   { .. }

   // weitere Pruefungen dieser Art
}
```

Die offensichtlichen Vorteile werden mit dem Verzicht auf Typsicherheit bezahlt: Die Attribute liegen offen; nur im Kommentar und vielleicht im Namen der Variablen findet sich ein Hinweis auf den Datentyp.

8.6.3 Spezielle Transformationen

Wie geht man vor, wenn ein Datentyp (z.B. `Datum`) nicht nur in eine externe `String`-Darstellung zu transformieren ist, sondern auch in einen SQL-Datentyp, nach XML, nach RTF oder wohin auch immer? Wer die entsprechenden Transformationsmethoden direkt in die Datentypklasse hineinschreibt, erhält umfangreiche Klassen mit höchst unerwünschten Abhängigkeiten zu Datenbank, XML oder RTF. Deshalb ist es sinnvoll, spezielle Transformationsmethoden in eigene Hilfsklasse auszulagern. Diese Hilfsklasse würde die folgende Schnittstelle implementieren:

```
public interface Transformator {

   public Object toExtern(boolean b);
   public boolean fromExtern(Object externalBoolean);

   // weitere Transformationen fuer elementare Typen nach Bedarf

   public Object toExtern(Object internalObject);
   public Object fromExtern(Object externalObject);
}
```

Für jede externe Darstellung würde man eine solche Hilfsklasse schreiben; eventuell sogar in verschiedenen Varianten. So könnte man durch den Austausch der Hilfsklasse z.B. erreichen, dass eine Adresse in verschiedenen Datenbankspalten oder in einer einzigen Spalte gespeichert wird.

Mit den Transformationsmethoden für elementare Typen (hier: `boolean`) löst diese Schnittstelle das Ja-Nein-True-False-Problem vieler Projekte: In Java gibt es bekanntlich den Datentyp `boolean`, in vielen Datenbanken aber nicht. Deshalb ist zwischen Java-`boolean` auf der einen Seite und der gewählten Datenbankdarstellung auf der anderen zu transformieren. Dies kann `'T'`, `'F'` oder `'J'`, `'N'` sein oder was auch immer. Allerdings wird diese Transformation selten konsequent gehandhabt – mit dem Ergebnis, dass in zahlreichen Systemen sämtliche Kombinationen von J/N, Y/N, `true/false` usw. auftreten. Im Übrigen ist bei elementaren Typen der vorgeschlagene Weg die einzige Möglichkeit für eine einheitliche Handhabung von Transformationen, denn man kann in Java einfach keine `boolean`-Operation schreiben.

8.7 Enge und lose Koppelung

Jede Schnittstelle definiert Methoden mit Parametern, Rückgabewerten und Ausnahmen. Wer eine Schnittstelle benutzt, sieht notgedrungen alle verwendeten Klassen und Schnittstellen: die Typen der Parameter, der Rückgabewerte und der Ausnahmen. Das ist offensichtlich, wird aber bei der Gestaltung von Schnittstellen oft vernachlässigt. Es kommt vor, dass z.B. die Schnittstelle *S* als Parameter die Klasse *X* enthält; wer diese verwendet, braucht eine weitere Klasse Y, und die läuft nur, wenn eine bestimmte Oracle-Version installiert ist.

Genau diese Abhängigkeiten machen dem Programmierer die tägliche Arbeit schwer und unterminieren in der Summe die Wartbarkeit, ja sogar die Betreibbarkeit eines Systems. Deshalb ist es sinnvoll, zwischen enger und loser Koppelung zu unterscheiden: Eng gekoppelte Komponenten kennen sich gut und machen viele Annahmen übereinander, bei loser Koppelung ist das nicht der Fall.

Unabhängig von den technischen Details dieses Abschnitts sollte man beim Entwurf von Schnittstellen immer fragen: Kann ich dem Importeur die Verwendung eines bestimmten Datentyps zumuten oder geht es auch einfacher? Welche Abhängigkeiten werden dem Importeur aufgedrängt, wenn er die Schnittstelle benutzt?

8.7.1 Objektorientierte und dienstorientierte Schnittstellen

Wir definieren enge und lose Koppelung mit Hilfe von zwei Schnittstellenkategorien: den objektorientierten und den dienstorientierten Schnittstellen. Die Idee ist einfach: Objektorientierte Schnittstellen enthalten Objektreferenzen, dienstorientierte Schnittstellen enthalten nur Werte. Tabelle 8–2 zeigt, welche Typen von Parametern bei dienstorientierten bzw. objektorientierten Schnittstellen gestattet sind.

Kategorie	Beispiele	objektorientierte Schnittstelle	dienstorientierte Schnittstelle
Datentypklasse	`String, Map, Adresse, ISBN`	ja	ja
Transportklasse	`BuchRecord`	nein	ja
Entitätsschnittstelle	`interface Buch`	ja	nein
Entitätsklasse	`class Buch`	nein	nein

Tab. 8–2 *Schnittstellenkategorien*

Diese Tabelle besagt das Folgende: Objektorientierte Schnittstellen enthalten Entitätsschnittstellen als Parameter, dienstorientierte Schnittstellen enthalten Transportklassen. Entitätsklassen sind auch in objektorientierten Schnittstellen verboten. Somit sind Entitätsklassen nur in ihrer eigenen A-Komponente sichtbar; keine andere Komponente hat Zugriff darauf. Entitätsklassen derselben A-Komponente sehen sich selbstverständlich direkt.

Der Importeur einer objektorientierten Schnittstelle hält Referenzen auf Entitäten der gerufenen Komponente – das ist genau das Merkmal von objektorientierten Schnittstellen.

Bei Datentypen und Transportklassen unterstellen wir die Wertübergabe (*by value*). Das heißt, der Importeur kann so tun, als hätte er seine eigene Kopie der übergebenen Daten; er braucht keine vom Exporteur verursachten Seiteneffekte zu befürchten. In Java, wo Objekte nur per Referenz übergeben werden, stehen zwei Wege offen, die sich leider nur durch Programmierkonventionen umsetzen lassen: (1) Man übergibt unveränderbare Objekte, denn dort sind Seiteneffekte ohnehin ausgeschlossen. (2) Man übergibt Kopien; auch das schließt Seiteneffekte aus.

Jede Schnittstelle sollte aus einem Guss sein: entweder ganz objektorientiert oder ganz dienstorientiert. Deshalb haben wir Transportklassen bei objektorientierten Schnittstellen verboten. Wir betrachten als Beispiel die objektorientierte Programmschnittstelle eines Buchverwalters:

```
public interface BuchVerwalter {
   public Buch findeBuch(ISBN isbn);

   // weitere Methoden
}

public interface Buch {
   public void setZustand(Zustand neuerZustand);

   // weitere Methoden
}
```

Importeur und Exporteur halten dasselbe Objekt (dasselbe Buch) in der Hand; wenn dieses Objekt beim Exporteur aus welchen Gründen auch immer verloren geht, wird der nächste Aufruf scheitern.

Nun zur dienstorientierten Schnittstelle. Dort verwendet man die Objekte nicht als solche, sondern definiert Transportklassen oder (in Anlehnung an alte Zeiten) Datensätze. In Java sind das degenerierte Klassen ohne Methoden. Alle Attribute sind öffentlich; `get`- und `set`-Methoden erübrigen sich, denn so ein Datensatz hat kein Geheimnis, das zu kapseln wäre.

```
public class BuchRecord {

   public ISBN isbn;
   public Zustand zustand;

   // weitere Felder
}
```

Der dienstorientierte Buchverwalter hat folgende Gestalt:

```
public interface BuchVerwalterS {          // S fuer Service

   public BuchRecord findeBuch(ISBN isbn);
   public void updateBuch(BuchRecord buch);
}
```

Hier sieht der Importeur nur die Typen `ISBN` und `BuchRecord` – die Schnittstelle ist also dienstorientiert. Das Beispiel zeigt typische Merkmale dienstorientierter Schnittstellen: wenige, meist unkomfortable Methoden, mehr Datenvolumen pro Methodenaufruf – das ist der Preis für lose Koppelung.

Dienstorientierte Schnittstellen bedeuten lose Koppelung; objektorientierte Schnittstellen enge Koppelung. Die Koppelungsbeziehung ist gerichtet: Komponente *K* ist eng an Komponente *H* gekoppelt, wenn *K* mindestens eine objektorientierte Schnittstelle von *H* importiert. Komponente *K* ist lose an *H* gekoppelt, wenn *K* mindestens eine dienstorientierte und keine objektorientierte Schnittstelle von *H* importiert.

Die Entscheidung für lose oder enge Koppelung hat große Tragweite für das gesamte System. Es wäre ein Fehler, für je zwei Komponenten die Koppelungsart ad hoc zu wählen. Stattdessen wird man Gruppen von eng gekoppelten Komponenten bilden; Komponenten verschiedener Gruppen sind – wenn überhaupt – lose gekoppelt.

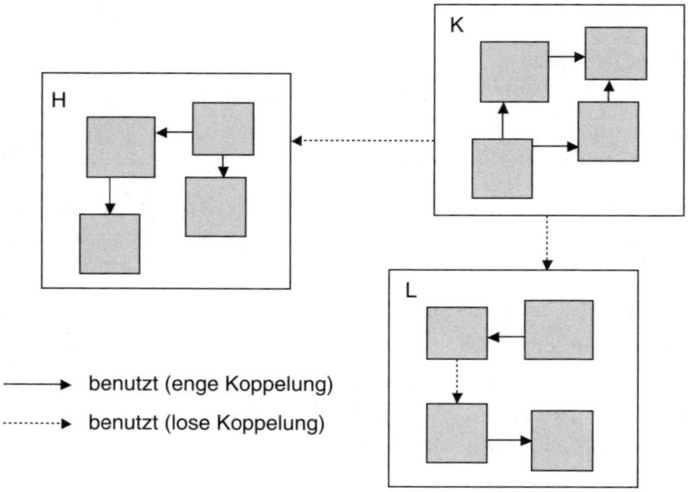

Abb. 8–5 *Komposition, enge und lose Koppelung*

Abbildung 8–5 zeigt Komponenten und die Art der Koppelung in einem größeren System. Wir sehen drei Kompositionen *H*, *K* und *L*, die entweder gar nicht oder lose gekoppelt sind. Innerhalb von H und K gibt es nur enge Koppelung; innerhalb von L sind jeweils zwei Komponenten eng gekoppelt; dazwischen besteht eine lose Koppelung. Es ist also ohne weiteres möglich, dass innerhalb einer Komposition sowohl enge als auch lose Koppelung vorkommt.

8.7.2 Assoziationen

Jede Assoziation ist entweder komponentenintern oder komponentenübergreifend. Komponenteninterne Assoziationen sind kein Problem, denn Entitätstypen derselben Komponente kommunizieren ohne Restriktionen. So würde im *Robert*-System der Entitätstyp *Ausleihe* die assoziierten Entitätstypen *Schaden*, *Rechnung* und *Mahnung* direkt verwenden. Die Dinge liegen anders, wenn die assoziierten Entitätstypen zu verschiedenen A-Komponenten gehören. Die entscheidende Regel lautet:

> Bei enger Koppelung referenziert man assoziierte Entitätstypen über Entitätsschnittstellen, bei loser Koppelung über Fremdschlüssel.

Die Entitätsklasse `Ausleihe` haben wir in der eng gekoppelten Version schon kennen gelernt (siehe Abschnitt 8.5). Für die lose Koppelung nehmen wir an, dass Bücher und Kunden eine interne `Id` als Schlüssel besitzen.

```
public class Ausleihe {                    // lose an Buch und Kunde gekoppelt

    private AusleihId    key;

    private Datum        ausleihdatum;
    private Datum        rueckgabedatum;

    private BuchId       buchId;           // Fremdschluessel
    private KundeId      entleiherId;      // dto.

    private Rechnung     rechnung;         // in derselben Komponente
    private List         mahnungen;        // dto.
    private Schaden      schaden;          // dto.

    Ausleihe(Key key, Datum ausleihdatum, BuchId buchId,
                                          KundeId entleiherId) {
    ..
    }

    // weitere Methoden
}
```

Die Entscheidung über enge und lose Koppelung hat weitreichende Konsequenzen sowohl für die Architektur des gesamten Systems als auch für den einzelnen Programmierer:

Der Anwendungskern kleiner Systeme wie *Robert* besteht in der Regel aus einer einzigen Gruppe eng gekoppelter Komponenten (insofern widerspricht das Codebeispiel der Wirklichkeit); bei größeren Systemen wird man einige wenige solcher Gruppen definieren (siehe Abb. 8–5). Nachbarsysteme sollten immer nur lose gekoppelt sein – so bleibt das eigene System so autark wie möglich. Objektgeflechte erstrecken sich immer nur über eng gekoppelte Komponenten; sie überschreiten per Definition niemals eine Grenze zwischen lose gekoppelte Komponenten.

8.7.3 Datenhoheit

Zu Beginn dieses Kapitels war die Rede von der Datenhoheit: Jede A-Komponente verwaltet exklusiv einen Ausschnitt des Datenmodells; jeder Entitätstyp gehört zu genau einer A-Komponente. Das sagt und schreibt sich leicht, aber was heißt das genau? Was ist erlaubt, was ist verboten? Wir betrachten als Beispiel die *Robert*-Komponenten *Ausleihe* und *Bestandsfuehrung* mit der komponentenübergreifenden Assoziation zwischen *Ausleihe* und *Buch*: Jede *Ausleihe* bezieht sich auf genau ein Buch. Die Gretchenfragen der Komponentenorientierung lauten:

1. Wie behandelt man komponentenübergreifende Kommandos (also ändernde Methoden)?
2. Wie behandelt man komponentenübergreifende Abfragen?

Die Antwort auf (1) erläutern wir anhand des folgenden Kommandos:

```
Schaden meldeSchaden(const Kunde entleiher, Buch buch,
                     int neuerZustand, const Geld schadenshoehe,
                     const String kommentar)
```

Dieses Kommando bewirkt, dass ein Schaden der angegebenen Höhe eingetragen und der Zustand des betroffenen Buches aktualisiert wird. Dazu ruft *Ausleihe* ein geeignetes Kommando von *Bestandsfuehrung*: Bei enger Koppelung hat *Ausleihe* Zugang zur Entitätsschnittstelle des Buches und kann den Zustand auf diesem Weg aktualisieren; bei loser Koppelung steht die `Id` des betroffenen Buches zur Verfügung, und der neue Zustand kann auf diesem Weg gemeldet werden. So findet jede Änderung unter Kontrolle der zuständigen Komponente statt und die Konsistenz der Daten ist gesichert.

Die Frage (2) wird gern missbraucht, um die Komponentenorientierung insgesamt zu diskreditieren: Manche behaupten, die komponentenorientierte Architektur verhindere Datenbank-Joins und erzeuge somit zwangsläufig langsame Systeme. Das ist falsch. Zur Klärung verwenden wir als Beispiel die folgende Abfrage:

```
List<Buch> sucheEntlieheneBuecher(const Kunde entleiher)
```

Diese Abfrage involviert drei A-Komponenten: *Bestandsfuehrung* (`Buch` im Ergebnis), *Kunden* (`entleiher` als Parameter der Abfrage) und schließlich *Ausleihe*, denn nur diese Komponente weiß, wer welches Buch ausgeliehen hat – und deshalb gehört die Abfrage auch dorthin.

Bei enger Koppelung sind komponentenübergreifende Abfragen kein Problem: *Ausleihe* hat Zugang zu den Entitätsschnittstellen von `Kunde` und `Buch` – und somit ist es eine einfache Programmieraufgabe, die passende Datenbankabfrage zu erstellen. Die Persistenzschicht liefert die gefundenen `Buch`-Objekte; dabei ist es der Persistenzschicht überlassen, wann sie welche Objekte liest und wann sie die Referenzen zu Nachbarobjekten aufbaut.

Wenn wir nur lose Koppelung unterstellen, dann müssen wir die Abfrage dienstorientiert gestalten:

```
basicQueries

  List<BuchId> sucheEntlieheneBuecher(const KundeId entleiher)
```

Und auch diese dienstorientierte Abfrage sollte sich problemlos auf die Persistenzkomponente abbilden lassen.

8.7.4 Schnittstellen im Entwicklungsprozess

Im Entwicklungsprozess wird man meistens so vorgehen, dass man dienstorientierte Schnittstellen erst bei Bedarf aus den objektorientierten Schnittstellen heraus entwickelt. Wie immer sind es Adapter, die zwischen den beiden Schnittstellen transformieren, etwa so:

```
public class BuchAdapter implements BuchverwalterS {
  private Buchverwalter Buchverwalter;

  public BuchRecord findeBuch(String buchId) {
     // Delegation an buchverwalter
     // Transformation Buch nach BuchRecord
  }

  public void updateBuch(BuchRecord buch) {
     // Transformation BuchRecord nach Buch

     // Aenderungen in Buch analysieren und
     // an Buchverwalter delegieren
  }
}
```

In Abschnitt 2.5 wurde gezeigt, wie man die Transformation zwischen Objekt und Record elegant programmiert. Es ist einfach, Schnittstellen je nach Bedarf objektorientiert oder dienstorientiert anzubieten – die fehlende Version wird bei Bedarf nachgeliefert.

Adapter, die objektorientierte Schnittstellen in dienstorientierte Schnittstellen transformieren, nennen wir O2S (*Object to Service*); O2T ist ein Adapter, der eine objektorientierte Schnittstelle in eine technische Schnittstelle (z.B. CORBA oder COM) transformiert. So kommt man zu Kaskaden von Adaptern wie in Abbildung 8–6: Dort liegt *H3* auf einem anderen Rechner als *K*, ein O2T-Adapter bildet *S* auf die technische (z.B. CORBA-)Schnittstelle *S*" ab, CORBA übernimmt die Kommunikation und ein T2S-Adapter transformiert *S*" in die dienstorientierte Schnittstelle *S*'. In Abbildung 8–6 sind *H1* und *H3* lose an *K* gekoppelt, *H2* dagegen eng.

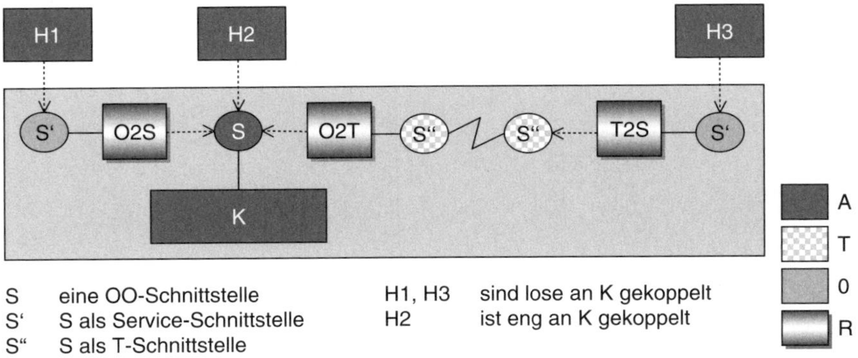

Abb. 8–6 *Schnittstellenkategorien und Adapter*

8.8 Zusammenfassung

- Der Anwendungskern ist selbst eine Komponente. Er besteht aus den A-Komponenten.
- Der Anwendungskern exportiert die Anwendungsfälle und er importiert Schnittstellen zur Persistenz, zu Nachbarsystemen und zu anderen Diensten wie Autorisierung oder Regelmanager.
- Jeder Entitätstyp wird in der Regel durch eine Entitätsklasse implementiert; jeder Datentyp durch eine Datentypklasse.
- Entitätsklassen derselben A-Komponente sehen sich direkt, Entitätsklassen verschiedener A-Komponenten nur über Schnittstellen.
- A-Komponenten sind eng oder lose gekoppelt. Objektorientierte Schnittstellen bedeuten enge Koppelung; dienstorientierte Schnittstellen lose Koppelung.
- Adapter überführen objektorientierte Schnittstellen in dienstorientierte und umgekehrt.
- Assoziationen werden bei enger Koppelung über Entitätsschnittstellen dargestellt, bei loser Koppelung mit Fremdschlüsseln.
- Jede A-Komponente verwaltet exklusiv einen Ausschnitt des Datenmodells. Sie hat die Hoheit über diesen Ausschnitt.

9 Pools, Persistenz und Transaktionen

Wie verbindet man eine objektorientierte Anwendung mit einer relationalen Datenbank? Unzählige Projekte standen vor diesem Problem; weltweit wurden Zehntausende von Bearbeiterjahren in OR-Zugriffsschichten[1] investiert. OR-Zugriffsschichten sind das Gesellenstück des objektorientierten Softwaredesigners, jeder muss wenigstens eine gebaut haben.

An Literatur über Zugriffsschichten herrscht kein Mangel, aber trotzdem spüren wir ein Defizit: Die Beiträge sind entweder recht allgemein (z.B. [Starke 2002]) oder sehr detailliert und bezogen auf ein bestimmtes Produkt oder eine Norm (z.B. [Russel 2002]). Dieses Kapitel schließt eine Lücke: Es beschreibt die Grundlagen, auf denen wohl alle Zugriffsschichten basieren, und versteht sich als Fahrplan in der unübersichtlichen Welt der Normen, Produkte und Eigenbauten. Einer der wichtigsten Punkte ist die Trennung von Innensicht und Außensicht: Wer muss welchen Teil des Gesamtkonzepts verstehen? Dabei unterscheiden wir vier Rollen:

- *Der Anwendungsprogrammierer:* Er sieht von der Zugriffsschicht so gut wie nichts und programmiert im Wesentlichen so, als gäbe es keine Datenbank.
- *Der Abfragenprogrammierer:* Abfragen erfordern in jeder Zugriffsschicht eine mehr oder weniger spezielle Syntax und sie sind kritisch für die Performance. Deshalb fasst man alle Abfragen in geeigneten *QueryManagern* zusammen, um die sich die Abfrageprogrammierer kümmern.
- *Der Datenbankdesigner:* Er entwirft nicht nur die Tabellen der Datenbank, sondern beschreibt auch die Regeln für die Transformation von Objekten in Datenbankzeilen und zurück. Diese Regeln sind manchmal einfach (jedes Objekt entspricht einer Zeile), manchmal aber wirklich kompliziert, z.B. wenn das Datenbankschema schon vorhanden ist oder wenn Performance-Probleme Denormalisierung erfordern.

1. objektrelationale Zugriffsschicht

- *Der Zugriffsschicht-Experte:* Er hat die Zugriffsschicht entwickelt. Idealerweise braucht man ihn bei der Anwendung der Zugriffsschicht nicht mehr, aber in der Praxis zeigt sich sowohl bei Eigenentwicklungen als auch bei kommerziellen Produkten, dass immer wieder Eingriffe in das Innenleben der Zugriffsschicht erforderlich sind.

Funktionierende Zugriffsschichten sind ein wesentlicher Erfolgsfaktor: Sie beschleunigen die Entwicklung, weil die Anwendungsprogrammierer (und das sind viele) von der Datenbank kaum etwas sehen, sie verbessern die Qualität, denn die eigentlichen Datenbankzugriffe sind an wenigen Stellen konzentriert und damit gut testbar, und sie machen die Optimierung des Datenbankschemas erst möglich. Insofern verbessern sie die Performance. Die Frage »Können wir uns eine Zugriffsschicht überhaupt leisten?« ist in jedem Fall mit »Ja« zu beantworten, und das gilt für die Performance genauso wie für den Aufwand.

Zugriffsschichten gelten als komplizierte Gebilde, von denen man am besten die Finger lässt und in denen sich nur wenige begnadete Programmierer auskennen. Das stimmt so nicht: Nach unserer Überzeugung sind Zugriffsschichten nicht komplizierter als andere Software, wenn man sie in vernünftige Komponenten mit sinnvollen Schnittstellen aufteilt. Zugriffsschichten sind ein ideales Übungsgelände für das Denken in Komponenten.

Im weiteren Verlauf dieses Kapitels beschreiben die Abschnitte 9.1 bis 9.3 die Grundlagen: was Zugriffsschichten leisten, wie sie aufgebaut sind und wie man sie einsetzt. Die beiden folgenden Abschnitte behandeln zwei Muster mit eigener Existenzberechtigung auch außerhalb von Zugriffsschichten: *Pool* und *Mapping*. In den Abschnitten 9.8 und 9.9 geht es um das unhandliche Thema *Sperren und Transaktionen,* und wir beschließen das Kapitel mit der Darstellung von zwei wichtigen Vertretern von OR-Zugriffsschichten: *QuasarPersistence* (siehe [OpenQuasar]) und *JDO* (siehe [Roos 2003]).

9.1 Standardprobleme

In jeder OR-Zugriffsschicht tritt eine Reihe von wiederkehrenden Problemen auf, die wir ohne Anspruch auf Vollständigkeit hier zusammenstellen.

- *Koppelung von Klassenmodell und Datenbankschema:* Richtet sich das Klassenmodell nach dem Datenbankschema oder richtet sich das Datenbankschema nach dem Klassenmodell? Welche Freiheitsgrade hat man?
- *Zugriff auf vorhandene Datenbanken:* Hier gibt es gar keine Freiheitsgrade bei der Gestaltung des Datenbankschemas; die Transformation zwischen Objekten und Datenbankzeilen gestaltet sich besonders schwierig.
- *Objektidentität:* In Java sind zwei Objekte identisch, wenn sie dieselbe *von Java vergebene ObjectID* besitzen. Relationale Datenbanken regeln die Identität von Objekten anders, nämlich über den Primärschlüssel. Das heißt: Man

kann ohne weiteres ein und denselben Satz der Datenbank mehrfach lesen und erhält so mehrere verschiedene Java-Objekte, die denselben Satz der Datenbank enthalten.

- *Erzeugung von Schlüsseln:* Es gibt Anwendungsschlüssel (also sichtbar für den Anwender) und technische Schlüssel zur Sicherung der Objektidentität. Beide Arten von Schlüsseln sind transaktionsgesichert zu generieren. Dazu sind parallele Transaktionen nützlich (siehe Abschnitt 9.9).
- *Vererbung:* Weil relationale Datenbanken keine Vererbung kennen, sind Klassenhierarchien auf Tabellen abzubilden: eine Tabelle pro Klasse, eine Tabelle für die ganze Hierarchie oder irgendetwas dazwischen.
- *Polymorphe Abfragen:* Abfragen lesen polymorph, d.h.: Eine Abfrage nach allen Kunden einer bestimmten Stadt liefert alle Privat- und Firmenkunden dieser Stadt. Allgemein: Eine Abfrage mit Suchbedingung *B* nach Objekten einer Klasse *K* liefert alle Objekte der Klasse *K und aller Unterklassen von K*, die *B* erfüllen. Polymorphe Abfragen sind bei relationalen Datenbanken nicht ganz einfach zu implementieren, aber durchaus machbar.
- *Unvollständiges Lesen von Objekten:* Wenn man – etwa zur Anzeige in einer Liste – nur wenige Attribute eines Objekts braucht, ist es nicht sinnvoll, das ganze Objekt vollständig zu laden. Dieses Verhalten bezeichnet man als *horizontal laziness*.
- *Nachladen von Objekten:* Das ist vielleicht die am häufigsten diskutierte Frage überhaupt: Wie viele Objekte soll eine Suche zurückgeben? Alle gefundenen Objekte auf einmal (was sehr lange dauern kann) oder nur wenige, was häufiges Nachladen erfordert? Nachladen bei Bedarf nennt man *vertical laziness*.
- *Vorausschauendes Lesen:* Manchmal ist es sinnvoll, beim Lesen eines einzelnen Objekts die referenzierten Objekte ganz oder teilweise mit zu laden – so können effiziente Joins umständliche und langsame Zugriffe auf einzelne Sätze ersetzen.
- *Die Zugriffsschicht als Cache:* Man kommt fast zwangsläufig auf die Idee, die aus der Datenbank gelesenen Objekte in einem Cache zu halten – und handelt sich die üblichen Cache-Probleme ein: Wann wird der Cache mit der Datenbank synchronisiert, wann wird er neu geladen, wann werden Objekte daraus entfernt?
- *WYSYWYG (What you say is what you get):* SQL-Abfragen beziehen sich nur auf die Datenbank; sie kennen keinen Cache. In vielen Zugriffsschichten liefern Abfragen falsche Ergebnisse, weil sie nur die Änderungen berücksichtigen, die schon in der Datenbank angekommen sind, aber nicht jene, die sich nur im Cache befinden.
- *Dynamisches vs. statisches SQL:* In vielen Häusern ist dynamisches SQL verboten, u.a. aus Gründen der Datensicherheit. Auf der anderen Seite generieren viele Zugriffsschichten die benötigten Datenbankbefehle (in der Regel

SQL) zur Laufzeit. Wir zeigen, wie man eine Zugriffsschicht in der Weise baut, dass sie sowohl mit dynamischem als auch mit statischem SQL funktioniert.

- *Historie:* Viele Anwendungen verlangen den Zugriff auf alte Stände. Bestimmte Klassen sind in ihrer ganzen Änderungshistorie sichtbar: Wo wohnte der Kunde im Mai 2001? Welche Verträge hatte er damals?
- *Verwaltung der Verbindungen (connection pooling):* Sparsamer Umgang mit den Datenbankverbindungen beeinflusst die Performance maßgeblich. Daher ist es eine wichtige Aufgabe jeder Zugriffsschicht, diese Verbindungen sinnvoll herzustellen und wieder frei zu geben.
- *Referenzielle Integrität:* Datenbanksysteme garantieren die Integrität der Daten außerhalb von Transaktionen, wenigstens in einem gewissen Umfang. Wer kümmert sich darum, solange die Transaktion noch offen ist (siehe auch Abschnitt 9.6)?
- *Unterstützung verschiedener Sperrstrategien:* Viele Anwendungen verwenden flexible Sperrstrategien. Auch dies ist eine Standardaufgabe von Zugriffsschichten (siehe Abschnitt 9.8).

Diese Liste ist als Checkliste gedacht beim Einsatz einer Zugriffsschicht: Die meisten Punkte sind in jedem Projekt von Bedeutung, und leider gibt es kein Produkt, das alle Probleme löst.

9.2 Zugriffsschichten im Überblick

Zugriffsschichten gelten als schwer zu bedienen, aber wie immer kommt es darauf an, die verschiedenen Zielgruppen zu trennen und jeden Benutzer mit genau der oder den Schnittstellen zu versorgen, die er wirklich braucht.

9.2.1 Außensicht

Der Programmierer des Anwendungskerns verwendet nur zwei einfache Schnittstellen der Kategorie 0 (siehe Abb. 9–1):

- *Pool* zum Anlegen und Löschen persistenter Objekte
- *Query* zur Ausführung von Abfragen

Eine weitere wichtige Schnittstelle ist *Transaction* zum Bestätigen oder Rücksetzen von Änderungen an persistenten Objekten. Abbildung 9–1 lässt offen, wer diese Schnittstelle aufruft. In Abschnitt 9.3 stellen wir zwei Varianten vor, aber auf keinen Fall tun das die Anwendungskomponenten selbst. Daneben gibt es noch zwei Administrationsschnittstellen: Der Abfragenprogrammierer definiert Abfragen mit Hilfe der Schnittstelle *QueryDefinition*, und der Datenbankdesigner definiert Datenbank und Abbildungsregeln mit Hilfe von *ModelDefinition*. Diese beiden

Schnittstellen sind technisch im Gegensatz zu den operativen Schnittstellen *Pool* und *Query*, die zur Kategorie 0 gehören.

Die Schnittstelle *Transaction* wird in der Regel von einer eigenen Komponente, dem *TransactionManager*, implementiert. Dieser koordiniert eine oder mehrere Ressourcen nach dem XA-Protokoll (siehe Abschnitt 9.9) mit Hilfe der Schnittstelle `Resource` (das ist `Transaction` erweitert um die Methode *prepareToCommit*; siehe Abschnitt 9.9). Die erste und wichtigste Ressource ist der *PersistenceManager*, der alle anderen genannten Schnittstellen exportiert. Er besteht zum größten Teil aus 0-Software; natürlich sind einige T-Anteile unvermeidlich, wenn JDBC und SQL mit im Spiel sind. Andere Ressourcen sind z.B. Nachbarsysteme.

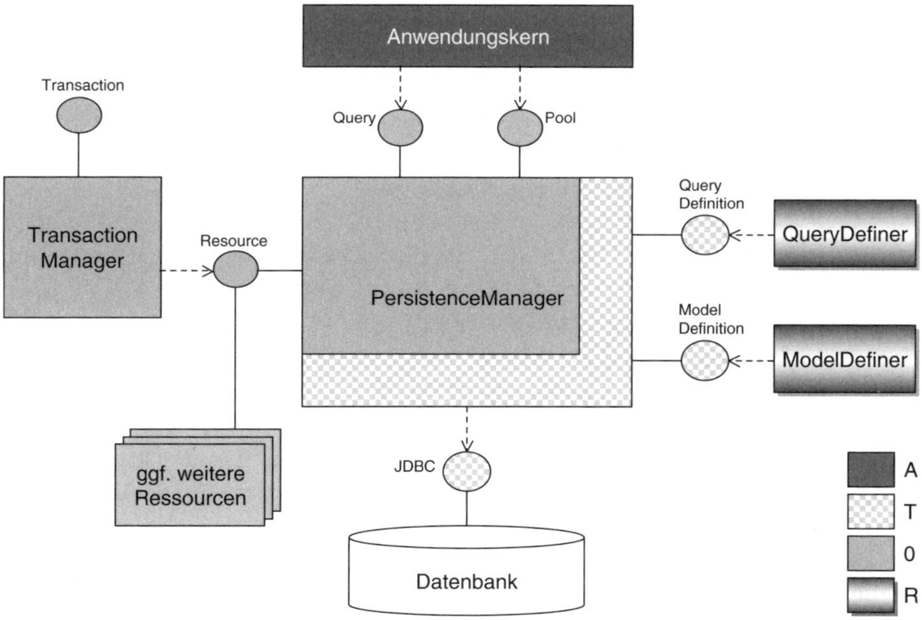

Abb. 9–1 *Persistenz-Außensicht*

Welchen Einfluss hat die Persistenz auf die Anwendung? Viele Systeme sind geradezu um die Persistenz herum gebaut. Wir halten das für einen Fehler. Stattdessen versuchen wir, die Abhängigkeit von der Persistenz zu minimieren – das ist der Sinn der hier vorgeschlagenen Architektur.

Die beiden Komponenten *QueryDefiner* und *ModelDefiner* sind von der Kategorie R – ganz ohne schmutzige Finger geht es nicht. Immerhin sind *QueryDefiner* und *ModelDefiner* frei von Anwendungslogik: Sie kennen zwar die Struktur der Anwendungsdaten, aber keinerlei Ablauflogik. Daher könnten sie bei einer Änderung des Datenbankschemas oder bei einem Austausch des Datenbanksystems mit planbarem Aufwand neu geschrieben werden.

Die Struktur von *QueryDefiner* und *ModelDefiner* folgt der Struktur des Anwendungskerns (siehe Abschnitt 8.1): Zu jeder A-Komponente gehört eine Partnerkomponente innerhalb der beiden *Definer*, d.h., sieben A-Komponenten des Anwendungskerns ergeben sieben Subkomponenten von *QueryDefiner* und sieben Subkomponenten von *ModelDefiner*. Dort sind die zur jeweiligen A-Komponente gehörigen Abfragen bzw. Modellinformationen hinterlegt.

Ein wichtiges Element der Außensicht sind die Annahmen der Zugriffsschicht über die persistenten Objekte: Manchmal wird verlangt, dass alle persistenten Klassen von einer abstrakten Oberklasse abgeleitet sind; JDO-Produkte verbieten Threads (siehe Abschnitt 9.11) und QuasarPersistence verlangt Akzessoren (siehe Abschnitt 9.10). Diese Annahmen sollten so wenig wie möglich einschränken; im besten Fall fehlen sie ganz.

Die A-Komponenten schreibt man im Rahmen dieser Einschränkungen so, als gäbe es keine Datenbank: Jede A-Komponente sieht die *Query*-Schnittstelle; sie hat Zugriff auf alle Abfragen ihrer Query-Komponente – das schränkt ihre Möglichkeiten nicht ein, sondern erweitert sie. Die einzige echte Auflage ist die Verwendung der *Pool*-Schnittstelle (siehe Abschnitt 9.4): Persistente Objekte werden immer über den Pool erzeugt und gelöscht.

Bei der optimistischen Sperrstrategie muss der Anwendungsprogrammierer auf mögliche Konflikte reagieren; die pessimistische Strategie verlangt von ihm, dass er jedes zu ändernde Objekt vor dem Zugriff sperrt.

In beiden Fällen brauchen alle Verwalter- und die meisten Entitätsklassen die Pool-Schnittstelle als privates Attribut. Datentypklassen sollten von Persistenz überhaupt nichts wissen; sie kennen nicht einmal den Pool. Abbildung 9–2 zeigt eine wichtige Option für die Steuerung der Transaktionen, nämlich den *Anwendungsserver*: Hier werden die Anwendungskomponenten unter einem Dach zusammengefasst; der Kompositionsmanager übernimmt die Steuerung der Transaktionen und die Behandlung der Ausnahmen.

Der Aufrufer hat keine Möglichkeit, die Transaktionen zu beeinflussen. Diese Architektur ist vor allem dann sinnvoll, wenn der Anwendungsserver vielen, auch unbekannten Benutzern zur Verfügung steht, etwa bei Web-Anwendungen. Im Stapelbetrieb liegen die Dinge anders: Die Transaktionssteuerung beeinflusst maßgeblich Performance, Rücksetzbarkeit und Wiederaufsetzbarkeit und deshalb liegt sie in der Verantwortung des Aufrufers.

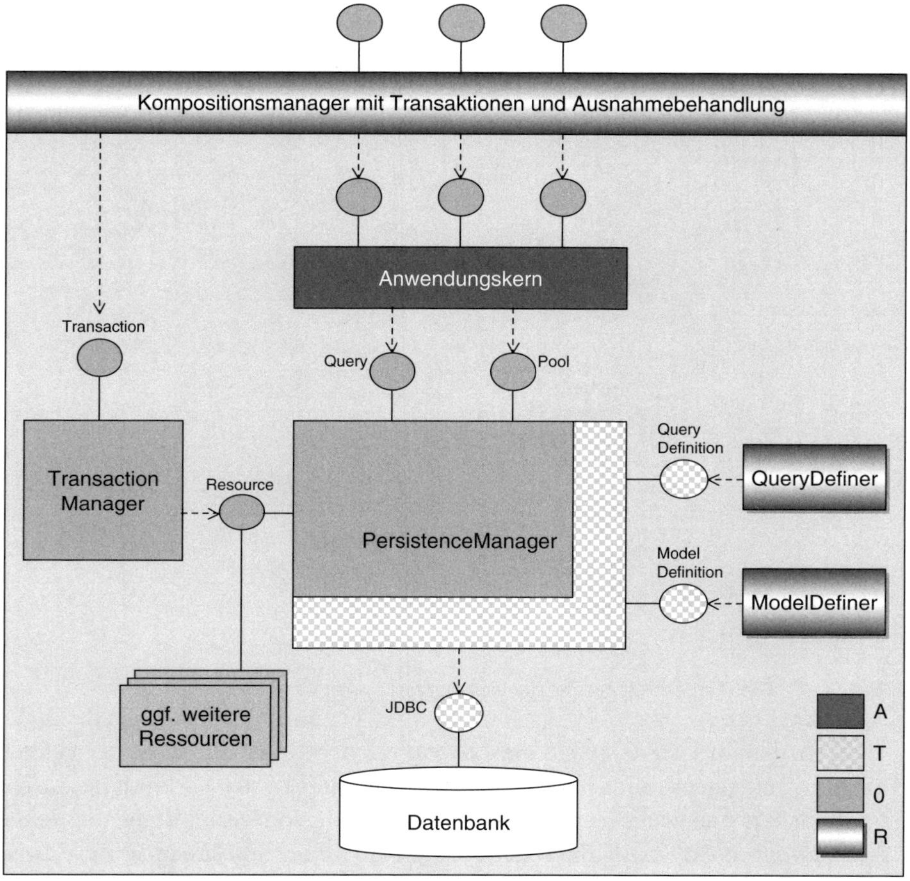

Abb. 9–2 *Aufbau eines Anwendungsservers*

9.2.2 Innensicht

Abbildung 9–3 zeigt den typischen Aufbau einer Zugriffsschicht mit ihren wesentlichen Komponenten. Dieser Aufbau ist weder verbindlich noch der einzig mögliche, aber viele Zugriffsschichten sind ungefähr nach diesem Plan gebaut, und alle implementieren die hier vorgestellten Funktionen. Die Pfeile in Abbildung 9–3 bezeichnen eine *benutzt*-Beziehung; die internen Schnittstellen sind nicht eingezeichnet.

Der *PersistenceManager* ist eine Komposition von folgenden vier Komponenten:

- *ConnectionManager*
  Diese Komponente stellt die Verbindung zur Datenbank her. Eine wichtige Aufgabe sind die Verwaltung, Wiederverwendung und ggf. Wiederherstellung von Datenbankverbindungen. Weil der Verbindungsaufbau produktabhängig

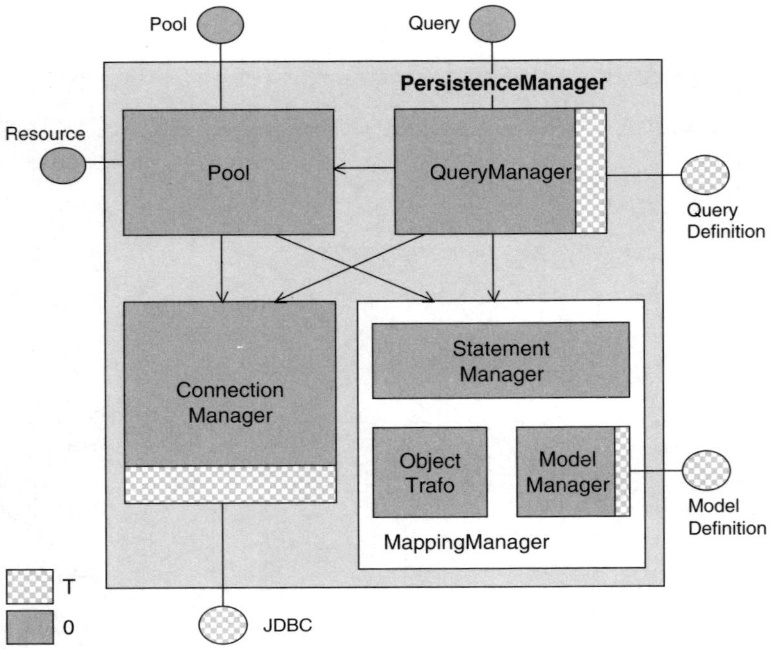

Abb. 9–3 *Grobe Innensicht des PersistenceManagers*

ist, wird man den *ConnectionManager* in der Regel für jede verwendete Datenbank eigens implementieren. Sein Geheimnis ist der Verbindungsaufbau und die Art und Weise der Mehrfachverwendung von Verbindungen (*connection pooling*). So ist es nahe liegend, dass der *ConnectionManager* auch die an anderen Stellen erzeugten SQL-Anweisungen entgegennimmt und ausführt. Im einfachsten Fall (ohne *connection pooling*) besteht der *ConnectionManager* nur aus wenigen Programmzeilen.

- *Pool*

  Er ist das Kernstück einer jeden Zugriffsschicht. Mit einer *PoolFactory*-Schnittstelle erzeugt man neue Pools; jeder Pool besitzt eine Datenbankverbindung, die über den *ConnectionManager* hergestellt wird. Der Pool beherbergt alle persistenten Objekte und überwacht deren Lebenszyklus. Ein wesentliches Element ist hierbei die Synchronisierung mit der Datenbank: Spätestens zum *commit*-Zeitpunkt reicht der Pool alle Änderungen an die Datenbank weiter; im Falle eines *rollback* ist es die Aufgabe des Pools, seine Objekte wieder in den alten Zustand zurückzusetzen. Der Pool sieht nur Objekte; er weiß nichts von Zeilen oder Spalten einer Datenbank. Deshalb sind Pools auch in ganz anderen Situationen verwendbar, etwa bei der Kommunikation mit einem Nachbarsystem (siehe Abschnitt 9.4).

- *QueryManager*
  Der *QueryManager* exportiert zwei Schnittstellen: Die erste dient der Ausführung von Abfragen und die zweite der Definition von Abfragen. Der Anwendungsprogrammierer verlässt sich darauf, dass alle Abfragen bereits definiert sind. Jede Abfrage ist dokumentiert: Sie hat einen Namen (z.B. `FindeBuchNachAutor`), sie hat Parameter, und es ist klar, welches Ergebnis sie liefert. Der Anwendungsprogrammierer hat es leicht: Er besorgt sich eine Abfrage über den Namen, führt sie aus und sieht das Ergebnis als ganz normale Liste – deren Implementierung sieht er nicht; genauso wie ihn die verwendete Abfragesprache nichts angeht. Diese ist allein Sache des Abfragenprogrammierers, der diese Abfragesprache beherrscht. Davon gibt es eine ganze Reihe, z.B. OQL, EQL und JDOQL. Und zahlreiche Projekte haben eigene Privatsprachen entwickelt, die oft interessant und manchmal auch kurios sind[2]. Diese Vielfalt zwingt uns, die Abfragedefinition von der eigentlichen Anwendung zu trennen. Der *QueryManager* unterstützt eine oder mehrere Abfragesprachen und erzeugt die SQL-Abfragen unter Verwendung der Modellinformation, die im *MappingManager* hinterlegt ist.
- *MappingManager*
  Jede Zugriffsschicht hat das Transformationsproblem zu lösen: Auf der einen Seite gibt es Java-Objekte, auf der anderen Seite Zeilen und Spalten einer relationalen Datenbank – und der *MappingManager* ist zuständig für die Transformation zwischen den beiden Welten. Innerhalb des *MappingManagers* erkennen wir drei weitere Komponenten: Der *ModelManager* verwaltet die Abbildungsinformationen, also etwa die Angaben über Primärschlüssel, Stringlängen oder Regeln zur Transformation von Java- in SQL-Datentypen. Der *StatementManager* generiert und verwaltet alle SQL-Anweisungen. Dabei ist offen, zu welchem Zeitpunkt die Generierung stattfindet: Man kann SQL-Anweisungen spät erzeugen, spätestens unmittelbar vor der Ausführung, man kann sie früh erzeugen (vielleicht schon beim Kompilieren) oder irgendwann dazwischen. Im Übrigen besteht kein Zwang zur vollständigen Generierung sämtlicher SQL-Anweisungen: Oft ist es besser, einen einfachen Generator zu schreiben, der nur 90 % aller Anweisungen generiert, und die letzten 10 % von Hand zu programmieren, als einen komplexen Generator zu entwickeln, der im Prinzip alles kann, aber niemals fehlerfrei läuft. Die dritte Komponente, *ObjectTrafo*, sorgt für die Transformation der Java-Objekte in ihre SQL-Darstellung. Mehr Details zum *MappingManager* findet man in Abschnitt 9.5.

---

2. Der Autor kennt eine Abfragesprache in UPN (umgekehrte polnische Notation).

9.3 Transaktionen aus Anwendungssicht

Jede Transaktion ist eine Arbeitseinheit (*unit of work*): eine zusammengehörige Menge von Operationen auf einem gemeinsamen Datenbestand, der auf mehrere Orte verteilt sein kann und über unterschiedliche Dienste angesprochen wird. Transaktionen genügen der ACID-Eigenschaft: *Atomicity*, *Consistency*, *Isolation*, *Durability* (siehe Abschnitte 6.1 und 9.8).

Transaktionen werden über drei Basisoperationen gesteuert: *beginTransaction* startet eine Transaktion, *commit* bestätigt die Transaktion (macht also die Änderungen dauerhaft) und *rollback* macht die Transaktion ungeschehen. Jede Transaktion lebt (oder ist aktiv) von *beginTransaction* bis *commit* oder *rollback*. Transaktionen werden von transaktionsfähigen Diensten durchgeführt. Diese nennt man Transaktionsressourcen oder einfach Ressourcen. Beispiele sind Datenbanksysteme, Nachrichtensysteme (*Message-oriented Middleware, MOM*), Schnittstellen zu Nachbarsystemen oder EJB-Container. Im Umfeld von Transaktionen gibt es neben dem schon erwähnten XA-Protokoll zahlreiche Normen. Genannt seien hier:

- *JTA (Java Transaction API, Sun):* JTA ist eine Menge von Schnittstellen, die das XA-Protokoll für Java-Anwendungen festlegt. Abgesehen von wenigen Ausnahmeklassen enthält JTA keine Implementierung.
- *OTS (Object Transaction Service, OMG):* OTS ist eine Menge von Schnittstellen, die das XA-Protokoll für CORBA-Anwendungen festlegt.
- *JTS (Java Transaction Service):* JTS ist eine JTA-Implementierung.

Die Fülle der Normen und Implementierungen macht die Sache für den Anwendungsprogrammierer nicht einfacher, sondern komplizierter. In Wirklichkeit ist der Transaktionsbegriff in der Praxis hoffnungslos überladen: Transaktionen gibt es bei Datenbanken, bei TP-Monitoren (CICS) und bei Anwendungsservern (z.B. für EJB).

Deshalb trennen wir den Transaktionsbegriff aus Sicht der Anwendung – die *A-Transaktion* – von ihrer Implementierung durch technische Hilfsmittel, der *T-Transaktion*. A-Transaktionen lassen sich ganz unterschiedlich auf T-Transaktionen abbilden: Im einfachsten Fall entspricht jeder A-Transaktion genau eine T-Transaktion (Abb. 9–4, links), aber man kann durchaus eine A-Transaktion auf mehrere Transaktionen eines EJB-Servers abbilden, die ihrerseits durch mehrere Datenbanktransaktionen dargestellt werden (Abb. 9–4, rechts).

A-Transaktionen orientieren sich ausschließlich an der Anwendung: A-Transaktionen können lang dauern (Minuten oder auch Stunden). Besonders wichtig ist der folgende Punkt: A-Transaktionen haben nichts zu tun mit der oft diskutierten Frage des Gedächtnisses (auf Englisch: *stateful* vs. *stateless*). Der Anwendungskern hat *immer* ein Gedächtnis; selbstverständlich merkt er sich die Ergebnisse durchgeführter Operationen. Aber wo das Gedächtnis aufbewahrt wird (in

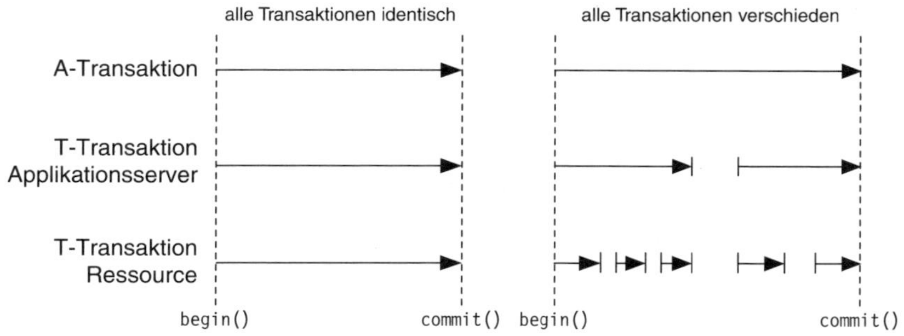

Abb. 9–4 *Abbildung von A- auf T-Transaktionen*

der Datenbank, in einem Cache oder wo auch immer), ist eine ausschließlich technische Angelegenheit, die innerhalb des Persistenzmanagers geregelt wird.

Die Schnittstelle *Transaction* bezieht sich also auf A-Transaktionen, und die Frage lautet: Wer steuert diese A-Transaktionen? Auf keinen Fall der Anwendungskern selbst. Für die Steuerung der Transaktionen gibt es zwei Möglichkeiten:

- Der Anwendungskern ist eingebettet in einen Anwendungsserver, der jeden Anwendungsfall mit einer Transaktionsklammer versieht. Dies ist die Einschritt-Transaktion: Jeder Aufruf des Anwendungsservers ist eine Transaktion; der Aufrufer hat nicht die Möglichkeit, mehrere Anwendungsfälle in einer Transaktion zusammenzufassen. Dieser defensive Ansatz entkoppelt Client und Server; er ist bei Web-Anwendungen eigentlich immer sinnvoll und auch bei herkömmlichen Client/Server-Anwendungen immer dann, wenn Client und Server stark entkoppelt sind.

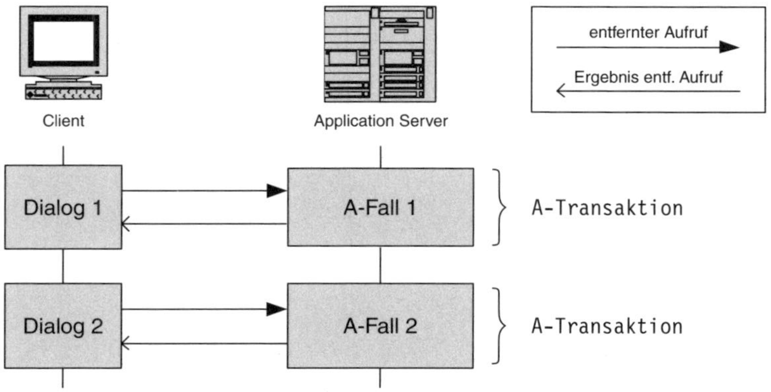

Abb. 9–5 *Einschritt-Transaktion*

- Die Transaktionssteuerung liegt beim Aufrufer (z.B. ein GUI-Client oder ein Batch-Programm); er kann die Transaktionen gestalten, wie er will. So sind Aufrufer und Anwendungskern eng gekoppelt – den höheren Freiheitsgraden steht natürlich die Gefahr des Missbrauchs gegenüber. Hier unterscheiden wir die Mehrschritt-Transaktion mit bzw. ohne Benutzereingabe:

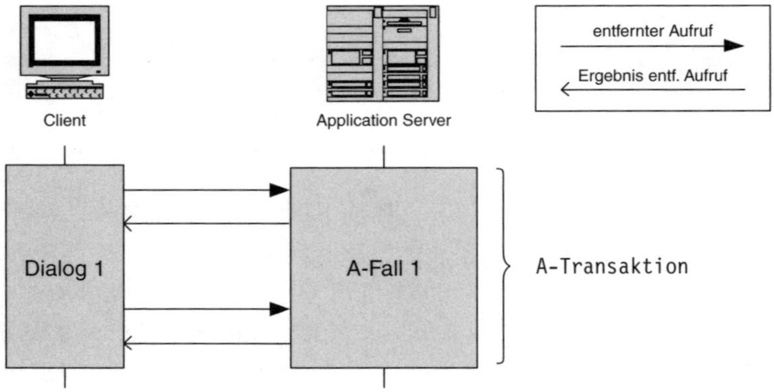

Abb. 9–6 *Mehrschritt-Transaktion ohne Benutzereingabe*

Bei der Mehrschritt-Transaktion mit Benutzereingabe erfolgen die Aufrufe in Abständen, die sehr groß sein können (bis hin zu Stunden oder Tagen). Sie finden allerdings innerhalb einer Sitzung statt – der Benutzer bleibt angemeldet.

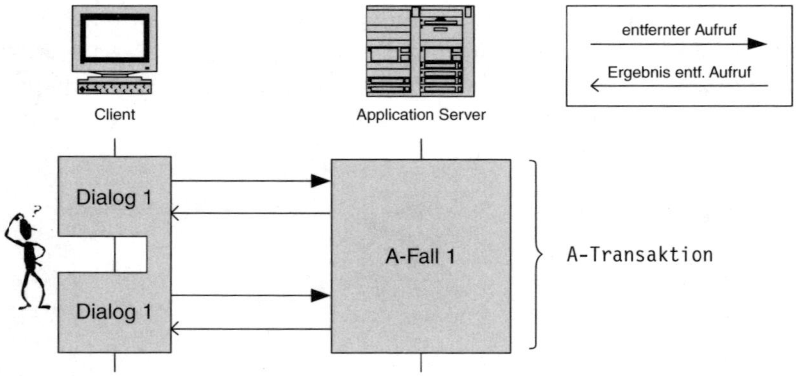

Abb. 9–7 *Mehrschritt-Transaktion mit Benutzereingabe*

Lange Bearbeitungen

Lange Bearbeitungen sind keine Transaktionen, wir erwähnen sie nur zur Abgrenzung. Sie erstrecken sich über mehrere Sitzungen des Benutzers: Zwischenstände werden gespeichert und stehen dem Benutzer bei weiteren Sitzungen wieder zur Verfügung. Die ACID-Eigenschaften gelten nicht. Bei der Wiederaufnahme der Bearbeitung nach Stunden, Tagen oder Wochen wird der alte Stand wiederhergestellt und auf Konsistenz in der neuen Situation geprüft. All dies ist Sache der Anwendung.

9.4 Pools

Zum besseren Verständnis der Persistenz sollte man sich zunächst von Datenbanken lösen und ganz allgemein *Pools* von Objekten betrachten. Ein Pool ist nichts weiter als ein Behälter von Objekten, deren Lebenszyklus überwacht wird. In Java gibt es immer mindestens einen Pool, nämlich den der JVM selbst. Dort befinden sich alle Objekte, die es überhaupt gibt; die JVM veranlasst im Rahmen der Speicherverwaltung, dass nicht mehr erreichbare Objekte gelöscht werden. Im Allgemeinen leisten Pools Folgendes:

Man kann Objekte in einen Pool einhängen (*insert*) oder erzeugen (*make*), man kann Objekte aus dem Pool entfernen (*delete*), und viele Pools erlauben es, nach Objekten zu suchen. Die meisten Pools – auch die JVM – identifizieren ihre Objekte mit Hilfe einer internen OID (*ObjectId*). Pools sind für ganz verschiedene Zwecke nützlich:

- *Performance:* Manche Pools (etwa die EJB-Container) reduzieren die Anzahl der Konstruktor-Aufrufe, indem sie nicht mehr gebrauchte Objekte wieder verwenden. Dies verbessert die Performance.
- *Zugriffskontrolle:* Manche Anwendungen benötigen Sperrmechanismen, die über die Möglichkeiten der Java-Synchronisation hinausgehen. So könnte es sein, dass alle in einem bestimmten Dialog bearbeiteten Objekte vor den Zugriffen anderer Dialoge zu schützen sind.
- *Transaktionskontrolle:* Es kommt vor, dass man ein ganzes Objektgeflecht (etwa alle Objekte, die im Rahmen einer Sitzung am Client erzeugt worden sind) nach einem Fehlschlag wieder zurücksetzen will, und zwar im Hauptspeicher ohne Unterstützung durch eine Datenbank. Auch dies lässt sich mit einem Pool erreichen.
- *Kommunikation mit Nachbarsystemen:* Die Idee ist einfach: Man hält alle Objekte, die entweder vom Nachbarsystem gelesen wurden oder dorthin noch zu übertragen sind, in einem eigenen Pool. Die Objekte im Pool sind nichts anderes als Repräsentanten von Objekten oder anderen Informationseinheiten des Nachbarsystems.
- *Persistenz:* Relationale Datenbanken sind spezielle Nachbarsysteme, die ihre Daten eben in Form von Relationen aufbewahren. Die meisten Zugriffsschichten verwalten die persistenten Objekte in einem Pool, dessen Inhalt nach unterschiedlichen Regeln mit der Datenbank synchronisiert wird. Wir beschreiben weiter unten in diesem Abschnitt einen Persistenz-Pool, der keine Datenbank benötigt, sondern mit flachen Dateien operiert.

Es ist erstaunlich und auch erfreulich, dass Pools von außen alle gleich aussehen, unabhängig von dem Zweck, für den sie gebaut sind. Der nächste Abschnitt betrachtet die wesentlichen Schnittstellen eines Pools. Er zeigt, wie man aus Sicht des Anwendungsprogrammierers mit Pools umgeht.

9.4.1 Pool-Schnittstellen

Man holt sich Pools wie immer von einer Pool-Fabrik; die Parameter der Methode makePool sind abhängig von der Implementierung. Ein Persistenz-Pool würde z.B. den Namen der Datenbank erwarten, mit der er sich verbinden soll; ggf. sind weitere Parameter nötig, normalerweise Name und Passwort des Benutzers.

```
public interface PoolFactory {
   public Pool makePool(Object[] args);
}
```

Pools sind manchmal Singletons; in diesem Fall würde die PoolFactory immer denselben Pool zurückgeben. Das muss aber nicht so sein: Im Allgemeinen hat man so viele Pools, wie man will, z.B. einen pro Dialog oder einen pro Sitzung.

Die Pool-Schnittstelle enthält eine make-Methode zum Erzeugen von Objekten: Objekte werden unter der Kontrolle des Pools angelegt; dabei wird eine OID erzeugt. Die optionale Methode insert erlaubt es, ein außerhalb des Pools erzeugtes Objekt in den Pool hineinzustellen. So ist es nicht ausgeschlossen, dass ein und dasselbe Objekt mehreren Pools angehört. Die delete-Methode entfernt das betroffene Objekt aus dem Pool, aber sie löscht es nicht; es kann ohne weiteres außerhalb des Pools weiterleben. In Analogie zur List-Schnittstelle gibt delete den Wert false zurück, wenn das angegebene Objekt nicht im Pool vorhanden ist; im anderen Fall true. Insgesamt erhalten wir zwei Schnittstellen, die im einfachsten Fall so aussehen:

```
public interface Pool {
   public Object make(Class c);
   public void insert(Object x);
   public boolean delete(Object x);

   public List executeQuery(String queryName, Object[] args);
}

public interface QueryDefinition {
   public void defineQuery(String queryName, Object query);
}
```

Annahmen des Pools über seine Objekte (etwa, dass jedes Objekt eine spezielle ObjectId besitzt) sind nur innerhalb des Pools sichtbar. Nach außen hin erscheinen alle Objekte des Pools als Object.

Die zweite Schnittstelle ist bewusst so allgemein gehalten, dass sie jede Art der Abfragedefinition umfasst: von SQL über OQL bis hin zu regulären Ausdrücken oder unären Prädikaten (siehe Abschnitt 2.12.2). Sie wird nur vom QueryDefiner benutzt – der einzigen Komponente, die die verwendete Abfragesprache kennt.

Abfragen liefern immer eine Liste (also eine Schnittstelle), niemals die gefundenen Objekte unmittelbar. Dies hat den Vorteil, dass man bei der Implementierung bestimmen kann, wie viele Objekte physisch bereitgestellt werden und wann ggf. nachgeladen wird.

Beispiel: Wenn man ein Suchergebnis am Bildschirm anzeigt, dann sollte man nur so viele Objekte lesen, wie auf eine Bildschirmseite passen, und den Rest entweder asynchron oder erst beim Weiterblättern lesen.

Merke: Wer zum richtigen Zeitpunkt die richtige Menge an Daten lädt, verbessert die Performance entscheidend.

Für transaktionsfähige Pools benötigen wir noch eine weitere Schnittstelle:

```
public interface Transaction {
  public void commit();
  public void rollback();
}
```

Im einfachsten Fall implementiert der Pool diese Schnittstelle selbst; im Allgemeinen (wie in Abb. 9–1 dargestellt) ist es der `TransactionManager`, der Transaktionen zur Verfügung stellt:

```
public interface TransactionManager {
  public Transaction beginTransaction();

}
```

Wir sehen uns zunächst an, wie man diese einfachen Schnittstellen implementieren könnte. Im weiteren Verlauf dieses Kapitels lernen wir leistungsfähigere Varianten kennen.

9.4.2 `SimplePool`: Ein einfacher transaktionsfähiger Pool

Die wohl einfachste Implementierung eines transaktionsfähigen Pools basiert auf folgender Idee: Es gibt zwei Datenbereiche, den Arbeitsbereich (`workImage`) und den Datenspeicher (`storedImage`). Alle Änderungen erfolgen im Arbeitsbereich. Die `commit`-Methode kopiert den Arbeitsbereich in den Datenspeicher (das nennen wir *speichern*); `rollback` kopiert in die entgegengesetzte Richtung (das nennen wir *laden*). Der Pool kennt die beiden Zustände `clean` und `dirty`: Im Zustand `clean` stimmen Arbeitsbereich und Datenspeicher überein; die erste Änderung im Arbeitsbereich überführt den Pool in den Zustand `dirty`; sowohl `commit` als auch `rollback` stellen den Zustand `clean` wieder her. Man beachte, dass die mit `commit` und `rollback` verbundenen Kopiervorgänge *tief* sein müssen: Nicht nur die Objekte selbst werden übertragen, sondern auch alle Attribute und alle referenzierten Objekte[3].

3. Tiefe Kopien implementiert man in Java mit Hilfe von Serialisierung.

```
public class SimplePool implements Pool, QueryDefinition, Transaction {
   private Set workImage = new HashSet();       // bearbeitete Objekte
   private File storedImage = new File();       // gespeicherte Objekte
   private Map queries = new HashMap();         // alle Abfragen

   public void commit()   { // speichern: workImage -> storedImage }
   public void rollback() { // laden:     storedImage -> workImage }

   public Object make(Class cls) {
      try {
         Object x = cls.newInstance();
      } catch(Exception e) { ... }

      workImage.insert(x);
      return x;
   }

   public boolean insert(Object x) { return workImage.insert(x); }
   public boolean delete(Object x) { return workImage.remove(x); }

   public List executeQuery(String queryName, Object[] args) {
      Query q =  (Query) queries.get(queryName);
      return q.execute(args);
   }

   public void defineQuery(String queryName, Object query) {
      SimpleQuery q = new SimpleQuery(query);
      queries.put(queryName, q);
   }

   private class SimpleQuery {

      public SimpleQuery(Object query) { ..  }

      public List execute(Object[] args) { .. }
   }
}
```

In diesem Beispiel werden die Daten in einer flachen Datei abgelegt – eine einfache, aber oft nützliche Form der Persistenz. Die Implementierung der inneren Klasse `SimpleQuery` verwendet unäre Prädikate und Filter (siehe Abschnitt 2.12.2) – das ist nicht kompliziert, aber etwas technisch und wird daher hier nicht weiter ausgeführt. Die Methode `executeQuery` filtert alle Objekte des Arbeitsbereichs, auf die das Prädikat zutrifft, das heißt, die Abfrage berücksichtigt alle Änderungen der laufenden Transaktion – WYSYWYG ist gesichert.

9.4.3 SimplePool: Was kann er nicht?

Es ist natürlich nicht unsere Absicht, den `SimplePool` als Ersatz für eine richtige Datenbank vorzuschlagen. Wir verwenden ihn vielmehr als Anschauungsobjekt, um echte und vermeintliche Schwierigkeiten beim Umgang mit Zugriffsschichten zu illustrieren. Dazu betrachten wir die Mängel von `SimplePool`:

- Der gesamte Datenbestand wird doppelt gehalten; bei jedem `commit` oder `rollback` wird der gesamte Datenbestand kopiert. Das funktioniert bei einigen Zehntausend Objekten erstaunlich gut, aber das Verfahren skaliert natürlich nicht.
- Alle Abfragen beziehen sich nur auf solche Objekte, die mit `insert` oder `make` dem Pool zugeordnet wurden. Das heißt, wenn wir ein `Ausleihe`-Objekt in den Pool einfügen, dann sind die ausgeliehenen Bücher (also die von `Ausleihe` referenzierten Objekte) nur indirekt im Pool: Sie unterliegen zwar dem `commit`/`rollback`-Mechanismus, aber keine Abfrage würde sie finden.
- Der `SimplePool` ist gedacht für einen einzelnen Benutzer. Es gibt keine Sperren und keine Synchronisierung konkurrierender Änderungen.
- Der Pool speichert seine Daten in einer flachen Datei, nicht in einer relationalen Datenbank.

Wer diese vier Probleme erledigt hat, der ist ein großes Stück weiter auf dem Weg zu einer richtigen Zugriffsschicht. Die folgenden Absätze befassen sich der Reihe nach mit den oben genannten Problemen; in den Abschnitten 9.10 und 9.11 skizzieren wir zwei vollständige Lösungen (QuasarPersistence und JDO).

9.4.4 Spätes Lesen: Virtuelle Objekte, virtuelle Attribute

Im Arbeitsbereich braucht man nur solche Objekte, die entweder per Abfrage geladen oder neu angelegt wurden. Aber wie geht man mit Beziehungen um? Gesetzt den Fall, ein `Ausleihe`-Objekt wird geladen. Sollen dann alle von dieser Ausleihe direkt und indirekt referenzierten Objekte automatisch mitkommen? Dieser Weg ist gangbar, aber nicht besonders performant. Viel besser ist intelligentes Nachladen: Wir halten nicht die Objekte selbst, sondern die Funktionen, mit deren Hilfe wir bei Bedarf an die Daten gelangen. Dies ist eine der Grundideen der Informatik überhaupt; ein erstes Beispiel dafür war die Klasse `Range` in Abschnitt 2.7.

Man beachte, dass wir hier nur über eine – zugegebenermaßen besonders wichtige – Optimierungsmaßnahme sprechen. Das heißt auch: Zum Pool gehören nach wie vor alle Objekte des Datenspeichers, auch wenn sie aus Gründen der Optimierung nicht in den Arbeitsbereich geladen wurden. Der Pool wird schneller, aber seine Schnittstelle ändert sich nicht.

Intelligentes Nachladen funktioniert folgendermaßen: Referenzierte Objekte werden als Liste angesprochen – aber diese Liste ist nichts anderes als das Ergebnis einer Abfrage. Je nach Implementierung werden referenzierte Objekte erst dann geladen, wenn sie wirklich angesprochen werden. Beispiel:

```
public class Ausleihe {

   private AusleihId id;

   private Datum ausleihdatum;
   private Datum rueckgabedatum;
   ...

   private List mahnungen;

                                 // wird nur innerhalb des Pools verwendet!
   public void setMahnungen(List mahnungen) {
      this.mahnungen = mahnungen;
   }

   public List getMahnungen() {
      return mahnungen;
   }
}
```

Hier kennt die Ausleihe ihre Mahnungen in Form einer Liste, aber die Implementierung der Liste kennt sie nicht. Die Methode setMahnungen kommt nur innerhalb des Pools zur Anwendung, um das Ausleihe-Objekt mit seinen Mahnungen zu versorgen; sie würde niemals in einer von außen zugänglichen Schnittstelle erscheinen. Anders die Methode getMahnungen: Sie kann man ohne weiteres nach außen geben – wer sie benutzt, merkt höchstens an der Performance, dass im Hintergrund möglicherweise Datenbankzugriffe stattfinden. Innerhalb der Ausleihe sind Mahnungen nur virtuell vorhanden: Man kann so tun, als wären sie da, aber in Wirklichkeit befinden sie sich noch in der Datenbank.

Diese Idee funktioniert nicht nur bei Beziehungen zu anderen Objekten, sondern auch bei Attributen: Die Anwendungsobjekte enthalten keine Attribute, sondern lediglich Zugriffsfunktionen (*Akzessoren*), die den Zugang zu den Attributen herstellen. Das ist die Idee der virtuellen Attribute. In Java könnte das folgendermaßen aussehen:

```
public class Ausleihe {
   private static UnaryFunction ausleihdatumGetter;
   private static UnaryFunction rueckgabedatumGetter;
   private static BinaryFunction ausleihdatumSetter;

   public static setGetters(UnaryFunction[] getters) { .. }
   public static setSetters(BinaryFunction[] setters) { .. }

   public Datum getAusleihdatum() {
      return (Datum) ausleihdatumGetter.execute(id);
   }

   public Datum getRueckgabedatum() {
      return (Datum) rueckgabeGetter.execute(id);
   }
```

```
    public void gebeZurueck(Buch b, Datum d) {
        // diverse fachliche Aktionen
        rueckgabeDatumSetter.execute(id, d);
    }

  public Mahnung mahneRueckgabe() {
        // diverse fachliche Aktionen

        Mahnung m = new Mahnung( ... );
        mahnungen.add(m);
    }
  }
```

Diese Art der Programmierung ist zwar gewöhnungsbedürftig, aber durchaus im Einklang mit der Trennung von A und T: Die Entitätsklassen sehen nur die Java-Schnittstellen `UnaryFunction` und `BinaryFunction` (diese gehören zur Kategorie 0, siehe auch Abschnitt 2.12); es obliegt dem Pool, die Akzessoren zu besetzen.

Mit Akzessoren lässt sich der Ladezeitpunkt auf Feldebene steuern. Im Beispiel der `Ausleihe` könnte man z.B. alle Attribute zunächst in der Datenbank lassen und erst beim tatsächlichen Zugriff auf ein bestimmtes Feld dieses aus der Datenbank holen. Der entscheidende Punkt ist die vollständige Kontrolle über den Ladezeitpunkt und nicht eine bestimmte Strategie.

Virtuelle Objekte und Attribute optimieren den Transport vom Arbeitsbereich in den Datenspeicher, also das Laden. Die andere Transportrichtung (Speichern) kann man optimieren, wenn man über die in der laufenden Transaktion stattgefundenen Änderungen Bescheid weiß. Dazu gibt es im Wesentlichen drei Möglichkeiten:

- Die Anwendung hat die Pflicht, jedes geänderte Objekt durch einen Aufruf einer weiteren Methode (diese heißt oft `setDirty` oder `store`) zu markieren. Das ist die einfachste Lösung aus Sicht des Pools, aber die Anwendung wird durch zahllose `setDirty`-Aufrufe verschmutzt, und leicht wird ein solcher Aufruf vergessen. Dieses Verfahren ist nur ein unbefriedigender Notbehelf.
- Der Pool verwaltet einen weiteren Datenbereich, das `beforeImage`. Dieses enthält alle gelesenen Objekte in dem Zustand, den sie zum Lesezeitpunkt hatten. Durch objektweisen Vergleich von `beforeImage` und `workImage` stellt der Pool fest, welche Objekte sich geändert haben. Das ist relativ einfach zu implementieren, kostet aber Performance, weil alle gelesenen Objekte zu untersuchen sind. Die Performance leidet noch mehr, wenn sich das `beforeImage` nicht im Hauptspeicher, sondern nur in der Datenbank befindet: Dann muss man das `beforeImage` erst einmal durch Nachlesen wiederherstellen, und das ist teuer.
- Man instrumentiert die Anwendungsklassen in der Weise, dass der Pool alle Änderungen erfährt. Dies ist z.B. mit Hilfe von Akzessoren möglich.

9.4.5 Objektidentität und Beziehungen

In Java ist alles ein Objekt, von `String` und `Integer` über `HashTable` bis hin zu Entitätstypen wie `Buch` oder `Ausleihe`. Aber nur Letztere sind bei Abfragen interessant – aus Anwendungssicht interessiert sich niemand für die `String`- oder `Integer`-Objekte eines Pools. Deshalb übertragen wir die Trennung von Entitätstypen und Datentypen (siehe Abschnitte 8.5 und 9.11 über JDO) auf die Pools: Der Pool unterscheidet Entitätstypen und Datentypen und garantiert die Eindeutigkeit: Jede Entität hat eine eindeutige ID; sie befindet sich höchstens einmal im Pool. Pools verfügen in der Regel über einen OID-Generator. Jede Abfrage liefert als Ergebnis eine möglicherweise leere Liste von Entitäten.

Eine wichtige Eigenschaft von Pools ist die *Abgeschlossenheit*. Das bedeutet: Wenn Pool p die Entität x enthält, dann enthält p auch alle Entitäten, die x referenziert. Dabei können sich die referenzierten Objekte durchaus noch im Datenspeicher befinden – sie werden erst bei Bedarf geladen.

Abgeschlossenheit ist nicht ohne weiteres zu erreichen. Der einfachste Weg besteht darin, dem Anwender die Verantwortung dafür zu überlassen, aber das ist unbefriedigend. Daneben gibt es die im letzten Absatz angesprochene Möglichkeit der Kontrolle über Akzessoren: In der Klasse `Ausleihe` sehen wir eine Liste von Mahnungen. Die Implementierung der Liste gestaltet man so, dass die `add`-Methode das neue Objekt nicht nur hinzufügt, sondern zugleich den Pool über das neue Objekt informiert.

9.4.6 Sperren und Transaktionen

Transaktionen mit nur einem Benutzer sind so einfach wie im `SimplePool`. Bei zwei oder mehr Benutzern sind Kollisionen möglich: Zwei oder mehr Benutzer beabsichtigen, dasselbe Objekt zum selben Zeitpunkt zu bearbeiten. Zur Behandlung dieser Kollisionen gibt es die *optimistische* und die *pessimistische* Strategie: Im optimistischen Fall gibt es keine Sperren; Kollisionen werden ggf. zum `commit`-Zeitpunkt erkannt und führen meistens dazu, dass die Änderungen eines Benutzers zurückgesetzt werden. Die pessimistische Strategie verlangt, dass jeder Benutzer seine Objekte sperrt, bevor er sie ändert. Mehr dazu im Abschnitt 9.8.

9.4.7 Mapping

Der `SimplePool` speichert beim `commit` die geänderten Objekte des Arbeitsbereichs in serialisierter Form in einer flachen Datei – dafür braucht man nur wenige Programmzeilen. Der Punkt ist nun: Nach demselben Muster kann man die geänderten Objekte des Arbeitsbereichs in jeder beliebigen Form auf jedem beliebigen Medium speichern – in einem anderen Pool, in einer relationalen Datenbank, in einem Nachbarsystem oder wo auch immer, natürlich verbunden mit einem erheblich höheren Programmieraufwand.

9.5 MappingManager

Der *MappingManager* verwaltet alle Informationen für die Transformationen von Objekten in Tabellen und Spalten der Datenbank und zurück. Dazu dienen drei Modelle:

- Das *Klassenmodell* beschreibt die Klassen mit Attributen, Beziehungen und Vererbung. Dieses Modell ergänzt Java-Reflektion: Primärschlüssel, Kardinalität von Beziehungen, Länge von Strings und Genauigkeit von Dezimalzahlen – diese Informationen sind in Java-Reflektion nicht enthalten, aber für den Aufbau der Datenbank braucht man sie.
- Das *Datenbankmodell* beschreibt die Tabellen und Spalten der Datenbank.
- Ein *Abbildungsmodell* beschreibt, wie die Objekte und ihre Attribute auf Tabellen und Spalten abgebildet werden.

Diese Modelle sind der Kern des *MappingManagers* und mit ihrer Hilfe ist er in der Lage, SQL-Anweisungen zu erzeugen und Objekte von und nach SQL zu transformieren. Auf der anderen Seite weiß der *MappingManager* nichts von Transaktionen, Caches und anderen Laufzeitproblemen. Sein Gedächtnis ist statisch: Die drei Modelle werden einmal definiert und zur Laufzeit nur in Ausnahmefällen geändert. Wegen dieser Statik ist der *MappingManager* in der Regel ein vergleichsweise einfaches Stück Software.

9.5.1 Außensicht

Der *MappingManager* hat wie viele andere Komponenten eine administrative und eine operative Schnittstelle. Die administrative Schnittstelle dient zur Definition der drei Modelle; dies geschieht in der Regel über XML-Dateien. Die operative Schnittstelle des *MappingManagers* ist zweigeteilt: Die Schnittstelle `StatementManager` stellt ausführbare SQL-Anweisungen zur Verfügung und über die Schnittstelle `SQLTransformer` werden Java-Objekte in ihre SQL-Darstellung verwandelt und wieder zurück. Das sieht folgendermaßen aus:

```
interface StatementManager {
  SQLStatement getSQLStatement(Class c, Operation op);
}
```

Die `getSQLStatement`-Methode liefert zu jeder persistenten Klasse `c` die drei SQL-Anweisungen für INSERT, UPDATE und DELETE. Die Erzeugung der SQL-Abfragen ist Sache des *StatementManagers* und geschieht nach demselben Prinzip. Hier der `SQLTransformer`:

```
interface SQLTransformer {
  SQLObject toSQL(Object x);
  Object fromSQL(SQLObject y);
}
```

Alle Methoden sind Abfragen; sie ändern den Zustand des *MappingManagers* nicht. Die `from`- und `toSQL`-Methoden sind zueinander invers. Objekte der Klasse `SQLObject` enthalten die SQL-Darstellung eines Java-Objekts. Das ist im einfachsten Fall genau eine Datenbankzeile, aber theoretisch könnte man jedes Attribut auf Spalten von lauter verschiedenen Tabellen abbilden. SQL-Anweisungen lassen sich mit Hilfe der Schnittstelle `ConnectionManager` ausführen:

```
interface ConnectionManager  {
  Object execute(SQLStatement stmt, Object x)
}
```

Damit ergibt sich der folgende Ablauf (siehe Abb. 9–8): Der Pool holt sich beim `StatementManager` die auszuführenden Anweisungen (1) und übergibt sie dem `ConnectionManager` zur Ausführung (2). Dieser benutzt die `SQLTransformer`-Schnittstelle zur Transformation der Java-Objekte in ihre SQL-Darstellung (3) und setzt schließlich einen oder mehrere JDBC-Befehle ab (4).

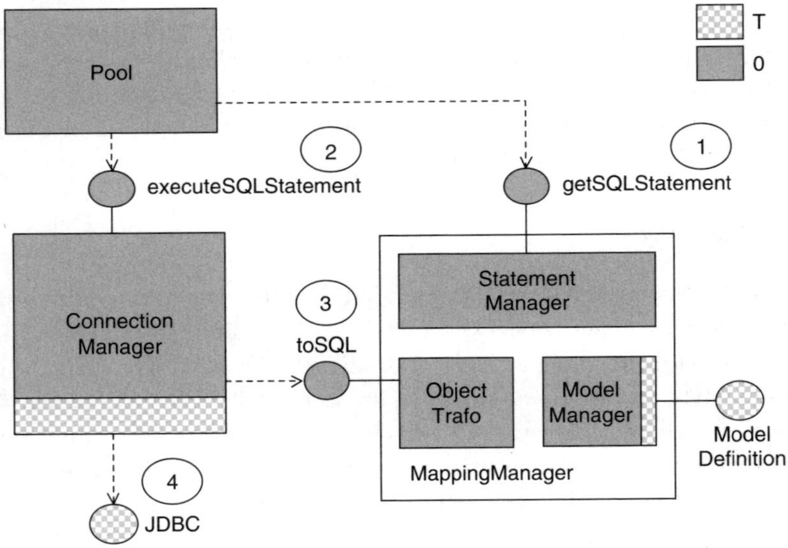

Abb. 9–8 *MappingManager mit Pool und ConnectionManager*

9.5.2 Abbildungsmodell

Das Abbildungsmodell legt Folgendes fest:

- *Datentypen:* Wie werden Java-Datentypen (`boolean`, `Date`) und Anwendungsdatentypen auf JDBC-Typen (`BIT`, `DATE`) und diese wiederum auf Datenbanktypen (`number(1)`, `date`) abgebildet?
- *Assoziationen:* Wie werden Assoziationen verschiedener Kardinalität durch Fremdschlüssel abgebildet?

- *Vererbung:* Bekommt jede Klasse ihre eigene Tabelle oder wird eine ganze Klassenhierarchie in einer großen Tabelle dargestellt?
- *Denormalisierung:* Wo ist Denormalisierung sinnvoll und welche Konsequenzen hat sie für die Transformation zwischen Datenbankzeile und Objekt?

Diese Informationen werden meistens in einem XML-Format hinterlegt, aber es sollte möglich sein, komplizierte Abbildungsregeln einfach als Programm zu formulieren.

9.5.3 Innensicht

MappingManager können trotz ihrer Statik bei übermäßiger Denormalisierung außerordentlich kompliziert sein. Aber der einfachste und für Prototypen oft sinnvolle Weg besteht darin, auf jede Generierung zu verzichten und alle benötigten SQL-Anweisungen und Transformationsmethoden einfach manuell zu programmieren. Bei einer kleinen Anwendung mit fünf Klassen sind das zehn Transformationsmethoden und vielleicht 15 SQL-Anweisungen – in der Zeit schreibt man keinen Generator.

Man wird den *StatementManager* so bauen, dass er die einmal erzeugten Anweisungen in einem Verzeichnis aufbewahrt. So wird jede Anweisung nur einmal generiert. Der Zeitpunkt der Generierung sollte wählbar sein: Man kann alle oder wenigstens die oft gebrauchten Anweisungen vorab erzeugen, oder man erzeugt jede Anweisung erst, wenn sie wirklich verlangt wird. Dabei sollte man bewusst den Weg offen lassen, dass besonders komplexe Anweisungen nicht generiert, sondern von Hand programmiert werden.

9.6 Wer verantwortet die Konsistenz der Daten?

Alle Anwendungsfälle unterstellen konsistente Daten, und weil es der Anwendungskern ist, der die Anwendungsfälle durchführt, ist die Datenkonsistenz seine ureigene Aufgabe.

Die meisten Datenbanksysteme sind in der Lage, referenzielle Integrität und z.T. auch weiter gehende Bedingungen zu prüfen. Das ist vor allem dann wichtig, wenn man aus hoffentlich stichhaltigen Gründen am Anwendungskern vorbei in die Datenbank schreibt. Dabei ist Folgendes zu bedenken:

- Referenzielle Integrität ist ein wichtiger, aber nur kleiner Teil der Konsistenzbedingungen. Referenzielle Integrität alleine nützt nicht viel.
- Referenzielle Integritätsbedingungen schaffen Abhängigkeiten zwischen den beteiligten Tabellen. Diese Abhängigkeiten sollten konform sein zu den Abhängigkeiten der zugehörigen Anwendungskomponenten, d.h., Integritätsbedingungen sollten nur solche Tabellen verknüpfen, die auf der Ebene der Anwendungskomponenten ohnehin zusammengehören.

- Konsistenzprüfungen auf Ebene der Datenbank kosten Performance. Bei Test und Integration sind diese Prüfungen hilfreich; im Wirkbetrieb stören sie meistens und werden beim ersten Performance-Problem ausgeschaltet.

Datenbankprüfungen sind nur dort unumgänglich, wo sie Dinge prüfen, die der Anwendungskern unmöglich prüfen kann, z.B. die Vergabe von eindeutigen Schlüsseln.

Davon abgesehen betrachten wir Datenbankprüfungen als Sicherungsnetz, in das der Anwendungskern hoffentlich niemals hineinfällt. Der Anwendungskern ist so gebaut, dass seine Daten bis auf Programmierfehler immer konsistent sind; Konsistenzprobleme auf Datenbankebene sind immer Ausnahmen im Sinn von Kapitel 5: Eigentlich können sie nicht vorkommen.

OR-Zugriffsschichten sind dank der Modellinformationen ebenfalls in der Lage, Konsistenzprüfungen vorzunehmen – und damit haben wir drei konkurrierende Instanzen. Aber für Zugriffsschichten gilt dasselbe wie für Datenbanken: Prüfungen der Zugriffsschicht sind höchstens als zusätzliche Sicherheit zu betrachten; sie sind nicht Bestandteil des Anwendungskerns.

9.7 Gespeicherte Prozeduren (Stored Procedures)

Gespeicherte Prozeduren sind Programme, die in der Datenbankumgebung gespeichert und ausgeführt werden. Damit lässt sich alles prüfen, was ein Programm überhaupt prüfen kann; allerdings sollte man vermeiden, dass der Anwendungskern unkontrolliert in die Datenbank diffundiert.

Gespeicherte Prozeduren ermöglichen dank der unmittelbaren Kommunikation mit der Datenbank hohe Performance auch bei komplexen Datenbankanfragen. Alle nennenswerten Anbieter relationaler Datenbanksysteme unterstützen gespeicherte Prozeduren mit unterschiedlichen Implementierungssprachen, wie z.B. PL/SQL, Java, C, Cobol oder REXX.

Gespeicherte Prozeduren reduzieren die Netzlast: Viele einzelne Datenbankoperationen werden gebündelt in einer gespeicherten Prozedur abgearbeitet. Dadurch entfällt der Netzverkehr zwischen den einzelnen Operationen vollständig. Nur am Anfang und am Ende werden Parameter bzw. Ergebnisse über das Netzwerk transportiert. Für gespeicherte Prozeduren, die in Java implementiert werden, erreicht man mit SQLJ als Zugriffsmechanismus eine ähnlich hohe Performance wie unter C oder PL/SQL; allerdings ist das je nach Datenbank und Plattform (Windows, UNIX, Host) unterschiedlich. Hier einige Beispiele für die sinnvolle Verwendung gespeicherter Prozeduren:

- Statische Suchanfragen, die komplexe, aufwendige SQL-Anweisungen erfordern, oder Reporting-Anfragen, bei denen spezielle Fähigkeiten der Datenbank nötig sind.
- Datenintensive Anwendungslogik (z.B. Massendatenverarbeitung).

- Performancekritische Anfragen sind mit gespeicherten Prozeduren möglicherweise schneller.

Eine Integration von gespeicherten Prozeduren in objektrelationalen Produkten wie QuasarPersistence ist meist gut möglich. Daher kann auch bei Verwendung von gespeicherten Prozeduren eine durchgängige Zugriffsschicht implementiert werden. Folgende Punkte sind bei gespeicherten Prozeduren zu bedenken:

- Der Anwendungskern wird auf mehrere Ebenen der Systemarchitektur verteilt; er diffundiert in die Datenbank. Die Implementierung der Anwendung ist uneinheitlich; die Wartung komplexer.
- Debugging, Konfigurationsmanagement und Deployment sind umständlich und aufwendig.
- Die Last wird auf den Datenbankserver verlegt: Dies reduziert die Skalierbarkeit.

9.8 Mehrere Benutzer: Sperren und Sichtbarkeit

In Abschnitt 9.4 haben wir den Unterschied zwischen der optimistischen und der pessimistischen Strategie kennen gelernt: Die optimistische Strategie kennt keine Sperren, sondern versucht, etwaige Kollisionen am Ende der Transaktion aufzulösen – meistens dadurch, dass eine der beteiligten Transaktionen zurückgesetzt wird. Die pessimistische Strategie verlangt vom Programmierer, dass er jedes Objekt sperrt, bevor er es anfasst, und das hat weitgehende Auswirkungen auf die Art der Programmierung. Bei der Entscheidung für oder gegen die optimistische Strategie ist die folgende Überlegung hilfreich:

Die Anzahl N der gleichzeitig aktiven Transaktionen ist maßgeblich für den Durchsatz eines Systems. Mit den Bezeichnungen

n = Anzahl der Transaktionen, die im Durchschnitt pro Sekunde starten, und
t = durchschnittliche Dauer einer Transaktion in Sekunden

gilt: $N = n \cdot t$.

Bei der pessimistischen Strategie ist die durchschnittliche Dauer t wesentlich länger und daher ist auch N groß. Beispielrechnung mit $n = 10$:

Pessimistisch: $n = 10, t = 20 \Rightarrow N = 200$
Optimistisch: $n = 10, t = 1 \Rightarrow N = 10$

Bei der pessimistischen Strategie sind mit den angegebenen Zahlen im Durchschnitt 20-mal mehr Transaktionen aktiv. Auch wenn der Durchsatz nicht notwendigerweise gleich um den Faktor 20 höher ist, kann man sagen, dass optimistische Sperren gut für die Performance sind. Sie sollten der Standard sein, wenn aus Sicht der Anwendung nichts dagegen spricht.

9.8.1 Sperren und Sperrmodi

Im Rest dieses Abschnitts geht es nur um die pessimistische Strategie. Zum Sperren von Objekten sind die Schnittstellen `Pool` und `Query` zu erweitern:

```
public interface Pool {

    public Object make(Class cls);
    public void insert(Object x);
    public boolean delete(Object x);

    public boolean lock(Object x, LockMode mode, int timeout);
    public LockMode getLockMode(Object x);

    public Query getQuery(String name);
}

public interface Query {
    public List execute(Object[] args, LockMode mode, int timeout);
}
```

Die `lock`-Methode erwirbt eine Sperre auf `Object x`; die `execute`-Methode sperrt alle gelesenen Objekte. In beiden Fällen definiert `mode` die Art der Sperre. Das Ergebnis `false` bzw. `null` besagt, dass die Sperre in der durch `timeout` festgelegten Zeit nicht zu bekommen war. Wir unterscheiden vier Sperrmodi:

- *read* stellt sicher, dass kein anderer Benutzer das gesperrte Objekt löscht; andere Benutzer dürfen das gesperrte Objekte lesen und ändern. Dem Sperrenden wird garantiert, dass Referenzen auf das gesperrte Objekt gültig bleiben, aber es kann sein, dass sich das Objekt zwischen zwei Lesezugriffen ändert.
- *repeatable_read* stellt sicher, dass kein anderer Benutzer das gesperrte Objekt löscht oder ändert; andere Benutzer können – wie der Sperrende selbst – das gesperrte Objekt wiederholbar lesen.
- *modify* stellt ebenfalls sicher, dass kein anderer Benutzer das gesperrte Objekt ändert oder löscht. Andere Benutzer dürfen das gesperrte Objekt lesen, allerdings ohne Wiederholbarkeit. Der Sperrende kann das gesperrte Objekt ändern.
- *delete* stellt sicher, dass kein anderer Benutzer das gesperrte Objekt referenziert. Der Sperrende kann das gesperrte Objekt also gefahrlos löschen.

Von der Anwendung wird verlangt, dass sie jeden Zugriff ausreichend schützt: Wer ein Objekt ohne Wiederholbarkeit liest, sperrt mit *read*, wer es mit Wiederholbarkeit liest, sperrt mit *repeatable_read*, wer es ändert, sperrt mit *modify*, und wer es löscht, sperrt mit *delete*.

Sperren werden immer bis zum Ende der Transaktion gehalten, und es ist verboten, den Sperrmodus zu reduzieren. Die Matrix in Abbildung 9–9 zeigt die Kompatibilität der Sperrmodi:

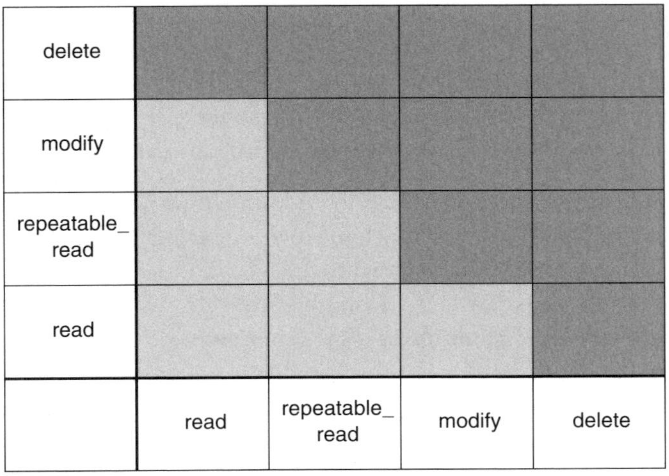

Abb. 9–9 *Kompatibilität der Sperrmodi*

So ist *read* kompatibel mit *read*, *repeatable_read* und *modify*, aber nicht mit *delete*. Jeder Sperrversuch kann scheitern: Das wäre ein Fehler im Sinn von Kapitel 5, aber keine Ausnahme. Dagegen ist der Zugriff auf ungesperrte oder nicht ausreichend gesperrte Objekte ein Programmierfehler und demzufolge eine Ausnahme. Die Sperren der pessimistischen Strategie garantieren, dass die `commit`-Operation immer glückt (bis auf Ausnahmen), denn dank der Sperren sind Kollisionen ausgeschlossen.

9.8.2 Isolationsstufen

Jedes Speichermedium implementiert eine oder mehrere der folgenden Isolationsstufen des SQL-92-Standards: *read_uncommitted*, *read_committed*, *repeatable_read* und *serializable*. Diese bedeuten Folgendes:

- *read_uncommited*: Die Transaktion sieht die unbestätigten Änderungen anderer Transaktionen. In dieser Isolationsstufe ist die Konsistenz der gelesenen Daten nicht garantiert; dafür ist der Overhead minimal. Dieser Modus wird z.B. verwendet, wenn man im laufenden Betrieb Daten für ein Data Warehouse abzieht, denn da kommt es nicht auf die Konsistenz der Daten an, sondern nur auf die statistische Genauigkeit.
- *read_committed*: Die Transaktion sieht nur die bestätigten Änderungen anderer Transaktionen. *read_committed* ist der Regelfall.
- *repeatable_read* (RR): Die Transaktion sieht nur diejenigen Änderungen, die vor ihrem eigenen Beginn bestätigt worden sind. Alle *Leseoperationen* innerhalb einer *RR*-Transaktion liefern also dasselbe Ergebnis. *RR* kostet Performance. Einzige Anwendung: Auswertungsfunktionen, die parallel zu anderen Verarbeitungen laufen und eine konsistente Sicht der Daten benötigen.

- *serializable* (oder *full_isolation*): Das ist *RR* plus die Verhinderung von *Phantom Read*: Die Transaktion findet nur Objekte, die vor dem Beginn der Transaktion angelegt worden sind. Das heißt, alle *Suchoperationen* innerhalb einer voll isolierten Transaktion liefern dasselbe Ergebnis. Diese Isolationsstufe wird in der Praxis aus Performance-Gründen kaum verwendet.

Jede Pool-Implementierung realisiert eine oder mehrere Isolationsstufen, normalerweise unter Verwendung der Mechanismen der Datenbank. Diese sollte zum Konfigurationszeitpunkt festgelegt werden. Wir halten nichts davon, eine so grundsätzliche Eigenschaft wie die Isolationsstufe zur Laufzeit nach Belieben zu verstellen (z.B. mit einer Methode `setIsolationLevel`).

Man beachte den Unterschied zwischen den Isolationsstufen dieses Abschnitts und der Wiederholbarkeit in den Abschnitten 6.1 und 6.7: Dort ging es um die Konsistenz eines Systems bei nur einem Benutzer – ungeschicktes Design kann dazu führen, dass RR auch bei nur einem Benutzer verletzt ist: Das System stellt sich sozusagen selbst ein Bein. Die Isolationsstufen dieses Abschnitts betreffen die Isolation verschiedener Benutzer.

9.9 Transaktionen (Vertiefung)

Bisher haben wir nur einfache Transaktionen betrachtet. Aber die Welt ist komplizierter: Es gibt geschachtelte, parallele, verteilte und weiche Transaktionen. Diese vier Merkmale schließen sich nicht aus; man kann sich Transaktionen vorstellen, die geschachtelt, verteilt, parallel und weich auf einmal sind – aber bisher hat das in der Praxis wahrscheinlich niemand programmiert. Deshalb stellen wir die vier Merkmale getrennt vor.

9.9.1 Geschachtelte Transaktionen

Man kann Transaktionen schachteln (vgl. Abb. 9–10). Die Aussage »Transaktion S ist Subtransaktion von Transaktion T« bedeutet Folgendes:

- S beginnt nach T.
- S sieht alle unbestätigten Änderungen von T (und alles, was T sonst sieht; siehe Isolationsstufen, Abschnitt 9.8).
- S muss vor T mit *commit* oder *rollback* beendet werden; T kann erst nach dem Ende von S beendet werden.
- T sieht nicht die unbestätigten Änderungen von S. Die bestätigten Änderungen von S werden Teil von T und werden mit T bestätigt oder verworfen.

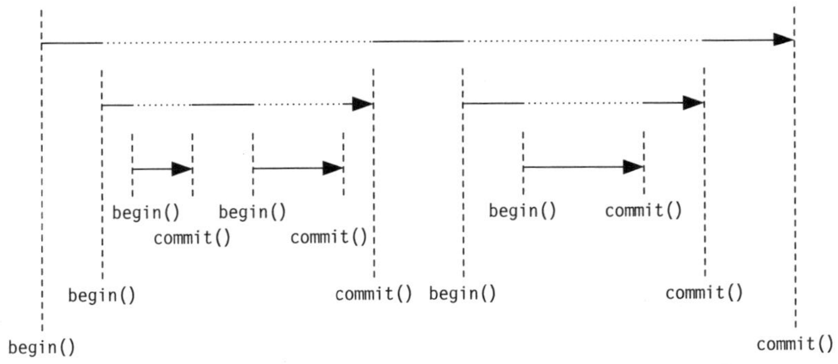

Abb. 9–10 *Geschachtelte Transaktionen*

Standardanwendungen geschachtelter Transaktionen sind Was-wäre-wenn-Analysen: Sie gestatten dem Benutzer, Szenarien durchzuspielen und deren Konsequenzen zu beurteilen. Geschachtelte Transaktionen verwendet man auch, wenn man eine lange Folge von Einzelschritten nicht komplett zurücksetzen möchte im Fall, dass nur einer dieser Schritte fehlschlägt.

Geschachtelte Transaktionen werden ferner eingesetzt in Situationen, in denen einzelne Teilabläufe innerhalb der Transaktion das erfolgreiche Beenden der Haupttransaktion nicht beeinflussen dürfen. Dies könnte zum Beispiel der Zugriff auf eine nicht immer erreichbare Ressource sein, die jedoch nicht entscheidend für den Ablauf ist. Sie sind auch hilfreich, um in geschachtelten Dialogen das Verwerfen eines Unterdialogs zu implementieren.

Geschachtelte Transaktionen funktionieren genauso wie Top-Level-Transaktionen: Jede Subtransaktion merkt sich ihren Zustand zu Beginn und zum Ende, um separate Rücksetzbarkeit zu ermöglichen. Der Verbrauch an Ressourcen wird bestimmt von der Anzahl der gleichzeitig offenen Transaktionen, egal welcher Ebene.

Für geschachtelte Transaktionen ist es erforderlich, die Schnittstelle `Transaction` zu erweitern:

```
public interface Transaction {
   public Transaction beginNestedTransaction();
   public State getState();
   public Transaction getParent();

   public void commit();
   public void rollback();
}
```

Geschachtelte Transaktionen startet man mit `beginNestedTransaction`; dies blockiert die äußere Transaktion so lange, bis die innere Transaktion mit `commit` oder `rollback` beendet ist. Jede Transaktion befindet sich in genau einem der vier Zustände *active*, *blocked*, *committed* oder *rolledback*.

9.9.2 Parallele Transaktionen

Parallele Transaktionen bedürfen eigentlich keiner gesonderten Erwähnung, weil der Sinn von Transaktionen gerade darin besteht, dass sie parallel ablaufen und so die Arbeit verschiedener Benutzer koordinieren. Allerdings ist es aus technischen Gründen schwierig, parallele Transaktionen innerhalb einer Sitzung herzustellen. Aus Sicht des Anwendungsprogrammierers ist diese Einschränkung lästig: Er will z.B. einen fachlichen Schlüssel vergeben und sichern (Transaktion 1) und parallel dazu Änderungen durchführen (Transaktion 2). Wir skizzieren an dieser Stelle zwei wichtige Möglichkeiten der Implementierung paralleler Transaktionen.

- *Lösung A*: Parallele Transaktionen werden durch den Thread, in dem sie laufen, identifiziert. Der Anwendungsprogrammierer stellt also für jede parallele Transaktion einen eigenen Thread zur Verfügung; die Methode `beginTransaction` (in der Schnittstelle `TransactionManager`) verhält sich so, dass in verschiedenen Threads jeweils eine neue Transaktion gestartet wird. Ein zweiter Aufruf von `beginTransaction` im selben Thread ist erst nach Abschluss der ersten Transaktion möglich. Die Isolationsstufe bestimmt die gegenseitige Sichtbarkeit der parallelen Transaktionen.

  Dieser Weg hat den Vorzug, dass sich an den Schnittstellen formal nichts ändert – aber in Wirklichkeit ist der Thread als unsichtbarer, zusätzlicher Parameter immer mit dabei[4]. Es ist keine schwere Übung, den `SimplePool` für parallele Transaktionen dieser Art zu erweitern: Anstelle eines einzigen Arbeitsbereichs bekommt er je einen für jede aktive Transaktion; diese Arbeitsbereiche befinden sich in einem durch den Thread indizierten Verzeichnis.
- *Lösung B* verwendet zwei zusätzliche Methoden:

  ```
  public interface TransactionManager {
     // ...
     public Transaction suspend();
     public void resume(Transaction t);
  }
  ```

  Mit `suspend` legt man die Transaktion schlafen. Sodann holt man beim `TransactionManager` eine zweite Transaktion und arbeitet völlig unabhängig von der ersten, schlafenden Transaktion; die dort vorgenommenen Änderungen sind unsichtbar gemäß der gesetzten Isolationsstufe. Nach Abschluss der zweiten Transaktion weckt man die erste mit `resume` wieder auf. Auch bei Lösung B ist es so, dass in jedem Thread zu jedem Zeitpunkt höchstens eine Transaktion aktiv ist.

---

4. In Java kann man mit der Methode `Thread.currentThread()` abfragen, in welchem Thread man sich gerade befindet.

Man kann die Lösungen A und B gleichzeitig implementieren, aber: Wer braucht das, und wer würde eine Anwendung verstehen, die von dieser Möglichkeit Gebrauch macht?

9.9.3 Verteilte Transaktionen

Mehrere Transaktionen S_1, S_2, ... S_n kann man zu einer verteilten Transaktion T verbinden. Das bedeutet: T ist genau dann erfolgreich, wenn alle Transaktionen S_1, S_2, ... S_n erfolgreich sind. Technische Voraussetzung ist hierfür das 2-Phasen-Commit (2PC), das im XA-Protokoll definiert ist. Hier der Ablauf (siehe Abb. 9–1 und 9–11):

Die Anwendung eröffnet die Transaktion beim Transaktionsmanager (*begin-Transaction*). Diese Transaktion (bzw. eine TransaktionsID) wird bei allen Aufrufen (*invoke*) der Anwendung an den Ressourcenmanager mit übergeben. Beim PersistenceManager entspricht die *Invoke*-Schnittstelle den Schnittstellen `Pool` und `Query`. Durch Registrierung beim Transaktionsmanager (*join*) wird der Ressourcenmanager Teil der Transaktion.

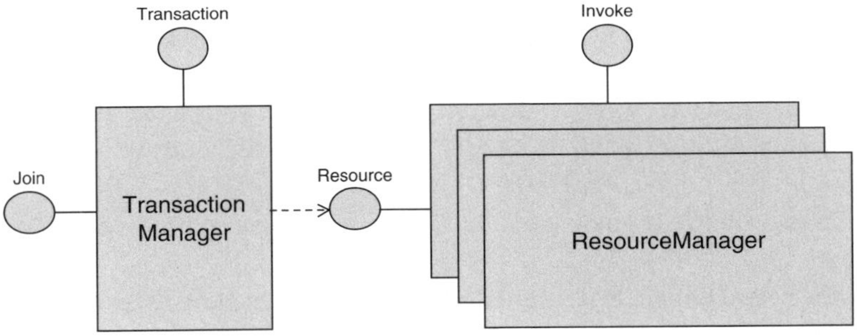

Abb. 9–11 *XA-Transaktionen*

Nach getaner Arbeit erklärt die Anwendung die Transaktion dem Transaktionsmanager gegenüber für abgeschlossen (*commit*). Dies teilt der Transaktionsmanager den Ressourcenmanagern in zwei Phasen mit:

In der ersten Phase informiert der Transaktionsverwalter alle Ressourcenmanager, dass die Transaktion abgeschlossen werden soll (*prepare*). Für die Ressourcenmanager ist das der letzte Zeitpunkt, zu dem sie Konflikte wegen Sperren oder paralleler Zugriffe melden können. Ein Ressourcenmanager, der eine *prepare*-Aufforderung positiv beantwortet, garantiert, dass die mit der Transaktion verbundenen Änderungen dauerhaft festgeschrieben werden, und zwar sogar für den Fall eines Systemabsturzes zwischen *prepare* und *commit*. Gleichzeitig garantiert er, dass die Änderungen bei einem Abbruch der Transaktion zurückgesetzt werden können. Der eigentliche *commit* erfolgt dann in Phase 2.

Der Ablauf von Phase 2 hängt von den Antworten der Ressourcenmanager ab. Wenn alle Rückmeldungen positiv sind, fordert der Transaktionsmanager in der Phase 2 die Ressourcenmanager auf, die Transaktion endgültig abzuschließen (*commit*). Wenn aber auch nur eine negative Rückmeldung dabei ist, wird die gesamte Transaktion abgebrochen: Alle Ressourcenmanager der Transaktion machen ihre Änderungen rückgängig (*abort*).

So erfüllt der Transaktionsverwalter das *Alles-oder-nichts*-Prinzip: Für die Anwendung selbst stellt der Abschluss der Transaktion nur einen Aufruf dar, der eine positive oder eine negative Antwort liefert. Das hinter der Fassade des Transaktionsmanagers ablaufende Protokoll bleibt ihr verborgen. Den Abbruch einer Transaktion (*abort*) kann natürlich auch die Anwendung selbst initiieren. In diesem Fall informiert der Transaktionsmanager alle beteiligten Ressourcenmanager über den Abbruch.

Vier Hinweise sind an dieser Stelle angebracht:

- Die Implementierung des 2-Phasen-Commit-Protokolls ist im Detail außerordentlich komplex. Deshalb gibt es nur wenige belastbare Implementierungen. Auf keinen Fall sollte man im Projekt eine eigene Implementierung angehen.
- Das 2-Phasen-Commit-Protokoll koppelt die beteiligten Ressourcen eng: Wenn auch nur eine der beteiligten Ressourcen nicht erreichbar ist, kann keine einzige Transaktion erfolgreich sein. Deshalb wird 2-Phasen-Commit manchmal nicht verwendet, obwohl das Protokoll verfügbar wäre.
- Es ist sorgfältig zu prüfen, ob der technische Mechanismus des 2-Phasen-Commits bereits alle Probleme löst. Oft ist es nötig, das Versagen oder die Nichterreichbarkeit eines Nachbarsystems auf Anwendungsebene zu behandeln.
- Web-Services haben fast immer ihre eigene Transaktionsverwaltung: Jeder Aufruf ist eine Transaktion. Dies verhindert jede Art von transaktionaler Koppelung.

Aus diesen Gründen kommt der 2-Phasen-Commit in der Praxis selten zum Einsatz. Zum Glück gibt es Techniken, um eine fachlich ausreichende Konsistenz von Daten auch ohne 2PC herzustellen: weiche Transaktionen.

9.9.4 Weiche Transaktionen

Oft ist es möglich, einen durchgeführten Anwendungsfall durch einen inversen Anwendungsfall zu annullieren: Eine erteilte Bestellung kann man stornieren, eine Adressänderung kann man durch eine nochmalige Änderung ungeschehen machen. Das ist der Ausgangspunkt für weiche Transaktionen. Weiche Transaktionen verhalten sich meistens wie richtige Transaktionen, aber nicht immer: Der Erfolg von *commit/rollback* ist nicht garantiert.

Wir betrachten einen Transaktionsmanager, der *n* Ressourcen verwaltet. Jede dieser Ressourcen hat genau eine von drei Eigenschaften: 2PC (*prepare*, *commit*, *rollback*), 1PC (*commit*, *rollback*) oder 0PC (nichts davon; jede Änderung ist endgültig).

	2PC	1PC	0PC
commit	*prepare, dann commit*	*commit*	./.
rollback	*rollback*	*rollback/ inverse Operation*	*inverse Operation*

Tab. 9–1 *Inverse Operationen statt Rollback*

Tabelle 9–1 zeigt, wie der Transaktionsmanager die *commit*- und *rollback*-Operationen umsetzt: Bei *commit* erhalten 2PC-Ressourcen einen *prepare*-Aufruf, 1PC-Ressourcen einen `commit-Befehl` und 0PC-Ressourcen tun gar nichts. Wenn alles gut gegangen ist, erhalten die 2PC-Partner einen *commit*-Befehl und beenden ihre Transaktion. Im anderen Fall versucht der Transaktionsmanager die Situation zu retten, indem er die offenen Transaktionen der 2PC-Ressourcen zurücksetzt und bei allen anderen die inversen Operationen aufruft. Niemand garantiert, dass das gelingt, und deshalb ist das Verfahren aus theoretischer Sicht etwas unbefriedigend.

Der Nutzen weicher Transaktionen hängt davon ab, wie oft sie gelingen: Wenn sie nur wenige Male pro Jahr scheitern, dann kann man Fehlersituationen manuell bereinigen: Der Transaktionsmanager wird misslungene Transaktionen genau protokollieren und liefert so die Grundlage zur manuellen Reparatur.

Die Wahrscheinlichkeit für missglückte Transaktionen kann man durch verschiedene Maßnahmen beeinflussen: Reihenfolge der *commit*- bzw. *rollback*-Aufrufe oder zusätzliche Abfragen der Art: Würde ein *commit/rollback* noch glücken?

9.10 QuasarPersistence

QuasarPersistence ist ein Open-Source-Produkt (*www.openquasar.de*), das in Aufbau und Schnittstellen weitgehend der beschriebenen Architektur entspricht. QuasarPersistence ist in zahlreichen Systemen produktiv. Die zentrale Klasse ist der `PersistenceManager`. Er ist eine Pool-Fabrik und implementiert gleichzeitig die `Pool`-Schnittstelle. Die Anwendung sieht nur die Schnittstellen `Pool` und `QueryDefiner`; die Schnittstelle `ModelDefiner` wird über das Werkzeug *Modelers Workbench* bedient.

9.10.1 Was leistet die Anwendung?

QuasarPersistence verlangt von der Anwendung, dass alle persistenten Klassen die Schnittstelle `Persistent` implementieren – am einfachsten geht das, indem man von der vorhandenen Klasse `AbstractPersistent` ableitet. `Persistent` ermöglicht dem Pool die Kommunikation mit seinen Elementen. QuasarPersistence verlangt ferner, dass alle Attribute und Beziehungen über Akzessoren abgebildet werden; dazu dienen u.a. die Akzessor-Klassen `PropertyValueGetter` und `PropertyValueSetter`. Dies hat zur Folge, dass die für QuasarPersistence aufbereiteten Entitätsklassen so stark von QuasarPersistence beeinflusst sind, dass man sie als R-Software betrachten sollte. Mit der *Modelers Workbench* steht ein Generator zur Verfügung, der diese Klassen erzeugt. Das heißt aber auch, dass diese keine Anwendungslogik enthalten dürfen.

9.10.2 Pool

Die `Pool`-Schnittstelle von QuasarPersistence entspricht bis auf unwesentliche Details dem in Abschnitt 9.4 beschriebenen Pool. Die Implementierung ist so beschaffen, dass sie automatisch alle Änderungen der `Pool`-Objekte erfährt. Die zusätzliche Methode `store` gestattet der Anwendung, Änderungen explizit zu melden.

9.10.3 Abfragen

Abfragen definiert man mit Hilfe der Schnittstelle `QueryManager`; diese entspricht der in Abschnitt 9.4 vorgestellten Schnittstelle `QueryDefinition`. Die Methode `prepareQuery` liefert eine Abfrage, die mittels `execute` ausgeführt wird. Deren Ergebnis ist ein `QueryResult`: eine um die Methode `close` erweiterte `Iterator`-Schnittstelle. Daneben gibt es noch die Methoden `queryOne` bzw. `queryAll` für Abfragen, die nur einmal ausgeführt werden. Dabei sind folgende Punkte erwähnenswert:

- Alle Abfragen sind polymorph (siehe Abschnitt 9.1).
- QuasarPersistence garantiert WYSYWYG, allerdings nur bei der pessimistischen Sperrstrategie. Dazu werden vor der Ausführung einer Abfrage alle Änderungen auf die Datenbank geschrieben.
- QuasarPersistence unterstützt nicht nur Abfragen nach Objekten, sondern auch nach Tupeln von Attributen. Dass ist *horizontal laziness*: Es ist nicht erforderlich, vollständige Objekte zu laden, wenn nur einzelne Attribute benötigt werden.
- QuasarPersistence unterstützt Sortieren, Gruppieren und Aggregation wie SQL.

Abfragen formuliert man in OQL oder in einer eigenen, recht eleganten Abfragesprache. Hier ein Beispiel:

```
Pool pool = ...;
Customer huber = ...;
PreparedQuery query = queryManager.prepareQuery(pool, Invoice.class,
      LockMode.MODIFY,
      queryManager.get("this").get("customer").equal("?")).and(
         queryManager.get("this").get("value").greaterThanOrEqual(
            new Double(100.0)));

QueryResult invoices = query.execute(huber);
```

Das bedeutet: Suche alle Rechnungen zu einem gegebenen Kunden mit einem Wert von mindestens 100 €.

9.10.4 Transaktionen, Sperren

QuasarPersistence implementiert die JTA-Schnittstelle `UserTransaction` mit drei Besonderheiten:

- QuasarPersistence unterstützt parallele Transaktionen in verschiedenen Threads (siehe Abschnitt 9.9). Dies eröffnet viele Möglichkeiten bei der Gestaltung der grafischen Bedienoberfläche.
- QuasarPersistence unterstützt sequenzielle Transaktionen innerhalb eines Threads. Das heißt, man unterbricht die laufende Transaktion mit `suspend` und startet mit `begin` eine neue Transaktion. Die erste, schlafende Transaktion kann mit `resume` wieder aufgeweckt werden, sobald die aktive Transaktion mit `commit` oder `rollback` beendet worden ist. Pro Thread gibt es höchstens eine aktive Transaktion.
- Geschachtelte Transaktionen sind mit QuasarPersistence möglich, wenn das verwendete Datenbanksystem dies unterstützt.

QuasarPersistence implementiert die Sperrmodi von Abschnitt 9.8.

9.10.5 OR-Abbildung

Grundlage von QuasarPersistence ist ein Metamodell zur Beschreibung der persistenten Klassen eines Systems (siehe Abb. 9–12). Es ergänzt Java-Reflektion um alle für die OR-Abbildung erforderlichen Informationen. Im Zentrum steht die Klasse `Type`, die der Reflektion-Klasse *Class* entspricht. Im *Type*-Objekt stehen Angaben über Vererbung (*Subtypes*, *Supertype*, *RootType*) und alle Eigenschaften (*Property*). Jede Eigenschaft ist entweder eine Beziehung (*Relationship*) oder ein Attribut. Jedes Attribut hat genau einen *AttributeType*; dazu gibt es zwei Spezialisierungen: *NumericalAttributeType* und *TextAttributeType*. Dort findet man die Angaben über *precision*, *scale* bzw. *length*, die in Java-Reflektion nicht vorhanden sind.

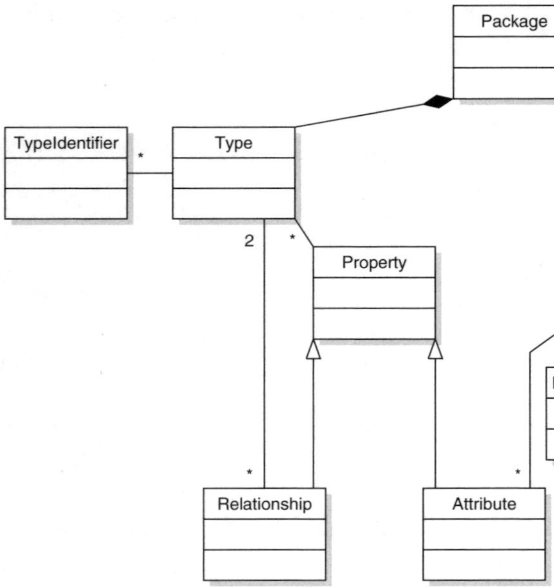

Abb. 9–12 *Metamodell von QuasarPersistence*

Jede Anwendung, die QuasarPersistence benutzt, hat ein solches Metamodell zu füllen. Das ist eine Menge Arbeit, und deshalb gibt es das schon erwähnte Werkzeug *Modelers Workbench*. Das ist zum einen ein grafischer Editor zum Erstellen des Metamodells und zum anderen ein Generator für Programmrahmen der Entitätsklassen. Die Programmschnittstelle zur Modelldefinition wird nur indirekt über *Workbench* verwendet. Als Alternative zur *Workbench* gibt es eine XML-Schnittstelle, mit deren Hilfe man den Anschluss an andere Modellierungswerkzeuge herstellen kann.

9.10.6 Eigenschaften von QuasarPersistence im Überblick

Tabelle 9–2 zeigt, in welcher Weise QuasarPersistence die 16 in Abschnitt 9.1 genannten Standardprobleme löst bzw. offen lässt.

Eigenschaft	Behandlung in QuasarPersistence
Koppelung von Klassenmodell und Datenbankschema	Das Datenbankschema richtet sich nach dem Klassenmodell, wobei mehrere Abbildungsstrategien möglich sind.
Zugriff auf vorhandene Datenbanken	Bis zu gewissen Grenzen ist dies möglich. Der Aufwand ist umso höher, je weniger das Klassen- und das Datenmodell durch eine der vorhandenen Strategien aufeinander abbildbar sind.
Objektidentität	Die Objektidentität wird sichergestellt.
Erzeugung von Schlüsseln	Quasar ermöglicht sowohl fachliche als auch technische Schlüssel transaktionssicher zu generieren.

Eigenschaft	Behandlung in QuasarPersistence
Vererbung	Es existieren drei verschiedene Abbildungsstrategien für Vererbung: 1:1-, Wurzel-, Konkrete-Klasse-Abbildung.
Polymorphe Abfragen	Polymorphe Abfragen werden vollständig unterstützt. Das gilt für Abfragen in gleicher Weise wie für die Beziehungsnavigation.
Unvollständiges Lesen von Objekten	Das Lesen einzelner Attribute wird unterstützt. Dabei wird keine Objektidentität sichergestellt. Für den Sonderfall, dass nur die Objektidentität »lazy« gelesen wird, wird die Objektidentität sichergestellt.
Nachladen von Objekten	Es werden Iteratoren unterstützt, die jeden Treffer einer Abfrage mittels Datenbankcursor einzeln liefern.
Vorausschauendes Lesen	Referenzierte Objekte werden nicht automatisch geladen. Dies ist auch nicht möglich. Ausnahme: Bei der Navigation der n-Seite einer Beziehung können alle Objekte auf einmal gelesen werden.
Die Zugriffsschicht als Cache	Ein Cache mit verschiedenen Konfigurationsmöglichkeiten wird unterstützt.
WYSYWYG	Für die pessimistische Strategie wird dies vollständig unterstützt. Für die optimistische Strategie kann man nur inserts, aber keine updates und deletes sehen.
Dynamisches vs. statisches SQL	Beides ist möglich.
Historie	Unterschiedliche Historisierungsanforderungen wurden in sd&m-Projekten bereits mit Quasar-Unterstützung realisiert. Dies ist aber nicht Teil des offiziellen Releases.
Verwaltung der Verbindungen	Es ist ein konfigurierbarer Connection-Pool integriert.
Referenzielle Integrität	Auch die referenzielle Integrität kann geprüft werden.
Unterstützung verschiedener Sperrstrategien	Verschiedene Sperrstrategien, insbesondere die optimistische und pessimistische Strategie, werden unterstützt.

Tab. 9–2 *Eigenschaften von QuasarPersistence*

9.11 JDO (Java Data Objects)

JDO definiert eine leistungsfähige Schnittstelle zur Verknüpfung von Java-Objekten und Datenbanken, die nicht notwendigerweise relational sind. JDO besteht – wie in der Java-Welt üblich – aus einer Anzahl von Schnittstellen, angereichert um einige wenige Klassen, insbesondere Ausnahmeklassen (Paket `javax.jdo`). Alle JDO-Ausnahmen sind ungeprüft, sind also konform zu den Vorschlägen in Kapitel 5. Neben der Referenzimplementierung von Sun (`com.sun.jdori`) gibt es zahlreiche freie und kommerzielle Produkte, z.B. Libelis (`com.libelis.lido`). Der folgende Abschnitt zeigt nur die Grundideen und den Aufbau von JDO im Überblick; er ersetzt auf keinen Fall die JDO-Dokumentation in [Russel 2002]. Verwiesen sei auch auf [Roos 2003].

Die zentrale JDO-Klasse ist der `PersistenceManager`, der unter anderem die Rolle des Pools übernimmt und der über eine `PersistenceManagerFactory` beschafft wird. Die Herkunft dieser Fabrik ist implementierungsabhängig; im einfachsten Fall holt man sie sich über einen Konstruktor (so bei Libelis). Jede `PersistenceManagerFactory` hat eine Menge von Eigenschaften, die die produzierten `PersistenceManager` beschreiben, z.B.: *Optimistic*, *IgnoreCache*, *RetainValues*, *RestoreValues* und noch einige andere.

JDO spezifiziert weder geschachtelte noch verteilte Transaktionen; parallele Transaktionen sind möglich, indem man mehrere Exemplare des `PersistenceManagers` verwendet.

9.11.1 Was leistet die Anwendung?

Wie immer stellt sich die Frage, in welcher Weise der `PersistenceManager` auf die Anwendungsklassen zugreift. Dazu definiert JDO die umfangreiche Schnittstelle `PersistenceCapable`, die eigentlich jede von JDO verwaltete Klasse implementieren muss. Die Methoden von `PersistenceCapable` betreffen den lesenden und schreibenden Zugang zu allen Attributen einschließlich der Beziehungen, die Verwaltung des Lebenslaufes mit Zuständen, wie `isNew`, `isDirty`, `isTransactional`, und die Verbindung zu dem `PersistenceManager`, unter dessen Obhut das Objekt lebt. Alle Methoden von `PersistenceCapable` beginnen mit dem Präfix `jdo`, um Namenskollisionen unwahrscheinlich zu machen. Insgesamt enthält `PersistenceCapable` nicht weniger als 23 Methoden, die in ihrer Anzahl und Komplexität keinem Anwendungsprogrammierer zuzumuten sind. Im Übrigen wäre die Implementierung dieser Methoden mitten in der Anwendung ein Verstoß gegen die Trennung der Softwarekategorien A und T.

Deshalb geht man bei JDO einen anderen, nicht ganz unproblematischen Weg: Man verwendet einen so genannten *Enhancer*, der die Anwendungsklassen auf Bytecode-Ebene um die `PersistenceCapable`-Methoden erweitert. Dies geschieht unter Verwendung von JDO-Metadaten im XML-Format mit Hilfe der BCEL-Bibliothek (*Byte Code Enhancement Language*, siehe [Jakarta]).

Der Enhancer ist nichts anderes als ein Präprozessor, der die normalen Anwendungsklassen JDO-gerecht aufbereitet. Dies ist ein Spezialfall aspektorientierter Programmierung: JDO-Aspekte stehen nicht im Programm, sondern werden im Nachhinein ergänzt. Zur Illustration dient das folgende Beispiel: Wir betrachten eine Klasse `Company` mit nur zwei Attributen, dem Namen und der Liste der Departments. Zunächst der Java-Code:

```
public class Company {
   private String name;
   private List departments;
   ...
   public Company() {
      departments = new ArrayList();
   }
}
```

Und hier die zugehörige Metainformation:

```
<?xml version="1.0"?>
<!DOCTYPE jdo SYSTEM "jdo.dtd">
<jdo>
   <package name="company">
      <class name="Company">
         <field name="name">
            <key="sql-mapping" value="string, 50"/>
         </field>
         <field name="departments">
            <key="collection-type" value="java.util.ArrayList"/>
            <collection element-type="company.Department"/>
         </field>
      </class>

...

   </package>
</jdo>
```

Das Enhancement-Verfahren funktioniert im Prinzip, aber man sollte folgende Punkte bedenken:

- Hersteller und Normungsgremien werden in absehbarer Zukunft noch viele Enhancer erfinden (oder wie auch immer diese Präprozessoren heißen). Aber die Wechselwirkungen verschiedener Enhancer sind schwer vorhersehbar und deshalb sollte man sich auf nur ein Werkzeug dieser Sorte beschränken.
- Inkonsistenzen zwischen Java-Klasse und XML-Beschreibung sind eine ständige Fehlerquelle.
- Fehler, die im generierten Code auftreten (z.B. unerlaubte `null`-Werte, falsche Objekte in der `departments`-Liste), verursachen schwer zu analysierende Laufzeitausnahmen im generierten Code: Sie kommen gewissermaßen aus dem Nichts.
- Enhancer machen Annahmen über die zu erweiternden Klassen. So verbietet JDO die Verwendung von Threads und anderer systemnaher Funktionen (z.B. Sockets).

Insgesamt sind Enhancer private Spracherweiterungen mit heftigen Auswirkungen auf Portabilität, Robustheit und Handhabbarkeit.

Dank PersistenceCapable hat der PersistenceManager die vollständige Kontrolle über alle JDO-Objekte. Eine zentrale Idee von JDO ist die Erreichbarkeit: Objekt *y* ist von Objekt *x* aus genau dann erreichbar, wenn es möglich ist, *y* ausgehend von *x* durch eine Folge von Objektreferenzen zu erreichen. Im obigen Beispiel sind alle Departments von Company aus erreichbar; alle von Department aus erreichbaren Objekte wären per Transitivität ebenfalls von Company aus erreichbar. JDO ist dank PersistenceCapable in der Lage, zu jedem Objekt *x* die Menge der von *x* aus erreichbaren Objekte zu ermitteln.

Anwendungsklassen können eine weitere Schnittstelle implementieren, nämlich InstanceCallbacks. Diese Schnittstelle enthält die vier parameterlosen Methoden jdoPostLoad, jdoPreStore, jdoPreClear und jdoPreDelete, die JDO zu den Zeitpunkten aufruft, die der Methodenname suggeriert. Diese Schnittstelle hat jedoch zwei Nachteile: Erstens erzeugt sie eine unerwünschte Abhängigkeit zu JDO und zweitens sind die Erfahrungen mit User-Exits dieser Bauart ziemlich schlecht: Welche Funktionen sind dort wirklich gut aufgehoben?

9.11.2 PersistenceManager

Bei JDO ist der Kontakt mit der Datenbank auf das Minimum reduziert und findet nur über den PersistenceManager statt. Anwendungsklassen programmiert man – unserer Forderung entsprechend – im Wesentlichen so, als gäbe es keine Datenbank. PersistenceManager verwaltet persistente Objekte, Transaktionen und Abfragen. Die wichtigsten und für Standardsituationen völlig ausreichenden Methoden sind:

```
public interface PersistenceManager {
   public Transaction currentTransaction();
   public void makePersistent(Object pc);
   public Query newQuery(String language, Object query);

   ...
}
```

Dies entspricht weitgehend der von uns vorgeschlagenen Pool-Schnittstelle. Das Kürzel pc steht für PersistenceCapable. Anwendungsobjekte erzeugt man mit ganz normalen Java-Mechanismen (also Konstruktor oder Fabrik) und übergibt sie dann per makePersistent an den PersistenceManager. Beim Aufruf makePersistent(x) wird erstens eine ObjektID erzeugt und zweitens werden alle von x aus erreichbaren Objekte ebenfalls persistent gemacht. Zur Transaktionskontrolle beschafft man sich die currentTransaction – diese Methode liefert immer dieselbe Transaktion; parallele Transaktionen sind nur möglich, indem man mehrere PersistenceManager-Objekte erzeugt. Die JDO-Transaktion folgt dem in Abschnitt 9.4 vorgestellten Prinzip und bietet im Wesentlichen die Methoden begin, commit und rollback. So ergibt sich als Beispiel der folgende Code:

```
PersistenceManager pm = ...;
Transaction t = pm.currentTransaction();
t.begin();

Company company = new Company(...);
Department department = new Department(company);

pm.makePersistent(company);      // auch department wird persistent
t.commit();
```

Die Methode `makePersistent` erwartet Objekte, die per *Enhancement* persistent gemacht wurden, was aber für die Anwendung transparent ist. Deshalb ist der Typ `PersistenceCapable` in Schnittstellen, die für die Anwendung bestimmt sind, nicht erlaubt. Die persistenten Objekte der Anwendung sind in Wirklichkeit `PersistenceCapable`, aber das sieht der Programmierer nicht. Auf einem Umweg kann er trotzdem an die Geheimnisse seiner Objekte gelangen: So verfügt der `PersistenceManager` über die Methode

```
Object getObjectId(Object pc);
```

Diese Methode liefert die bei `makePersistent` erzeugte ObjektID. Zustandsinformationen wie `isNew`, `isDirty` u.a. sind auf ähnlichem Weg über den `StateManager` erhältlich, aber keine Anwendung sollte davon Gebrauch machen.

9.11.3 Abfragen

JDO definiert seine eigene Abfragesprache (JDOQL), erlaubt aber jedem Hersteller, andere vorhandene oder eigene Abfragesprachen zu implementieren. Jede Abfrage wird einmal definiert und beliebig oft ausgeführt. Zur Ausführung gibt es eine ganze Reihe von execute-Methoden, hier drei Beispiele:

```
Object execute(Object arg);
Object executeWithMap(Map args);
Object executeWithArray(Object[] args);
```

Der Rückgabewert ist in allen Fällen eine unveränderbare `Collection`; der Anwendungsprogrammierer kann also einen oder mehrere Iteratoren dazu anfordern.

Zur Definition von Abfragen soll ein Beispiel genügen: Wir suchen alle Departments mit dem Namen »ARCHITECTURE«.

```
PersistenceManager manager = …;
String filter = "departmentName==name";
String parameter = "String name";
Query q = pm.newQuery(filter);
q.declareParameters(parameter);
Collection c = (Collection) q.execute("ARCHITECTURE");
```

JDO-Abfragen besitzen zwei Besonderheiten:

- Man kann bei jeder Abfrage angeben, ob der Cache berücksichtigt werden soll. Wenn dies der Fall ist, gilt WYSYWYG: Alle unbestätigten Änderungen gehen in die Suche ein.
- Durch die Option *Extent* kann man bestimmen, ob sich die Suche nur auf Objekte einer Klasse bezieht oder ob alle Unterklassen mit einbezogen werden (polymorphes Lesen).

JDOQL ist neben SQL, OQL (Object Query Language), EQL (EJB Query Language) und anderen XML-basierten Sprachen eine weitere mächtige Abfragesprache.

9.11.4 Transaktionen, Sperren

JDO unterscheidet auf Feldebene zwischen den Eigenschaften *transactional* und *persistent*; jedes Feld, das entweder *transactional* oder *persistent* ist, nennt man *managed*. Persistente Felder werden ihrem Namen entsprechend persistent gespeichert; transaktionale Felder unterliegen der Transaktionskontrolle. Sie werden also bei `rollback` zurückgesetzt.

Es gibt zu jedem `PersistenceManager` genau eine Transaktion; diese kann man wie immer bestätigen oder zurücksetzen. Daher sind parallele Transaktionen nur mit mehreren `PersistenceManagern` möglich. Die in Abschnitt 9.8 beschriebenen Sperrmodi sind Teil des JDO-Standards. JDO unterstützt keine geschachtelten Transaktionen.

9.11.5 OR-Abbildung

Der JDO-Standard macht nur wenige Vorgaben für die Abbildung von Objekten auf die Zeilen und Spalten der Datenbank. Er verlangt von jeder JDO-Implementierung:

- Alle elementaren Datentypen (`int`, `long` usw.) und deren Adapter (`Integer`, `Long` usw.) sind persistent.
- `String`, `BigInteger`, `BigDecimal`, `Date` und `Locale` sind persistent.
- `Collection`, `Set` und `HashSet` sind persistent.

Die Persistenz weiterer Behälterklassen (`ArrayList`, `HashList` u.a.) und auch die von Arrays ist optional. Deshalb sind JDO-Anwendungen nur dann uneingeschränkt portabel, wenn jede persistente Klasse ausschließlich Attribute enthält, deren Persistenz der Standard garantiert.

Ein JDO-Grundgedanke ist die Unterscheidung von Klassen erster und zweiter Ordnung, abgekürzt FCO (*first class object*) und SCO (*second class object*). Im Sinn von Quasar sind FCOs Entitätstypen und SCOs Datentypen. FCOs haben eine ObjektID und stehen normalerweise in einer Datenbankzeile. SCOs haben keine eigene ObjektID und existieren nur im Kontext eines FCOs. Die Attribute eines FCOs sind in der Regel (aber nicht immer) SCOs; im Company-Beispiel sind Name (Typ String) und departments (Typ List) SCOs. Um zu sehen, dass auch FCOs als Attribut auftreten können, betrachten wir das folgende Beispiel:

```
public class Order {
   private Customer customer;        // FCO
}
```

Dort sind Customer und Order FCOs. Also: FCOs enthalten SCOs im Sinne einer Aggregation; FCOs können auf andere FCOs verweisen im Sinn einer Assoziation. Als einfache Regel sollte man sich merken: Veränderbare Attribute, die mehrfach referenziert werden (*shared*), sind immer FCOs. JDO behandelt FCOs und SCOs ganz unterschiedlich; so können nur FCOs als Ergebnis von Abfragen auftreten.

9.12 Neun Regeln zu Pools, Persistenz und Transaktionen

1. Zugriffsschichten baut man heute nur noch zu Übungszwecken selber. Die Auswahl an leistungsfähigen Produkten ist sowohl im kommerziellen als auch im Open-Source-Bereich groß.
2. Es gibt keine Zugriffsschicht, die alles kann. Man prüfe anhand der Liste in Abschnitt 9.1, welche Probleme vom gewählten Produkt nicht gelöst werden, und baue einen geeigneten Adapter.
3. Die Anwendung sieht nur die Schnittstellen Pool und Query. Sonst nichts.
4. Abhängigkeiten vom verwendeten Persistenzprodukt sind unvermeidbar bei der Definition der Abfragen und bei der Definition des Modells. Deshalb sehen wir die beiden R-Komponenten QueryDefiner und ModelDefiner für diese Aufgaben vor.
5. Datenbankschema und Datenbankzugriff bestimmen maßgeblich die Performance des Systems. Man mache sich von vornherein klar, wo Performance-Probleme liegen könnten, und bereite geeignete Optimierungsmaßnahmen vor. Entscheidend für die Performance ist es, zum richtigen Zeitpunkt die richtige Datenmenge zu lesen.
6. Es ist meistens absehbar, an welchen Stellen Denormalisierung die Performance verbessern könnte. Man sollte diese Option rechtzeitig vorbereiten, aber nur bei Bedarf ausüben.
7. Man vermeide es, die Anwendungen mit Persistenzausnahmen zu verschmutzen: Fehler in der SQL-Syntax, Differenzen zwischen Klassen und Datenbankschema – all das sind Ausnahmen, die nur für den D&R-Manager der Persistenz sichtbar sein sollten. In der Anwendung selbst haben sie nichts zu suchen.

8. Die Transaktionssteuerung liegt nicht im Anwendungskern, sondern entweder im Kompositionsmanager des Anwendungsservers oder ganz außerhalb, z.B in der Batch-Steuerung.
9. Noch mehr als sonst gilt für das Thema *Persistenz*: So einfach wie möglich, so kompliziert wie nötig.

10 Architektur grafischer Bedienoberflächen

Die Realisierung der Bedienoberfläche verursacht regelmäßig einen erheblichen und oft unterschätzten Anteil am Gesamtaufwand: Bei GUI-lastigen Systemen sind bis zu 60 % ein häufiger Wert, aber manchmal werden auch 80 % erreicht. Dabei ist die folgende Situation typisch: Auf der einen Seite hat man eine große Anzahl von Standarddialogen (viele Hundert und mehr), die einem relativ einfachen Muster folgen, z.B. Suchen/Ändern/Bestätigen. Und daneben gibt es eine kleine Anzahl von komplexen Dialogen, die sich jedem Schema entziehen.

Viele Projekte erfinden eigene Dialograhmen und Generatoren für die Erstellung der Standarddialoge. Dieser Ansatz ist natürlich im Prinzip richtig. Aber die komplexen Dialoge sind fast regelmäßig ein Problem, denn sie entziehen sich dem Standardverfahren. Sie lassen sich – wenn überhaupt – nur unter großen Verrenkungen in den Standardrahmen einfügen, und irgendwann schreibt man sie neu, und zwar ohne Rahmen und ohne Generator.

Wir unterscheiden Bedienoberflächen, die über das Internet verfügbar sind (wir nennen sie *Web-Oberflächen*), und die anderen, für die wir den Begriff *lokale Oberfläche* vorschlagen, weil im Gegensatz zur Web-Oberfläche anwendungsspezifische Software lokal auf dem Client vorhanden ist; insofern gehören auch Applets zu lokalen Oberflächen. Web-Oberflächen sind im Prinzip weltweit verfügbar; sie laufen auf jedem Rechner mit passendem Browser. Aus Sicht des Benutzers sind lokale Oberflächen angenehmer: Sie sind schneller und robuster; sie fangen Eingabefehler rascher ab und die Möglichkeiten der grafischen Darstellung sind reichhaltiger. Allerdings sind die Unterschiede heute geringer als noch vor wenigen Jahren und manche Web-Oberfläche ist nur noch bei genauem Hinschauen als solche zu erkennen.

In diesem Kapitel beschreiben wir eine Standardarchitekur sowohl für lokale als auch für Web-Oberflächen. Auf dieser Grundlage lassen sich Programmrahmen und Generatoren für einfache Dialoge erstellen; komplexe Dialoge werden nach diesem Schema von Hand programmiert.

Das Kapitel beginnt mit einigen Begriffsdefinitionen, danach folgt die Einführung der Standardarchitektur für Bedienoberflächen, die die einzelnen Komponenten als eine Wertschöpfungskette versteht; das Zusammenspiel der Komponenten und die Verteilung von Softwarebestandteilen der unterschiedlichen Kategorien über diese Wertschöpfungskette sind Thema von Abschnitt 10.5.

10.1 Begriffe

Dieser Abschnitt definiert eine Reihe von Begriffen, die es uns gestatten, aus Anwendungssicht über Dialoge zu sprechen – ohne Rücksicht auf die eingesetzte Technik. Jeder dieser Begriffe kann also in der Spezifikation oder im Benutzerhandbuch verwendet werden.

- *Dialog*
  Ein Dialog bildet eine Einheit in der Mensch/Maschine-Kommunikation derart, dass darin für den Benutzer zusammenhängende Daten und Funktionen verfügbar sind (siehe [Denert & Siedersleben 1992]). Der Dialog ist die Bearbeitungseinheit des Anwenders. Jeder Dialog unterstützt einen oder mehrere Anwendungsfälle und präsentiert sie in geeigneter Form (z.B. ein Fenster oder eine HTML-Seite) am Bildschirm. Die Definition lässt offen, was ein *sinnvoller* Dialog ist: Man kann wie bei Komponenten unsinnig kleine oder unsinnig große Einheiten bauen.
- *Sitzung*
  Jeder Benutzer arbeitet innerhalb einer Sitzung. Die Sitzung beginnt mit der Anmeldung des Benutzers (Login) und endet mit seiner Abmeldung (Logout) bzw. im Fehlerfall mit dem Abbruch der Sitzung durch die Ausnahmebehandlung. Mit Ausnahme des Login-Vorgangs geschieht jede Interaktion zwischen Benutzer und System im Kontext einer Sitzung. In vielen Systemen kann ein Benutzer mehrfach im System angemeldet sein; dann verfügt er über mehrere Sitzungen gleichzeitig. Diese stehen in keinem Zusammenhang, sondern verhalten sich so, als seien es Sitzungen verschiedener Benutzer.
- *Dialogobjekt*
  Der Begriff *Dialog* hat zwei Bedeutungen: einerseits das Abstraktum, das ein bestimmtes Verhalten definiert, andererseits ein konkretes *Dialogobjekt*, mit dem der Benutzer arbeitet. Diese unscharfe Verwendung des Begriffs ist zulässig, solange sie keine Missverständnisse verursacht, aber in diesem Kapitel unterscheiden wir strikt zwischen dem Dialog und seinen Objekten. Innerhalb einer Sitzung sind mehrere Objekte desselben Dialogs möglich, die unterschiedliche oder auch dieselben Daten anzeigen und bearbeiten können. Umgekehrt gehört jedes Dialogobjekt zu genau einer Sitzung. *Singleton-Dialoge* sind innerhalb einer Sitzung höchstens einmal vorhanden; *Multiton-Dialoge* können in mehreren Objekten existieren. Beispiel: Suchdialoge sind meistens Singletons, Pflegedialoge sind es nur selten.

- *Öffnen und Schließen von Dialogen*
  Dialogobjekte werden nach Bedarf als Reaktion auf Benutzeraktionen erzeugt (z.B. wenn der Benutzer aus einer Liste das zu bearbeitende Objekt auswählt und in die Pflege verzweigt) und beendet. Das Erzeugen eines Dialogobjekts nennen wir auch *Öffnen eines Dialogs*, analog heißt das Beenden des Dialogobjekts *Schließen des Dialogs*.
- *Aktivieren und Unterbrechen eines Dialogs*
  Jedes Dialogobjekt ist entweder *aktiv* oder *unterbrochen*. Aktive Dialogobjekte reagieren auf Benutzereingaben in der üblichen Weise; unterbrochene Dialogobjekte reagieren nicht, sondern warten auf ihre Reaktivierung. Je nach System gibt es in einer Sitzung genau ein oder mindestens ein aktives Dialogobjekt sowie beliebig viele unterbrochene Dialogobjekte. Auch bei mehreren aktiven Dialogobjekten hat höchstens eines den Fokus, denn der Cursor kann nur an einer Stelle sein. Der Benutzer kann in diesem Fall nach Belieben zwischen aktiven Dialogobjekten wechseln.
- *Dialogwechsel*
  Der Dialogwechsel beendet oder unterbricht das aktuelle Dialogobjekt und erzeugt oder reaktiviert ein Folgedialogobjekt. Dabei fließt in der Regel Kontextinformation an das Folgedialogobjekt.
- *Dialogtypen*
  Dialoge mit gleichartigem Ablauf fasst man zu Dialogtypen zusammen. Beispiele dafür sind Suchdialoge, Dialoge zur Einzelsatzpflege oder zur Mehrsatzpflege. Jedes Projekt sollte eine sinnvolle Zahl von Dialogtypen definieren. Typischerweise kann man einen großen Teil der Dialoge eines Systems mit wenigen Typen beschreiben; daneben gibt es einige komplexe Dialoge, deren Verhalten in kein Schema passt; diese haben jeweils ihren eigenen Dialogtyp.
- *Unterdialog*
  Ein spezieller Dialogwechsel ist das Öffnen eines Unterdialogs. Ein Unterdialog ist ein Dialog, der nur im Kontext eines übergeordneten Dialogs existiert. Der Unterdialog wird aus dem übergeordneten Dialogobjekt heraus geöffnet und spätestens mit diesem zusammen wieder geschlossen, möglicherweise aber auch schon vorher. Das übergeordnete Dialogobjekt kann dabei unterbrochen sein oder aktiv bleiben.

Beispiel: Ein Dialog zur Anzeige von Eingabefehlern ist ein Unterdialog des Bearbeitungsdialogs, denn er ist nur in dessen Kontext sinnvoll. Dies gilt unabhängig davon, ob der Fehlerdialog den Bearbeitungsdialog unterbricht oder ob beide Dialoge aktiv bleiben und so dem Benutzer den freien Fokuswechsel zwischen den Dialogen ermöglichen. Wird dagegen von einem Dialog zur Bearbeitung eines Kunden aus ein Dialog zur Pflege eines Stammdatums (z.B. der Anrede) geöffnet, so ist der Stammdatendialog kein Unterdialog, da er unabhängig vom Kundendialog existiert.

- *Aktion*
  Aktionen finden als Reaktion auf die Eingaben eines Benutzers statt. Sie können z.B. technischer Natur sein (z.B. die Reaktion der GUI-Bibliothek auf die Bewegung eines Rollbalkens), den Dialogablauf betreffen (z.B. Dialogwechsel) oder fachliche Dinge tun (z.B. eine Adresse ändern).
- *Standardaktion*
  Standardaktionen sind solche, die bis auf definierte Ausnahmen in jedem Dialog und in jedem Dialogzustand möglich sind und deren Auswirkung immer dieselbe ist. Beispiele: *Abbruch, Undo, Zurück zum letzten Dialog*. Im Sinn einer einheitlichen Benutzerführung sollte in jedem System eine sinnvolle Menge von Standardaktionen definiert sein.
- *Dialogschritt*
  Die Verarbeitung einer einzelnen Handlung des Benutzers, die die Durchführung einer oder mehrerer Dialogaktionen enthält, nennen wir einen *Dialogschritt*. In der Regel – aber nicht immer – ist die Darstellung während des Dialogschritts gesperrt. Vom Benutzer wird die Dauer des Dialogschritts als *Antwortzeit* wahrgenommen.
- *Formular* (synonym auch *Maske*)
  Das Formular ist die Form, in der sich ein Dialog am Bildschirm darstellt. Es gestattet die Ein- und Ausgabe von Daten in einen vorgegebenen Rahmen, der mit den gängigen Bedienelementen wie Textfeldern und Listboxen gestaltet wird. Die Aufteilung der Daten auf Formulare ist abhängig vom Medium (z.B. der Größe des Bildschirms).
- *Dokument*
  Dokumente besitzen spezielle, auf die Art der Daten zugeschnittene Formen der Präsentation (z.B. die Matrix von Zellen in Excel). *Textdokumente* legen den Schwerpunkt auf die Eingabe von Text (z.B. Word, Excel), *direkt-manipulative Dokumente* basieren auf der grafischen Manipulation fachlicher Objekte mit Hilfe von Maus, Zeichenbrett und anderen Eingabemedien (z.B. Rational Rose, Visio). Der Unterschied zwischen Formular und Dokument ist fließend. In vielen Systemen sind die meisten Dialoge formularbasiert, während einige wenige Spezialdialoge dokumentenbasiert sind (siehe hierzu Kapitel 5 in [Siedersleben 2002]).

10.2 Prinzip lokaler Bedienoberflächen

Basis lokaler Oberflächen sind GUI-Bibliotheken wie Swing, MFC oder Motif. Jede GUI-Bibliothek definiert eine Menge von GUI-Elementen (*Components* in Swing, *Controls* in MFC, *Widgets* in Motif), mit deren Hilfe man die Bedienoberfläche gestaltet. Die Menge der GUI-Elemente wird man bei Bedarf um anwendungsspezifische Elemente erweitern, etwa um die Darstellung von Spielkarten im Schafkopfsystem von Kapitel 4. Die aus den Klassen der GUI-Bibliothek bestehende Komponente nennen wir *GUI-Frontend*.[1] GUI-Frontends exportieren zwei Schnittstellen zur Benutzung durch die Anwendung (genauer: die GUI-Engine, siehe nächster Absatz): die Schnittstelle *DP* (wie *Definition der Präsentation*) zur Definition der Formulare und zur Registrierung der Rückruffunktionen sowie die Schnittstelle *A* (wie *Ausgabe* und *Aktualisierung*), um diese Formulare mit den Daten zu füllen, die der Benutzer sehen soll (siehe Abb. 10–1).

Weil der Anwendungskern unabhängig von seinem Kontext ist und nichts von Bedienoberflächen weiß, brauchen wir eine Komponente, die zwischen der GUI-Bibliothek und dem Anwendungskern vermittelt. Diese nennen wir *GUI-Engine*. Abbildung 10–1 zeigt das Prinzip lokaler GUI-Oberflächen: Die hier beschriebenen Elemente findet man in jedem System, allerdings unter verschiedenen Namen und oft mit unklaren Zuständigkeiten.

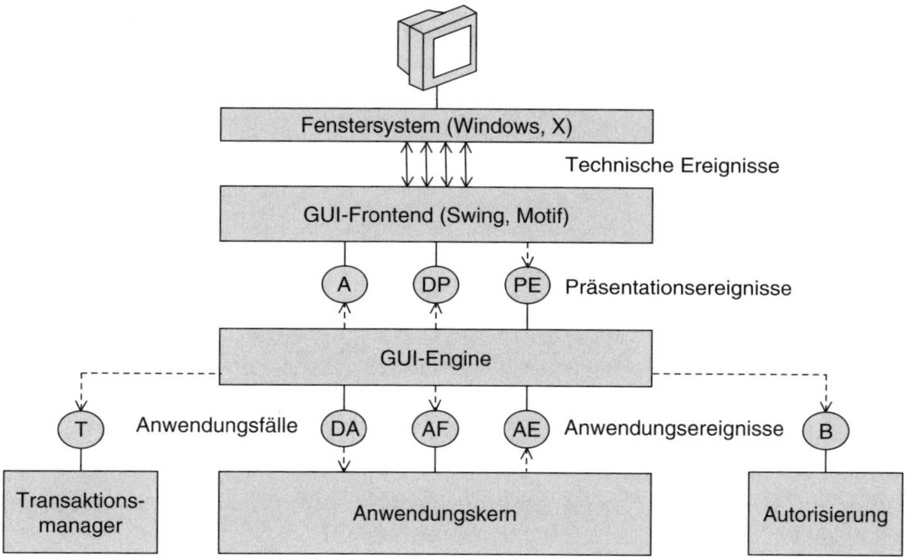

Abb. 10–1 *Prinzip lokaler GUI-Komponenten*

Zum Verständnis der Rolle der GUI-Engine ist es nützlich, drei Arten von Ereignissen zu unterscheiden:

- *Technische Ereignisse* sind z.B. ein Mausklick an einem bestimmten Pixel oder der Druck auf eine Taste der Tastatur. Technische Ereignisse sind durch die Hardware bestimmt: Geräte wie Touchscreens, Fahrkarten- oder Geldautomaten haben jeweils ihre eigenen technischen Ereignisse.

1. Damit vermeiden wir eine begriffliche Schwierigkeit: Das GUI-Frontend ist eine *Komponente* und kann als solche Schnittstellen exportieren und importieren, es kann auf Ereignisse reagieren – lauter Fähigkeiten, die man einer *Bibliothek* nicht zuschreiben würde.

- *Präsentationsereignisse* sind z.B. der Druck auf eine Schaltfläche oder die Eingabe in ein Eingabefeld. Jedes Präsentationsereignis ist das Resultat von einem oder mehreren technischen Ereignissen, und die Funktionen der GUI-Bibliothek nehmen die Übersetzung vor. Jede GUI-Bibliothek hat ihre eigene Welt von Präsentationsereignissen.
- *Anwendungsereignisse* finden im Anwendungskern statt. Standardbeispiel für ein Anwendungsereignis ist der Abschluss einer längeren asynchronen Verarbeitung im Anwendungskern, die an der GUI-Oberfläche anzuzeigen ist. Anwendungsereignisse passen bruchlos in den ereignisorientierten Dialogablauf. Sie gibt es nicht immer; viele Systeme kommen ganz ohne Anwendungsereignisse aus. Wenn sie aber vorhanden sind, dann steht die GUI-Engine von zwei Seiten unter Feuer: vom GUI-Frontend und vom Anwendungskern.

Die GUI-Engine verwaltet und steuert den Ablauf des Dialogs mit dem Benutzer und reagiert auf Präsentations- und Anwendungsereignisse. Sie ist das Scharnier zwischen dem GUI-Frontend und dem Anwendungskern. Das heißt im Einzelnen:

Sie definiert zunächst den Aufbau und die Gestalt der Formulare über die Schnittstelle *DP* des GUI-Frontends; über die Schnittstelle *DA (Definition der Anwendung)* registriert sie, über welche Anwendungsereignisse sie informiert werden will.

Dann wartet sie auf Ereignisse, die als Präsentationsereignisse vom Frontend (Schnittstelle *PE*) oder als Anwendungsereignisse vom Anwendungskern (Schnittstelle *AE*) kommen, und reagiert entsprechend. Die Reaktion auf die eingehenden Präsentations- bzw. Anwendungsereignisse erfolgt entweder innerhalb der GUI-Engine (etwa beim Dialogwechsel) oder unter Mitwirkung des Anwendungskerns: Der Benutzer will ja letztlich Anwendungsfälle durchführen, und das ist nur mit den Methoden des Anwendungskerns möglich.

Die Schnittstelle zwischen dem Fenstersystem und dem GUI-Frontend ist in Abbildung 10–1 nicht weiter ausgeführt, denn sie ist für die weiteren Überlegungen ohne Belang.

Der GUI-Engine stehen optional weitere Schnittstellen zur Verfügung, z.B. Transaktion (*T*) und Autorisierung (*B*). Die Transaktionsschnittstelle wird immer dann benötigt, wenn der Anwendungskern direkt ohne Transaktionsmanager verwendet wird, denn in diesem Fall liegt die Steuerung der Transaktionen in der GUI-Engine. Ähnliches gilt für die Autorisierung: Die GUI-Engine kann prüfen, ob der Benutzer das Recht hat, zu tun, was er vorhat.

Oft wird gefragt, ob die GUI-Engine »von der Datenbank lesen darf«. Das sollte sie im Sinne der Trennung von Zuständigkeiten nicht tun, sondern sie sollte sich der Abfragen bedienen, die der Anwendungskern zur Verfügung stellt (siehe Abschnitt 8.4); wenn eine Abfrage fehlt, dann muss man sie halt nachträglich ergänzen. Diese Frage ist im Übrigen völlig performanceneutral: Man kann Abfragen performant oder inperformant implementieren, ganz unabhängig davon, welcher Komponente man die Abfrage zurechnet.

Entscheidend für die Performance von Abfragen ist vielmehr die Art der Datenübertragung von der Datenbank bis zum Bildschirm. Hier verweisen wir auf Abschnitt 9.4 zur Implementierung von Abfragen: Diese liefern die gefundenen Objekte niemals direkt, sondern immer nur als Liste bzw. Iterator (eine Schnittstelle) – und erst dahinter wird entschieden, zu welchem Zeitpunkt wie viele Daten übertragen werden.

10.3 Standardarchitektur einer lokalen GUI-Engine

Das Prinzip lokaler Bedienoberflächen ergibt sich mehr oder weniger zwangsläufig aus dem Konzept des Anwendungskerns und der Existenz von GUI-Bibliotheken. Aber wie sieht eine GUI-Engine innen aus? Abbildung 10–2 ist ein Zoom darauf.

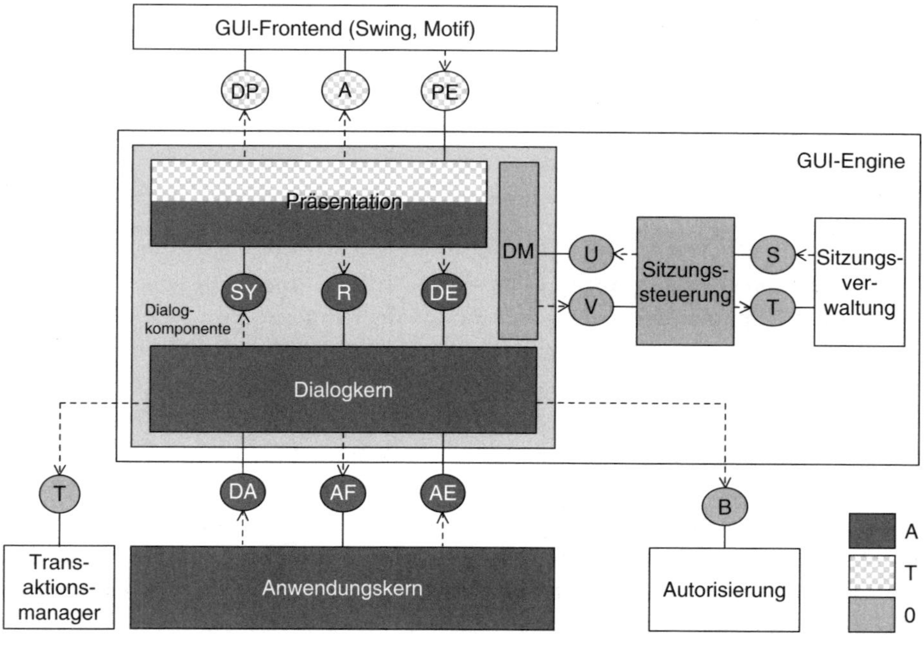

Abb. 10–2 *Standardarchitektur lokaler GUI-Engines*

Es ist nahe liegend, dass jeder Dialog durch eine eigene Dialogkomponente implementiert wird, und zwar so, dass jedes Dialogobjekt durch ein Objekt der zugehörigen Dialogkomponente repräsentiert wird. Bei Singleton-Dialogen ist die Dialogkomponente ebenfalls Singleton, im anderen Fall Multiton. So ergeben *n* Dialoge *n* Dialogkomponenten. Jedes Dialogobjekt gehört zu genau einer Sitzung und wird von der *Sitzungssteuerung* gesteuert. Diese Sitzungssteuerung verwaltet alle Dialogobjekte der Sitzung, im einfachsten Fall gibt es davon nur ein einziges. Die Sitzungssteuerung ist in jedem Fall ein Multiton, denn sie existiert einmal pro Sitzung, und davon gibt es viele.

Alle Sitzungen laufen unter Kontrolle der *Sitzungsverwaltung*. Diese gibt es nur einmal im ganzen System; sie kennt alle angemeldeten Benutzer mit ihren Sitzungen und verwaltet deren Ressourcen.

Die Sitzungsverwaltung kommuniziert mit der Sitzungssteuerung über die beiden Schnittstellen *S* und *T*. Die Schnittstelle *S* gestattet es, eine neue Sitzung zu starten und zu beeinflussen; über die Schnittstelle *T* kann die Sitzungssteuerung der Sitzungsverwaltung das Ende der Sitzung mitteilen.

Über die Schnittstelle *U* steuert die Sitzungssteuerung das einzelne Dialogobjekt: Sie kann den Dialog öffnen, aktivieren und unterbrechen. Über die Schnittstelle *V* meldet ein Dialogobjekt seinen Abschluss.

Sitzungsverwaltung und -steuerung schreiben wir also nur einmal, aber tausend Dialoge ergeben tausend ähnlich aufgebaute Dialogkomponenten. Worauf es dabei ankommt:

- Alle Dialogkomponenten sind nach demselben Schema aufgebaut.
- Einfache Dialogkomponenten sollten weitgehend generierbar sein; bei einfachen Dialogtypen reicht oft eine einzige generische Komponente für alle Dialoge dieses Typs.
- Komplexe Dialogkomponenten sollten sich bruchlos in das Umfeld einfügen. Sie werden nicht generiert.

Wir betrachten nun den Aufbau einer einzelnen Dialogkomponente. In Abbildung 10–2 erkennen wir zwei Subkomponenten: Präsentation und Dialogkern. Die Präsentation versorgt die Schnittstellen für die Kommunikation mit der GUI-Bibliothek; deshalb ist sie wenigstens teilweise durch die verwendete GUI-Bibliothek bestimmt. Der Dialogkern stellt die Unterseite der Dialogkomponente dar; seine Aufgabe ist es, den Anwendungskern und ggf. Autorisierung und Transaktionsmanager aufzurufen.

Die *Dialogpräsentation* oder kurz *Präsentation* ist für die Darstellung von Informationen am Bildschirm und die Interaktion mit dem Benutzer zuständig. Die zentralen Fragen für diese Komponente lauten: Wie wird etwas dargestellt? Wie löst der Benutzer Aktionen aus? Dazu ist sowohl technisches Wissen über die GUI-Bibliothek als auch fachliches Wissen über die darzustellenden Informationen nötig.

Der *Dialogkern* übernimmt Aufgaben, die nicht visuellen, logischen Charakter haben. Er befasst sich mit den folgenden Fragen: Was wird dargestellt? Wie wird auf Aktionen des Benutzers reagiert? Zur Erfüllung dieser Aufgaben braucht der Dialogkern – neben technik- und anwendungsneutralem Steuerungswissen – Wissen über die konkrete Anwendung (im Sinne der geeigneten Anbindung des Anwendungskerns). Das GUI-Frontend sieht er nicht.

Sowohl Präsentation als auch Dialogkern besitzen ein Gedächtnis (Präsentations- bzw. Dialogkerngedächtnis) und wie immer gibt es einen Kompositionsmanager (siehe Abschnitt 3.10; in Abb. 10–2 als *DM* für *Dialogmanager* bezeichnet), der Kern und Präsentation zusammenbringt.

Die Präsentation meldet über die Schnittstelle *DE* Dialogereignisse an den Dialogkern. Dort werden sie weiterverarbeitet, in der Regel in Form von Anwendungsfällen (Schnittstelle *AF*). Für die Synchronisation von Dialogkern und Präsentation gibt es zwei Alternativen:

- Die Initiative liegt beim Dialogkern. Dieser verwendet die Schnittstelle *SY* (wie *Synchronisation*), um das Präsentationsgedächtnis zu aktualisieren.
- Die Initiative liegt bei der Präsentation. Diese verwendet die Schnittstelle *R* (wie *read*), um vom Dialogkern die aktualisierten Daten zu lesen.

10.3.1 Model-View-Controller (MVC)

MVC unterscheidet drei Komponenten: *Model* mit der Verantwortung für die Anwendung und insbesondere die Daten, *View* mit der Verantwortung für die sichtbare Darstellung und *Controller*, der die Verarbeitung von Benutzeraktionen durchführt. Ferner regelt MVC die Aktualisierung der Darstellung nach abgearbeiteter Benutzeraktion: Eine oder auch mehrere Views registrieren sich beim Model als *Beobachter*. Sobald sich Daten ändern, benachrichtigt das Model alle registrierten Beobachter; die Views reagieren darauf mit der Aktualisierung ihrer Darstellung.

In unserer Standardarchitektur sind Views Bestandteil der Präsentation. Controller-Funktionen finden sich sowohl in der Präsentation als auch im Dialogkern, denn beide tragen zur Verarbeitung von Benutzeraktionen bei. Dialoggedächtnis bzw. Präsentationsgedächtnis spielen die Rolle des Models. Das Beobachterprinzip ist eine von mehreren möglichen Lösungen des Problems, die Darstellung auf die Ergebnisse der Ereignisverarbeitung anzupassen (die Präsentation registriert sich dann als Beobachter von Dialog- bzw. Präsentationsgedächtnis). Wir kommen im folgenden Abschnitt unter dem Stichwort *Synchronisation* auf dieses Thema zurück

10.4 Web-Oberflächen und lokale Oberflächen

Lokale Oberflächen haben zwei wichtige Merkmale:

- Das GUI-Frontend meldet jeden Tastendruck und jeden Mausklick, so dass die GUI-Engine rasch reagieren kann.
- GUI-Frontend und GUI-Engine laufen in einem Prozess.

Das ist bei Web-Oberflächen anders: Der Webserver schickt eine HTML-Seite (möglicherweise angereichert um JavaScript) an den Web-Client. Dort nimmt ein Browser die Seite entgegen und präsentiert sie am Bildschirm. Eingaben des Benutzers werden durch GET- bzw. POST-Befehle an den Webserver zurückgegeben.

Dieser Ablauf erinnert stark an den Blockmodus der alten 3270-Bildschirme. Der Webserver wird also sehr viel seltener über die Benutzeraktionen informiert als die GUI-Engine einer lokalen Oberfläche, die am laufenden Band feingranulare Präsentationsereignisse (Mausklick, Tastendruck) entgegennimmt. Diese Aussage gilt in nur leicht eingeschränkter Form auch für Oberflächen, die mit JSP[2] bzw. ASP[3] programmiert sind.

Der zweite große Unterschied betrifft die Prozessorganisation: Lokale GUI-Engines baut man wohl immer so, dass jedes einzelne GUI-Engine-Objekt immer nur eine Sitzung verwaltet, d.h., alle dort eingehenden Präsentationsereignisse gehören zu derselben Sitzung. Bei Web-Anwendungen ist das anders: Die Eingaben aller Benutzer landen alle im selben Webserver, und man braucht eine eigene Komponente, die die Eingaben der richtigen Sitzung zuordnet.

Daher liegt es nahe, bei Web-Oberflächen das GUI-Frontend durch eine neue Komponente zu ersetzen, und zwar durch das *Web-Frontend*. Das Web-Frontend vermittelt zwischen Webserver und Web-GUI-Engine mit dem Ziel, der Web-GUI-Engine eine möglichst Web-freie Welt vorzuspiegeln (siehe Abb. 10–3).

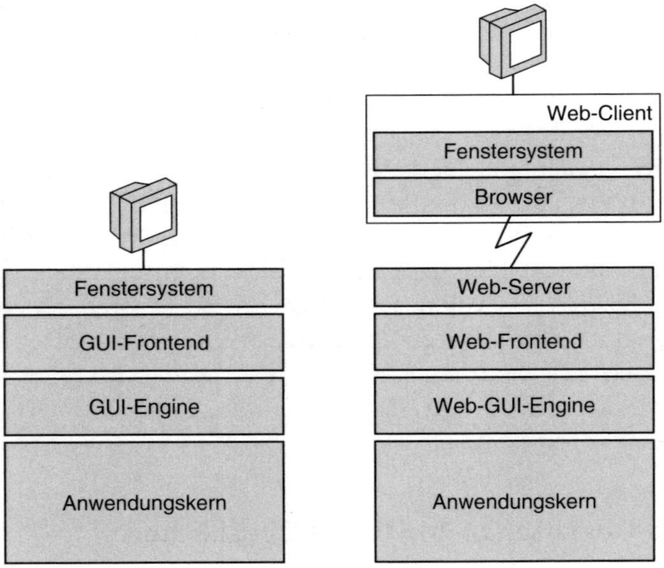

Abb. 10–3 *Lokale Oberfläche vs. Web-Oberfläche*

2. Java Server Pages, siehe [JSP].
3. Active Server Pages, siehe [ASP].

Das Web-Frontend hat zwei Aufgaben:

- *Analyse der Benutzereingaben:* Nach jeder Datenübertragung stellt das Web-Frontend fest, welche Eingaben der Benutzer getätigt hat, und ermittelt daraus die Präsentationsereignisse, die der Web-GUI-Engine gemeldet werden.
- *Prozessorganisation:* Das Web-Frontend ordnet die Benutzereingaben der korrekten Sitzung zu und leitet die daraus ermittelten Präsentationsereignisse an die Web-GUI-Engine weiter.

So befindet sich die Web-GUI-Engine weitgehend in demselben Umfeld wie die lokale: Sie ist genau einer Sitzung zugeordnet und reagiert auf sequenziell eingehende Präsentationsereignisse. Der Unterschied zu lokalen GUI-Engines liegt nur in der Granularität der Präsentationsereignisse: Hinter dem Webserver bekommt man einfach nicht so viel mit.

Beispiel: Lokale Oberflächen reagieren oft auf die Eingabe einzelner Zeichen, um Plausibilitätsprüfungen so früh wie möglich durchzuführen. Das würde man bei Web-Oberflächen sicher nicht so machen.

Web-Frontends gibt es als Open-Source-Produkt: Bemerkenswert ist hier die Bibliothek *wingS* (siehe [wingS]). wingS ist Swing verblüffend ähnlich: Um ein Swing-Programm in ein wingS-Programm zu transformieren, sind in erster Linie die J-Klassen von Swing (`JFrame`, `JField` usw.) durch entsprechende S-Klassen von wingS (`SFrame`, `SField`) zu ersetzen; es sind darüber hinaus noch einige kleinere Anpassungen nötig. wingS-Oberflächen sind nur auf den zweiten Blick von lokalen Oberflächen zu unterscheiden.

Der Funktionsumfang des Web-Frontends und die verfügbare Bandbreite entscheiden über den Komfort der Web-Oberfläche und auch darüber, wie stark sich die Präsentationskomponente der Web-GUI-Engine von ihrer lokalen Variante unterscheidet. Der Dialogkern kann und soll in beiden Fällen derselbe sein, denn Dialogereignisse und Dialogzustände sind unabhängig davon, ob der Dialog über das Internet geht.

10.5 Wertschöpfungskette grafischer Bedienoberflächen

Die vier Komponenten *GUI-Frontend*, *Präsentation*, *Dialogkern* und *Anwendungskern* (siehe Abb. 10–2) bilden eine Wertschöpfungskette von Komponenten: vorn das GUI-Frontend, hinten der Anwendungskern. Jede Benutzeraktion löst eine Kette von Verarbeitungsschritten aus, die je nach Art der Aktion mehr oder weniger weit in das System eindringt. Die technischen Ereignisse (Mausklick an Pixel *xy*) werden schrittweise auf höhere Abstraktionsebenen gehoben – daher der Begriff »Wertschöpfungskette«. Die Synchronisation der beteiligten Komponenten ist dabei ein kritischer Punkt: Jede Komponente hat ihre eigenen Daten und jede Aktion kann diese verändern. Deshalb sind die Glieder der Kette nicht immer konsistent.

Innerhalb der Wertschöpfungskette stehen sich jeweils eine ereignisauslösende Komponente *A* und eine ereignisverarbeitende Komponente *B* gegenüber, z.B. die Präsentation, die ein Dialogereignis meldet, und der Dialogkern, der darauf reagiert. Für je zwei benachbarte Komponenten *A* und *B* sind die folgenden Fragen zu beantworten:

- Wie informiert *A* die Komponente *B* über stattgefundene Ereignisse?
- Wie kommt *B* an die Informationen, die zur Verarbeitung des Ereignisses nötig sind?
- Wie erfährt *A* die Änderungen, die das gemeldete Ereignis verursacht hat?

Diese Fragen werden je nach Kommunikationspartner unterschiedlich beantwortet. Die wichtige Frage lautet dabei immer: Wer kennt wen?

10.5.1 GUI-Frontend und Präsentation

Die Präsentation kennt das GUI-Frontend, aber nicht umgekehrt. Daher registriert sich die Präsentation beim GUI-Frontend; in Swing geschieht das mit den `EventListenern`, um ihr Interesse an Präsentationsereignissen anzumelden. Zu diesem Zweck registriert sie `EventListener` bei den entsprechenden Bedienelementen; sie fordert zur Verarbeitung des Präsentationsereignisses die Benutzereingaben über die Swing-Getter-Methoden an (das ist Schnittstelle *A* in Abb. 10–2). Bei Web-Oberflächen spezialisiert sie ein Servlet, in dessen `GET`- bzw. `POST`-Methode sie Zugriff auf die Ereignisparameter (d.h. die Parameter des HTTP-Requests) hat; dazu gehören auch die Eingaben des Benutzers.

Die Synchronisation von GUI-Frontend und Präsentation hängt von der konkreten GUI-Bibliothek ab. Im Fall von Swing sorgt die Präsentation selbst dafür, dass nach der Abarbeitung eines `EventListeners` die Darstellung über die geänderten Werte informiert wird (Schnittstelle *A* in Abb. 10–2). Sie kann sich hierfür unter anderem der Swing-*Models* bedienen, die vielen Bedienelementen zugrunde liegen; Änderungen an den Models (z.B. Hinzufügen von Zeilen zu einer Tabelle) bewirken automatisch die Anpassung der Darstellung.

10.5.2 Präsentation und Dialogkern

Die Präsentation kennt den Dialogkern, aber nicht umgekehrt. Sie meldet jedes Dialogereignis über die Schnittstelle *DE* von Abbildung 10–2. Die Präsentation kann sich aus eigener Initiative über die Schnittstelle R aktualisieren oder dies geschieht auf Initiative des Dialogkerns über die Schnittstelle *SY*. Die Konfiguration erfolgt durch den Dialogmanager (DM); der Dialogkern kennt die Präsentation nicht. Das ist ein Spezialfall von MVC: Nach diesem Schema kann man mehrere Präsentationsobjekte an ein Dialogkernobjekt hängen.

10.5.3 Dialogkern und Anwendungskern

Der Dialogkern kennt den Anwendungskern, aber nicht umgekehrt. Der Dialogkern ruft Anwendungsfallmethoden über die Schnittstelle *AF* auf. Der Dialogkern liefert die vom Anwendungskern benötigten Daten als Parameter des Methodenaufrufs. Anwendungsfallmethoden haben im Allgemeinen Seiteneffekte, d.h., nach einem solchen Aufruf ist das Dialoggedächtnis nicht mehr mit dem Anwendungskern synchron. Häufig wird der Anwendungskern diese veränderten Daten bereits als Rückgabewerte seiner Funktionen mitliefern; zusätzlich steht dem Dialogkern aber auch die Möglichkeit offen, die Datenlage durch zusätzliche Abfragen zu ermitteln.

Wenn Anwendungsereignisse vorhanden sind, dann wird der Dialogkern beim Anwendungskern als Beobachter registriert.

10.6 Dialogkern

Die erste Aufgabe des Dialogkerns ist die Verwaltung der Dialogdaten. Dies können die Anwendungsobjekte sein, wie sie der Anwendungskern liefert, aber in der Regel sind die Daten speziell für den Dialog aufbereitet. Die Dialogdaten werden entweder in jedem einzelnen Dialogobjekt gehalten oder sie befinden sich in einem dialogübergreifenden Datenpool der Sitzungsverwaltung. In diesem Fall sehen verschiedene Dialogobjekte dieselben Daten. Bei der zweite Variante werden verschiedene Dialogobjekte mit Hilfe des Beobachtermusters synchronisiert: Dialoge, die dieselben Daten sehen, reagieren per Beobachtermuster auf Datenänderungen, egal welches Dialogobjekt sie verursacht hat.

Der Dialogkern unterliegt einem Zustandsmodell; jeder Dialogschritt kann den Zustand verändern. Die Verwaltung und Auswertung dieser Zustände ist Aufgabe der Dialogsteuerung; sie ist Teil des Dialogkerns. Die Dialogsteuerung erfüllt drei Aufgaben:

- Sie beurteilt, ob ein Dialogereignis im gegenwärtigen Dialogzustand zulässig ist. Wenn etwa ein Knopf aktiv ist, obwohl die zugehörige Aktion im aktuellen Zustand verboten ist, verursacht der Klick auf diesen Knopf ein ungültiges Dialogereignis.
- Sie wählt in Abhängigkeit vom Dialogereignis und Dialogzustand die geeigneten Dialogaktionen aus und führt sie durch. Ein und dasselbe Dialogereignis kann je nach Zustand unterschiedliche Aktionen auslösen. Ein Beispiel: Das Dialogereignis *Bearbeitung abbrechen* führt nur dann zu einer Rückfrage beim Benutzer (»Wollen Sie Ihre Eingaben wirklich verwerfen?«), wenn Daten geändert worden sind.
- Sie ändert bei Bedarf den Zustand des Dialogs.

Mögliche Dialogaktionen sind:

- Rückfrage beim Benutzer,
- dialogbezogene Aktionen (z.B. Schließen des Dialogs, Öffnen eines Unterdialogs),
- Aufruf einer oder mehrerer Operationen des Anwendungskerns (Abfragen oder Änderungen),
- Synchronisation der Dialogdaten mit dem Anwendungskern: Anwendungsfälle verändern den Anwendungskern und deshalb veralten die Daten im Dialog.

Die Dialogsteuerung lässt sich mit unterschiedlichen Mitteln implementieren; nachfolgend drei Varianten, die allein oder in Kombination eingesetzt werden:

- *Programmiert*: Im einfachsten Fall ist die Dialogsteuerung schlicht programmiert. Das empfiehlt sich nur in kleinen Dialogen mit einfachem Zustandsmodell. In größeren Dialogen entstehen leicht verschachtelte `if-then-else`-Konstrukte, die nicht zu verstehen sind, geschweige denn zu warten.
- *IAD-Interpreter*: Interaktionsdiagramme (IAD, siehe [Denert & Siedersleben 1992]) eignen sich gut zur Darstellung des Ablaufs von Dialogen. IADs kann man von Hand programmieren (das wäre die programmierte Lösung). IADs sind ein Standardbeispiel für MDC (siehe Abschnitt 7.8): Man formuliert IADs in einer geeigneten Beschreibungssprache (z.B. XML) und liest sie aus einer Konfigurationsdatei ein. Die Dialogsteuerung wird dadurch zu einem generischen Modellinterpreter (Kategorie 0) ohne Anwendungswissen; das Anwendungswissen steckt nur im IAD. Als Faustregel kann man sagen, dass ein IAD nicht mehr als sieben oder acht Zustände haben soll. Das lässt sich nur erreichen, wenn man Dialogzustand und Präsentationszustand trennt (siehe Abschnitt 10.7).
- *Regelbasiert*: Hier wird der Dialogablauf in Form von Regeln definiert (»Wenn Ereignis *a* eintritt und Voraussetzungen *b* und *c* vorliegen, dann führe Aktion *x* durch«). Jedes Dialogereignis bewirkt, dass diejenigen Regeln greifen, deren Vorbedingung erfüllt ist, und dass die zugeordneten Aktionen durchgeführt werden. Dieser Ansatz hat gegenüber dem IAD-Interpreter vor allem dann Vorteile, wenn die Menge der Zustände und Zustandsübergänge unübersichtlich wird.

10.7 Präsentation

Die Präsentationskomponente präsentiert mit Hilfe des GUI-Frontends Daten am Bildschirm und reagiert auf Präsentationsereignisse. Sie hat ein Gedächtnis (das Präsentationsgedächtnis), einen Zustand (den Präsentationszustand) und eine Steuerung – sie ähnelt insofern dem Dialogkern.

Die Erfahrung zeigt, dass es vor allem bei komplexen Dialogen immer gut ist, Dialogkern und Präsentation zu trennen: Die Präsentation verwaltet den Bildschirm: Welche Felder sind sichtbar/unsichtbar, welche Knöpfe sind aktiv/inaktiv u.a.m. Der Dialogkern tritt erst in Aktion, wenn wirklich etwas zu tun ist. Die Präsentation hat drei Aufgaben:

- *Verwaltung von Präsentationsgedächtnis und -zustand*
  Die Präsentation transformiert die vom Dialogkern erhaltenen Daten in eine für das GUI-Frontend geeignete Form und liefert die Benutzereingaben beim Dialogkern in einer Form ab, die dieser versteht.
- *Bildschirmaufbau und Lokalisierung*
  Die Präsentation sorgt dafür, dass die richtigen Daten am Bildschirm erscheinen und aktualisiert sie falls nötig. Darüber hinaus ist sie für die Lokalisierung zuständig: Statische Darstellungselemente (z.B. Feldnebenschriften) und dynamische (z.B. Feldformate für Datumsangaben) sind Gegenstand der Lokalisierung durch die Präsentation.
- *Verarbeitung der Präsentationsereignisse*
  Die Präsentationssteuerung verwendet den Ereignismechanismus der jeweiligen GUI-Bibliothek, um Präsentationsereignisse zu empfangen (also z.B. Event-Listener in Swing, Auswertung des HTTP-Requests im Servlet-Umfeld). Sie verarbeitet diese Ereignisse im Prinzip genauso wie der Dialogkern mit Dialogereignissen umgeht. Daher stehen dieselben Mechanismen zur Verfügung.

  Bei stark interaktiven Anwendungen, die differenziert auf Benutzereingaben reagieren (z.B. Ausgrauen eines Buttons, sobald aus einem Textfeld das letzte Zeichen entfernt wird), gibt es viele Präsentationsereignisse, die direkt in der Präsentation verarbeitet werden, weil sie nur die Darstellung, nicht jedoch den Dialogablauf oder gar den Anwendungskern betreffen. Dort spielt die Ereignisverarbeitung in der Präsentation eine große Rolle. Mit einem regelbasierten Ansatz ist die Komplexität der Steuerung gut zu bewältigen.

  Bei Request-Repsonse-orientierten Anwendungen ist die Interaktivität reduziert. Die Präsentationssteuerung bildet hier Präsentationsereignisse meist direkt auf Dialogereignisse ab und leitet diese an den Dialogkern weiter. Für die Weiterleitung der Daten gibt es zwei Möglichkeiten:

  - Die Präsentation kann die Benutzereingaben als Anhang eines Dialogereignisses an die Dialogsteuerung übertragen. Alternativ kann sie aber auch eine Referenz auf die Dialogdaten besitzen und diese dann selbst aktualisieren. In beiden Fällen stellt die Präsentation sicher, dass alle benötigten Daten verfügbar sind. Dies kann sie im einfachen Fall dadurch erreichen, dass sie vorsorglich immer alle Eingabewerte überträgt.
  - Umgekehrt kann der Dialogkern auch selbst den Anstoß dazu geben, dass die Eingabewerte in die Dialogdaten übertragen werden, indem er die Präsentation dazu auffordert.

Anmerkung: Dass die Dialogsteuerung sich aktiv an die Präsentationssteuerung wendet, bedeutet nicht, dass sie deshalb auch über T-Wissen bzgl. der verwendeten GUI-Bibliothek verfügt. Man wird den Aufruf der entsprechenden Methode der Ereignisverarbeitung sinnvollerweise über eine technikneutrale Schnittstelle der Präsentation vornehmen, denn es reicht für die Dialogsteuerung aus, der Präsentation mitzuteilen, *dass* sie die Leistung erbringen soll; *wie* sie sie auf technischem Wege erbringt, ist für den Dialogkern unerheblich.

10.8 Spezielle Themen

Im letzten Abschnitt widmen wir uns der Prüfung von Benutzereingaben, der Behandlung von Fehlern und Ausnahmen sowie der Komposition von Dialogen.

10.8.1 Prüfung von Benutzereingaben

Jede Benutzereingabe wird geprüft: auf Tippfehler, auf korrekte Prüfziffern, aber auch auf komplexe Zusammenhänge. Ein wesentlicher Anteil dieser Prüfungen ergibt sich aus den Zusicherungen des Anwendungskerns. Diese Prüfungen gehören in den Anwendungskern, denn dort ist das fachliche Wissen konzentriert. Es gibt jedoch zwei Situationen, in denen Prüfungen im Dialog selbst stattfinden:

- Aus Gründen der Benutzerfreundlichkeit oder der Verbesserung von Antwortzeiten kann es erforderlich sein, Teile der fachlichen Prüfungen in den Dialog hineinzuziehen. Zur Absicherung der Konsistenz gilt allerdings folgende Regel: Der Anwendungskern nimmt grundsätzlich alle fachlichen Prüfungen vor; er verlässt sich nicht darauf, dass der Dialog die Eingaben bereits validiert hat. So wird sichergestellt, dass der Anwendungskern sowohl in verschiedenen Dialogen als auch im Batch einsetzbar ist. Der Dialog führt diese Prüfungen zusätzlich aus. Das bedeutet, dass Anwendungswissen über verschiedene Stellen der Anwendung verteilt ist. Konsistenz und Vollständigkeit dieser Prüfungen sind schwierig zu kontrollieren.
- Darüber hinaus gibt es Prüfungen, die ausschließlich der Dialog vornimmt. Ihr Ziel ist die sachgemäße Verwendung des Anwendungskerns. Der Anwendungskern fordert Vorbedingungen – wenn diese verletzt sind, verweigert er die Arbeit: In einem Reisebuchungssystem ist der Aufruf der Methode *storniereFlugbuchung* nur zulässig, wenn die Buchung noch nicht storniert ist und der Passagier den Flug noch nicht angetreten hat. Durch Prüfen von Vorbedingungen und auch durch Datentypprüfungen stellt der Dialogkern sicher, dass der Anwendungskern sachgemäß aufgerufen wird.

Für beide Arten von Prüfungen sind zwei Punkte wichtig:

- Es gibt immer zwei Wege, um die Konsistenz von Eingaben zu gewährleisten: durch nachträgliche Prüfung bereits getätigter Eingaben (z.B. beim Abspeichern) oder durch präventive Prüfungen. Letzteres bedeutet, dass man die Bedienoberfläche so gestaltet, dass Fehleingaben von vornherein unmöglich sind. Beispiel: Ein *bis*-Feld darf nur gefüllt werden, wenn das *von*-Feld gefüllt ist – also öffnet man das *bis*-Feld erst, wenn das *von*-Feld ausgefüllt ist. Im Wortsinn sind diese präventiven Maßnahmen natürlich keine Prüfungen, aber sie verwenden dasselbe Wissen.
- Sowohl die Präsentation als auch der Dialogkern können Eingaben prüfen. Die Präsentation operiert dabei auf Ebene von einzelnen Feldern (z.B. feldbezogene Typprüfungen; möglicherweise bietet die GUI-Bibliothek Eingabefelder mit Typprüfungen) oder auf der Ebene der Präsentationsdaten. Der Dialogkern führt seine Prüfungen auf den Dialogdaten durch; eine geeignete Stelle für die Durchführung der Prüfungen sind die Dialogaktionen. Die Verteilung von Prüfungen auf Präsentation und Dialogkern orientiert sich an folgender Regel: Syntaktische Prüfungen (z.B. Datentypprüfungen) werden von der Präsentation durchgeführt, Prüfungen, die weiter gehendes Anwendungswissen erfordern, gehören in den Dialogkern.

10.8.2 Behandlung von Fehlern und Ausnahmen

Bei der Behandlung von Fehlern und Ausnahmen spielt die Bedienoberfläche eine wichtige Rolle: Während ein Dialog geöffnet ist, können an verschiedenen Stellen Fehler auftreten, vor allem im Anwendungskern und auch in der GUI selbst (z.B. Fehleingabe des Benutzers, erfolglose Suche nach einem Datenobjekt oder unzulässiges Dialogereignis). Diese Fehler sind vorhersehbar und werden durch Übergang in einen definierten Fehlerzustand sowie ggf. einer Mitteilung an den Benutzer behandelt.

Daneben gibt es die Ausnahmen (z.B. Nichterreichbarkeit der Datenbank oder eines Nachbarsystems). Bei sachgemäßer Behandlung von Ausnahmen (siehe Kapitel 5) ist auch hier eine definierte Reaktion möglich: Der Benutzer erhält eine Meldung mit dem Hinweis auf das aufgetretene Problem und darauf, was er jetzt tun soll; noch vorher haben D&R-Experten (siehe Abschnitt 5.4) die Situation entschärft.

In jedem Fall empfiehlt es sich, Fehler bzw. Ausnahmen einheitlich zu behandeln und sie dem Benutzer immer in der gleichen Weise zu melden. Dies gilt gerade auch für Prüfungsfehler, die in der Praxis schnell einmal in verschiedenen Dialogen in den unterschiedlichsten Formen gemeldet werden.

Dabei ist es nützlich, im Dialog alle Fehler mit einem einheitlichen Format darzustellen, unabhängig davon, ob sie z.B. aus dem Anwendungskern oder dem

Dialog selbst stammen. Hier schlagen wir folgendes Modell vor: Fehler können von einem Dialog grundsätzlich genauso behandelt werden wie die fachlichen Daten, die er anzeigen soll. Der Dialogkern verwaltet Fehler dann genauso wie andere Dialogdaten auch. Tritt im Zusammenspiel mit dem Anwendungskern ein Fehler auf, so wandelt der Dialogkern diesen Fehler – genau wie er es ggf. mit den fachlichen Datenobjekten tut – in das gewünschte Format um.

10.8.3 Komposition von Dialogen

Moderne GUI-Bibliotheken bieten die Möglichkeit, Benutzeroberflächen aus vorgefertigten und individuell abwandelbaren Bausteinen zu komponieren – man denke an den Komponentenbegriff in Swing oder die mittels `include` realisierbare Schachtelung von JSP.

In dieser Weise verstandene GUI-Bausteine beschränken sich auf den sichtbaren Teil eines Dialogs. Man kann den Gedanken des GUI-Bausteins aber auch weiter fassen: im Sinn einer vollständig funktionierenden Einheit, die neben einer sichtbaren Darstellung auch ihr komplettes Verhalten mitbringt, also Daten und Zustände verwaltet, Ereignisse verarbeitet und u.U. sogar Methoden des Anwendungskerns anspricht. In den Begriffen unserer Standardarchitektur ausgedrückt heißt das, ein solcher Baustein muss einen kompletten Ausschnitt eines Dialogs quer durch die Komponenten Präsentation und Dialogkern umfassen, der für einen bestimmten Teil der möglichen Präsentationsereignisse und korrespondierenden Dialogereignisse die Verarbeitung und Synchronisation übernimmt. Ein kompletter Dialog lässt sich dann aus Dialogbausteinen komponieren.

Es ist klar, dass in einem solchen Szenario die Kommunikationsprotokolle erweitert werden müssen:

- Das Zusammenspiel der Präsentation und des Dialogkerns wird zum Zusammenspiel von korrespondierenden Präsentations- und Dialogkernbausteinen.
- Innerhalb der Hierarchien aus Präsentationsbausteinen bzw. Dialogkernbausteinen muss eine geeignete Arbeitsteilung zwischen den Bestandteilen sichergestellt werden: Übergeordnete Bausteine geben z.B. die Verantwortung für Teile ihrer (Dialog- bzw. Präsentations-)Daten an untergeordnete Bausteine weiter und propagieren u.U. empfangene Ereignisse an untergeordnete Knoten weiter (beim Speichern des gesamten Objekts eines Dialogs etwa müssen möglicherweise auch die Teilobjekte untergeordneter Dialogbausteine gespeichert werden).

Ein solches Konzept eröffnet große Möglichkeiten der Wiederverwendung. Es lassen sich Sammlungen von Bausteinen anlegen, die vollständig generischer Natur sind (z.B. ein voll parametrierbarer Suchdialog) oder auch – nicht zu spezielles – fachliches Wissen enthalten (z.B. ein Baustein zur Anzeige von Adressen).

10.9 Zusammenfassung

- Wir brauchen eine verbindliche Terminologie, um das Verhalten von Bedienoberflächen überhaupt zu beschreiben. Abschnitt 10.1 leistet dazu einen Beitrag.
- Bedienoberflächen lassen sich als Wertschöpfungskette betrachten: Technische Ereignisse (Mausklick an einem bestimmten Pixel des Bildschirms, Druck auf eine bestimmte Taste) werden zu Präsentationsereignissen, dann zu Dialogereignissen und schließlich zum Aufruf eines Anwendungsfalls.
- Bedienoberflächen sind aufgeteilt in Frontend (lokal bzw. Web) und GUI-Engine. Die Schnittstellen der GUI-Engine zu Anwendungskern und anderen Diensten wie Autorisierung und Transaktion sind definiert.
- Für die GUI-Engine schlagen wir eine Standardarchitektur vor, die aus Präsentation, Dialogkern, Sitzungsverwaltung und Sitzungssteuerung besteht.
- Lokale Oberflächen und Web-Oberflächen haben dieselbe Standardarchitektur, obwohl sie sich in vielen Details unterscheiden.

A Autorisierung und QSL

mit Thomas Nietsch

Reale Berechtigungskomponenten sind komplizierter als die von Abschnitt 6.6. Dieser Anhang beschreibt eine Autorisierungskomponente mit realitätsnahem Funktionsumfang, die sich an der realen *QuasarAuthorization* orientiert, und er zeigt, wie man eine solche Komponente in QSL spezifiziert.

A.1 Autorisierung: Übersicht

Unserer Autorisierungskomponente liegt ein einfaches Datenmodell zugrunde (siehe Abb. A–1):

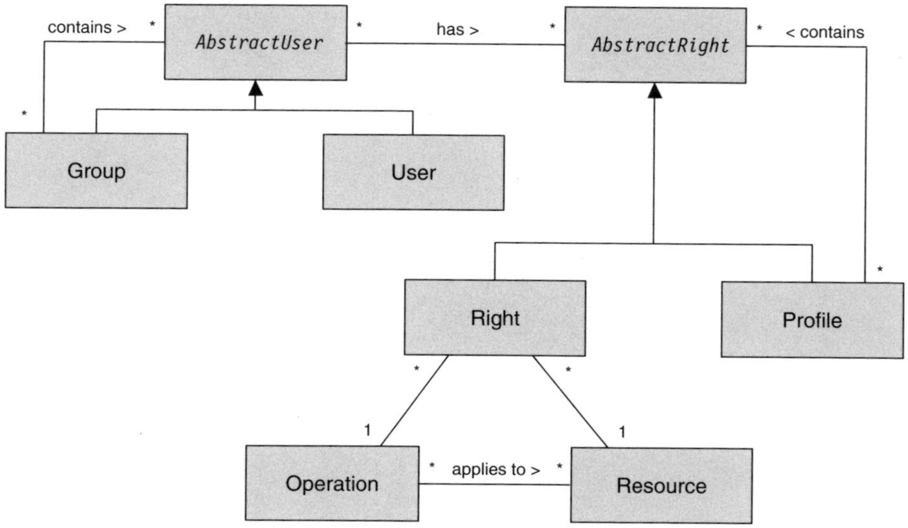

Abb. A–1 *Datenmodell der Autorisierung*

Die Autorisierung kontrolliert den Zugriff auf *Ressourcen* (`Resource`). Eine Ressource kann buchstäblich alles sein: ein einzelnes Objekt, eine Menge von Objekten, ein Attribut, ein Dialog, eine Datei. Neben den Ressourcen gibt es *Operationen* (`Operation`), die besagen, was man mit Ressourcen machen kann. Typische Operationen sind *lesen, schreiben, erzeugen, löschen, ausführen.*

Eine *Berechtigung* (`Right`) ist das Recht, eine bestimmte Operation auf eine Ressource anzuwenden. Zu jeder Berechtigung gehören also genau eine Ressource und genau eine Operation. Berechtigungen sind ziemlich krümelige Einheiten. Daher bietet die Autorisierung die Möglichkeit, Berechtigungen zu *Profilen* (`Profile`) zusammenzufassen.

Das Datenmodell aus Abbildung A–1 enthält zweimal das *Composite*-Muster: Jeder abstrakte Benutzer (*`AbstractUser`*) ist entweder ein konkreter Benutzer (`User`) oder eine Benutzergruppe (`Group`); jede abstrakte Berechtigung (*`AbstractRight`*) ist entweder eine konkrete Berechtigung oder ein Profil. Jeder Benutzer kann zu beliebig vielen Gruppen gehören, jede Berechtigung zu beliebig vielen Profilen.

Berechtigungen werden auf der abstrakten Ebene verwaltet: Man kann jedem abstrakten Benutzer (konkret oder Gruppe) eine abstrakte Berechtigung (konkret oder Profil) erteilen.

A.2 Autorisierung: Außensicht

Die Autorisierung exportiert zwei Schnittstellen. Wie in Abschnitt 6.6 gibt es die operative Schnittstelle (»Darf der das?«) und die administrative Schnittstelle zur Definition der Benutzer und ihrer Rechte. Die dritte Schnittstelle implementiert *nicht* die Autorisierung, sondern das System, das die Autorisierung benutzt. Sie dient zur Definition der Ressourcen: Irgendjemand muss ja sagen, welche Ressourcen es gibt und wie diese beschaffen sind. Wir nennen dies die *Instrumentierungsschnittstelle* (siehe Abb. A–2).

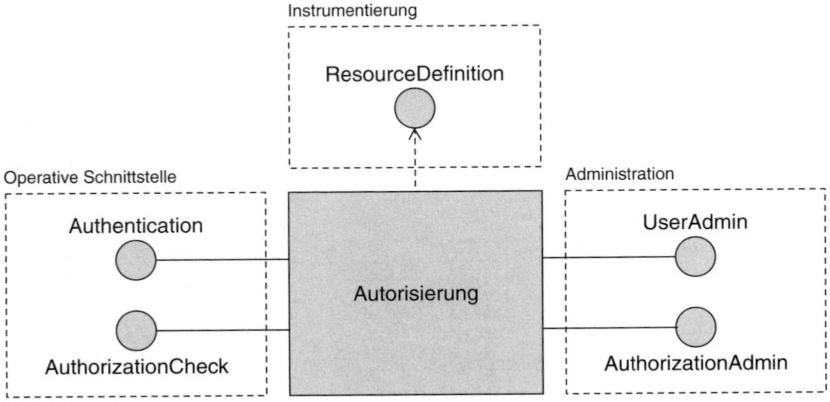

Abb. A–2 *Drei Schnittstellen der Autorisierung*

Die operative Schnittstelle verbindet die Autorisierungskomponente mit der eigentlichen Anwendung. Sie besteht aus zwei Java-Schnittstellen: `Authentication` zur Authentifizierung von Benutzern und `AuthorizationCheck` für die Prüfung von Berechtigungen.

```
public interface Authentication {
   public User authenticate(String username, String password);
}
```

Man erhält nach erfolgreicher Authentifizierung ein `User`-Objekt, das den Benutzer identifiziert – es ist ein Ausweis, der bei jeder Berechtigungsprüfung vorzulegen ist. Die Schnittstelle `AuthorizationCheck` hat mit Abstand die meisten Benutzer. Auch sie besteht aus nur einer Methode:

```
public interface AuthorizationCheck {
   public boolean mayPerform(Object resource, Operation operation, User user);
}
```

Die Bedeutung ist klar: Der als `user` ausgewiesene Benutzer hat das Recht, `operation` auf `resource` anzuwenden oder auch nicht. Aber was ist eine Ressource? Jede Anwendung definiert selbst, welche Ressourcen es gibt und welche Operationen darauf zulässig sind. Hier die Schnittstelle:

```
public interface ResourceDefinition {
   public String getResourceName(Object resource);
   public List getOperations(Object resource);

   // Methoden, die hier nicht weiter interessieren
}
```

Aufgabe der ersten Methode ist es, beliebige Java-Objekte auf Namen abzubilden, die die Autorisierung verwaltet. Die zweite Methode legt fest, welche Operationen auf eine bestimmte Ressource überhaupt anwendbar sind. Dazu zwei Beispiele:

- Nehmen wir an, wir wollen den Versand von Mahnungen überwachen. Dann definieren wir den Ressourcennamen `Mahnung` und die Operation `Versand`. Die Methode `getResourceName` liefert `Mahnung`, wenn das übergebene Objekt eine Mahnung ist, und es gibt nur eine zugehörige Operation, nämlich `Versand`.
- Gesetzt den Fall, wir wollen den Zugriff auf VIP-Kunden überwachen. Dann definieren wir den Namen `VIPKunde` und lassen `getResourceName` immer dann diesen String zurückgeben, wenn das übergebene Objekt ein VIP-Kunde ist. Die Definition eines VIP-Kunden (Mindestumsatz, persönliche Empfehlung oder was auch immer) ist Implementierungsgeheimnis der Instrumentierung, also der Komponente, die `ResourceDefinition` exportiert.

Die Methode `getResourceName` liefert `null`, wenn mit dem übergebenen Objekt keine Ressource verknüpft ist. Jedes System, das die Autorisierung verwendet, hat also die Aufgabe, eine – meist recht übersichtliche – Komponente zu erstellen, in der die Ressourcen und Operationen des Systems definiert sind.

Die Administrationsschnittstelle ist komplexer. Sie enthält zwei Sichten: UserAdmin dient zur Registrierung und Pflege von Benutzern, zur Definition von Gruppen und zur Zuordnung von (abstrakten) Berechtigungen, AuthorizationAdmin zur Definition der Berechtigungen und Profile. Damit der Administrator die Wirkung der Zuordnungen überprüfen kann, erweitert UserAdmin die Schnittstelle AuthorizationCheck.

```
public interface UserAdmin extends AuthorizationCheck {
   public User createUser(String username, String password);
   public void changePassword(User user, String password);
   public void deleteUser(User user);

   public Group createGroup(String groupname);
   public void deleteGroup(Group group);

   public void addUser(AbstractUser user, Group group);
   public void removeUser(AbstractUser user, Group group);

   public List getParents(AbstractUser user);
   public List getClosure(AbstractUser user);

   public void grant(AbstractRight right, AbstractUser user);
   public void withdraw(AbstractRight right, AbstractUser user);

   // Methoden, die hier nicht weiter interessieren
}


public interface AuthorizationAdmin {
   public Right createRight(String rightname, String resource,
                            Operation operation);
   public void deleteRight(Right right);

   public Profile createProfile(String profilename);
   public void deleteProfile(Profile profile);

   public void addRight(AbstractRight right, Profile profile);
   public void removeRight(AbstractRight right, Profile profile);

   public List getParents(AbstractRight right);
   public List getClosure(AbstractRight right);

   // Methoden, die hier nicht weiter interessieren
}
```

A.3 Der algorithmische Kern

Jeder Benutzer gehört zu beliebig vielen Gruppen, jedes Recht zu beliebig vielen Profilen – aber welche Rechte hat ein Benutzer schlussendlich? Dazu dient der folgende Algorithmus:

> Wir definieren als *Hülle eines Benutzers* die Menge abstrakter Benutzer, bestehend aus dem Benutzer selbst und allen Gruppen, denen er direkt oder indirekt angehört. Die Hülle enthält also mindestens ein Element, nämlich den Benutzer selbst. Die *Hülle eines Rechts* ist in vollständiger Analogie die Menge abstrakter Rechte, bestehend aus dem Recht selbst und allen Profilen, denen das Recht direkt oder indirekt angehört. Auch diese Menge enthält wenigstens ein Element.

Damit können wir formulieren:

> Benutzer x besitzt das Recht y genau dann, wenn es einen abstrakten Benutzer $x' \in \mathit{Hülle}(x)$ und ein abstraktes Recht $y' \in \mathit{Hülle}(y)$ gibt, so dass der abstrakte Benutzer x' das abstrakte Recht y' besitzt.

Das ist der algorithmische Kern der Autorisierung.

A.4 Beispiel *Robert*

Wir betrachten die Autorisierung am Beispiel von *Robert* (siehe Abschnitt 8.3), und zwar sind Einkauf, Verleih und Rücknahme von Büchern zu kontrollieren. Außerdem möchten wir den Zugriff auf Kundendaten überwachen. Abbildung A–3 zeigt, wie wir *Robert* mit der Autorisierung verbinden.

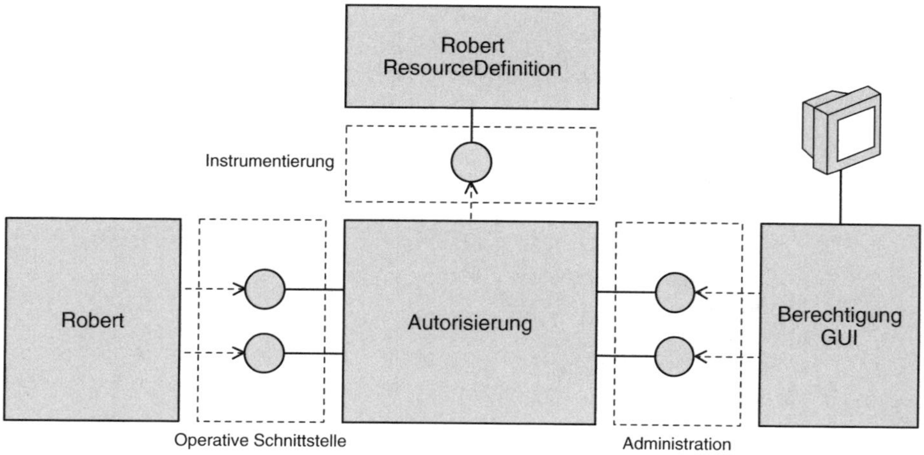

Abb. A–3 *Komposition von Robert und Autorisierung*

Wir definieren die beiden Ressourcen *Buch* und *Kunde* sowie die Operationen *kaufen, leihen, zurücknehmen, lesen, schreiben* und *anlegen*. Die Instrumentierungsschnittstelle ist für *Robert* damit einfach zu implementieren: `getResourceName(Object resource)` entscheidet, ob es sich bei `resource` um ein `Buch`- oder ein `Kunde`-Objekt handelt und antwortet entsprechend mit »Buch« oder »Kunde«, und `getOperations(Object resource)` liefert jeweils die passenden `Operation`-Objekte dazu. In Java könnte das folgendermaßen aussehen:

```
public class RobertResourceDefinition implements ResourceDefinition {

   public static final String KUNDE = "Kunde";
   public static final String BUCH  = "Buch";
   public static final Operation ANLEGEN = new Operation("anlegen");
   public static final Operation LESEN   = new Operation("lesen");

   // ... weitere Operationen ...

   private List kundOps, buchOps, dummyOps;

   public RobertResourceDefinition() {

      kundOps = new ArrayList(3);
      kundOps.add(ANLEGEN);
      kundOps.add(LESEN);
      kundOps.add(SCHREIBEN);

      // ... mit buchOps analog verfahren ...

      dummyOps = new ArrayList(0);
   }

   public String getResourceName(Object resource) {

      if (resource instanceof Kunde)
         return KUNDE;
      else if (resource instanceof Buch)
         return BUCH;
      else
         return null;
   }

   public List getOperations(Object resource) {

      if (resource instanceof Kunde)
         return kundOps;
      else if (resource instanceof Buch)
         return buchOps;
      else
         return dummyOps;
   }

   // ... weitere Methoden ...
}
```

Auf dieser Basis definieren wir sechs Berechtigungen (siehe Tab. A–1). Wir verzichten in diesem Beispiel auf Profile.

Berechtigung	Ressource	Operation
Einkauf	Buch	kaufen
Verleih	Buch	leihen
Rücknahme	Buch	zurücknehmen
KundeAnlegen	Kunde	anlegen
KundeLesen	Kunde	lesen
KundeÄndern	Kunde	schreiben

Tab. A–1 *Berechtigungen für Robert*

Wir definieren vier Benutzergruppen: *Einkäufer*, *Kundenservice* und *Hilfskräfte* sind Untergruppen von *Angestellte*.

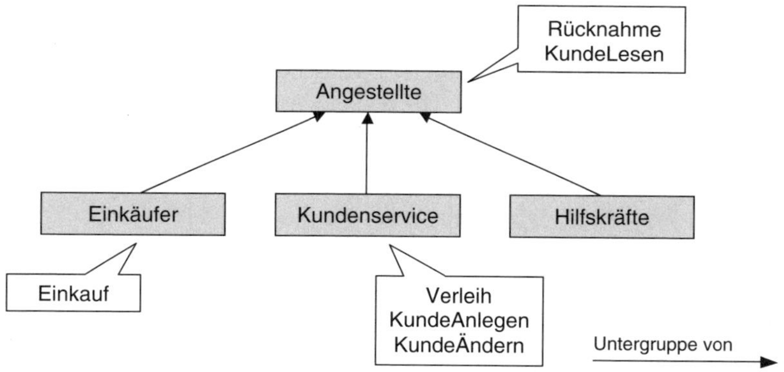

Abb. A–4 *Benutzergruppen für Robert*

Abbildung A–4 zeigt die Benutzerorganisation mit ihren Berechtigungen: Alle Angestellten dürfen Bücher zurücknehmen und daher auch Kundendaten lesen. Das Verleihen von Büchern ist nur den Mitarbeitern vom Kundenservice gestattet. Diese haben auch uneingeschränkten Zugriff auf Kundendaten. Einkäufer zeichnen sich dadurch aus, dass sie Bücher kaufen. Hilfskräfte haben lediglich die Rechte von Angestellten.

Was passiert bei einer Berechtigungsprüfung? Bevor *Robert* einen Anwendungsfall ausführt – z.B. für einen Ausleihvorgang – stellt er der Autorisierung eine Frage wie

```
mayPerform(buch, leihen, user)
```

Die Autorisierung sucht daraufhin in ihrem Datenbestand nach einer passenden Berechtigung – in diesem Fall *Verleih* – für den Benutzer `user`. In unserem Szenario wird sie nur fündig, wenn *Verleih* dem Benutzer direkt zugeordnet wurde oder wenn er als Mitglied der Gruppe *Kundenservice* registriert ist. Bei einer erfolglosen Suche wird der Zugriff verweigert (Antwort `false`), denn was nicht ausdrücklich erlaubt ist, ist verboten.

A.5 QSL-Spezifikation

Dieser Abschnitt enthält die QSL-Spezifikation unserer Autorisierung. Dabei nehmen wir an, dass die Entitätstypen `User`, `Group`, `Right` und `Profile` das Attribut `Name` besitzen, das über `getName` abgefragt wird.

A.5.1 Operative Schnittstelle

```
interface Authentication

  uses User

  basicQueries

    User authenticate(const String username, const String password)
    // authentifiziert den Benutzer 'username' anhand des Passwortes
    // und liefert bei Erfolg das entsprechende User-Objekt.
    post   result.getName().equals(username)
    error  authenticationFailed
           // Die Berechtigungskomponente kennt keinen Benutzer
           // namens 'username', oder das Passwort ist falsch.

interface AuthorizationCheck

  uses Operation, User

  basicQueries

    boolean mayPerform(const Object resource,
                       const Operation operation,
                       const User user)
    // liefert true, wenn der Benutzer 'operation' auf 'resource'
    // ausfuehren darf, sonst false.
    error  unmanagedObject
           // 'resource' ist der Berechtigungskomponente unbekannt.
```

A.5.2 Administration

```
interface UserAdmin extends AuthorizationCheck

  uses AbstractRight, AbstractUser, Group, User

  variables AbstractUser ancestor, aUser;
            AbstractRight aRight; Right r;
            Group g; User u;
            Object resource;
            Operation operation;
            Authentication aut; AuthorizationAdmin admin;
            ResourceDefinition rDef;

  basicQueries

     boolean existAbstractUser(const AbstractUser user)
     // ist 'user' ein gueltiger Benutzer bzw. eine gueltige Gruppe?

     pre   existAbstractUser(user)
     List<Group> getParents(const AbstractUser user)
     // liefert alle Gruppen, in denen 'user' direktes Mitglied bzw.
     // direkte Untergruppe ist.
     post  forall g in result : existAbstractUser(g)

     pre   existAbstractUser(user)
     List<AbstractRight> getRights(const AbstractUser user)
     // liefert alle Berechtigungen und Profile, die 'user' direkt
     // erteilt worden sind.
     post  forall aRight in result : admin.existAbstractRight(aRight)

  derivedQueries

     pre   existAbstractUser(user)
     List<AbstractUser> getClosure(const AbstractUser user)
     // liefert die Huelle von 'user'. (siehe auch Invarianten)

  commands

     pre   existAbstractUser(user)
     pre   group not in getParents(user)
     pre   user not in getClosure(group)        // keine Zyklen
     void addUser(const AbstractUser user, Group group)
     // macht 'user' zu einem direkten Mitglied bzw. einer direkten
     // Untergruppe von 'group'.
     post  group in getParents(user)

     pre   existAbstractUser(user)
     void changePassword(const User user, const String password)
     // vergibt fuer 'user' ein neues Passwort.
     post  aut.authenticate(user.getName(), password).equals(user)
```

```
    Group createGroup(const String groupname)
    // definiert eine neue Benutzergruppe.
    post   existAbstractUser(result)
    post   result.getName().equals(groupname)
    error  duplicateName                        // Gruppe bereits vorhanden

    User createUser(const String username, const String password)
    // registriert einen neuen Benutzer.
    post   existAbstractUser(result)
    post   result.getName().equals(username)
    post   aut.authenticate(username, password).equals(result)
    error  duplicateName                        // Benutzer bereits vorhanden

    pre    existAbstractUser(group)
    void deleteGroup(Group group)
    // loescht die Benutzergruppe (jedoch nicht die enthaltenen
    // Benutzer und Untergruppen).
    post   not existAbstractUser(group)

    pre    existAbstractUser(user)
    void deleteUser(User user)
    // entfernt den Benutzer aus dem System.
    post   not existAbstractUser(user)

    pre    admin.existAbstractRight(right)
    pre    existAbstractUser(user)
    pre    right not in getRights(user)
    void grant(const AbstractRight right, const AbstractUser user)
    // erteilt 'right' direkt an 'user'.
    post   right in getRights(user)

    pre    group in getParents(user)
    void removeUser(const AbstractUser user, Group group)
    // beendet die Mitgliedschaft von 'user' in 'group'.
    post   group not in getParents(user)

    pre    admin.existAbstractRight(right)
    pre    existAbstractUser(user)
    pre    right in getRights(user)
    void withdraw(const AbstractRight right, const AbstractUser user)
    // macht die direkte Erteilung von 'right' an 'user' rueckgaengig.
    post   right not in getRights(user)

invariants

    // Zur Huelle eines abstrakten Benutzers zaehlen sowohl er
    // selbst als auch alle Gruppen, die mindestens ein Element
    // seiner Huelle enthalten.
    ancestor in getClosure(aUser) <=> (
       ancestor.equals(aUser) or
       exists g in getParents(aUser) : ancestor in getClosure(g)
    )
```

```
    // Einem Benutzer ist der Zugriff auf eine Ressource gestattet,
    // wenn mindestens einem Element seiner Huelle eine passende
    // Berechtigung (bzw. ein Profil aus der Huelle einer passenden
    // Berechtigung) erteilt worden ist.
    mayPerform(resource, operation, u) <=> (
       operation in rDef.getOperations(resource) and
       (exists aUser, aRight, r :
          aUser in getClosure(u) and
          aRight in getRights(aUser) and
          aRight in admin.getClosure(r) and
          admin.getResource(r).equals(
             rDef.getResourceName(resource)) and
          admin.getOperation(r).equals(operation)
       )
    )

 testcases

    unsuccessfulChecks
       Object managed, unmanaged;

       pre    rDef.getResourceName(unmanaged) == null
       pre    rDef.getResourceName(managed) != null
       pre    operation not in rDef.getOperations(managed)
       mayPerform(unmanaged, operation, u) -> error unmanagedObject
       mayPerform(managed, operation, u)   -> false


interface AuthorizationAdmin

 uses AbstractRight, Profile, Right

 variables AbstractRight ancestor, aRight;
           Profile p; Right r;
           ResourceDefinition rDef;

 basicQueries

    boolean existAbstractRight(const AbstractRight right)
    // ist 'right' eine gueltige Berechtigung bzw. ein gueltiges
    // Profil?

    pre    existAbstractRight(right)
    Operation getOperation(const Right right)
    // liefert die zu dieser Berechtigung gehoerende Operation.

    pre    existAbstractRight(right)
    List<Profile> getParents(const AbstractRight right)
    // liefert alle Profile, in denen 'right' direkt enthalten ist.
    post   forall p in result : existAbstractRight(p)

    pre    existAbstractRight(right)
    String getResource(const Right right)
    // liefert die zu dieser Berechtigung gehoerende Ressource.
```

```
derivedQueries

    pre    existAbstractRight(right)
    List<AbstractRight> getClosure(const AbstractRight right)
    // liefert die Huelle von 'right' (siehe auch Invariante).

commands

    pre    existAbstractRight(right)
    pre    profile not in getParents(right)
    pre    right not in getClosure(profile)  // keine Zyklen
    void addRight(const AbstractRight right, Profile profile)
    // fuegt 'right' dem Profil hinzu.
    post   profile in getParents(right)

    Profile createProfile(const String profilename)
    // definiert ein neues Profil.
    post   existAbstractRight(result)
    post   result.getName().equals(profilename)
    error  duplicateName                     // Profil bereits vorhanden

    pre    rDef.existResourceName(resource)
    pre    operation in rDef.getOperations(resource)
    Right createRight(const String rightname, const String resource,
                      const Operation operation)
    // definiert eine neue Berechtigung.
    post   existAbstractRight(result)
    post   result.getName().equals(rightname)
    post   getResource(result).equals(resource)
    post   getOperation(result).equals(operation)
    error  duplicateName                  // Berechtigung bereits vorhanden

    pre    existAbstractRight(profile)
    void deleteProfile(Profile profile)
    // loescht das Profil (jedoch nicht die enthaltenen
    // Berechtigungen und Unterprofile).
    post   not existAbstractRight(profile)

    pre    existAbstractRight(right)
    void deleteRight(Right right)
    // loescht die Berechtigung.
    post   not existAbstractRight(right)

    pre    profile in getParents(right)
    void removeRight(const AbstractRight right, Profile profile)
    // entfernt 'right' aus dem Profil.
    post   profile not in getParents(right)
```

```
invariants

   // Zur Huelle einer abstrakten Berechtigung zaehlen sowohl sie
   // selbst als auch alle Profile, die mindestens ein Element
   // ihrer Huelle enthalten.
   ancestor in getClosure(aRight) <=> (
      ancestor.equals(aRight) or
      exists p in getParents(aRight) : ancestor in getClosure(p)
   )
```

A.5.3 Instrumentierung

```
interface ResourceDefinition

   uses Operation

   variables Object object;

   basicQueries

      boolean existResourceName(const String resourcename)
      // ist 'resourcename' ein gueltiger Ressourcenname?

      pre    existResourceName(resourcename)
      List<Operation> getOperations(String resourcename)
      // liefert alle unterstuetzten Operationen fuer 'resourcename'.

      String getResourceName(const Object resource)
      // liefert einen symbolischen Namen, der 'resource' gegenueber
      // der Berechtigungskomponente identifiziert, oder null, falls
      // dem Objekt kein Name zugeordnet werden kann.
      post   result != null => existResourceName(result)

   derivedQueries

      pre    getResourceName(resource) != null
      List<Operation> getOperations(Object resource)
      // liefert alle unterstuetzten Operationen fuer 'resource'.
      post   result.equals(getOperations(getResourceName(resource)))
```

Nachwort

Dieses Buch beschreibt den erreichten Zwischenstand, kein endgültiges Ergebnis. Diese Aussage ist nicht defensiv gemeint, sondern ganz im Gegenteil. In der Informatik gilt bekanntlich: Was sich nicht mehr weiterentwickelt, ist zwar in irgendeiner Weise fertig und abgeschlossen, aber auch mehr oder weniger tot. Quasar ist lebendig, und gerade deshalb ist noch eine Menge zu tun. Drei Bereiche sind hier vor allem zu nennen:

- *Spezifikation*
  Nur wenige der vorgestellten Schnittstellen wurden in QSL formuliert – da wollen wir noch viel nachholen. QSL selbst ist bisher nur informell beschrieben; Kapitel 6 enthält viele Hinweise auf Situationen, wo die Idee der *Spezifikation in einer heilen Welt* nicht trägt. Hier ist noch einige theoretische Arbeit zu leisten.
- *GUI-Architektur*
  Bei sd&m existieren mindestens vier GUI-Frameworks, die in verschiedenen Projekten gute Dienste leisten – aber sie unterscheiden sich z.T. grundlegend in ihrer Struktur. Kapitel 10 beschreibt im Wesentlichen das, was allen Ansätzen gemeinsam ist. Aber warum brauchen wir vier Frameworks, wo eines langen sollte? Darüber läuft gerade eine Studie; in ein paar Monaten sind wir schlauer.
- *Systemübergreifende Softwarearchitektur*
  Der Schwerpunkt von Quasar liegt bisher auf der Architektur eines einzelnen Systems. Schnittstellen zu Nachbarsystemen wurden an verschiedenen Stellen angesprochen, aber es fehlt eine durchgängige Behandlung der systemübergreifenden Softwarearchitektur. Wir sind der Überzeugung, dass die Quasar-Prinzipien auch dort gelten, aber es wird noch zahlreicher Präzisierungen und Erweiterungen bedürfen, um auch für die Kommunikation von Systemen untereinander gerüstet zu sein. SOA (Service Oriented Architecture) enthält viele Elemente, die mit Quasar verwandt sind, z.B. Dienste (das sind nichts anderes als Schnittstellen) und lose Koppelung.

Die Arbeit wird uns nicht so bald ausgehen.

Literatur

[AndroMDA] *http://www.andromda.org*

[Arnold et al. 2000] K. Arnold, J. Gosling, D. Holmes: The Java Programming Language, 3rd Edition. Addison-Wesley, 2000.

[ASP] *http://www.asp.net*

[Bass et al. 1998] L. Bass, P. Clements, R. Kazman: Software Architecture in Practice. Addison-Wesley, 1998.

[Bloch 2001] J. Bloch: Effective Java. Addison-Wesley, 2001.

[Bosch 2000] J. Bosch: Design&Use of Software Architectures. Addison-Wesley, 2000.

[Broy & Siedersleben 2002] M. Broy, J. Siedersleben: Objektorientierte Programmierung & Softwareentwicklung – eine kritische Betrachtung. Informatik-Spektrum, 2/2002, S. 3-11.

[Broy & Stolen 2001] M. Broy, K. Stolen: Specification and Development of Interactive Systems. Springer-Verlag, 2001.

[CCM] *http://www.omg.org/technology/documents/formal/components.htm*

[Cheesman & Daniels 2001] J. Cheesman, J. Daniels: UML Components. Addison-Wesley, 2001.

[Clement et al. 2002] P. Clement, R. Kazman, M. Klein: Evaluating Software Architectures. Addison-Wesley, 2002.

[Commons] *http://jakarta.apache.org/commons/*

[Cunningham et al. 2002] W. Cunningham, A. Hunt, D. Thomas: The Pragmatic Programmer. Addison-Wesley, 2002.

[Denert & Siedersleben 1992] E. Denert, J. Siedersleben: Software-Engineering. Springer-Verlag, 1992.

[D'Souza & Wills 1999] D. F. D'Souza, A. C. Wills: Objects, Components and Frameworks with UML: The Catalysis Approach. Addison-Wesley, 1999.

[Eckel 2003] B. Eckel: Does Java need Checked Exceptions? *http://www.mindview.net/Etc/Discussions/CheckedExceptions*

[Flanagan 2000] D. Flanagan: Java in a Nutshell. O'Reilly, 2000.

[Forster 1996] O. Forster: Algorithmische Zahlentheorie. Vieweg Verlag, 1996.

[Fowler 1999] M. Fowler: Analyse-Muster. Addison-Wesley, 1999.

[Fowler 2003] M. Fowler: Patterns of Enterprise Application. Addison-Wesley, 2003.

[Frankel 2003] D. Frankel: Model Driven Architecture. Wiley, 2003.

[Gamma et al. 1995] E. Gamma, R. Helm, R. Johnson, J. Vlissides: Design Patterns. Addison-Wesley, 1995.

[Goodenough 1975] J. B. Goodenough: Exception Handling: Issues and a Proposed Notation. CACM, 18, 12, 1975, pp. 683-696.

[Hightower & Lesiecki 2002] R. Hightower, N. Lesiecki: Java Tools for Extreme Programming. Wiley, 2002.

[Hoffman 2001] D. Hoffman, D. Weiss (Ed.): Software Fundamentals. Collected Papers by Dave Parnas. Addison-Wesley, 2001

[Hofmeister et al. 2000] C. Hofmeister, R. Nord, D. Soni: Applied Software Architecture. Addison-Wesley, 2000.

[Horn & Reinke 2002] E. Horn, T. Reinke: Software-Architektur und Softwarebau-elemente. Carl Hanser Verlag, 2002.

[Howell & Mularz 1991] C. Howell, D. Mularz: Exception Handling in Large Ada Systems. Washington Ada Symposium, Washington, June, 90-101, 1991.

[JADE] *http://jade.dautelle.com/*

[Jakarta] *http://www.jakarta.apache.org*

[Janicki et al. 1997] R. Janicki, D. L. Parnas, J. Zucker: Tabular Representations in Relational Documents. In: C. Brink, G. Schmidt (Ed.): Relational Methods in Computer Science, Chapter 12, Springer-Verlag, 1997.

[JGL] *http://www.recursionsw.com*

[JMX] *http://java.sun.com/products/JavaManagement*

[JSP] *http://java.sun.com/products/jsp*

[J2EE] *http://java.sun.com/j2ee/1.4/docs*

[J2SE] *http://java.sun.com/j2se/1.4.2/docs*

[Kennedy 2002] Kennedy Carter Ltd.: Supporting Model Driven Architecture with eXecutable UML. CTN 80 v2.2, 2002. *http://www.kc.com*

[Leavens et al. 1999] G. T. Leavens, A. L. Baker, C. Ruby: JML: A Notation for Detailed Design. In: H. Kilov, B. Rumpe, W. Harvey: Behavioral Specification for Businesses and Systems. Kluwer, 1999.

[MDA] Model Driven Architecture – Webseiten der OMG. *http://www.omg.org/mda/*

[Mellor 2003] S. Mellor: Executable and Translatable UML. Embedded Systems Programming, January 2003.

[Mellor et al. 1999] S. Mellor et al.: Software-Platform-Independent, Precise Action Specification for UML, 1999. *http://www.projtech.com/pubs/xuml/uml98.pdf.*

[Meyer 1995] B. Meyer: Object Success. Prentice Hall, 1995.

[Meyer 1997] B. Meyer: Object-Oriented Software Construction, 2nd Edition. Prentice Hall, 1997

[Mitchell & McKim 2002] R. Mitchell, J. McKim: Design by Contract, by Example. Addison-Wesley, 2002.

[Neumann & Morlock 1996] K. Neumann, M. Morlock: Operations Research. Carl Hanser Verlag, 1996.

[OCI] *http://otn.oracle.com/tech/oci*

[OCL 2003] OCL 2.0. OCL final adopted specification, 2003. *http://www.uml.org*

[OpenQuasar] *http://www.openquasar.de*

[Parnas 1972] D. L. Parnas: On the Criteria to Be Used in Decomposing Systems into Modules. Communications of the ACM, 15, 9, December 1972, pp. 1053-1058.

[Parnas & Würges 1976] D. L. Parnas, H. Würges: Response to Undesired Events in Software Systems. Proceedings of the Second International Conference on Software Engineering, 1976, pp. 437-447

[Quasar 2003a] J. Siedersleben (Hrsg.): Quasar: Die sd&m Standard-Architektur. Teil 1. sd&m München, 2003

[Quasar 2003b] J. Siedersleben (Hrsg.): Quasar: Die sd&m Standard-Architektur. Teil 2. sd&m München, 2003

[RACF] *http://www-1.ibm.com/servers/eserver/zseries/zos/racf*

[Robertson & Robertson 2000] S. Robertson, J. Robertson: Mastering the Requirements Process. Addison-Wesley, 2000.

[Roos 2003] R. M. Roos: Java Data Objects. Addison-Wesley, 2003.

[Russel 2002] C. Russell: *Java Data Objects, Version 1.0.1*. Sun Microsystems, 2002.

[Scheer 1997] A.-W. Scheer: Wirtschaftsinformatik. Springer-Verlag, 1997.

[Scheffczyk et al. 2004] J. Scheffczyk, C. Stutz, U. Borghoff, J. Siedersleben: Prüfung der Konsistenz in heterogenen Dokumenten für Software-Spezifikationen. Informatik – Forschung und Entwicklung, erscheint 2004.

[Schmidt et al. 2002] D. Schmidt, M. Stal, H. Rohnert, F. Buschmann: Pattern-orientierte Software-Architektur. dpunkt.verlag, 2002.

[Schwanitz 2000] D. Schwanitz: Alles was man wissen muss. Eichborn Verlag, 1999.

[Shaw & Garlan 1996] M. Shaw, D. Garlan: Software Architecture. Prentice Hall, 1996.

[Siedersleben & Denert 2000] J. Siedersleben, E. Denert: Wie baut man Informationssysteme. Informatik-Spektrum 24(1), 2000.

[Siedersleben 2002] J. Siedersleben (Hrsg.): Softwaretechnik, 2. Aufl. Carl Hanser Verlag, 2002.

[Starke 2002] G. Starke: Effektive Software-Architekturen. Carl Hanser Verlag, 2002.

[Stroustrup 1997] B. Stroustrup: The C++ Programming Language. Addison-Wesley, 1997.

[Stutz et al. 2002] C. Stutz, W. Krug, D. Kretschmer, J. Siedersleben: Analysis Beyond UML. In: Requirements Engineering 02/IEEE Joint Conference on Requirements, 2002, pp. 1-8.

[Szyperski 2002] C. Szyperski: Component Software. Addison-Wesley, 2002.

[UML 2003] OMG Unified Modelling Language Specification, 2003. *http://www.uml.org*

[UML 2.0] OMG: Unified Modelling Language Specification 2.0. 2004. *http://www.uml.org*

[Uniserv] *http://www.uniserv.de*

[Warner & Kleppe 1998] J. Warner, A. Kleppe: The Object Constraint Language: Precise Modelling with UML. Addison-Wesley, 1998.

[White 1999] S. White, M. Fisher, R. Catell, G. Hamilton, M. Happner: JDBC (TM) API Tutorial and Reference. Addison-Wesley, 1999

[wingS] *http://wings.mercatis.de*

[Zschaler 2002] S. Zschaler: Evaluation der Praxistauglichkeit von OCL-Spezifikationen. Diplomarbeit an der TU Dresden, 2002.

[Zukowski 2002] J. Zukowski: Mastering Java 2, J2SE 1.4. Sybex, 2002.

Index

C

D

E

Q

R

S

T

U

V

W

X

Z